100 HIGHLIGHTS

WILDES EUROPA

DIE SCHÖNSTEN NATURPARADIESE UND NATIONALPARKS

100 HIGHLIGHTS
WILDES EUROPA
BRUCKMANN

INHALTSVERZEICHNIS

Luftansicht eines von borealem Nadelwald umgebenen Sees im Oulanka-Nationalpark, Finnland. Gemeiner Bläuling im Nationalpark Niedersächsisches Wattenmeer. Darß von oben. Vulkanlandschaft auf Lanzarote. Jungenpflege im Bayerischen Wald: der Eurasische Luchs. Verschneite Winterlandschaft im Südschwarzwald in der Nähe von Freiburg, im Hintergrund der Feldberg (v.l.n.r.).

Morgenstimmung am Fjord bei Longyearbyen in Spitzbergen (oben).

INHALTSVERZEICHNIS

Schwimmvergnügen in der Saraniko-Bucht auf Milos. Hübsch blüht die Hauswurz im Massif de la Vanoise. Kilchurn Castle spiegelt sich im Loch Awe in den schottischen Highlands. Wald im Emilianischen Apennin. Hochland-Rind beim Grasen auf der Isle of Skye. Eishöhle im Vatnajökull-Gletscher (v.l.n.r.).

Blumenwiese im Gąsienicowa-Tal im Tatra-Nationalpark.

Europas Osten und Südosten 244

KANARISCHE INSELN
ATLANTISCHER OZEAN
La Palma
37
Santa Cruz de la Palma
Teneriffa
Puerto de la Cruz
San Cristóbal de la Laguna
Santa Cruz de Tenerife
Santiago del Teide
38
Granadilla de Abona
Vallehermoso
La Gomera
San Sebastián de la Gomera
El Hierro
Puerto de la Estaca
Gáldar
Las Palmas de Gran Canaria
Telde
San Bartolomé de Tirajana
Gran Canaria
Isla Graciosa
Teguise
Lanzarote
39
Arrecife
Playa Blanca
Corralejo
Fuerteventura
Puerto del Rosario
Las Salinas
Morro Jable
0 25 km
Danskøya
Nordostland
Ny Ålesund
Kongsøya
66
Barentsøya
Longyearbyen
Barentsburg
Sveagruva
Edgeøya
0 200 km
Sørkap
SPITZBERGEN
Reykjavík
ISLAND
64
65
Europäisches
Färöer (DK)
Shetland-Inseln (GB)
59
Rockall (GB)
Äußere Hebriden
58
Orkney-Inseln
Isle of Skye
55
57
54
56
Aberdeen
Glasgow
Edinburgh
63
Belfast
GROSS-
62
IRLAND
53
Dublin
Leeds
61
Cork
60
Liverpool
Manchester
Sheffield
52
Birmingham
51
BRITANNIEN
50
London
49
Ärmelkanal
Brügge
Brüss
Kanal-Inseln
Le Havre
BELGI
Brest
Seine
Paris
Nantes
Orléans
Loire
FRANKREICH
ATLANTISCHER
OZEAN
La Coruña
Golf von Biscaya
Bordeaux
Lyon
36
Gijón
35
Vigo
40
Bilbao
Garonne
Toulouse
26
Rhône
Porto
Valladolid
27
ANDORRA
Duero
Ebro
28
Marseille
PORTUGAL
SPANIEN
Andorra la Vella
Zaragoza
Tajo
Madrid
Lissabon
34
Barcelona
Guadiana
33
Valencia
Mallorca
Menorca
Córdoba
Ibiza
29
Palma de Mallorca
Sevilla
Murcia
Balearen
32
Málaga
31
30
Cádiz
Gibraltar
Tanger
Ceuta
MITTEL
Melilla
Algier
Rabat
Kénitra
Oran
Fès
Casablanca
ALGERIEN
MAROKKO
N
0 300 km

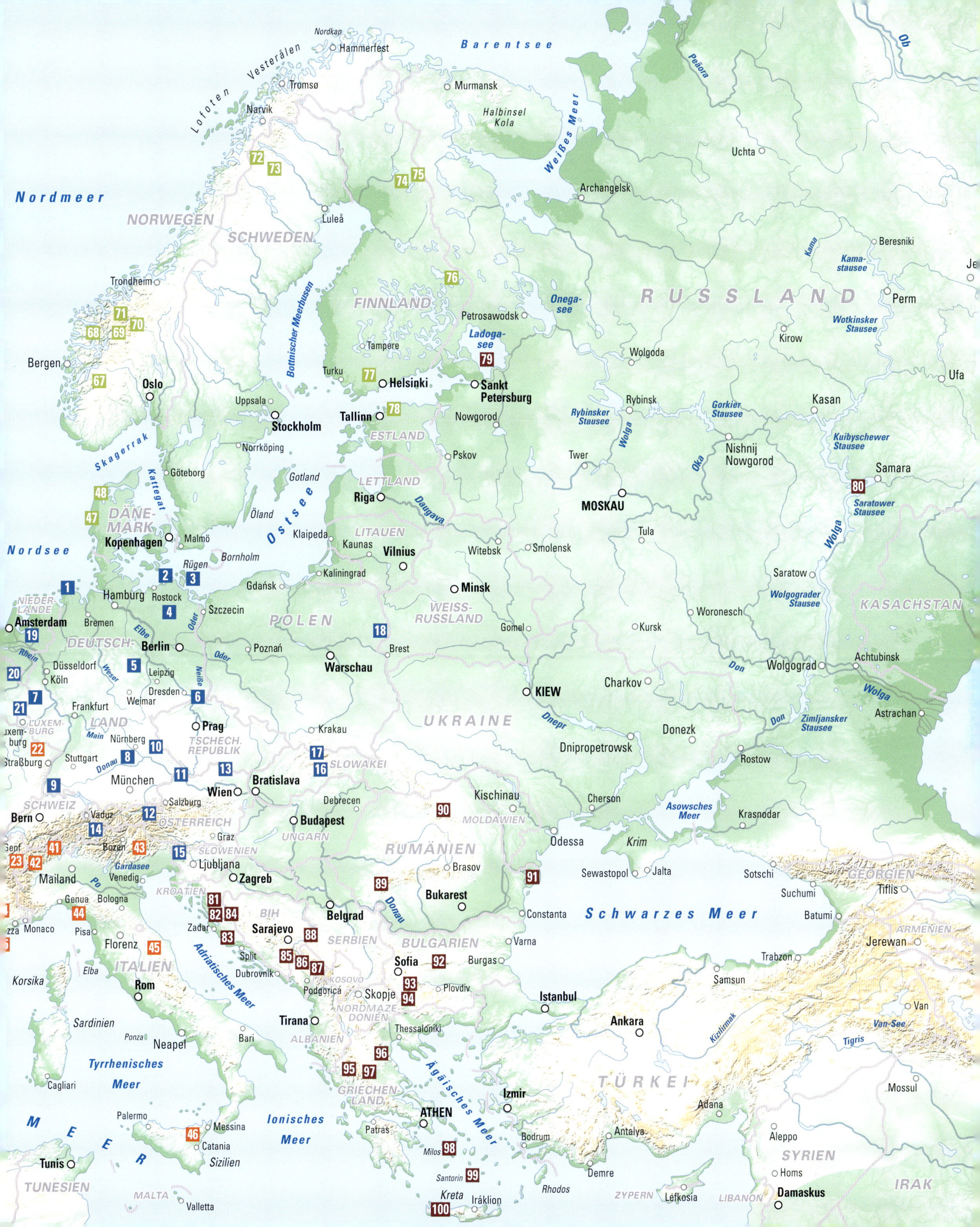
Nordkap
Hammerfest
Barentsee
Ob
Vesterålen
Lofoten
Tromsø
Murmansk
Narvik
Halbinsel Kola
Weißes Meer
Peĉora
Uchta
72
73
74
75
Archangelsk
Nordmeer
NORWEGEN
SCHWEDEN
Luleå
Beresniki
Kama
Kama-stausee
Trondheim
76
Bottnischer Meerbusen
FINNLAND
Onega-see
RUSSLAND
Perm
71
70
68
69
Petrosawodsk
Wotkinsker Stausee
Ladoga-see
Tampere
Kirow
Bergen
79
Wolgoda
Turku
77
Helsinki
Sankt Petersburg
Ufa
67
Oslo
Uppsala
Rybinsk
Gorkier Stausee
Kasan
Tallinn
78
Nowgorod
Rybinsker Stausee
Stockholm
ESTLAND
Wolga
Kuibyschewer Stausee
Norrköping
Nishnij Nowgorod
Skagerrak
Pskov
Twer
Oka
Göteborg
Gotland
Samara
Kattegat
LETTLAND
80
48
Riga
MOSKAU
Saratower Stausee
DÄNEMARK
Öland
Daugava
47
Ostsee
Tula
Kopenhagen
Malmö
Klaipeda
LITAUEN
Nordsee
Kaunas
Vilnius
Witebsk
Smolensk
Rügen
Bornholm
2
3
Kaliningrad
Saratow
1
Gdańsk
Minsk
Wolgograder Stausee
NIEDERLANDE
Hamburg
Rostock
4
Szczecin
KASACHSTAN
Amsterdam
Bremen
POLEN
WEISSRUSSLAND
Woronesch
19
Oder
18
Gomel
Kursk
DEUTSCHLAND
Elbe
Berlin
Poznań
Brest
Rhein
Oder
Warschau
Don
Wolgograd
Achtubinsk
20
Düsseldorf
5
Köln
Weser
Leipzig
Neiße
Dresden
KIEW
Charkov
Wolga
21
7
Frankfurt
Weimar
6
LUXEMBURG
Prag
UKRAINE
Astrachan
Dnepr
Don
Zimljansker Stausee
Krakau
Donezk
Main
Nürnberg
10
TSCHECH. REPUBLIK
Dnipropetrowsk
22
Straßburg
Stuttgart
8
17
Rostow
Donau
SLOWAKEI
13
16
München
11
9
Bratislava
Kischinau
SCHWEIZ
Salzburg
Wien
Debrecen
Cherson
Vaduz
90
Bern
12
MOLDAWIEN
Asowsches Meer
14
ÖSTERREICH
Budapest
Krasnodar
Odessa
Graz
UNGARN
Krim
41
43
Bozen
15
SLOWENIEN
RUMÄNIEN
23
42
Gardasee
Ljubljana
Brasov
Sewastopol
Jalta
Sotschi
GEORGIEN
Mailand
Po
Venedig
Zagreb
91
89
Tiflis
KROATIEN
Suchumi
Genua
Bologna
81
Bukarest
Batumi
44
82
84
BIH
Belgrad
Constanta
Schwarzes Meer
Monaco
Zadar
Sarajevo
88
Donau
ARMENIEN
Pisa
83
SERBIEN
BULGARIEN
Varna
Jerewan
Florenz
45
Split
85
86
Sofia
92
Burgas
Trabzon
Korsika
Elba
ITALIEN
Adriatisches Meer
Dubrovnik
87
Samsun
Rom
KOSOVO
93
Plovdiv
Podgorica
Skopje
94
Istanbul
NORDMAZEDONIEN
Van
Sardinien
Tirana
Ankara
Kizilirmak
Van-See
Ponza
Thessaloníki
Neapel
Bari
ALBANIEN
Tigris
96
Tyrrhenisches Meer
95
97
Cagliari
GRIECHENLAND
Izmir
TÜRKEI
Mossul
Ägäisches Meer
Adana
Palermo
Messina
Ionisches Meer
ATHEN
46
Patras
Bodrum
Antalya
Aleppo
MEER
Catania
Milos
98
Tunis
Sizilien
SYRIEN
Demre
TUNESIEN
Santorin
99
Homs
IRAK
Rhodos
MALTA
Kreta
Iráklion
ZYPERN
Lefkosia
LIBANON
Damaskus
Valletta
100

Europas letzte Refugien

Zurück in die Zukunft

Das Leben auf unserem Planeten basiert seit Millionen Jahren auf der Weisheit der Wildnis. Diese Wildnis braucht uns nicht. Wir brauchen sie. Und deswegen sind die Bemühungen des Menschen, diese Rückzugsräume für unsere Art zu schützen, von existenzieller Bedeutung.

Es sind die letzten Refugien Europas, die es unserem Geist und unserem Körper ermöglichen, sich von dem Lärm der Städte und der Hetze im Job zurückziehen zu können. Sie sind die Ladestationen für unsere Seelen. Sie bringen den Rhythmus unserer überforderten Herzen wieder in Gleichklang mit dem Pulsschlag der Natur. Und sie sind ein riesiger Abenteuerspielplatz für Menschen, die noch die Kraft haben, sich in ihrer Freizeit auf die Suche nach Herausforderungen zu machen – die Nationalparks und Naturreservate Europas. Gründe genug, diesen wertvollen Lebensräumen den Respekt zu zollen, den sie verdienen, und unbedingt für ihren Erhalt zu sorgen. Bereits vor 20 Jahren habe ich auf einer Reise in das Khutzeymateen Grizzly Bear Sanctuary in Kanada gelernt, dass es nicht reicht, ein Verbotsschild aufzustellen und Menschen den Zugang zu diesen Refugien vom Aussterben bedrohter Arten zu verwehren. Menschen muss ein kontrollierter Zutritt zu diesen Naturreservaten gewährt bleiben, denn sie werden darüber berichten. Sie werden mit ihren Social Media-Beiträgen und Bildern anderen Menschen helfen zu verstehen, warum diese Welten schützenswert sind.
Vor diesem Hintergrund haben die Autoren, die Redaktion und ich als Herausgeber die Auswahl der Regionen und Inhalte dieses Bildbandes getroffen. Wir stellen Ihnen das wilde Europa, das ursprüngliche Europa vor. Naturparks und Naturparadiese, in dem Adam und Eva erneut bedenkenlos in einen Apfel beißen würden, ohne sich Gedanken um Inhaltsstoffe und Grenzwerte machen zu müssen.
Machen Sie sich auf den Weg zu den schönsten Naturparadiesen – von den gewaltigen Eishöhlen im isländischen Vatnajökull-Nationalpark, unberührten Bergregionen im norwegischen Jotunheimen, den Wölfen an der Westküste Dänemarks, den gigantischen Wasserfällen und Kalksteinhöhlen der kroatischen Plitvicer Seen bis zum Urwald der Karpaten. Lesen Sie von der unberührten Natur und erleben Sie Europa von seiner wilden Seite. Unsere Autoren hatten bereits das Privileg, diese fantastisch wilden Welten bereisen zu dürfen.

Carsten Dohme

Weideland im Nationalpark Ordesa y Monte Perdido in den spanischen Pyrenäen (unten). Wasserfälle im Tal des Lepena, einem kleinen Fluss im slowenischen Triglav-Nationalpark (rechts).

EUROPAS MITTE

VOM SANDSTRAND INS HOCHGEBIRGE

Herrliche Aussicht vom Gipfel des Berges Koprowy im slowakischen Teil des Tatra-Gebirges.

1 Wechsel der Gezeiten – Weltnaturerbe Watt

Noch nicht Meer und nicht mehr Land

Wo beginnt hier der Himmel und wo endet der Schlick? An manchen Tagen – und nicht nur bei Nebel – spielt die Landschaft vor der Nordseeküste ihrem Betrachter Streiche. Und wenn dieser schon glaubt, er habe das Watt »durchschaut«, kommt das Meer angespült und wirft im Zwölfstundentakt alle Grenzen über Bord.

Sonnenuntergangsstimmung im Nationalpark Niedersächsisches Wattenmeer. Ebbe und Flut erschaffen hier immer wieder neue Formen (rechts). Die rosa Strandnelken behaupten sich hartnäckig, auch in dieser herben Graslandschaft (unten).

Ein Sehnsuchtsort. Eine Landschaft, in der Gedanken und Gefühle an Weite gewinnen: Über mehr als 10000 Quadratkilometer erstreckt sich dieses einzigartige Ökosystem vom niederländischen Den Helder im Westen bis zum dänischen Esbjerg im Norden. Bildet den südlichen Saum der Deutschen Bucht vor der Haustür von Niedersachsen, Bremen, Hamburg und Schleswig-Holstein. 450 Kilometer Landschaft voller Dynamik, entstanden in der letzten Eiszeit vor 7000 Jahren. Sand, Schlick und Wasser, geformt und immer wieder verworfen, neu geformt. Seit Jahrhunderten im Wandel. Sich stets verändernd – mit jeder Ebbe, jeder Flut, jedem lauen Frühlingslüftchen und vor allem jedem Sturm. Und Stürme, die gibt es hier jedes Jahr reichlich.

»Land unter« auf den Halligen

Es kann dramatisch werden, wenn im Herbst und Winter der »Blanke Hans« tobt. So wird hier die brausende Nordsee bei Sturmfluten genannt, wenn der Wind Wasser und Sand vor sich her peitscht. Dann bleiben die Deichschafe im Stall, die Schiffe im Hafen, und die Bewohner der Ost- und Nordfriesischen Inseln,

Das Watt versorgt die Silbermöwe üppig mit Nahrung (unten). Der Lister Leuchtturm am Ellenbogen auf Sylt (ganz unten). Fühlen sich im Wattenmeer wieder richtig wohl: die Kegelrobben (rechts).

von Borkum bis Sylt, setzen auf den Schutz ihrer Dünen und Buhnen. Auf den sieben bewohnten der zehn Halligen rund um die Insel Pellworm hofft man, dass das Meerwasser nicht die Warften überrollen möge, jene künstlich aufgeschütteten Hügel, auf denen sich die Häuser ducken. Denn dann heißt es »Land unter«. Durch den Anstieg des Meeresspiegels kommt dies immer häufiger vor.

Wer die Halligen im Sommer besucht, erlebt die Blüte des Strandflieders, der sich auf den Salzwiesen wohlfühlt. Dann sind die kleinen Marschinseln wie Hallig Hooge oder Hallig Langeneß in zartlila Wölkchen getaucht – inmitten einer monochromatischen Kulisse. Wer mag, der trifft auf den großen Inseln im Wattenmeer oder auf den unbewohnten Vogelschutzinseln wie Trischen oder Memmert begeisterte Ornithologen, die ihn mit dem rotbeinigen Austernfischer und dem schwarzweißen Säbelschnäbler bekannt machen. Im Herbst oder Frühjahr rasten dann Millionen Zugvögel wie Knutt, Alpenstrandläufer und Nonnengans im Wattenmeer, das als Drehscheibe des ostatlantischen Vogelzuges gilt, und stärken sich hier für ihren Weiterflug in die südliche Wärme oder zu ihren Brutgebieten im Norden – je nach Jahreszeit. Am Himmel wirken die riesigen Vogelschwärme in ihrer Choreografie wie gigantische Fischschwärme im Wasser. Auch hier verschwimmen Grenzen.

Die Rückkehr der Kegelrobbe

Salzwiesen, Muschelbänke, Sand- und Schlickwatt bieten in der größten Wattlandschaft der Welt mehr als 10 000 Tier- und Pflanzenarten Heimat und Nahrung. Eine Zwischenwelt – noch nicht Meer und nicht mehr Land. Die man mittlerweile zu schätzen weiß. Bis auf die Mündungen von Ems, Weser und Elbe sowie die Wattgebiete Bremens ist der deutsche Teil des Wattenmeeres ein Nationalpark. Und gehört seit 2009 (das Hamburgische Wattenmeer seit 2011) zum UNESCO-Weltnaturerbe. In dem sich mittlerweile auch die ehemals fast völlig verschwundene Kegelrobbe wieder wohlfühlt und eifrig vermehrt, das größte freilebende Raubtier Deutschlands, dessen prächtigste Exemplare bis zu 300 Kilogramm schwer werden können. Auf Sandbänken und an ruhigen Strandabschnitten der Inseln ruhen sich die Tiere von ihren Beutezügen nach Fischen und Kleinkrebsen aus, in friedlicher Nachbarschaft mit den kleineren Seehunden.

Seit ihre Bejagung in den 1970er-Jahren endete, hat sich ihr Bestand wieder vergrößert. Wer Glück hat, der begegnet im Watt auch Schweinswalen, die ihre Jungen gern dort zur Welt bringen, wo das Wattenmeer auf die Nordsee trifft.
Mächtige Priele durchziehen diese urzeitlich anmutende Landschaft, sichtbar am besten aus der Vogelflugperspektive. Mäandernde, vieladrige Wasserläufe, die sich bei Flut in wenigen Minuten in reißende Flüsse verwandeln können. Wer sich aufmacht, das Watt zu erforschen, sollte nicht auf einen kundigen Wattführer verzichten (ihre Homepages findet man unter dem Stichwort »Wattführer« und der Angabe des Startortes). Kurze oder lange Wanderungen führen bei Ebbe barfuß oder in Gummistiefeln zu Miesmuschel, Strandschnecke, Wattwurm und Co. Und sie vermitteln jede Menge Wissenswertes, zum Beispiel, dass 80 Prozent aller Nordsee-Schollen und 50 Prozent aller Seezungen im Wattenmeer aufwachsen. Da horchen auch Feinschmecker auf …

Winzig klein im Watt

Auf dem, oder besser im Wattboden stehend, die Füße vom braunen Schlick bedeckt, geht der Blick des Wanderers immer wieder in die Ferne, zum Horizont. »So weit das Auge reicht« – kaum eine Landschaft passt besser zu dieser Redewendung. Kein Baum, kein Berg unterbricht das Bild, höchstens mal die Silhouette eines Segelbootes, eines Krabbenkutters oder einer Fähre, und wer genau hinsieht, kann sogar die Erdkrümmung erkennen. Das Watt eröffnet den Horizont. Nicht nur für die Augen. Es fragt nach Proportionen. Das hält nicht jeder aus, und mancher flieht in die Lieblichkeit weniger herausfordernder Landschaften.
Denn lieblich ist das Wattenmeer nicht. Bis ins 19. Jahrhundert hinein galt es sogar als lebensfeindlich, als Garant für ein beschwerliches, karges Dasein. Das änderte sich, als Maler der Romantik seinen Reiz entdeckten. Auf ihren Bildern zog das Wattenmeer in die städtischen Salons und Museen. Und galt immer mehr Menschen als einzigartige Natur pur, die es zu entdecken und erleben lohnt. Heute suchen Menschen im Wattenmeer das Ursprüngliche, Unberührte und Erholung in einer jodhaltigen, salzigen Luft. Die so klar ist, dass nachts die Sterne noch ein bisschen heller funkeln als anderswo. Vor einem Nachthimmel, in dem nur hier und da das Licht eines Leuchtturms aufscheint. In einer Dunkelheit, die es nirgendwo anders in Mitteleuropa so finster gibt.

ZU FUSS UND MIT DER KUTSCHE

Der beste Weg, das Watt kennenzulernen, ist eine Wanderung durch Sand und Schlick. Die Saison für Wattführungen geht von April bis September. Eine der beliebtesten Routen führt von Cuxhaven nach Neuwerk und mit dem Schiff zurück. Bekannt sind auch die Strecken zu den Inseln Baltrum, Minsener Oog, Spiekeroog und Norderney. Besonders Ausdauernde stellen sich der Herausforderung der »Riesengroßen Nationalpark-Wattwanderung«, die im Sommer in 20 Stunden von Dagebüll nach Amrum, Föhr und zur Hallig Langeneß führt, über 18 Watt- und sechs Landkilometer und nur dann, wenn der Tag zwischen zwei Niedrigwassern liegt. Bequemer ist eine Kutschen-Wattfahrt, von Nordstrand zur Hallig Südfall oder von Duhnen nach Neuwerk.

WEITERE INFORMATIONEN

Nationalpark-Häuser, UNESCO-Besucherzentren in Cuxhaven und Wilhelmshaven: www.bz.cuxhaven.de
www.wattenmeer-besucherzentrum.de

Über dem kieferngesäumten Weststrand auf der Halbinsel Darß ziehen Gewitterwolken auf (oben). Zweimal jährlich legen Zehntausende Kraniche in den Flachwasserzonen der Boddenlandschaft eine Verschnaufpause ein (rechts).

2 Stille Größe – Vorpommerscher Bodden

Weite Strände, große Wälder

Vom Darß bis nach Hiddensee erstreckt sich eine Landschaft von unvergleichlicher Schönheit: mit dichtem Wald, feinsandigen Ufern und klarem Wasser. Windgebeugte Kiefern säumen die Dünen und sind Sinnbild der permanenten Veränderung der Küste durch die Kraft der Elemente. Die wahren Stars des Parks schauen alljährlich im Oktober vorbei – Tausende Kraniche.

Schon der Name klingt nach Fuchs und Hase: Vorpommersche Boddenlandschaft – und auch rein geografisch stimmt der Eindruck: Deutschlands drittgrößter Nationalpark liegt ganz am Rande der Republik, so weit im Norden und Osten, wie es nördlicher und östlicher kaum geht. Ganz kurz vor dem Ableben der DDR 1990 verlieh eine Gruppe Politiker und Lobbyisten dem Gebiet quasi per Handstreich den nationalen Schutzstatus, über die Bevölkerung hinweg und doch visionär – es gibt wohl keinen, der das heute anders sieht. Vom »Fischbesteck« im Tafelsilber der deutschen Einheit sprach der damalige Umweltminister Klaus Töpfer, und Horst Stern, der großartige Journalist und Naturschützer, lobte die »afrikanisch anmutende Wildnisdimension« des Gebiets. Es erstreckt sich über 800 Quadratkilometer und umfasst Flachwasserbereiche der Ostsee, lange Sandstrände und dichte Urwälder sowie Bodden, schilfbestandene Lagunen, bei denen der Salzgehalt im Wasser nahezu bei Null liegt.

Besucher aus der Luft

Für bis zu 70 000 Kraniche ist hier der Tisch reich gedeckt: Auf ihren Zügen im Frühjahr und vor allem im Oktober legen die großen Vögel in den Flachwasserzonen rund um die Inseln Bock und Werder, Rügen und Kirr eine

Rast ein und schlagen mit ihren Trompeten Krach. In ihrem Gefolge kommen jedes Jahr Scharen an fernglasbewaffneten Touristen – und so hat die Zahl der Gäste die der Kraniche längst überschritten: 2017 übernachteten fast 2,5 Millionen Menschen in der Region Fischland-Darß-Zingst, der heiße Sommer 2018 brachte noch mehr Urlauber, die allermeisten aus Deutschland. Sie lieben die Vielfalt, die relative Nähe und vielleicht auch die zeitliche Entrücktheit des schmalen Landstreifens am langjährigen Sperrgebiet.

Entschleunigung durch Abgeschiedenheit

Denn was auf den ersten Blick strukturschwach wirkt, ist an nostalgischem Charme kaum zu übertreffen: die Betonplatten etwa, über die die wenigen Auto- und zahllosen Radfahrer auf Prerows Langseer Straße holpern, bevor die Befestigung ganz aufhört.
Die Abgeschiedenheit der Lage, fern von Großstädten und Flughäfen, empfinden viele Besucher als entschleunigend. Und die ehedem engen Holzkaten, die sich in Wieck oder dem denkmalgeschützten Neuendorf auf Hiddensee ducken, wirken geradezu als Inbild an Gemütlichkeit, da braucht man gar nicht das dänische Wort *hygge* (heimelig) zu bemühen. Unter den umliegenden Orten findet wohl jeder das richtige Plätzchen für sich: ob im schicken Ahrenshoop, im verschlafenen Wieck, im pragmatischen Prerow oder im properen Zingst – vollkommene Stille verheißt die Insel Hiddensee, sie ist komplett autofrei.

Alles in Bewegung

Der vermutlich wichtigste touristische Gebrauchsgegenstand ist das Fahrrad, auf dem die Distanzen dahinschmelzen – etwa im Darßwald mit seinen Eichen-, Buchen- und Kieferbeständen oder auf den Deichen, zwischen Prerow und Zingst und von dort weiter nach Pramort oder in Richtung Ahrenshoop. Niemand muss fürchten, sich zu verfahren. Die Wege führen oft schnurgerade durchs üppige Grün, und an Knotenpunkten wie dem »Großen Stern« zeigen Schilder jede Richtung an. Natürlich auch zum Strand, der meist feinsandig und gemächlich zur Ostsee abfällt, von einem schmalen Dünengürtel eingefasst und markiert von Windflüchtern. Diese oft leuchtturmhohen Kiefern beugen sich der vorherrschenden Windrichtung – wie Schauspieler im jahrtausendealten Küstenschauspiel.

BODDEN AHOI

Sie gehören zum flachen Bodden wie das Schilf und die Kraniche: Die Zeesbote mit ihren braunroten Segeln ziehen im Sommer übers Wasser; zumeist gemächlich, es sei denn, es findet in Zingst, Wustrow, Barth, Dierhagen, Bodstedt oder Althagen gerade eine Regatta dieser ehemaligen Fischereiboote statt. Heute dienen sie als Segel- oder Ausflugsboote und bereichern die Boddenoptik. Zu der gehören auch zwei Raddampfer und mehrere Motorschiffe, die Gäste und zum Teil auch deren Fahrräder zwischen einzelnen Häfen oder auf mehrstündigen Rundfahrten transportieren (www.reederei-poschke.de, www.fahrgastschiff-darss.de). Ab Mitte September haben alle Anbieter Kranichtouren im Programm.

WEITERE INFORMATIONEN

Nationalpark Vorpommersche Boddenlandschaft, Im Forst 5, 18375 Born (Darß), www.nationalpark-vorpommersche-boddenlandschaft.de
www.ostsee.de
www.braune-segel.de

3 Die strahlende Schönheit – Jasmund

Romantisches Fleckchen

Wovon träumen Hamburg, Berlin und Ruhpolding? Vom Wetter auf Rügen! Angeblich strahlt 1800 Stunden im Jahr die Sonne über Deutschlands größter Insel. In ihrem Nordosten liegt der Nationalpark Jasmund, der kleinste der Republik mit seinen markanten Kreidefelsen und den dichten Laubwäldern, die sich bis an den Klippenrand erstrecken. Als urwüchsige Buchenwälder gehören sie seit 2011 zum UNESCO-Weltnaturerbe.

Schroff fallen die hellen, teilweise fast weißen Kreidefelsen auf der Insel Rügen zum Wasser hin ab – ein schöner Kontrast zum satten Grün der Laubbäume und zur türkis schimmernden Ostsee (unten). Seit Jahrhunderten schätzen die Buchen den kalkigen Unterboden (rechts).

Kommt eine derartige Farbkombination noch in einem anderen Winkel der Erde vor? Grellweiß leuchtende Klippen, darüber dunkelgrüne Wälder, die den 160 Meter hohen Bergrücken der Stubnitz hinaufklettern, darunter die klarblaue Ostsee. Vom Wasser aus betrachtet bildet die 15 Kilometer lange Steilküste im Nordosten Rügens aus dem hellen Kreidestein einen schönen Kontrast zur smaragd- und saphirfarben schimmernden Ostsee. So schön, dass er Maler inspirierte (allen voran die Romantiker), Prinzessinnen verzauberte (beispielsweise Viktoria von Preußen) und heute die Handykameras klicken lässt. Fast 300 000 Besucher kommen jährlich ins Nationalparkzentrum am Königsstuhl, doppelt so viele tummeln sich an den Aussichtspunkten oder an den Stränden, und zahlreiche Gäste besteigen die Ausflugsboote – anderthalb Stunden dauert die Kreideküsten-Rundfahrt ab Sassnitz, ab Binz sind es zweieinhalb Stunden.

Permanenter Wandel

Geologisch betrachtet sind die bis zu 118 Meter hohen Kreidefelsen ein reichliches Durcheinander aus Sand, Kies, Mergel, Findlingen und dem

Sedimentgestein Kreide, das sich während der letzten Eiszeit unter großem Druck in Falten legte. Das Satellitenbild zeigt das Wirken der rohen Kräfte und lässt die nur durch eine schmale Landbücke mit dem restlichen Rügen verbundene Halbinsel wie die eingedellte Nase eines Comic-Hais aussehen. Auf ihrem welligen Relief entstanden auf einer Vielzahl unterschiedlicher Böden diverse Lebensräume: Blockstrände, Steilufer, Moore mit Toteislöchern, Kalktrockenrasen und vor allem dichte Wälder.
Die Kreide selbst – an der Nordostküste Rügens erscheint sie in besonders reiner Form – hat sich aus den kalkhaltigen Schalen, Panzern und Skeletten kleinster Lebewesen gebildet, regelmäßig finden Fossiliensammler Reste aus der Vorzeit. So stark ist die Küste in Bewegung, dass sie beinahe organisch wirkt, auch wenn der Druck der Landmasse und das Nagen der Ostseewellen Auslöser der Dynamik sind. Caspar David Friedrichs Bild von den *Kreidefelsen auf Rügen* etwa entstand an der Stubbenkammer und nicht am Wissower Klinken, der 1818 noch vollkommen anders aussah. Sein charakteristischer Zinken brach im Februar 2005 ab und gut zehn Jahre später schaffte es die Kreide erneut in die Schlagzeilen, als der Hang am Königsstuhl abrutschte – hier ist der Mensch nur Zaungast im ewigen Getriebe.

Im Schatten alter Buchen

Diese Einstellung ist nicht der schlechteste Begleiter durch den Park, sei es am Strand, über dem sich die Kreidefelsen übermächtig türmen, sei es auf dem elf Kilometer langen Hochuferweg von Sassnitz zum Königsstuhl. Der Wanderpfad führt durch ein Mosaik verschiedener Ökosysteme. Im Frühjahr leuchtet der Waldboden leberblümchenlila oder schlüsselblumengelb, bevor sich im Sommer das dichte Laubdach schließt. Etwa 80 Prozent der Landfläche des Nationalparks (700 der 3100 Hektar liegen im Wasser) bedecken Buchenwälder, die auf der Liste des UNESCO-Weltnaturerbes stehen und eine Ahnung geben von dem Ur-Wald, der einmal ganz Deutschland überzogen hat. Kippt ein Baumriese um, wird deutlich, worauf hier alles gründet: auf weißem feinen Kalk, der unter dem Kalktrockenrasen auch den Nährboden bildet für mehr als 25 Orchideenarten.

T-REX UND TOMATENSÜPPCHEN

Von der Wildnis vor über 400 Millionen Jahren erzählt das Dinosaurierland Rügen bei Bobbin. Mehr als 120 Modelle bauen sich auf dem zehn Hektar großen Gelände in Originalgröße auf, darunter der Tyrannus Saurus Rex und ein 27 Meter langer Diplodocus, der hier dereinst mit seinem langen Hals auf Wasserpflanzenernte gegangen sein mag. Ein anderthalb Kilometer langer Erlebnispfad führt über das frühere NVA-Gelände, das auch einen Ausgrabungsbereich und mehrere Picknickbänke bietet. Sein Ende markiert die Zeit des Saurieruntergangs vor 65 Millionen Jahren – vergleichsweise kurze fünf Millionen Jahre zuvor waren die Kreidefelsen entstanden. Nach menschlichem Ermessen echt alt ist das Schloss Spyker unweit des Saurierparks. Im Jahr 1318 erstmals erwähnt, gilt der rotverputzte Backsteinbau aus dem 16. Jahrhundert als ältester Profanbau Rügens. Heute dient das Schloss als Hotel und Restaurant.

WEITERE INFORMATIONEN

www.schloss-spyker.de
www.dinosaurierland-ruegen.de
www.nationalpark-jasmund.de
www.koenigsstuhl.com
www.ruegen.de

Herrlich, so ein Sonnenuntergang an der Müritz. Da bekommt man richtig Lust, seine Angel ins Wasser zu hängen, um den Fisch fürs Abendessen zu besorgen (oben). Unzählige Moore sind über das Gebiet verteilt und verleihen ihm einen mystischen Touch (rechts).

4 Land der tausend Seen – Müritz-Nationalpark

Verwunschene Moore

Wie ein riesiges blaues Herz bettet sich das namensgebende Gewässer in die Landschaft der Mecklenburgischen Seenplatte. Mit einer Fläche von rund 117 Quadratkilometern ist die Müritz der größte Binnensee Deutschlands und gleicht schon eher einem Meer. An ihr östliches Ufer grenzt der wilde Müritz-Nationalpark. Hier darf sich die Natur nach ihren eigenen Regeln entwickeln.

Gleich mehrere Superlative machen den Müritz-Nationalpark zu etwas Besonderem. Er ist außerdem der größte Waldnationalpark Deutschlands, geprägt vor allem durch ausgedehnte Kiefernwälder. Sie machen drei Viertel der Forstgebiete aus. Doch auch die Buchenwälder sind es wert, erkundet zu werden, uralte Bestände befinden sich rund um die kleine Ortschaft Serrahn im Osten des Nationalparks. Diese Wälder wurden in den vergangenen 150 Jahren insbesondere durch die Jagdleidenschaft der Großherzöge vor einer intensiven forstlichen Nutzung bewahrt. So konnten sich mit den Totholzbeständen wertvolle Lebensräume bilden. Über Jahrhunderte konnte sich in diesem urwaldartigen Gebiet eine eine ungeahnte biologische Vielfalt entwickeln und erhalten bleiben, mit vielen Tier- und Pflanzenarten. Seit 2011 gehören die Buchenwälder zum Weltnaturerbe der UNESCO.

Zahlreiche Seen und Moore

Außergewöhnlich ist auch die hohe Dichte an Seen und Mooren im Park, der daher als »Land der tausend Seen« bezeichnet wird. Seine 107 Seen haben zusammen eine Fläche von 10 000 Quadratmetern. Obendrein gibt es hier noch etliche kleinere Gewässer. Auch die Müritz steuert an ihrem östlichen Ufer einen zehn Kilometer langen und 500 Meter breiten

Abschnitt zum Nationalpark bei, der einen typischen Ausschnitt der Mecklenburgischen Seenplatte zeigt. Das Gebiet ist mit rund 50 Einwohnern pro Quadratkilometer ausgesprochen dünn besiedelt.
Einen mystischen Charakter verleihen die rund 400 Moore der naturgeschützten Landschaft. Einige bringen es auf 500 Quadratmeter, andere aufs Zehnfache. Besonders eindrucksvoll sind die Moore am Ostufer: Der Röbelsche Wold und der Specker Wold sind jeweils sechs Quadratkilometer groß. Auch einige bewirtschaftete Areale gehören zum Nationalpark, etwa das Grünland bei Müritzhof. Doch sie machen nur einen geringen Anteil aus und auch hier kommen seltene Arten vor, wie man sie bedingt durch die Intensivierung der Landwirtschaft nur noch in Ausnahmefällen findet.

Eine seltene Flora und Fauna

Aufgrund der verschiedenen Biotope ist die Artenvielfalt im Müritz-Nationalpark ausgesprochen groß. So wurden hier unter anderem 673 Großschmetterlingsarten, 859 Käfer- und 214 Vogelarten gezählt. Von Aussichtsplätzen aus sind prächtige Vertreter wie Fischadler, Schwarzstörche und Kraniche zu beobachten. In den Feuchtgebieten kommen seltene Arten wie die Rohrdommel vor. Ähnlich facettenreich zeigt sich die Pflanzenwelt mit insgesamt rund tausend verschiedenen Arten von Gefäßpflanzen, Moosen und Armleuchteralgen. Obendrein sind im Nationalpark insgesamt rund 750 Arten von Pilzen und Flechten zu finden.

Ausflug nach Waren

Nur wenige Kilometer sind es von der Grenze des Nationalparks bis Waren. Das Städtchen mit seiner mehr als 750-jährigen Geschichte ist dank seiner gesundheitsfördernden Thermalsole seit 2012 als Heilbad staatlich anerkannt. Es liegt gut geschützt an der Binnenmüritz – einer kleinen Ausbuchtung am Nordufer des riesigen Sees. Mit reichlich Backstein, Fachwerk und ziegelroten Dächern säumt die Altstadt den Hafen. Daraus hervor ragt der barocke Turm der St. Marienkirche, deren Ursprünge im 14. Jahrhundert liegen. Bei einem Aufstieg entfaltet sich ein großartiges Panorama mit einem Blick über die Seenlandschaft.

HAUS DER 1000 SEEN

Das Müritzeum, auch »Haus der 1000 Seen« genannt, vermittelt interaktiv Landschaftsgeschichte und Tier- und Pflanzenwelt des Müritz-Nationalparks. Innovativ ist auch die multimediale Gestaltung der Ausstellung rund um die Mecklenburgische Seenplatte. Wie beim »Original« werden alle Sinne angesprochen. Besucher können etwa einem Laubfroschkonzert im Moor lauschen, Moränen unter Wasser oder Kraniche beim Fischen begleiten. Zum Müritzeum gehört auch Deutschlands wohl größtes Aquarium für einheimische Süßwasserfische. Ein weiterer Bereich der Ausstellung präsentiert rund 280 000 Exponate der Naturhistorischen Landessammlung.

WEITERE INFORMATIONEN

www.waren-mueritz.de
Müritzeum: www.mueritzeum.de

5 Nebelreiches Fleckchen – Nationalpark Harz

Zwischen dichten Wäldern und rauschenden Wassern

Von Skandinavien aus die ersten Berge: der Harz, das nördlichste Mittelgebirge Deutschlands. Obwohl der Brocken das bekannteste Naturdenkmal ist, lohnt es sich, auch jenseits des höchsten Gipfels den Naturpark zu erkunden. Manche Menschen unken ja, dass es ihn gar nicht gibt, denn es kann vorkommen, dass man den Harz mehrfach besucht und den Brocken einfach nicht sieht, da er sich gerne in Nebel hüllt.

Schwindelfrei sollte wohl sein, wer sich auf diese Hängebrücke über die Rappbodetalsperre begibt, die längste Fußgänger-Seilhängebrücke der Welt (unten). Rund um den Brocken geht es überall schön rauf und runter, perfektes Terrain für Mountainbiker (rechts).

Die Luchse haben einen wunderbaren Ausblick: Majestätisch residieren sie auf 500 Metern Höhe. Unter ihnen erstrecken sich Wälder aus rauschenden Tannen, und irgendwo in der Ferne erhebt sich der Brocken als halbrunde Kuppe aus der Landschaft. Wenn er sich denn blicken lässt. Ganz häufig ist es so neblig, dass man ihn einfach nicht sieht – immerhin ist das hier der nebelreichste Ort Europas.

Der Brocken – ein besonderer Gipfel

1141 Meter ragt der Brocken als höchste Erhebung Norddeutschlands aus der Ebene auf – und sorgt damit für besondere Bedingungen. So liegt sein Gipfel zwar weit unterhalb der Waldgrenze, bleibt aber dennoch baumlos von Natur aus. Ursache hierfür sind lange Winter mit niedrigen Temperaturen, zudem ist er der erste Angriffspunkt für Stürme. Beides zusammen hat seine runde Kuppe erkahlen lassen wie eine Glatze. Es ist zudem der niederschlagsreichste Punkt im nördlichen Mitteleuropa. Mehr als 300 Nebeltage pro Jahr vermeldet der Brocken. Als erstes Gebirge sammelt er eben die Wolken vom Atlantik und lässt sie niederregnen. Das ist ein Grund, warum die

Westseite des Harzes so überbordend grün ist. Wer in den Nationalpark Harz fährt, kommt um Torfhaus kaum herum. Der kleine Weiler stellt die ideale Ausgangsbasis für Wanderungen auf den Brocken oder mit Brockenblick dar. Doch nicht nur bergauf lässt es sich dort wandern, sondern auch wunderbar bergab. Gleich hinter der Jugendherberge beginnt ein Wanderweg zur Okertalsperre. Er führt nicht nur durch die zauberhaften Wälder des Mittelgebirges, sondern vor allem entlang des Oberharzer Wasserregals.

Wasserkraft aus dem Mittelalter

Was wie ein Einrichtungsgegenstand eines schwedischen Möbelhauses klingt, ist ein System aus Teichen, Gräben und Kanälen, das im Mittelalter das Wasser der Hänge so geschickt geleitet hat, dass es als Antriebskraft für den Bergbau genutzt werden konnte. Hört sich industriell an, ist aber heute wunderschön: In Rinnen und Gräben plätschert das Wasser entlang der Wege, staut sich in künstlichen Becken oder Teichen. Rund 22 Wanderwege kreuzen dieses inzwischen als UNESCO-Weltkulturerbe ausgezeichnete Denkmal, das sich wie ein blaues Netz über die Landschaft legt.

Das Mittelgebirge Harz gehört immerhin zu den wasserreichsten Gegenden Deutschlands. Und das zeigt sich nicht nur in den vielen Gräben, Stauseen und Flüssen – der Harz hat auch ganz besondere Quellen. Die Rhumequelle am südöstlichen Harzrand etwa ist eine der stärksten Karstquellen Mitteleuropas und fasziniert mit ihrem Blauschimmer vor allem im Frühjahr. Natürlich nicht, ohne eine passende Sage dazu bereitzuhalten: Ihr zufolge sollen sich dort einst ein Riese und eine Nixe ineinander verliebt haben. Der Vater der Nixe sabotierte aber die Verbindung, sodass der Schönen nichts anderes übrig blieb, als sich in eine Quelle zu verwandeln. Die vielen Sagen und Mythen rund um den Harz aus früheren Zeiten sind noch heute in den Namen erkennbar: Hexentanzplatz, Teufelsmauer, Orte wie Sorge und Elend oder eben die Rabenklippen, die wohl inzwischen eher Luchsklippen heißen müssten, da die Pinselohrkatzen sich dort niedergelassen haben.

WALPURGISNACHT IM HARZ

Die Mystik des Harzes schätzte schon Johann Wolfgang von Goethe. Der Dichter war einerseits fasziniert von der Bergbautechnik wie etwa in Rammelsberg, aber vor allem von den Sagen und den vielen Geschichten rund um die Hexen, die heute das Wahrzeichen des Harzes geworden sind. Goethe hat all das in seinem *Faust* verarbeitet und den Harz als Schauplatz der Walpurgisnachtfeiern verewigt. Bis heute zählen die Walpurgisfeiern zu den Veranstaltungshöhepunkten des Harzes. Am 30. April zündet man große Feuer an und tanzt als Hexen verkleidet in den Mai. Die größten Feiern finden dabei in Bad Grund, Braunlage, Hahnenklee, Sankt Andreasberg, Schierke und Thale statt. Wer es noch spezieller haben möchte, fährt mit der Schmalspurbahn zum Brocken und lauscht der Inszenierung der Rockoper *Faust*.

WEITERE INFORMATIONEN

www.harzinfo.de, www.hsb-wr.de

Weit geht der Blick übers Land, wenn man bei einer Wanderung in der Sächsischen Schweiz einen Aussichtspunkt erreicht (oben). Die skurrilen Felsformationen sind äußerst imposant, das wird am besten bei einem Besuch der Basteibrücke im Elbsandsteingebirge klar (rechts).

6 Felsen und Formen – Sächsische Schweiz

Bad Schandau und der Kuhstall

Wer den hübschen Ort Bad Schandau noch nicht kennt, sollte sich auf den Weg in die Sächsische Schweiz begeben. Denn hier kann man zu jeder Jahreszeit eine Naturlandschaft entdecken, die als Habitat für zahlreiche Tier- und Pflanzenarten dient und für aktive Erholung sorgt. Gesundheitsfördernde Bäder in der Toskana-Therme und wunderbare Wanderwege sind inbegriffen.

Das Elbsandsteingebirge ist ein länderübergreifendes Gebiet, bestehend aus Sächsischer und Böhmischer Schweiz, und zugleich eine der spektakulärsten Naturlandschaften Europas. Im äußersten Südosten Deutschlands sowie im Norden Tscheсhiens gelegen, ist es über Dresden gut zu erreichen.

Unberührte Natur

Die Landschaft besitzt einen besonderen Formenreichtum, der mit Tafelbergen, Hochflächen, grotesken Felsenriffen und Felsnadeln, Wäldern und Schluchten sowie dem lieblichen Elbtal die Besucher verzaubert.

Ein Großteil der insgesamt 710 Quadratkilometer großen Region mit ihrer reichen Flora und Fauna ist beiderseits der Grenze als Nationalpark geschützt. Im Süden schließt sich das vom Vulkanismus geprägte Böhmische Mittelgebirge mit markanten, kegelförmigen Bergen an. Der Nationalpark Sächsische Schweiz ist der einzige Felsennationalpark Deutschlands. Er besteht aus zwei Teilen und umfasst insgesamt 94 Quadratkilometer Fläche. Es sind jene Gebiete auf der östlichen Elbseite, die in ihrer Geschichte kaum besiedelt oder verkehrsmäßig erschlossen wurden und sich so bis heute alle Merkmale einer Naturlandschaft bewahrt haben. Irgendwann sollen Tiere und

Pflanzen hier wieder gänzlich sich selbst überlassen werden. Frei entfalten kann sich die Natur auf der Hälfte der Fläche des Nationalparks, in den besonders geschützten Kernzonen.

Wanderung zum Felsentor Kuhstall

Im Jahre 1430 wird Schandau erstmals urkundlich erwähnt. Als wichtiger Ort auf dem Handelsweg zwischen den großen Feudalstaaten Meißen und Böhmen entwickelte sich das Städtchen zu einem bedeutenden Umschlagplatz des Elbhandels. Mit der Entwicklung des industriellen Marktes und moderner Verkehrsmittel im 19. Jahrhundert gingen Handel und Handwerk zurück, während der Fremdenverkehr an Bedeutung gewann. Das gebildete Bürgertum fand plötzlich Gefallen an der bis dahin gemiedenen Felsenwelt des Elbsandsteingebirges. Es ist zudem seit 1800 der älteste Kurort der Region, seit 1920 führt es den Titel »Bad«. Heute spielt hier vor allem der sanfte, nachhaltige Tourismus eine wichtige Rolle. Ein Leitfaden für Tourismusbetriebe verbindet die Sächsische und die Böhmische Schweiz und bildet so einen einzigartigen Naturraum zwischen Dresden und Prag. Als Reiseziel legt man bei der Entwicklung dieser einmaligen Region mit zwei Nationalparks besondere Sensibilität an den Tag. Ein nostalgisches Erlebnis ist eine Fahrt mit der Kirnitzschtalbahn, der einzigen Straßenbahn der Welt, die in einen Nationalpark einfährt. Die Traditionsbahn ruckelt ganz gemächlich durch das wildromantische Tal entlang des klaren Gebirgsbaches Kirnitzsch. Seit 1898 bringt sie Wanderer, Touristen und Kurgäste zu ihren Zielen. Auf etwa acht Kilometern und mit neun Haltestellen begleitet die meterspurige Bahn die bizarre Felsenwelt des Elbsandsteingebirges von Bad Schandau zum Lichtenhainer Wasserfall. Zu beiden Seiten der Kirnitzsch erstreckt sich eines der schönsten Wanderreviere des Elbsandsteingebirges mit den Schrammsteinen, Bärenfangwänden, dem Kuhstall, dem Hinteren Raubschloss und dem Großen Zschand. Der Kuhstall ist das größte Felsentor der Sächsischen Schweiz und nach dem Prebischtor auf böhmischer Seite das zweitgrößte des gesamten Elbsandsteingebirges. Während des Dreißigjährigen Kriegs (1618–1648) versteckten sich hier die Lichtenhainer Bauern mit ihrem Vieh vor den schwedischen Truppen, die damals durch das Gebiet zogen und die Häuser plünderten.

SOMMER- UND WINTERDORF SCHMILKA

Bereits im Jahre 1665 wurde mit der Schmilkaer Mühle der Grundstein für den Ort an der Elbe gelegt, heute ist er ein Ortsteil von Bad Schandau. Zwischen 1800 und 1875 erweiterte der Müller seinen Betrieb um eine Mahlmüllerei und bis 1881 auch um eine Brotbäckerei. Nach langem Stillstand wurde die Mühle von Familie Hitzer wiederbelebt, heute dreht sich täglich das Mühlrad durch die Wasserkraft des Ilmenbachs. Schmilka ist heute ein Bio-Refugium. Neben dem ersten sächsischen Bio-Hotel und der Bio-Bäckerei gibt es hier auch eine Bio-Brauerei, ein Café und ein Badehaus. In der kalten Jahreszeit verwandelt sich Schmilka in ein Winterdorf. Dann steigen Gäste in den beheizten Badezuber, lassen die Seele in der Panoramasauna baumeln oder genießen Glühwein und Kuchen am Kaminfeuer im Mühlenhof.

WEITERE INFORMATIONEN

www.schmilka.de
www.saechsische-schweiz.de
www.nationalpark-saechsische-schweiz.de
Hotel Elbresidenz (Fünf-Sterne-Komfort)
www.hotel-elbresidenz.de

Der tschechische Teil des Elbsandsteingebirges wird Böhmische Schweiz genannt. Den Nationalpark Böhmische Schweiz frequentieren Kletterer gern, seine Felsen eignen sich hervorragend dafür.

7 Den Steinkrebs retten – Nationalpark Eifel

Besondere Biotope als Rückzugsräume

Der Nationalpark Eifel ist ein besonderer Lebensraum für viele Tiere und Pflanzen, darunter auch Pilze. Seine besonderen Merkmale sind die naturnahen Laubwälder, artenreichen Wiesen, schroffen Felsen und vielen kleinen Bäche, aber auch großen Seen. Über 10 000 verschiedene Arten aus Flora und Fauna haben Forscher hier bisher nachgewiesen und in eine digitale Artenliste eingetragen.

Mehr als 2300 Arten davon stehen auf der Roten Liste, gelten demnach also als gefährdet oder sind gar vom Aussterben bedroht. Das sind Tiere und Pflanzen, die auf die Lebensbedingungen im Schutzgebiet besonders angewiesen sind. Entsprechend sorgsam sollte man sich im Nationalpark Eifel dann auch bewegen und die Regeln für den achtsamen Umgang mit der Natur einhalten, denn diese schützen nicht nur den Artenreichtum und unsere Umwelt, sondern letztlich auch uns selbst. So wurde im November des vergangenen Jahres zum Beispiel eine Anzahl von 130 heimischen Steinkrebsen in verschiedene Bäche im Nationalpark Eifel entlassen.

Wald, Wasser, Wildnis

Dieses neue Artenschutzprojekt der Nationalparkverwaltung Eifel benötigt einen sauerstoffreichen und kühlen Bach mit kiesigem Bett, wie es die heimischen Steinkrebse gerne mögen. Nach einer solchen Stelle mitten im Nationalpark Eifel hat Flusskrebs-Experte Dr. Harald Groß lange gesucht. Um die äußerst empfindlichen und selten gewordenen Krebse erfolgreich anzusiedeln, muss der

Von oben betrachtet sieht man, dass der Windsborner Kratersee fast kreisrund ist (unten). Uferlandschaft mit offen liegenden Baumwurzeln am Rurstausee bei Heimbach (rechts).

Kräftig pink leuchtet der üppig wachsende Fingerhut (unten). Das Hohe Venn ist eine Hochmoorlandschaft zwischen Belgien und Deutschland (ganz unten). Blick auf die Rurtalsperre Schwammenauel (rechts).

Standort für sie absolut perfekt sein. Im Gepäck hatte der Biologe 130 Krebse aus seiner eigenen Zucht. Er nimmt sie aus der großen Styropor-Box und lässt sie an unterschiedlichen Stellen langsam ins Wasser gleiten. Das Aussetzen der Flusskrebse ist ein Folgeprojekt der Nationalparkverwaltung Eifel nach den 2014 abgeschlossenen Life-Plus-Aktionen zum Thema »Wald-Wasser-Wildnis«. »Sie müssen sich erst einmal akklimatisieren, dann suchen sie sich ein ruhiges Versteck unter Wurzeln oder Totholz, wo sie zunächst einmal bleiben und die Lage einschätzen«, ist der Biologe vorsichtig optimistisch. Einmal im Jahr wird der Flusskrebs-Experte wieder an den Bach kommen und die Stellen kontrollieren. Die Bemühungen um den Erhalt der heimischen Flusskrebsart sind wichtig und zahlreich, denn sein Überleben steht auf dem Spiel: In Nordrhein-Westfalen waren nach 1990 nur noch drei Vorkommen des Steinkrebses bekannt, heute gibt es nur noch eines im Siebengebirge.

Schutz der Steinkrebse und Gewässer

Die Mittelgebirgsbäche im Nationalpark Eifel stellen für den Steinkrebs bestens geeignete Lebensräume zur Verfügung. Zum ersten Mal haben bereits 2014 die Biologische Station Städteregion Aachen und die Nationalparkverwaltung in ihrem gemeinsamen Projekt Steinkrebse im Großschutzgebiet ausgebracht. Insgesamt drei größere Landschaftsabschnitte, deren Bäche in Folgejahren besetzt werden sollten, wurden damals für geeignet befunden. Daher betreibt auch die Nationalparkverwaltung Eifel das Ansiedlungsprojekt engagiert weiter. Unterstützt wird sie dabei durch die HIT-Umwelt- und Naturschutz-Stiftung. An der ausgewählten Aussatz-Stelle, die zum Schutz der Bestände nicht näher benannt wird, droht den jungen Krebsen keine Gefahr, sie sind dort vor den amerikanischen Arten sicher. Letztere können Überträger der sogenannten Krebspest sein, einer Pilzinfektion mit dem Schlauchpilz *Aphanomyces astaci*, der im 19. Jahrhundert aus Nordamerika nach Europa eingeschleppt wurde. Sie endet für heimische Stein- und Edelkrebse leider tödlich. Schnell strömende, kühle und sauerstoffreiche Bachoberläufe, wie sie der Steinkrebs braucht, sind auch Lebensraum für viele weitere selten gewordene Fischarten wie Koppe, Bachforelle oder Bachneunauge.

Der Steinkrebs ist nicht nur bei uns, sondern in seinem gesamten Verbreitungsgebiet in Zen-

tral- und Südosteuropa gefährdet. Nordrhein-Westfalen stellt die nordwestlichste Grenze des natürlichen Vorkommens dar. Besonders durch Fischbesatz können die Sporen der Krebspest in andere Gewässer gelangen. Durch einen überhöhten Fraß-Druck kann sich ein Fischbesatz aber auch ohne Krebspestübertragung negativ auswirken. Nicht zuletzt die Ortstreue des Krebses verlangsamt eine natürliche Wiederbesiedlung geeigneter Gewässer. Meist ist die zur Besiedlung anderer kleiner Nebenbäche notwendige Durchwanderung des Hauptgewässers nicht möglich, da dort schon amerikanische Flusskrebse vorkommen. Damit diese nicht auch in die Steinkrebsbäche einwandern, werden Wanderhindernisse wie Verrohrungen eingebaut.
Solche für Fische und andere Arten schädliche Barrieren sind für heimische Flusskrebse oft überlebenswichtig. Daher sollten sie auch in diesen wenigen Fällen erhalten bleiben.
Allgemein können kleinste Veränderungen des Lebensraumes Steinkrebspopulationen zum Aussterben bringen. Dazu zählen vor allem Begradigungen und Uferverbau sowie unnatürliche Einträge von Schwemmstoffen, zum Beispiel durch unmittelbar ans Ufer angrenzende landwirtschaftliche Ackerflächen. Der Steinkrebs reagiert sehr empfindlich auf die Verfüllung seiner Wohnhöhlen mit Sedimenten und auf den Eintrag von Schadstoffen, insbesondere von Insektenschutzmitteln, ins Gewässer.

Überlebensräume

Die gesamte Fläche des Nationalparks Eifel beträgt rund 11 000 Hektar. Je nach Höhenlage, geologischem Untergrund sowie früherer Nutzung unterscheiden sich die verschiedenen Klima- und Wasserverhältnisse, Böden oder Nährstoffangebote. In vielen dieser von Waldgebieten, Wasserflächen und unberührten Regionen geprägten Lebensräume kommen Tier-, Pilz- und Pflanzenarten vor, die in der Eifel, in Nordrhein-Westfalen, ja in ganz Deutschland in ihrem Bestand gefährdet sind. Der Nationalpark Eifel bietet diesen Arten einen überlebenswichtigen Rückzugsort, den es zu schützen gilt, auch wenn wir ihn für den sanften Tourismus nutzen.

MITTELALTER AUF DER BURG ERLEBEN

Wer sich auf die Spuren des Mittelalters begeben will, sollte hier am Tor zur Eifel das hübsche Städtchen Nideggen und seine Burg besuchen. Nach der Zerstörung im Zweiten Weltkrieg wurde Burg Nideggen in den 1950er-Jahren wieder aufgebaut. Seit 1979 beherbergt sie im Bergfried das Burgenmuseum Nideggen. Von außen eher unscheinbar, erlebt man in der Dauerausstellung des Burgenmuseums Licht und Schatten der mittelalterlichen Kultur auf Burg Nideggen hautnah und authentisch. Mit anschaulichen Geschichten und Exponaten taucht man ein in eine Welt voller Abenteuer und Ritterlichkeit, lernt aber auch den harten, oft grausamen Alltag der höfischen Zeit kennen. Denn im Mittelalter war das höfische Leben in den Burgen nicht nur geprägt von Galanterie und Festlichkeiten.

WEITERE INFORMATIONEN

www.kreis-dueren.de/burgenmuseum
Informationen und Tipps zum gesamten Nationalpark Eifel gibt es unter www.nationalpark-eifel.de und www.rureifel-tourismus.de

Herbststimmung an einem Streckenabschnitt der Altmühl nicht weit von Essing (oben). Lilablassblau recken die Leberblümchen aus der Familie der Hahnenfuß-Gewächse im Naturpark Altmühltal ihre Blüten in die Luft (rechts).

8 Rau und sanft zugleich – Naturpark Altmühltal

Vom Hesselberg zum Altmühltal

Schwarzes Bilsen- und Gemeines Hexenkraut habe ich hier noch nicht gefunden, dafür verschiedene Orchideen, Rautengewächse, Katzenpfötchen und Klappertopf, Wermut, außerdem wilde Minze. Hesselberg und der Naturpark Altmühltal bieten nicht nur allerlei Kräutergewächse, sondern auch einzigartige Naturräume auf der Südlichen Frankenalb.

Schwarzer, brauner und weißer Jura, Lias, Dogger und Malm? Keine Sorge, Sie können den Wander- und Geologischen Lehrpfad am Hesselberg am nordwestlichen Ende des Altmühltals auch ohne erdgeschichtliches Studium bereisen und sich dabei wohlfühlen. Auf dem Wanderweg zum Gipfel des Hesselberges lernt man etwas über Jurensismergel, Posidonienschiefer, Amaltheenton, Opalinuston oder Atoxioceratenschichten. Alles klar?

Geologischer Lehrpfad

Manche streichen bereits am Quellhorizont die Segel, dort gibt es unter Schatten spendenden Obstbäumen eine verlockende Holzbank. Zwar etwas in die Jahre gekommen, aber mit herrlicher Aussicht über die Ebene bei den charmanten Orten Wittelshofen, Gerolfingen und Aufkirchen. Vom Hesselberg-Gipfel aus, der wie eine Insel aus der mittelfränkischen Limes-Ebene herausragt und immerhin 689 Meter erreicht, kann man an klaren Tagen sogar in der Ferne die Alpen erblicken. Der Geologiepfad beginnt am Parkplatz hinter dem Wittelshofener Ortsteil Grabmühle und führt über Obstwiesen und Wälder in gut einer Stunde hinauf zur Höhe, je nachdem wie es um die Kondition bestellt ist. Dort angekommen, kann man in zwei Stunden den Gipfelrundweg absolvieren, der gut beschildert ist und zu den

Auch Lupinen sorgen für knallige Farbakzente überall im Naturpark (unten). Am Altmühlsee ziehen Schwäne gern ihre Jungen auf (ganz unten). Majestätisch überragt Burg Prunn von ihrem Felsen aus das Tal (rechts).

schönsten Aussichtspunkten führt. Neben Teufelsloch, Osterwiese und Hundsrücken kommt man in der Nähe des Gipfelkreuzes auch am »Hängenden Stein« vorbei, von dem die Legende erzählt, dass auf ihm stehend der Schwedenkönig Gustav Adolf den Anmarsch seiner Truppen zur Schlacht von Nördlingen beobachtet haben soll. Die noch gut sichtbaren Ringwälle um den Hesselberg gehören mit fast fünf Kilometern zu den längsten Bauwerken dieser Art in Deutschland. Sie wurden um 1200 errichtet, was auf eine frühzeitige Besiedelung des Gebietes schließen lässt. Seltene Orchideen- und Enzianarten wachsen hier in dem an Kleinbiotopen so reichen Gebiet. Vielleicht begegnet einem ja auch die Berghexe, eine vom Aussterben bedrohte Schmetterlingsart, die über den Magerrasen der Berghänge flattert.

Schäfer am Kappelbuck

Unweit der Gemeinde Ehingen am Hesselberg wartet noch ein weiteres Naturerlebnis auf die Besucher: der Kappelbuck. Etwas grimmig schaut er drein, der Holz-Schäfer am Kappelbuck. Kein Wunder, denn durch die Billig-Importe aus Osteuropa und anderen fernen Ländern hat sich der Wert heimischer Schafwolle immer weiter verschlechtert. Die Produktion von Wolle ist unrentabel geworden, reicht gerade aus, um den Scherer zu entlohnen. Nur mit dem Verkauf von Lämmern scheint ein Schäfer heute überhaupt noch Geld verdienen zu können, doch auch hier drückt die Konkurrenz aus Südeuropa oder Neuseeland den Preis. Aber ohne die Beweidung durch Schafe hätten sich Naturräume und Wiesenflächen wie am Kappelbuck schon längst in eintönige Gebüsch-Landschaften verwandelt. All das geht einem durch den Kopf, wenn man hier wandert und sich an der friedlich den Hang hinaufziehenden Schafherden erfreut. Dabei ist der Schäferberuf alles andere als idyllisch. Die mageren Wiesen reichen oft nicht aus, um die Herde zu ernähren. So muss er zusätzlich Landwirtschaft betreiben, sich um seine Hütehunde kümmern, Absatzmärkte erschließen und die Herde betreuen, tagein und tagaus. Doch wenn man ihn sieht, auf seinen Schäferstab gestützt, mit wachen Augen und ruhigem Ton Hund und Herde dirigierend, hat man das Gefühl: Da steht jemand, der ist völlig im Einklang mit der Natur.

Auf dem weitläufigen Gelände mit Streuobstwiesen, Magerrasen, alten Bäumen und Busch-

werk wird es ab und zu recht lebendig, denn mit Initiativen wie dem »Grünen Klassenzimmer« oder Veranstaltungen wie Brotbackseminaren, Märchenerzählen, Herstellung von Naturkosmetik, Kräuterbrotzeit und Kneippfrühstück bringen Naturpädagoginnen aus der Region Kindern, Jugendlichen und Erwachsenen die Bedeutung heimischer Arten näher. Und auf 27 Stationen erklären uns Tafeln alles Wissenswerte über Tiere und Pflanzen, Naturschutz und Geologie, Obstbewirtschaftung, Imkerei und Schäferei. So sollte Naturkunde heute überall vermittelt werden.

Australien im Altmühltal

Manche Weltenbummler reisen um die halbe Erdkugel, um den Zwölf Aposteln auf die Spur zu kommen. Die einen begeben sich auf die Pilgerwege der zwölf Jünger Christi, durchwandern das Heilige Land, kreuzen im Mittelmeer oder gehen auf biblische Reisen. Andere fliegen bis nach Australien, um die Twelve Apostles zu bewundern, jene markanten, bis zu 60 Meter hohen Kalksteinfelsen vor der Küste zwischen Princetown und Port Campbell im Südwesten Victorias an der Great Ocean Road. Verblüfft stellen sie dann fest, dass sie doch noch bis Zwölf zählen können, wenn ihnen erklärt wird, dass aufgrund von Wind und Wetter, Stürmen und Erosion von den einst zwölf Felsen nur noch sieben übrig sind. Ihre weitere Reduzierung könnte durch katastrophenartige Wetterphänomene schneller voranschreiten, als wir zählen können. Dabei braucht man gar nicht bis nach Australien reisen, die Zwölf Apostel findet man in Form einer wilden Felsformation auch im schönen Altmühltal an den nördlichen Talhängen zwischen Eßlingen und Solnhofen. Die auch hier mächtig emporragenden Dolomitfelsen haben sich zu einer Gruppe formiert, die sich sowohl vom Altmühltal-Radweg, dem Altmühltal-Panorama-Wanderweg als auch von einer Kanufahrt auf der Altmühl aus sehr gut erspähen lassen. Hierbei kommt der schönen Aussicht zugute, dass es keine großen Parkplätze direkt unterhalb der Felsen gibt, die das Landschaftsbild zerstören würden. Man muss schon ein bisschen wandern, radeln oder sich aufs Wasser begeben, um den wundervollen Anblick genießen zu können.
Auch der geologische Untergrund ist einzigartig. Die Schichtkalke des Treuchtlinger Marmors, einer Gesteinsart des Weißen Jura, haben mit den Schwammkalksteinen hier eine erdgeschichtliche Besonderheit geschaffen.

KLEINES GASTHAUS – GROSSE GESCHICHTE

Ganz bescheiden nennt man sich das »Kleine Gasthaus im Altmühltal«. Hier in Eßlingen im »13. Apostel« strahlt ein netter Gasthof mit Biergarten den ganzen Charme der Region aus: Bodenständigkeit, Ehrlichkeit, Gastfreundschaft. Bis 1774 lässt sich die Geschichte zurückverfolgen. Gegründet wurde die damalige Branntweinbrennerei von Georg Michael Glöckel. Bis 1974 wurde sie ununterbrochen von Nachfahren betrieben, dann war sie dem Verfall preisgegeben. Im Jahre 2004 erwarben Marion und Albert Lippenberger das Haus und sanierten das Gebäude mit viel Liebe zum Detail. Ein Kleinod längst vergangener Zeiten wurde wieder zum Leben erweckt.

WEITERE INFORMATIONEN

www.dreizehnter-apostel.de
www.hesselberg.de
Der Naturpark Altmühltal unterhält eine umfangreiche Website:
www.naturpark-altmuehltal.de

9 Wilde Schluchten – Südschwarzwald

Entdeckungen in Klüften und Hochmooren

Im Süden des Schwarzwaldes, wo die Berge dieses Mittelgebirges am höchsten sind, zeigt auch das Wasser, welche Kraft in ihm steckt. Flüsse und Bergbäche haben sich hier durch die Felsen gegraben und verträumte Hochmoore geschaffen, die in ihrer Art in Europa einzigartig sind und zu Rückzugsgebieten für Tier- und Pflanzenarten geworden sind.

Tiefblau leuchtet der von dichtem Nadelwald umgebene Feldsee (unten). Einer von vielen Wasserfällen in der Wutachschlucht: die Lotenbachklamm (rechts).

Kuckucksuhren, Bollenhut, eine weltberühmte Torte und eine vermutlich fast ebenso berühmte Arztserie – der Schwarzwald steht zum einen für Idylle, die von der Tourismuswirtschaft auch entsprechend vermarktet wird. Andererseits – der Name deutet es schon an – hat Deutschlands höchstes Mittelgebirge auch eine dunkle, eine sehr ungezähmte Seite, die zu entdecken eine Freude ist, wenn man sich abseits der gern begangenen Wege begibt.
Solche wilden Gebiete finden sich an vielen Ecken im Schwarzwald, der von Nord nach Süd eine Ausdehnung von rund 150 Kilometern hat und sich im Norden bis zu 30 und im Süden bis zu 50 Kilometer breit macht. Hier im Süden liegen mit dem Feldberg (1493 Meter), dem Herzogenhorn (1415 Meter) und dem Belchen (1414 Meter) auch die höchsten Gipfel des Schwarzwaldes, und hier im Süden haben die Flüsse und Bäche auch tiefe Schluchten ins Gestein gegraben.

Gewässer der vielen Namen

Den Südschwarzwald – den man sich als Gebiet südlich einer gedachten Linie vorstellen

Die größte Kuckucksuhr der Welt kann in Schonach besichtigt werden (unten). Vom Feldberg aus ist die Sicht völlig frei, im Vordergrund auf den Feldsee (ganz unten). Zauberwald-Pfad im Naturschutzgebiet Taubenmoos (rechts).

darf, die von Freiburg im Breisgau bis nach Donaueschingen verläuft – besteht aus einem zentralen Hochgebiet mit seinen markanten Gipfeln, das Fühlern gleich seine Täler in verschiedene Richtungen ausstreckt.
Eines dieser Täler hat ein über 90 Kilometer langer Fluss geschaffen, der auf seinem Weg zum Hochrhein mehrmals die Richtung und bei der Gelegenheit auch gleich zweimal seinen Namen wechselt. Auf den Weg macht sich der Fluss unterhalb des Feldbergs als Seebach in einer Hochmulde. Über einen Wasserfall stürzt er in den Feldsee und fließt dann in ostnordöstlicher Richtung nach Titisee. Hier ändert er Namen und Richtung, um als Gutach nach Südosten abzubiegen. Nach dem Zufluss der Haslach wird der Flussverlauf zunehmend wilder, die Wasser rauschen nur so dahin, weshalb sich der Name östlich von Neustadt ein weiteres Mal ändert, nun in Wutach, in dem, deutlich erkennbar, das Wort »Wut« steckt. Der Fluss scheint sich hier regelrecht austoben zu wollen, ehe er in den Hochrhein fließt, und hat mit seiner Kraft hier ein etwas mehr als 30 Kilometer langes Schluchtensystem geschaffen: die in ihrer Art einzigartige Wutachschlucht.

Die Wutachschlucht ist mit ihren Nebentälern (siehe Autorentipp) eine der letzten Wildnisflusslandschaften in Mitteleuropa und verändert sich bis heute permanent. Denn die Wutach wütet hier nach wie vor ungehemmt, gräbt sich in die Gesteinsschichten und gestaltet das Flussbett immer wieder neu. Das Ergebnis ihres ungezügelten Treibens ist eine wildromantische Schlucht, eine echte Urlandschaft mit steilen Felshängen, urwüchsigen Wäldern und einer üppigen Vegetation. Apropos Pflanzenwelt: In der Wutachschlucht gibt es rund 1200 verschiedene Pflanzenarten, darunter einige absolut seltene Exemplare wie Felsennelke oder Silbertaler. Da ist es kein Wunder, dass sich in der Schlucht auch die bunten Falter wohlfühlen, sodass hier noch über 500 Schmetterlingsarten ihre Flügel ausbreiten.
Die Schlucht kann man nicht durchfahren, sie ist zum Glück Wanderern vorbehalten und bietet mit ihrem Wegenetz viele Möglichkeiten für Touren verschiedener Längen und Schwierigkeitsgrade. Für eine Tour durch die gesamte Schlucht sollte man zwei Tagesetappen einplanen, um die Tour richtig genießen zu können. Gute Einstiege sind die Gutachbrücke (bei Kappel, östlich von Neustadt) oder die Schattenmühle (bei Löffingen-Göschweiler).

Hochmoore im Hotzenwald

Nachdem sie sich ausgetobt hat, vereinigt sich die Wutach bei Waldshut-Tiengen mit dem Rhein. Westlich und nordwestlich davon erstreckt sich der Hotzenwald. Woher das Wort »Hotzen« genau stammt, ist nicht ganz klar. Vermutlich leitet es sich von *houtz* ab, einem alemannischen Ausdruck für Bauer oder Wälder. Nach einer anderen Erklärung kommt es vom Begriff *houzen*, einer Anspielung auf die Hosen der Hotzenwälder Tracht. Murg, Wehra und Alb haben schöne Canyons geschaffen. Im Flussbett der Alb soll sogar der Teufel seine Hände im Spiel gehabt haben. »Teufelsküche« nennt man eine Engstelle im Flussbett, wo das Wasser eigenartig geformte Strudellöcher ausgewaschen hat. Etwas ganz Besonderes sind die Hochmoore. Sie sind heute äußerst selten geworden und bieten einen Lebensraum für Tiere und Pflanzen, die nur dort vorkommen. Im Naturschutzgebiet Oberer Hotzenwald führt der Sieben-Moore-Pfad (Rundwanderweg, 8,5 Kilometer) in die urwüchsige Welt der Hoch- und Niedermoorlandschaften.

Nachdem wir den Hotzenwald in nordwestlicher Richtung durchquert haben, nähern wir uns schon wieder dem Feldberg, den wir mit dem später zur Wutach werdenden Seebach verlassen haben. Hier sind wir im Naturschutzgebiet Feldberg, dem größten, höchstgelegenen und ältesten Naturschutzgebiet Baden-Württembergs. Hier liegt der Feldsee, der seine Entstehung einem Becken verdankt, das die Gletscher vor Urzeiten ausgegraben haben. Die Kräfte der Natur haben hier ganze Arbeit geleistet und eine Idylle geschaffen.
Nach Osten und Norden hin ist der Wald von einem Bannwald umgeben, der ganz sich selbst überlassen ist; unmittelbar über dem See ragt die Seewand empor, in deren sonnigen Felsen sogar einige Alpenpflanzen ihren Lebensraum gefunden haben.
Die Gegend ist reich an Quellen und so finden sich hier einzigartige Moorlandschaften. Es handelt sich um Niedermoore, in denen ebenfalls seltene Pflanzen gedeihen, sogar fleischfressende wie der Rundblättrige Sonnentau – man sieht, der Schwarzwald ist manchmal wilder, als man vielleicht denkt.

VON FELSWÄNDEN UMGEBEN

Die Gauchachschlucht ist so etwas wie die kleine und sogar noch ein wenig impulsivere Schwester der Wutachschlucht. Es ist eine enge Kluft, die der Bergbach hier gegraben hat, ihre steilen Felshänge sind zu beiden Seiten dicht bewachsen. Die eigentliche Gauchachschlucht beginnt unterhalb von Döggingen – einem Ortsteil der Stadt Bräunlingen. Nahe bei Döggingen kann man in die wildromantische Schlucht hinabsteigen und von hier an sprudelnden Wassern entlang durch die naturbelassene, urwüchsige Schlucht in Richtung Wutach wandern. Es ist möglich, diese abenteuerliche Tour als Rundweg zu machen. Vorsicht: Der Wanderweg durch die Gauschachschlucht verläuft an manchen Abschnitten als schmaler Pfad, sodass der Weg nach starken Regenfällen teilweise nicht gefahrlos begangen werden kann.

WEITERE INFORMATIONEN

Schwarzwald Tourismus
Heinrich-von-Stephan-Str. 8b
79100 Freiburg
Tel. 0049/0761/89 64 60
www.schwarzwald-tourismus.info

Laub- und Nadelwälder am Wanderweg zum Großen Falkenstein (oben). Zwar sind die Braunbären zurück in Bayern, doch es wird bisher nicht erwartet, dass sich diese Großtiere stark verbreiten werden (rechts).

10 Nationalpark Bayerischer Wald

Wo Luchs und Wolf sich Gute Nacht sagen

Endlose Wälder, Hochmoore und dunkle Moorseen sind hier zu finden. Dazwischen Gipfel wie Lusen, Großer Falkenstein und Großer Rachel. Der Nationalpark Bayerischer Wald an der Grenze zu Tschechien erinnert mit seiner Waldwildnis ein wenig an die Märchen der Kindheit: gut vorstellbar, dass es in diesem Zauberwald war, wo Hänsel und Gretel sich verirrten.

Unter den 16 deutschen Nationalparks ist der im Oktober 1970 gegründete Nationalpark Bayerischer Wald an der Grenze zu Tschechien der älteste. 17 Jahre später wurde er von 13 042 Hektar auf eine Fläche von 24 250 Hektar erweitert. Und nimmt man den angrenzenden Nationalpark Böhmerwald/Šumava dazu, dann ergibt sich mit rund 68 000 Hektar die größte zusammenhängende Waldfläche in Mitteleuropa. Die unzähligen tierischen Bewohner stören sich an den Landesgrenzen kein bisschen. Da kann es durchaus vorkommen, dass ein tschechischer Elch vom Lipno-Stausee mal im bayerischen Waldgebiet vorbeischaut oder ein Oberpfälzer Auerhahn einen Ausflug nach drüben unternimmt. In dem sensiblen Ökosystem Wald hat sich der Mensch zum Ziel gesetzt, sich aus den Abläufen der Natur herauszuhalten und als passiver Beobachter zu fungieren.

Natur Natur sein lassen

Wie konsequent der Grundsatz »Natur Natur sein lassen« verfolgt wird, zeigt sich am Beispiel Borkenkäfer. Sogar dieser zerstörungswütige Vertreter darf weiterhin ungestraft sein Unwesen an Bäumen treiben. Große Flächen von Totholz, denen man im Nationalpark begegnet, sind keine Seltenheit. Doch auch dieses ist eine Art Biotop; schließlich bevölkern und zer-

setzen jede Menge Insekten, Käfer oder Pilze das verrottende Holz und sorgen damit noch im Verfall für neues Leben. Doch ist nicht jedes Totholz dem Borkenkäfer anzulasten. Bäume dürfen im Nationalpark uralt werden, und – wenn ihre Zeit gekommen ist – einfach umfallen, zerfallen und vermodern.

Fleißige Arbeiter wie Biber und Fischotter sind im Nationalpark ebenso zu Hause wie seltene Fledermausarten, Auerhahn, Wanderfalke und Schwarzstorch, dazu jede Menge Rotwild und Wildschweine. Seit geraumer Zeit haben sich auch frei lebende Wölfe und Luchse wieder angesiedelt. Inwieweit auch Braunbären in die Wälder zurückkehren werden, wird sich noch zeigen. Bestimmt hat sich auch bei Meister Petz & Co. herumgesprochen, dass man im Freistaat Bayern schnell als »Problembär« eingestuft wird und als Studienobjekt im Museum endet. Im Tier-Freigelände Neuschönau kann man allerdings das ganze Jahr über Bären, Wölfe, Luchse und Wisente, insgesamt 40 Säugetier- und Vogelarten, hautnah erleben.

Bewegendes, Aufregendes, Lehrreiches

Natürlich ist auch der Mensch ein gern gesehener Gast im Nationalpark, der sich an einem gigantischen Wegenetz (200 Kilometer Radwege, 300 Kilometer Wanderwege und 80 Kilometer Loipen) erfreuen darf. Eine neue Perspektive auf die Natur genießt man beispielsweise vom 1300 Meter langen Baumwipfelpfad aus, wo man sich in einer Höhe bis 25 Metern über dem Waldboden von Baumkrone zu Baumkrone hangelt und an sieben Lernstationen auch noch viel Wissenswertes über den Wald erfährt (www.baumwipfelpfad.bayern).

Spannend und lehrreich sind geführte Wanderungen durch den Nationalpark oder ein Besuch im Waldgeschichtlichen Museum St. Oswald, das bequem mit Waldbahn oder Igelbus zu erreichen ist. Interessante Einblicke in die faszinierende Waldwildnis gibt auch das Besucherzentrum Hans-Eisenmann-Haus im Nationalparkzentrum Lusen.

Und natürlich gibt es auch für kleine Gäste einiges zu tun: Das 50 Hektar große Erlebnisareal Waldspielgelände Spiegelau bietet einen Barfußpfad, hölzerne Instrumente und eine Waldwiese zum Toben. Danach lockt zur Erfrischung die Natur-Kneippanlage mit kristallklarem Wasser und Wasser-Spielmöglichkeiten, bevor man mit den Eltern an einem der vielen Grillplätze seinen Hunger stillt.

HEIMKEHRER MIT PINSELOHREN

Erfreulich ist, dass einige der Wildtiere, die einmal im Bayerischen Wald ansässig waren, dank veränderter Lebensbedingungen wieder zurückkehren. Einer von ihnen, der seit 1846 als ausgerottet galt und dessen Wiederansiedlung bislang geglückt ist, ist der Luchs. Zu Gesicht bekommt man die größte europäische Katze mit den typischen Pinselohren jedoch so gut wie nie, weil sie auf leisen Pfoten durch die Wälder schleicht. Man vermutet, dass sich heute etwa 20 bis 30 Tiere im Grenzraum zwischen Bayern, Österreich und Tschechien aufhalten. Leider hat die scheue Wildkatze auch Feinde, von denen der größte der Mensch ist. Mehrere Tiere wurden bereits vergiftet oder erschossen aufgefunden, sodass die Population zu stagnieren droht. Langfristig ist daher nicht mit Gewissheit zu sagen, inwieweit der frei lebende Luchs eine echte Überlebenschance hat.

WEITERE INFORMATIONEN

Zu den Besuchereinrichtungen:
u.a. Nationalparkzentren Lusen und Falkenstein, Waldgeschichtliches Museum, Waldspielgelände Spiegelau etc.: www.nationalpark-bayerischer-wald.bayern.de

11 Nationalpark Berchtesgaden

Im sagenhaften Reich von König Watzmann

Deutschlands einziger Alpen-Nationalpark, im Südosten Bayerns an der Grenze zu Österreich gelegen, besticht durch eine unglaubliche landschaftliche Vielfalt. Da begeistern majestätische Berge und tiefe Täler ebenso wie dunkle Wälder, Blumenwiesen und Almen, Gebirgsflüsse, herabstürzende Wasserfälle oder der smaragdgrüne Königssee. Und hoch oben in den Lüften ziehen Adler ihre Kreise.

Bei einer Wanderung im Nationalpark bieten sich immer wieder schöne Ausblicke, wie hier auf den Grünsee (unten). Wie eh und je verzaubert hier der andernorts häufig ausgestorbene Enzian mit seinem strahlenden Königsblau (rechts).

Das »Geburtsjahr« des Nationalparks Berchtesgaden, der 1990 von der UNESCO zum Biosphärenreservat ausgewiesen und zehn Jahre später zum Biosphärenreservat Berchtesgadener Land erweitert wurde, ist das Jahr 1978. Damit erstreckt sich dieses Schutzgebiet, das die Gemeinden Ramsau, Schönau am Königssee sowie Teile von Berchtesgaden umfasst, über eine Fläche von 208 Quadratkilometern, und ist Heimat und Refugium für eine einzigartige alpine Tier- und Pflanzenwelt. Im Nationalpark, unterteilt in eine komplett geschützte Kernzone (75 Prozent) und eine Pflegezone (25 Prozent), also einen Bereich, der gezielt dem Erhalt schutzwürdiger Arten gewidmet ist, bleibt die Natur so gut wie möglich sich selbst überlassen. Unberührte Natur kombiniert mit Respekt, lautet die Devise, der sich auch der Besucher strikt unterordnen muss. Der darf sich im Nationalpark natürlich erholen oder sportliche Aktivitäten wie Wandern, Bergsteigen oder Skifahren ausüben, soll aber zugleich zu einem achtsamen Umgang mit den natürlichen Ressourcen dieses herrlichen Fleckchens Erde inspiriert werden. Neben hochalpinen Schönheiten wie

Enzian, Edelweiß und Almrausch gedeihen allein 54 Orchideenarten im Nationalpark. Zu den Wildtieren, die sich hier tummeln, gehören Murmeltier, Rothirsch, Steinbock, Gämse, Alpenschneehase, Auerhahn, Alpensalamander, Kreuzotter, Bartfledermaus und andere. Der »König der Lüfte«, der majestätische Steinadler, ist vor allem im Gebiet von Klausbach- und Wimbachtal zu beobachten.
Mittendrin ragt er auf: Der Besucher befindet sich im Reich eines mächtigen eiskalten und steinernen Herrschers, des Watzmann. Um den zentralen Gebirgsstock der Berchtesgadener Alpen ranken sich viele Legenden und Mythen. Eine von ihnen ist die vom bayerischen Schriftsteller Ludwig Ganghofer verfasste Sage über den blutrünstigen »König Watze«, der zur Strafe für seine Grausamkeiten mitsamt Frau und sieben Kindern versteinert worden sein soll. Von den angeblich sieben Gipfeln sind jedoch nur fünf auszumachen, der höchste von ihnen ist die 2713 Meter hohe Mittelspitze. Wer sie erklimmen möchte, sollte ein erfahrener Bergsteiger sein. Allen anderen sei der 1874 Meter hohe Hausberg Jenner empfohlen, dessen Mittelstation ab Schönau am Königssee auch bequem mit einer Kabinenbahn (20 Minuten) zu erreichen ist.

Der bayerische Fjord

Der Königssee ist nicht das einzige Gewässer im Nationalpark, – da gibt es noch Hintersee, Obersee und den stillen Funtensee – aber ganz gewiss das schönste, das tiefste (bis zu 190 Meter), das geheimnisvollste und das grünste. Eingebettet zwischen steilen, schroffen Felswänden, mutet der langgestreckte See wie ein norwegischer Fjord an. Eine Fahrt mit dem Elektroboot bis St. Bartholomä, wo die meisten Ausflügler aussteigen, oder weiter bis zur Endstation Salet ist ein Muss. Das einzige, was hier die fast ehrfürchtige Stille unterbricht, ist die berühmte Echo-Wand. Es ist schon ein magischer Moment, wenn der Kapitän am Nordufer die Trompete oder das Horn herausholt, ein Lied spielt und die Felswand das Echo gleich siebenfach zurückwirft.
Es werden auch Veranstaltungen wie »Rotwild im Winter«, »Im Tal der Adler«, »Den Tieren auf der Spur« und ähnliche angeboten.

ST. BARTHOLOMÄ AM KÖNIGSSEE

35 Minuten dauert die Fahrt mit dem Elektroboot von der Seelände bis zur Halbinsel Hirschau mit der berühmten Wallfahrtskirche St. Bartholomä und dem ehemaligen Jagdschloss der Wittelsbacher, das heute eine Gaststätte beherbergt. Die Kirche mit den markanten roten Zwiebeltürmen vor der grandiosen Kulisse des Watzmann-Massivs ist ein beliebtes Fotomotiv. Wer Zeit und Lust mitbringt sowie gutes Schuhwerk an den Füßen hat, sollte (ausgenommen im Winter!) den Wanderweg an der Wallfahrtskirche bis zur sogenannten Eiskapelle nehmen (sechs Kilometer, Hin- und Rückweg ca. 1,5 bis 2 Stunden). Dort, am Fuß der berüchtigten Watzmann-Ostwand, erwartet den Besucher ein Naturphänomen: die Eiskapelle – ein gigantisches Gewölbe aus Schnee und ewigem Eis. Für viele ein zauberhafter Ort!

WEITERE INFORMATIONEN

Nationalparkzentrum Berchtesgaden: Das »Haus der Berge« ist Info-Zentrum, Erlebnisareal und Ausstellung zugleich:
www.haus-der-berge.bayern.de
www.berchtesgaden.de/eiskapelle-am- koenigssee,
www.seenschifffahrt.de/de/koenigssee

Das Hochgebirge ist der ideale Lebensraum für das Murmeltier (oben). Der Wildgerlossee wird von den Gipfeln des Gabler und der Reichenspitze überragt (rechts).

12 Faszinierende Vielfalt – Die Hohen Tauern

Der größte Nationalpark im Alpenraum

Der Nationalpark Hohe Tauern ist das größte Naturschutzgebiet im gesamten Alpenraum. Es erstreckt sich auf dem Gebiet der drei Bundesländer Tirol, Kärnten und Salzburg und wurde 1981 als erster Nationalpark Österreichs eingerichtet. Einzigartigkeit, Schönheit und Vielfalt charakterisieren die faszinierende Bergwelt der Hohen Tauern.

Wer könnte dieser Einladung aus dem Nationalpark widerstehen: »Wussten Sie, dass es im Nationalpark Hohe Tauern 342 Gletscher gibt? Dass das Schutzgebiet eine Arche Noah für Tausende Tier- und Pflanzenarten ist? Dass mehr als 300 Berggipfel über 3000 Meter Seehöhe mit einzigartigem Panorama locken? Der Nationalpark Hohe Tauern mit seiner Fläche von 1856 Quadratkilometern hält für Sie eine Welt voller Überraschungen bereit. Bei Touren mit den Nationalpark-Rangern und in den Besucherzentren lernen Sie das Staunen. Sie genießen auf einsamen Gipfeln die Ruhe, und das oft unendlich scheinende Gipfelmeer. Erlebnis und Erholung gehören im größten Nationalpark im Alpenraum untrennbar zusammen – ein Paradies für naturbegeisterte Menschen«?

Superlative noch und nöcher

Die Hohen Tauern gehören zu den großartigsten Hochgebirgslandschaften der Erde. Sie markieren die Grenze zwischen Salzburg und den beiden Bundesländern Tirol und Kärnten, wobei ihre südwestlichen Ausläufer bis ins benachbarte Südtirol hineinreichen. Die nördliche Abgrenzung bildet das Tal der Salzach, die südliche das Tal der Drau. Rund 100 Kilometer lang und bis zu 3798 Meter hoch ist der Hauptkamm, der die geografische Mitte der

Springende Alpensteinböcke auf einer Almwiese (unten). Die Hochalmspitze liegt am Ufer des Schwarzhornsees (ganz unten). Debantgrat, Ralfkopf und Glödis sind Teil der Schobergruppe (rechts).

Ostalpen darstellt. Neben den Ötztaler Alpen befinden sich hier die höchsten Berge Österreichs, allen voran der majestätische Großglockner. Von Westen nach Osten ausgehend gliedern sich die Hohen Tauern in folgende Gebirgsgruppen: die Venedigergruppe mit dem 3662 Meter hohen Großvenediger als höchstem Gipfel, die Granatspitzgruppe mit dem Großen Muntanitz (3236 Meter), die Glocknergruppe mit dem 3798 Meter hohen Großglockner, die Goldberggruppe mit dem Hocharn (3254 Meter) und die Ankogelgruppe mit der 3360 Meter hohen Hochalmspitze. Im Süden sind dem Tauern-Hauptkamm die Rieserfernergruppe mit dem Hochgall (3436 Meter), die Villgratner Berge, die Schobergruppe mit dem 3283 Meter hohen Petzeck sowie die Kreuzeckgruppe vorgelagert.

Behutsamer und nachhaltiger Tourismus

Das Schutzgebiet des Nationalparks Hohe Tauern gliedert sich in eine Kernzone (Naturzone gemäß der International Union for Conservation of Nature IUCN) und eine Randzone mit Wald- und Almwirtschaft. Die 1198 Quadratkilometer große Kernzone steht unter strengem Schutz und ist von wirtschaftlicher Nutzung ausgeschlossen.

In der 638 Quadratkilometer großen Außenzone wird versucht, durch gezielte Förderung almwirtschaftlicher Maßnahmen das charakteristische Landschaftsbild zu erhalten.

Der Fremdenverkehr hat sich auf qualitativ hochwertigen und achtsamen Tourismus sowie auf naturschonendes Bergsteigen verlegt, wie die Verantwortlichen des Nationalparks mit Stolz betonen. Auf Umweltschutz und den Erhalt ursprünglicher Erwerbszweige wird besonderes Augenmerk gerichtet.

Für die Energiewirtschaft spielen die Stauseen Kaprun, Stubach und Maltatal eine bedeutende Rolle. Im Felbertal wird das Wolframerz Scheelit abgebaut, und so ist Österreich weltweit der viertgrößte Förderer von Wolfram.

Diversität alpiner Ökosysteme

Die vielen unterschiedlichen alpinen Urlandschaften vom Gletscher über die Felswände, die Wälder und die seit Jahrhunderten sorgsam gepflegten Almlandschaften machen den besonderen Reiz des Nationalparks aus. Von senkrechten Felswänden und scharfkantigen Graten finden sich alle Landschaftsformationen bis hin zu sanften Graskuppen und Hochmooren. Steile Kare und Gletscher wechseln mit

verkarsteten Hochflächen und Bergseen, beliebte Gipfel mit solchen, die nie bestiegen wurden. Landschaftliche Gegensätze gehen hier eine spannende Kombination ein. Wer von den Tälern zu den höchsten Gipfeln des Nationalparks wandert, durchquert in den Höhenstufen gleichsam alle Klimazonen von Mitteleuropa bis in die Arktis.

Alle bedeutenden alpinen Ökosysteme sind in den Hohen Tauern großflächig und ungestört erhalten. Die Höhenstufen von den Tälern bis zu den Gipfelregionen der Dreitausender stehen für einen außergewöhnlichen Artenreichtum. Hier leben Pflanzen und Wildtiere, die ursprünglich aus den zentralasiatischen Kältesteppen, aus der Arktis oder auch aus Südeuropa stammen. Wappentier des Nationalparks ist der Steinadler, der mit dem Bartgeier und dem Gänsegeier zu den imposantesten Vögeln der Alpen zählt.

Rund 3500 Pflanzenarten, davon etwa 1300 Farn- und Blütenpflanzen sind im Nationalpark Hohe Tauern bisher gefunden worden. Die meisten dieser Pflanzen sind geschützt. Lärchen-Zirben-Wälder, Zwergstrauchgürtel, bunte Bergmähder, Flechten, Pilze und Blütenpracht auf Schuttfluren sorgen für ständige Abwechslung.

Ein besonderes Charakteristikum des Nationalparks Hohe Tauern sind die vielen großen Gletscher, die seit Jahrtausenden die Landschaft geformt und verändert haben. Die Eisgrenze der Hohen Tauern verläuft zwischen 2700 und 2900 Metern. Viele Gipfel sind noch heute ganzjährig von Schnee und Eis bedeckt, auch wenn viele dieser Eisflächen durch den Klimawandel deutlich zurückgehen.

Fenster zur Vergangenheit der Erde

Die großartige Hochgebirgslandschaft des Nationalparks Hohe Tauern ist in vielen Millionen Jahren entstanden. Endogene Kräfte im Erdinneren führten zu Verschiebungen ganzer Erdkrustenteile. Mächtige Gesteinsmassive haben sich gefaltet, übereinander gestapelt und dabei ein imposantes Gebirgsmassiv gebildet. Eine besondere geologische Sensation ist das sogenannte Tauernfenster. Das in Form und Größe weltweit einzigartige tektonische Fenster gewährt Einblicke in den geologischen Aufbau der Alpen und erlaubt einen Blick in die Jahrmillionen alte Erdgeschichte. Gesteine unterschiedlichen Alters, unterschiedlicher Entstehung und unterschiedlicher chemischer Zusammensetzung beherbergen einen wahren Schatz an verschiedenen Mineralien.

GEHEIMNISVOLLE LEBENSRÄUME

Das Infozentrum Nationalparkwelten Kaiser-Franz-Josefs-Höhe ermöglicht spektakuläre Natur- und Gipfelerlebnisse aus dem Nationalpark Hohe Tauern.
Die Nationalparkwelten in Mittersill bringen die Erlebniswelt am Großglockner in zehn Stationen unter ein Dach.
Im Besucherzentrum Mallnitz geht es um die Themen »entdecken, staunen und verstehen«. In der Ausstellung »universzoom nationalpark« kann allen Geheimnissen des Nationalparks auf den Grund gegangen werden. Im Nationalparkhaus Matrei warten »Momente des Staunens«. Die interaktive Ausstellung stellt (Er)-Lebensräume des Schutzgebietes vor und macht Lust auf die Entdeckung in der freien Natur. Spektakuläre 360°-Videos begleiten durch sechs Erlebnisräume.

WEITERE INFORMATIONEN

Matrei/Tirol – Mallnitz/Großkirchheim/
Kärnten – Mittersill/Salzburg
http://hohetauern.at

13 Nationalpark Thayatal

Artenreiches Naturparadies im Grenzgebiet

Das Thayatal bei Hardegg in Niederösterreich galt unter Natur- und Wanderfreunden lange Zeit als Geheimtipp. Das war zumindest bis zur Ausweisung des Nationalparks am 1. Januar 2000 der Fall. Seither ist in die eindrucksvolle und von menschlicher Nutzung nahezu verschont gebliebene Naturlandschaft an der Grenze zu Tschechien mehr Leben eingezogen.

Das Thayatal an der Grenze zu Waldviertel, Weinviertel und Tschechien zählt mit seinen steilen Hangwäldern zu den schönsten und artenreichsten Tallandschaften Österreichs. Der Fluss Thaya hat hier im Laufe der Jahrtausende eine eigene kleine Welt geschaffen, in der markige Felsenwände mit sanften Wiesen und dicht bewaldeten Hängen abwechseln.

Vor 350 bis 310 Millionen Jahren wurde das Variszische Gebirge gebildet. Es stellte die Rohform des damals noch nicht vorhandenen Thayatales dar. Als das Gebirge verwitterte, entstand eine sedimentbedeckte Hochebene, die Böhmische Masse. Diese begann sich durch den tektonischen Druck der Alpen vor fünf Millionen Jahren zu heben und brachte die bereits auf der Hochebene mäandrierende Ur-Thaya dazu, sich stark einzutiefen. Der Fluss grub sich weit in das weiche Sediment hinein, verlangsamte dann aber seinen Vormarsch, als er auf hartes Silikatgestein traf. Sein gewundener Lauf war jedoch bereits in Stein gemeißelt. Mit der Zeit entstanden noch Umlaufberge, die hie und da durchbrochen wurden. Besonders harte Gesteinsschichten blieben als

Der Artenreichtum der Flora im Nationalpark kommt dem Kaisermantel zugute (unten). Gemächlich mäandert die Thaya durch Niederösterreich (rechts).

Flussauen der Thaya (unten). Dieses Gewächs aus der Familie der Primeln sieht ganz anders aus als seine Verwandten: das Alpenveilchen (ganz unten). Burg Hardegg mit dem noch gut erkennbaren Wehrumgang (rechts).

sogenannte Turmfelsen bis heute erhalten. Die höchste Erhebung im Thayatal bildet der 378 Meter hohe Umlaufberg. An seiner engsten Stelle trennt nur ein schmales Felsband die Windungen des Flusses.

Der Nationalpark Thayatal ist ein grenzüberschreitender Nationalpark, der auf tschechischer Seite seine Fortsetzung im Národní Park Podyjí findet. Die Thaya bildet auf 25 Kilometern Flusslänge die gemeinsame Staatsgrenze, wobei die Flusslänge extrem von der Luftlinie, die nur zehn Kilometer beträgt, abweicht.

Auf österreichischer Seite ist Hardegg die einzige Ortschaft im Nationalpark Thayatal. Mit ihren rund 80 Einwohnern ist die Katastralgemeinde Hardegg die kleinste Stadt Österreichs.

Der österreichische Teil des Nationalparks umfasst 1360 Hektar. 1231 Hektar sind geschützte Naturzone, auf 106 Hektar Naturzone mit Management werden Eingriffe zum Schutz des Ökosystems gestattet. Die Außenzone beträgt 23 Hektar. Der bereits 1991 gegründete tschechische Národní Park Podyjí ist 6260 Hektar groß, 2220 Hektar sind Kernzone (wird der natürlichen Entwicklung überlassen), 2260 Hektar Pflegezone (extensiver Schutz und Förderung bedrohter Arten) und 1780 Hektar Außenzone. Der Národní Park Podyjí erstreckt sich zwischen Vranov und Znojmo auf einer Flusslänge von 45 Kilometern.

Die Zeit des Kalten Krieges hatte rückblickend gesehen für die Gegend mindestens einen kleinen Vorteil: Der Eiserne Vorhang trennte die beiden Länder, und das Gebiet zwischen dem Eisernen Vorhang und der Staatsgrenze war Niemandsland. Die Natur blieb hier fast gänzlich unberührt. Zahlreiche gefährdete und seltene Tier- und Pflanzenarten konnten überleben.

Seit dem Fall des Eisernen Vorhangs ist die Grenze wieder offen. Wege, die früher nur von der Grenzpolizei benutzt werden durften, sind nun Teil eines grenzüberschreitenden Wanderwegenetzes. Direkt vom österreichischen Teil des Nationalparks kann man in Hardegg über die Thayabrücke, die die Staatsgrenze bildet, in den tschechischen Nationalpark wandern oder mit dem Fahrrad fahren.

Vielfältige Tier- und Pflanzenwelt

Der Nationalpark Thayatal zeigt, wie schön Natur sein kann, wenn sie sich ungestört entwickeln darf. Der Nationalpark liegt an der Klimagrenze zwischen dem raueren, feuchteren Hochflächenklima des mitteleuropäischen

Übergangsklimas im Waldviertel und dem kontinental beeinflussten pannonischen Klima im Weinviertel. Kontinental- und mitteleuropäische Flora und Fauna vermischen sich deshalb auf engstem Raum zu einer einzigartigen Vielfalt mit 1300 Pflanzenarten. Im westlichen Teil und auf den schattigen Nordhängen dominieren Rotbuche, Bergahorn, Eibe und Bergulme. An botanischen Kostbarkeiten finden sich Türkenbundlilie, Seidelbast, Sauerklee, Zwiebel-Zahnwurz, Helmknabenkraut, Einblütiges Perlgras und als Besonderheit das Weiße Waldvögelein. Im östlichen Teil des Gebietes haben sich auf den sehr trockenen und warmen Südhängen Eichen-Hainbuchenwälder angesiedelt. Schwarzstörche, Smaragdeidechsen, Fischotter und die äußerst scheue Wildkatze haben im Nationalpark ein ideales Refugium gefunden. Würfelnatter, Kammmolch und der Seeadler als Wintergast profitieren von dem intakten Flussökosystem. Schwarzstorch, Äskulapnatter und Weißrückenspecht leben verborgen in den naturnahen Waldbeständen. Auch die Trockenrasen und Felsstandorte sind ein wichtiger Lebensraum für gefährdete Arten wie Östliche Smaragdeidechse, Schlingnatter, Uhu und Kolkrabe. Über 80 Vogelarten brüten im Thayatal. Zu den mehr als 950 Schmetterlingsarten zählen viele Nachtfalter. 20 Fledermausarten sind ein Indikator für die guten Umweltbedingungen, die diese Säugetiere hier vorfinden.

Das Nationalparkhaus Thayatal/Podyjí

Das Nationalparkhaus ist die erste und zentrale Anlaufstelle für Besucher im Thayatal. Es liegt am Rande des Parks, circa eineinhalb Kilometer außerhalb von Hardegg in Richtung Retz.
Der markante und auffallende moderne Flachbau aus Holz und Glas fügt sich harmonisch in die Landschaft des Waldviertels ein.
Die ständige Ausstellung »NaturGeschichten« präsentiert Natur und Geschichten des Thayatals. Nationalparkmitarbeiter beraten über landschaftliche Besonderheiten des Thayatales und geben Tipps für attraktive Ausflugsziele in der Nationalparkregion, im Wald- und Weinviertel und im benachbarten Tschechien.
Ein besonderes Highlight ist das neue Wildkatzengehege, mit 400 Quadratmetern das größte Österreichs. Abenteuerspielplatz, Bauerngarten, Nationalpark-Shop, Radverleih und Café-Restaurant ergänzen das Angebot des Nationalparkhauses. Ein Wohnmobil-Stellplatz bietet acht Plätze auf der Wiese neben dem Nationalparkhaus (Nationalpark Thayatal: www.np-thayatal.at).

MALERISCHES STÄDTCHEN IM MINIATURFORMAT

Die Stadt Hardegg ist mit 80 Einwohnern die kleinste Stadt in Österreich. Als Stadt wird sie erstmals 1290 erwähnt. Der Name leitet sich von den althochdeutschen Wörtern *hard* (Wald) und *egg* (Fels, Stein) ab, bedeutet also »Festes Haus im Wald«. Nach dem Zweiten Weltkrieg wurde Hardegg an der Grenze zu Tschechien zur »Stadt am Ende der Welt«. Die Grenzbrücke über die Thaya wurde gesperrt, die Stadt am Rande des Eisernen Vorhangs erlebte einen wirtschaftlichen Abstieg. Groß war die Freude, als die Grenzen 1990 wieder geöffnet wurden.
Hoch über der Stadt thront die Burg Hardegg. Urkundlich taucht der Name der Burg erstmals um das Jahr 1145 mit der Erwähnung eines Otto von Hardegg auf.

WEITERE INFORMATIONEN

www.hardegg.gv.at, www.burghardegg.at
Lohnenswert ist ein Besuch im Barockschloss Ruegers: www.schlossruegers.at

Dieses Schild sagt einem exakt, wo man sich befindet (oben). Herbstliche Stimmung im Val Cluozza in Graubünden (rechts).

14 Schweizerischer Nationalpark

Der Mensch als geduldetes Lebewesen

Wer auf die ungestörte Beobachtung wilder Tiere aus ist, ist hier genau richtig – es gelten strenge Regeln, die Tiere sind völlig entspannt und lassen sich von vorbeikommenden Wanderern nicht stören. Der Mensch darf beobachten, jedoch nicht eingreifen. Auch die Pflanzenwelt weiß zu entzücken, viele seltene Arten sorgen übers Jahr verteilt für schöne Farbakzente.

Auf Rätoromanisch heißt er Parc Naziunal Svizzer. Er liegt ganz weit im Schweizer Osten im Engadin im Kanton Graubünden zwischen Ofenpass, Inntal und Münstertal und verteilt sich auf vier Gemeinden. Der größte Teil des Nationalparks liegt mit über 60 Prozent in Zernez, die Gemeinden S-chanf, Val Müstair und Scuol teilen sich den Rest. Der höchste Punkt des Nationalparks, der das größte unter Naturschutz stehende Gebiet des Landes ist und von der UNESCO zum Biosphärenreservat ernannt wurde, ist der Gipfel des Piz Pisoc mit 3174 Metern Höhe.
Zum Nationalpark wurde das 170 Quadratkilometer große Gebiet bereits 1914 erklärt – für die Geschichte des Naturschutzes ein bedeutender Schritt – und ist damit der älteste Nationalpark der Alpen und Mitteleuropas. Damals hatten die Gründungsväter im Sinn, zumindest diesen Teil der Schweizer Bergwelt völlig sich selbst zu überlassen, biologische sowie geologische Prozesse nicht zu stören und nicht in natürliche Entwicklungen einzugreifen. Das langfristige Ziel war es, den Zustand der Umwelt wiederherzustellen, wie er vor etwa 5000 Jahren war.
Besucher sind streng angewiesen, die vorgegebenen Wanderwege nicht zu verlassen. Wie genau das gewährleistet wird, ist unklar, es scheint jedoch zu funktionieren und allerseits

Die Nadeln der Lärche färben sich im Herbst gelb und fallen ab (unten). Kletterspezialisten: die Alpensteinböcke (ganz unten). Immer wieder bieten sich im Park Ausblicke auf Gebirgsbäche, die sich ihren Weg durchs Tal bahnen (rechts).

berücksichtigt zu werden. Der Schweizerische Nationalpark ist nach Einteilung der Internationalen Naturschutzunion IUCN ein Reservat der Kategorie Ia innerhalb der Wildnisgebiete, der höchsten Schutzklasse also.
So wurde festgelegt, dass Wanderer die markierten Waldwege unter keinen Umständen verlassen, nichts, was sie unterwegs finden, mitnehmen, kein Feuer machen und nicht campieren dürfen. Außerdem sind generell die Jagd sowie die Bewirtschaftung des Landes verboten. So werden nicht nur die im Park lebenden Tiere und Pflanzen geschützt, auch sämtliche anderen natürlichen Prozesse im Park werden berücksichtigt. Die konsequente Durchsetzung dieser Maßgaben bis heute hat sich gelohnt – alpenweit gibt es keine vergleichbare Schutzzone.

Faszination auf den zweiten Blick

Zunächst wirkt das hochalpine Landschaftsbild, das sich einem bietet, wenn man den Nationalpark besucht, ganz schön eintönig und unspektakulär. Lässt man sich aber auf diese speziellen Gegebenheiten mit ihren kargen, von Erosion und Witterung geprägten Lebensumständen ein, können sie durchaus begeistern. Die Tiere und Pflanzen, die hier oben leben, müssen sich den Vorgaben der Natur stark anpassen. In den unteren Höhenlagen wachsen üppige Blütenteppiche, die sogenannten alpinen Matten, die im Frühjahr und Sommer die Böden bedecken. Ganz oben wird es felsig, gezacktes Gestein ragt teils in absurden Formen in den Himmel. Zwischen diesen beiden Höhen herrschen Geröllfelder vor, die sich vom Hochgebirge aus ins Tal ziehen und aus Dolomit bestehen. Dieser spröde Stein bricht leicht von den Felswänden herunter und sammelt sich unten in großen Mengen an. Absurd mutet es an, wie diese riesigen Gesteinsbrocken da so lose übereinander getürmt daliegen.
Freilich kommen die meisten Besucher in den Nationalpark, um so nah wie möglich an die tierischen Bewohner in ihrem natürlichen Lebensraum heranzukommen. In diesem so streng geschützten Gebiet haben sie ein ideales Zuhause und bleiben ob der menschlichen Gäste ganz unbeeindruckt.
Gämsrudel kann man in der Val Cluozza sehr gut beobachten. Am späten Nachmittag, wenn die Schatten länger werden, kann man auch 220 Millionen Jahre alte Spuren von Dinosauriern auf der steilen Felsplatte, die

nicht betreten werden darf, gut erkennen (Fernglas nicht vergessen!).
Ein weiteres typisches Alpentier ist das Murmeltier. Sie haben sich an die Wanderer gewöhnt und zeigen kaum Scheu vor ihnen. Sie bevölkern den ganzen Park, besonders häufig sieht man sie auf den Alpenwiesen sowie auf der Alp Stabelchod (erreichbar über den Naturlehrpfad Margunet).
Weniger leicht sind die Steinadler auszumachen. Leider hat seit Längerem keines der sechs Steinadlerpärchen, die rund um den Park leben, gebrütet. Ein Adlerhorst befindet sich in der Nähe des Hotels »Il Fuorn«. Die Alp Grümmels hat sich zur Beobachtung der majestätischen Greifvögel bewährt. Falls Sie irgendwo Pfiffe vernehmen: Die Murmeltiere warnen sich gegenseitig, wenn Greifvögel in der Luft sind. Es könnten Bartgeier sein, die seit den 1990er-Jahren wieder im Park beheimatet sind.
Last but not least noch zum Steinbock: Im Hochsommer muss man hoch hinaus, um die Tiere beobachten zu können, sie steigen in höhere Lagen auf. Bis in die Täler hinab verteilen sie sich im Frühjahr in Rudeln mit bis zu 35 Tieren und sind dann nicht nur im Unterholz, sondern durchaus auch in der Nähe der Wanderwege unterwegs.

Ungestört wächst gut

Zu den Alpenpflanzen sei gesagt, dass sich auch hier die strikten Vorgaben für Besucher auszahlen. Besonders zwischen Juni und August fasziniert eine üppige Vielfalt nicht nur Gartenfreunde. Auf über 2000 Metern trifft man mit etwas Glück auf das seltene Schweizer Mannsschild, eine der Primel ähnliche Polsterpflanze mit weißen Blüten.
Noch höher hinaus will der Gletscher-Hahnenfuß, der erst ab mindestens 2300 Metern auftritt. Besonders hübsch leuchtet das lila-orangefarbene Alpen-Leinkraut bis in Höhen von 3000 Metern. In den Bergföhrenwäldern wachsen noch der giftige, aber sehr hübsche Seidelbast sowie Preiselbeeren (die aber nicht gepflückt werden dürfen).
Die Schuttfelder des herabgebröckelten Dolomits bieten dem Rhätischen Alpen-Mohn den richtigen Lebensraum.
Auch andernorts fast ausgestorbene Arten, allen voran der florale Star der Alpen, das Edelweiß, sind in den Höhenlagen zu finden, doch da muss man schon ein bisschen genauer schauen: Es sucht sich gern etwas abgelegenere Plätze, um seine Pracht zu zeigen. Umso schöner, wenn man ein Exemplar entdeckt!

MODERNE ARCHITEKTUR VOR GROSSER NATURKULISSE

Das Besucherzentrum in Zernez ist in einem futuristischen Bau untergebracht, der mit seiner nüchternen, funktionalen Architektur erst mal überhaupt nicht in die Landschaft zu passen scheint. Doch durch die verwendeten naturnahen Baumaterialien und dezenten Farben pflegt der drei Stockwerke hohe Quader ein friedliches Nebeneinander mit seiner Umgebung.Das Zentrum ist eine Anlaufstelle für alle, die sich genauer über die biologischen und geologischen Gegebenheiten im Nationalpark informieren oder das Angebot an geführten Wanderungen und Exkursionen nutzen wollen. Bei diesen Touren zur Erkundung der Umwelt werden die jüngeren Besucher spielerisch mit eingebunden. Der Kinderpfad Champlönch ist ein schöner Zeitvertreib für Familien.

WEITERE INFORMATIONEN

www.nationalpark.ch/de
www.graubuenden.ch

15 Seen, Berge und Legenden – Nationalpark Triglav

Gebirgslandschaft in Reinkultur

Klare Bergseen, beeindruckende Klammen und idyllische Flusstäler, umgeben von den majestätischen Gipfeln der Julischen Alpen. Der Sage nach ist der Nationalpark der Gottesfürchtigkeit und Bescheidenheit der Slowenen zu verdanken. Nachdem Gott die Welt aufgeteilt, den Finnen die Wälder, den Schweizern die Berge und Italien das Meer zugesprochen hatte, besann er sich der Slowenen und gab ihnen von allem etwas.

Der Nationalpark nahe des Dreiländerecks Italien, Österreich und Slowenien, im Nordwesten des Landes, ist nicht nur der einzige seiner Art im Land, sondern auch einer der ältesten in Europa. Auf seiner Fläche von knapp 84 000 Hektar beherbergt er über 7000 Tier- und mehr als 1000 Pflanzenarten, von denen einige wie die Triglav-Rose und der gelbe Julische Mohn endemisch, also nur dort vorzufinden, sind. Sein Namensgeber, der Berg Triglav, ragt mit einer Höhe von 2864 Metern auf und bildet den höchsten Punkt Sloweniens. Der Name Triglav leitet sich von den drei Gipfeln ab, die dem Berg sein typisches Aussehen geben. Ein faszinierendes Bergpanorama mit scharfen Gipfeln, von Gletschern geformte tiefe Täler, Gletscherseen, Flüsse, Hochmoore und Schluchten. Dort, wo das Wasser keine Reliefs geformt hat, stehen Buchen-, Fichten- und Lärchenwälder. Sie machen zwei Drittel der Parkfläche aus, ganz tief im Inneren dieses Dickichts finden die Tiere Schutz im Urwald. Nicht nur seine einzigartige Natur, auch die Mythen, die sich um einige der Sehenswürdigkeiten im Park ranken, bieten seinem Besucher Abwechslung.

Besonders beliebt sind die flachen Abschnitte der Soča bei Kanuten (unten). Märchenhafte Gipfelwelt der Julischen Alpen (rechts).

Der Aufstieg

Es heißt: »Ein echter Slowene ist man nur, wenn man den Berg bezwungen und Slowenien einmal von seinem höchsten Punkt aus betrachtet hat.« Im Frühsommer, wenn sich die Wiesen des Trenta-Tals als paradiesische Gärten darbieten, macht man sich auf den Weg. Ausgerüstet mit festem Schuhwerk, Helm und Rucksack startet der erfahrene Bergsteiger seine Tour auf den Triglav. Von Trenta aus heißt es, knapp 2200 Höhenmeter zurückzulegen. Zunächst geht es leicht bergauf. Rechts und links säumen farbenprächtige Almwiesen den Weg, der an einzigartig geformten Felswänden vorbei in den Wald führt. Heraus aus dem Schatten der Bäume führt der Steg über Serpentinen weiter gen Himmel. Mit jedem Höhenmeter öffnet sich der Blick auf das Panorama des Nationalparks ein wenig mehr. Manchmal huscht es in der Ferne – es sind Gamsböcke, die tierischen Wahrzeichen der Region, die ihre Besucher stets fest im Blick haben. Schon bald lässt sich die Berghütte auf dem kleinen Plateau am Horizont erahnen. Auf 2151 Metern an der Hütte »Koča na Doliču« angekommen, neigt sich der Tag dem Ende zu. Knapp 150 Meter unter dem Gipfel wird der Weg zu einem Klettersteg. Stahlseile sichern die Gipfelstürmer, ebenso geben Tritthilfen Halt. Bald ist es geschafft! Der Kletterer findet sich neben dem kulturhistorischen Denkmal Aljaž-Turm (Triglav-Turm) wieder und genießt die Aussicht auf das Bergpanorama der Julischen Alpen, die Dolomiten und die Adria.

Die Soča – smaragdgrüne Schönheit

Im Nationalpark ist Wasser die Königin und hat beinahe unwirklich aussehende Felsformationen gestaltet. Im smaragdgrünen Kleid schlängelt sich der Fluss Soča durch den Park. Er entspringt nur knapp sechs Kilometer nördlich von Trenta und zählt zu den schönsten Karstquellen der Julischen Alpen. Der Wanderweg führt durch das hufeisenförmige Trenta-Tal. Folgt man dem ältesten Trail des Nationalparks, dem Soča-Weg, so nimmt er den Besucher mit, vorbei an der Kleinen und Großen Soča-Schlucht, hier und da über malerische Holzstege, flussabwärts zu den Soča-Trögen bei Krsovec.

AUF DEN SPUREN DES KÄSES

Das Wesen einer Region entfaltet sich erst mit seiner Küche. Käsetouren der ganz besonderen Art gibt es innerhalb und am Rande des Triglav-Nationalparks. Die Guides der TastyCheeseTour nehmen ihre Gäste mit auf eine atemberaubende Reise, die alle Sinne anspricht. Man bewegt sich an der frischen Luft, genießt die herrliche Natur, lernt die Kultur der Region kennen und erfährt viel über ihre Geschichte.
Am Ende werden die Teilnehmer kulinarisch mit einem Käse der Extraklasse verwöhnt. Das Angebot ist vielfältig, und man hat hier die sprichwörtliche Qual der Wahl: Ob man dabei den mystischen Pfaden folgt, vorbei am Megalithenkreis hoch auf den Berg Krn, oder mit einer Extraportion Adrenalin über eine Zipline ans Ziel kommt, kann jeder Teilnehmer selbst bestimmen!

WEITERE INFORMATIONEN

www.tastycheesetour.eu/cheese-tours-slovenia

Selbst in den karstigen Gebieten der Julischen Alpen regt sich Leben - die Wildblumen sind hartnäckig und recken sich aus Geröll und Fels in die Höhe.

Hier ist Konzentration gefragt: Nach Regenfällen oder wenn es kühl ist, können die Holzwege durch den Nationalpark rutschig sein (oben). Magisch schimmernde Kristallwelt unter der Erde, seit Jahrtausenden vereist: die Dobschauer Eishöhle (rechts).

16 Slowakisches Paradies

Ein Nationalpark zum Verlieben

Mit Speck fängt man bekanntlich Mäuse, Namen können das auch: Um potenzielle Besucher anzulocken, bedarf es eines spannenden, klangvollen Namens. Und wer will sich schon dem Paradies entziehen, wenn es das bereits auf der Erde gibt? Die Namensgeber des ersten slowakischen Nationalparks waren bereits bei seiner Gründung 1964 vorausschauende Leute.

Die erste Erwähnung als »Slowakisches Paradies« geht sogar auf das Jahr 1921 zurück, als in einem Artikel der Zeitschrift *Krásy Slovenska* (Herrliche Slowakei) dieser Begriff das erste Mal auftauchte. Was wiederum beweist, dass der gelegentliche Blick in alte Magazine durchaus hilfreich sein kann, wenn man Anregungen für moderne Bezeichnungen sucht. Noch wichtiger ist hier im Nationalpark allerdings, jederzeit Augen und Ohren offen zu halten, den Erklärungen und Anweisungen der Ranger zu lauschen und die faszinierenden Landschaftspanoramen auf sich wirken zu lassen. Dann schafft man es wirklich, dem Paradies sehr nahezukommen.

Der Nationalpark Slowakisches Paradies, auf Slowakisch heißt er »Národný park Slovenský raj«, liegt im Ostteil des Landes und umfasst einen Bereich des Zipser-Gömmer-Erzgebirges. Ein kleiner Teil liegt auch in der Region um Poprad und Brezno. Der Nationalpark hat eine Ausdehnung von 328 Quadratkilometern und besitzt mit so unterschiedlichen Landschaftsausprägungen von Karstebenen über Schluchten und Wasserfällen bis zu großen Höhlen bemerkenswerte Vielfalt und Artenreichtum. Im Grenzgebiet der beiden Regionen Zips und Gemer gelegen, findet man hier die ältesten Zeugnisse der Besiedelungsgeschichte der Slowakei. Hinzu kommen die

größten Eishöhlen auf der Welt und Canyons und Schluchten von einzigartiger Schönheit. Der größte Teil der nationalen Naturreservate wurde bereits im Jahr 1964 zum Schutz der wertvollsten Schluchten und Täler ausgerufen. Außerdem wird ein 157 Quadratkilometer umfassender Bereich innerhalb des Nationalparks bereits seit dem Jahre 2004 als Natura-2000-Gebiet geführt, gehört also dem europäischen Netzwerk von Schutzgebieten an, die den länderübergreifenden Erhalt gefährdeter Wildtierarten und Pflanzen und ihrer natürlichen Lebensräume sicherstellen.

Ranger aus dem Bilderbuch

Start- und Ausgangspunkt für einen Besuch des Nationalparks Slowakisches Paradies sind Spišská Nová Ves und die Zentren Cingov und Podlesok an der nördlichen und Dedinky an der südlichen Seite. Durch das Paradies verlaufen markierte Wanderwege mit einer Länge von insgesamt rund 300 Kilometern. Oft führen die Wege über Leitern, Ketten und Brücken, durch dramatische Landschaften, über tiefe Schluchten oder vorbei an rauschenden Wasserfällen. Es gibt auch mehr als 200 Höhlen im Paradies, jedoch ist nur die Dobschauer Eishöhle öffentlich als Besucherhöhle zugänglich. Sie gehört wie die anderen auch seit 2000 zum UNESCO-Weltnaturerbe. Einen Ehrenstatus hätte auch Vladimir Mucha verdient, denn der Ranger führt seine Gäste nicht nur sicher und kenntnisreich zu den schönsten Ecken des Nationalparks, »Vlad« ist auch immer zu einem Spaß aufgelegt und kennt wirklich jeden Stein und jede Pflanzen- oder Tierart, die einem unterwegs begegnet. Ein engagierter, freundlicher Naturschützer wie aus dem Bilderbuch.

Auch wenn der Nationalpark mit bis zu 90 Prozent seiner Gesamtfläche von Fichtenwäldern bedeckt ist, zeichnet sich die örtliche Flora und Fauna aufgrund des Mineralreichtums des Bodens durch eine große Vielfalt aus. Wirbeltiere sind mit 200 Arten vertreten, darunter Bären, Luchse, Wölfe und Hirsche, Rehe und Schwarzwild. In den abgelegenen Felsnischen nisten verschiedene Arten von Raub- und Singvögeln.

Wem nach so viel wilder Natur der Sinn nach städtischem Leben steht, der macht einen Abstecher ins schöne Košice, die Europäische Kulturhauptstadt 2013 besitzt noch immer sehr viel Charme.

NATUR UND MEHR IM ZIPSER MUSEUM

Die typischen Merkmale heutiger Kleinstädte in der Region Zips sind noch immer große Scheunentore neben Renaissancehäusergruppen, Holzschindeldächer neben Supermärkten, breite Alleen neben mittelalterlichen Gassen. Das Museum der Zips in Zipser Neudorf, auf Slowakisch Spišská Nová Ves, befindet sich seit 1955 im historischen Gebäude des einstigen Rathauses am längsten spindelförmigen Marktplatz Europas. Heute bietet die sehenswerte Naturhistorische Ausstellung alles Wissenswerte über Geografie, Geologie, Paläontologie und Botanik im Nationalpark Slowakisches Paradies, im Zipser-Gömmer-Erzgebirge, im Kundertbecken und den Leutschauer Bergen. Auch auf die gesellschaftliche Entwicklung der Region, die Bergbaugeschichte und das traditionelle Handwerk wird eingegangen.

WEITERE INFORMATIONEN

Unterkünfte und Tourenvorschläge:
slovakia.travel/de/nationalpark-slovensky-raj
www.slovenskyraj.sk/de
www.visitkosice.org
www.muzeumspisa.com

17 Die Hohe Tatra

Zu jeder Jahreszeit eine Reise wert

Gegründet im Jahre 1949, ist die Hohe Tatra der älteste slowakische Nationalpark des Landes. Das gesamte Gebiet umfasst 728 Quadratkilometer, hinzu kommt noch eine Fläche von 307 Quadratkilometern an Schutzzonen für Flora und Fauna des höchsten europäischen, nördlich der Alpen gelegenen Hochgebirges. Den Status »UNESCO-Biosphärenreservat« hat der Park zwischen Slowakei und Polen 1993 erhalten.

Wer die lebendige Hauptstadt Bratislava auf dem Weg in die Hohe Tatra in Richtung Nordosten verlässt, bemerkt sehr schnell den Unterschied: Beschaulichkeit macht sich hier breit statt hektischem Business, ländliche Idylle statt moderner Industrialisierung. Die zumeist kleinbäuerliche Landwirtschaft reicht gerade zum Überleben am Rande der Kleinen Karpaten, und jeder Ort schätzt sich glücklich, wenn er eine Burg oder eine sehenswerte Kirche vorzuweisen hat, aus der ein Anziehungspunkt für Touristen werden könnte. Besonders das Váh-Tal kann an fast jeder Biegung mit einem Kastell aufwarten; der Fluss wird daher auch oft als der »Slowakische Rhein« bezeichnet. Er hat seine Quelle in der Tatra und schlängelt sich hinunter bis zur Donau. Der Charakter der Landschaft ist allerdings ein anderer, das Flusstal wesentlich weitläufiger und durchzogen von einer gut zu befahrenden Schnellstraße, die in Richtung Norden führt. Auf dem Weg in die Hohe Tatra sollte man sich hinter Bratislava die Burg Trenčín ansehen, die ganzjährig zu besichtigen ist und in der slowakischen Sagenwelt eine große Rolle spielt. Im 13. Jahrhundert war sie Sitz des heute als

Belohnung nach der Kletterpartie über die schroffen Felsen: Panoramablick und friedliche Gebirgsstimmung im Nationalpark (unten). Es geht auch mal weniger hochalpin, wie dieser Feldweg durch flacheres Gelände zeigt (rechts).

ersten slowakischen Helden gefeierten Matúš Čák, der als »König der Váh und Tatra« in die Geschichtsbücher eingegangen ist.
Berühmt ist die Burg durch eine Sage um eine große Liebe. Die schöne Fatima soll hier in Gefangenschaft des bösen Zápolsky geraten sein. Ihr Geliebter, der reiche Türke Omar, konnte sie mit all seinen Schätzen nicht freikaufen, der Burgherr verlangte einen Brunnen. Der tapfere Türke grub drei Jahre lang, bis er Wasser fand und seine Geliebte befreien konnte. Nur 20 Kilometer weiter beherbergt das Dorf Lednické Rovne das sehenswerte Slowakische Glasmuseum in einem Renaissancepalast, der im 19. Jahrhundert durch eine englische Parkanlage erweitert wurde. Hier können Exponate aus 600 Jahren Glasbläsertradition bestaunt werden, die Gemeinde hatte 1892 die modernste Glashütte von ganz Mitteleuropa.

Von Poprad nach Alt-Schmecks

Sicherlich zu den schönsten Zielen der Slowakei gehört der Nationalpark Hohe Tatra, dessen Gebirgszüge alpine Höhen erreichen und der sommers wie winters das meistbesuchte Urlaubsziel des Landes ist. Die raue, oft noch unberührte Natur des Nationalparks bekam schon zum Ende des 19. Jahrhunderts touristische Bedeutung, zahlreiche Luftkurorte zogen bereits damals Erholungsuchende vor allem aus Ungarn an. Um die Auslastung zu verbessern, wurde schon bald der Wintersport belebt, zuerst 1882 in Starý Smokovec (Alt-Schmecks), später in der gesamten Tatra-Region. Heute sind Orte wie Štrbske Pleso durch internationale Wettkämpfe und bestens ausgebaute Loipen und Wanderwege weltbekannt. Der mit 1355 Metern höchstgelegene Urlaubsort der Tatra bekam einen weiteren Aufschwung durch die Skiweltmeisterschaft 1970 und zählt heute mit seinem breiten Hotel- und Restaurantangebot zu den am intensivsten entwickelten Zentren der Hohen Tatra. Dennoch findet man hier auf den zahlreichen Wanderrouten rund um den zweitgrößten Gletschersee der Tatra, den Pleso, noch Ruhe und Entspannung in den Kiefernwäldern oder bei einer nostalgischen Fahrt mit einer kleinen Eisenbahn, die Poprad mit den vielen Kurorten verbindet.

EIS-ENGEL IM EISDOM

Auf dem Bergrücken Hrebienok steht die größte und kälteste Winterattraktion der Hohen Tatra, der Tatraer Eisdom. Während der Winterzeit kann man sich hier nicht nur in eisiger Höhe das Jawort geben, hier finden sonntags auch traditionelle musikalische Auftritte und Konzerte statt. Die Einheimischen sind zuversichtlich, dass dieses Jahr 200 000 Besucher sich den Eisdom anschauen werden. Der Schutzheilige des Eisdoms ist der Apostel und Evangelist Johannes, der auch ein Beschützer der Bildhauer ist. Seine Statue ist in der Mitte des Hauptportals aufgestellt. In der Hand hält er einen Adler, das Symbol der Hohen Tatra. Das Thema dieser Märchen aus Eis wechselt immer wieder, die Eiskünstler haben aber meistens Statuen von Eis-Engeln in ihren Kompositionen.

WEITERE INFORMATIONEN

http://regiontatry.sk
http://slovakia.travel/de/nationalpark-tatra

Für seine Bemühungen um das Wisent ist der Park bekannt (oben). Viele der jahrhundertealten Eichen im Park sind richtige Berühmtheiten und tragen originelle Namen. Ihre Stämme haben oft enorme Durchmesser (rechts).

18 Ein Wald wie aus dem Märchen – Białowieża

Unberührte Natur, ungeheure Dimensionen

Kaum zu glauben: Den Prototyp des perfekten Märchenwaldes findet man mitten in Europa: Der über 1200 Quadratkilometer große Białowieża-Nationalpark gilt als letzter echter Urwald in Europa und stellt für viele gefährdete Tiere und Pflanzen einen geschützten Lebensraum dar. Das nahm die UNESCO zum Anlass, ihn in ihre Weltnaturerbe-Liste aufzunehmen.

Strenge Naturschutzvorschriften sorgen dafür, dass dies auch so bleibt – Teile des Parks dürfen nur in Begleitung eines eigens ausgebildeten Guides, manche sogar nur von Wissenschaftlern mit Genehmigung betreten werden. 2017 klagte die EU-Kommission gegen die polnische Regierung, die per Rechtsbeschluss eine Verdreifachung der Abholzungsmengen ermöglicht hatte. Gerechtfertigt wurde das mit dem Schädlingsbefall durch Borkenkäfer. Doch die EU bekam Recht, die Abholzungsmenge musste wieder stark reduziert werden. Die ökologische Bedeutung dieses Gebiets ist immens, viele in weiten Teilen Europas kaum mehr vorkommende Arten sind hier heimisch und in gesunder Zahl vertreten, darunter neben Wisenten, Wildpferden oder Bibern auch Wölfe, Luchse und Hirsche. Die größten Chancen, die Tiere beobachten zu können, hat man im Wisentgehege. In diesem weitläufigen, sehr wenig vom Menschen veränderten urwüchsigen Naturreservat fühlt sich das nicht an wie im Zoo, sondern als würde man die Tiere in völlig freier Wildbahn sehen. Von Warschau aus sind es 250 Kilometer in östlicher Richtung, bis man den Park erreicht. Etwa 600 Quadratkilometer liegen auf polnischem Staatsgebiet, der Rest in Weißrussland. Eine Wasserscheide zwischen der Ostsee und dem Schwarzen Meer bildet eine natürli-

Konnten von hier aus europaweit wieder ausgesiedelt werden: die Europäischen Bisons (unten). Stimmungsvolles Naturidyll (ganz unten). Im Nationalpark wird das Totholz als Teil des natürlichen Kreislaufs sich selbst überlassen (rechts).

che Grenze und wurde als Staatsgrenze übernommen. In Weißrussland ist das gesamte Waldgebiet als Naturschutzgebiet deklariert, in Polen sind es weniger als 20 Prozent.

Die VIPs der Baumwelt

Bereits 1932 erklärte man den Białowieża-Wald zum Nationalpark, was ihn innerhalb Europas zu einem der ältesten macht. Man findet in der europäischen Tiefebene keinen besser erhaltenen natürlichen Laub- und Mischwald. Hainbuchen und Eichen stellen die größte Gruppe, aber auch Nadelhölzer wie Tannen, Fichten und Kiefern findet man vor. Und man kann auf wahre Berühmtheiten aus der Baumwelt treffen! Da wäre zum Beispiel die Kongress-Eiche, die als eine der schönsten Eichen im gesamten Park gilt. Sie steht im Sektor 475, ist 32 Meter hoch und erfreut sich allem Anschein nach bester Gesundheit. Ihren Namen erhielt sie, da sie schon in früheren Zeiten als Treffpunkt genutzt wurde. Dann gibt es noch Eichen mit so eindrucksvollen Namen wie Imperator des Nordens (37 Meter hoch) in Sektor 310 und Imperator des Südens (40 Meter hoch) in Sektor 579 sowie den Wächter von Zwierzyniec, eine der dicksten Eichen des Waldes. Sie hat ihren Namen erhalten, weil sie in der Nähe einer alten Waldaufseher-Hütte im nördlichen Teil des Schutzgebiets steht, ist ebenfalls 37 Meter hoch und wächst stark nach Westen, was als Ursache für den enormen Umfang des Stammes an der Basis angesehen wird. Durch die Nähe zu den anderen Bäumen wachsen viele der Eichen in diesem Waldgebiet sehr kopflastig – die Äste und die Baumkrone beginnen erst oberhalb von 15 Metern Höhe. Das wiederum führt dazu, dass sie früher absterben, so zum Beispiel einige dieser altehrwürdigen, bekannten Baumriesen wie die Dominator-Eiche in Sektor 640 und die Tonneneiche in Sektor 544. Die Jagiello-Eiche in Sektor 398 stürzte 1974 bei einem Sturm um, ihre Überreste sind noch zu besichtigen.

Auch die Stämme vieler anderer, umgestürzter Bäume liegen herum. Hier gibt es große Mengen an Totholz. Diese abgestorbene Biomasse transportieren Waldarbeiter in beforsteten Wäldern regelmäßig ab, während es in diesem Schutzgebiet einen großen Anteil des gesamten Holzbestandes stellt. Für viele Insekten (zum Beispiel den Drachenkäfer oder den Goldstreifigen Prachtkäfer) und Pflanzen, die vom Aussterben bedroht sind, bietet diese biologische Masse einen wertvollen Lebensraum.

Dem Wisent sei Dank

Die Tierarten, die besonders zu erwähnen sind, sind sicherlich Luchse, Wölfe und Elche sowie die Wisente – auch Europäische Bisons genannt –, für die der Wald so bekannt geworden ist. Zu ihrem Schutz verboten die Könige Polens über Jahrhunderte die Abholzung der Bäume – wenn auch nur, damit sie die Kolosse dann jagen konnten. Über das Ergebnis kann man sich heute dennoch freuen, ist der Wald dadurch doch so ursprünglich erhalten geblieben.

Wegen seiner Dimensionen ist das Wisent wohl der beeindruckendste Vierbeiner des europäischen Kontinents. Die 1,80-Meter-Marke knacken ausgewachsene Bullen durchaus einmal, wenn man sie am Widerrist misst, auf die Waage bringen sie um die 900 Kilogramm. Zu Zeiten der polnischen Könige und russischen Zaren waren sie begehrte Ziele für Jäger. Wilderer wurden im 16. Jahrhundert oft mit dem Tode bestraft. Immerhin erreichte man es im Białowieża-Wald bis zum beginnenden 20. Jahrhundert, dass sich Jagd und Vermehrung in etwa das Gleichgewicht hielten, wohingegen im restlichen Europa das Wisent ausstarb. Wilderer machten dem noch vorhandenen Bestand dann während des Ersten Weltkriegs jedoch auch den Garaus. In den 1920er-Jahren wuchs das Interesse daran, diesen sanften Riesen wieder einzuführen, und so wurden Wissenschaftler beauftragt, dies in die Wege zu leiten.

Es wurde eine Aufzuchtstation eingerichtet, von der sämtliche der heute wieder wild in Europa vorkommenden Wisente abstammen. Etwa 500 durchstreifen heute das Waldgebiet von Białowieża.

Der Bison Track ist ein etwa 20 Kilometer langer Weg mit Futterplätzen (für die Wintermonate) entlang der Strecke. Hier steigt die Wahrscheinlichkeit, Wisente in ihrer natürlichen Umgebung zu sehen. In den Sommermonaten sind die scheuen Tiere höchstens mal in der Dämmerung zu sehen.

Mehr Glück haben Birdwatcher im Park – übers Jahr kann man hier 200 verschiedene Vogelarten beobachten, auch gefährdete: Schwarzstorch, Blauracke, verschiedene Spechte und Adler sowie Eulen zählen zum Artbestand des Nationalparks.

SAKRALE ARCHITEKTUR MAL ANDERS

Am Eingang des Nationalparks liegt das Städtchen Hajnówka, ein noch junger Ort mit einer wunderschönen modernen orthodoxen Kirche und einem Freilicht-Miniaturmuseum. Von hier aus führt über 30 Kilometer der Zarenweg nach Bielsk Podlaski. Entlang dieses Wegs machten sich einst die Zaren zur Wisentjagd auf. In den am Weg liegenden Dörfern wie Nowe Berezowo, Czyże, Loknika, Pasynki oder Widowo kommt man an orthodoxen Kirchen vorbei, die durch ihre ungewöhnlichen Farben und Formen eine ganz besondere Art der Kirchenbaukunst repräsentieren. In Bielsk Podlaski selbst kann man ein Rathaus aus dem Spätbarock sowie zahlreiche opulent geschmückte Gotteshäuser mit wunderschön gearbeiteten Ikonen besichtigen. Sehr originell sind auch drei ganz unterschiedliche Holzkirchen.

WEITERE INFORMATIONEN

www.bielsk-podlaski.pl
(auch auf Englisch)
www.parkminiatur-hajnowka.pl
(nur auf Polnisch, aber mit Karte und Adresse)

19 Verschiedenste Landschaftstypen – Hoge Veluwe

Natur und Kultur harmonisch vereint

Im August und September zur Heideblüte oder lieber im Herbst, wenn die Rehe und Hirsche zwischen bunten Blättern hervorgucken? Der Nationalpark Hoge Veluwe ist mit den unterschiedlichen Landschaftstypen und den eingebetteten Attraktionen für Kunst- und Architekturfans zu jeder Jahreszeit einen Besuch wert und lässt sich nicht nur erwandern, sondern auch – typisch niederländisch – per Fahrrad durchstreifen.

Steppenartiges Heideland und Sanddünen – die Naturformen im Park sind vielseitig (unten). Brrr – noch ganz schön kalt, so früh am Morgen im Wald (rechts).

Herrliche Wälder, ausgedehnte Heiden, Sanddünen, Moore und Seen gepaart mit Kunst und Architektur – der Nationalpark Hoge Veluwe kombiniert einmalig Natur und Kultur miteinander. Im Naturschutzgebiet nordwestlich von Arnheim im Waldgebiet Veluwe, ist sowohl für Naturfreunde als auch für Kunstliebhaber einiges geboten. Naturfreunde können auf dem schönen Campingplatz nahe dem Eingang Hoenderloo übernachten. Tagsüber kann man stundenlang durch die Landschaft wandern oder fahren und dabei nach Wild Ausschau halten. Während der Dämmerung oder an Herbsttagen, wenn die scheuen Tiere um die Gunst eines Weibchens buhlen, ist das eine oder andere Rudel auch an den lichten Stellen des Parks zu sehen. Viele interessante Tiere wie die 200 korsischen Schafe, Mufflons genannt, aber auch Rehe, Rothirsche, Wildschweine, Füchse und Dachse sind im Hoge Veluwe zu Hause. Auch die stark gefährdeten Schwarzkehlchen und Ziegenmelker finden hier hervorragende Nistplätze vor. Wer die Tiere beobachten möchte, sollte am Nachmittag oder Abend einen der ausgeschilderten Wildbeobachtungsposten aufsuchen.

Füchse sind natürlich auch im Park heimisch (unten). Skulptur aus Granitsteinen (ganz unten). Überall im Park hat man die Chance, Rotwild zu entdecken (rechts).

Mit dem weißen Rad durch den Park

Vermutlich wird nirgendwo sonst auf der Welt soviel Fahrrad gefahren wie in den Niederlanden. Obwohl Autos im Hoge Veluwe erlaubt sind, lassen die meisten Besucher sie erfreulicherweise außerhalb stehen und schnappen sich eins der 1800 weißen Fahrräder, die an den Eingängen Otterlo, Hoenderloo und Schaarsbergen sowie an diversen Stellen im Park wie am zentralen Marchantplein kostenlos bereitstehen. Es gibt auch Fahrräder mit Kindersitz und Kinderräder, allerdings nur ohne Stützräder. Die Idee zu frei verfügbaren Fahrrädern stammt vom Ende der 1960er-Jahre und sollte eigentlich in Amsterdam umgesetzt werden. Dort wurde der Versuch jedoch nie gestartet. Mitte der 1970er-Jahre übernahm der Nationalpark die Idee. Heute können Parkbesucher mit den Rädern, die nicht reserviert werden dürfen, ein nahezu 40 Kilometer langes Radwegenetz befahren und dabei alle Landschaftstypen kennenlernen.

Ein Hauch von Afrika

In weiten Teilen mutet die Hoge Veluwe ein wenig afrikanisch an. Kein Wunder, in den Trockenperioden zwischen der vorletzten und letzten Eiszeit wurden weite Teile des Areals mit Sand bedeckt. Zeiten mit Niederschlag führten später zum Wachstum von Gras und Bäumen, auch Moose und zahlreiche Flechten sind zu sehen. Die savannenartigen Landschaftsabschnitte wechseln sich mit dunklen Wäldern aus Stieleichen, Birken, Kiefern und Buchen, mit trockenen Heideflächen und Mooren ab. Im Park leben aber auch Perlmuttschmetterlinge, Steinschmätzer, Moorfrösche und Ringelnattern. Wer den Hoge Veluwe genauer unter die Lupe nehmen möchte, kann sich einer Safari mit einem Forstaufseher anschließen. In vier Stunden werden Wanderern dabei die schönsten Ecken des Parks gezeigt. Möglich ist auch eine Nachttour, bei der die Teilnehmer unter freiem Himmel schlafen. Je nach Saison gibt es ein anderes Touren-Angebot, im Sommer auch spezielle Safaris für Kinder.

Spannende Geschichte mit toller Vision

Die Gründung des Nationalparks geht auf den Anfang des 20. Jahrhunderts zurück, als der Geschäftsmann und leidenschaftliche Jäger Anton Kröller ab 1909 immer mehr Teile des damaligen Jagdgebiets kaufte. Mit seiner Frau Helene Kröller-Müller, einer begeisterten Kunstsammlerin, wollte er das Areal der Öffent-

lichkeit zugänglich machen. Ihr Ziel war es, Natur und Kultur in Einklang zu bringen. Zwischen 1909 und 1923 wurden im umzäunten Park diverse Wildtiere angesiedelt. Die Familie ließ das Jagdhaus St. Hubertus errichten, kaufte viele Gemälde und startete mit dem Bau eines Museums für die Kunstsammlung. Mit der Wirtschaftskrise 1923 musste der Museumsbau gestoppt werden. Auch die Instandhaltung des Parks erwies sich als nicht tragbar, sodass eine Lösung her musste. Im Jahre 1935 wurde der Park einer Stiftung übertragen, dem niederländischen Staat wurde die Kunstsammlung geschenkt, die dann das Museum bauen ließ.

Erstklassige Kunst und Kultur

Wer die Tour am Besucherzentrum startet, sollte einen Blick in das Museonder werfen, das erste Museum der Welt, das unter dem Waldboden liegt und sich mit dem Leben unter der Erdoberfläche beschäftigt. Zu sehen sind in der modernen Ausstellung beispielsweise Knochen von ausgestorbenen Tieren, aber auch das Wurzelsystem eines 135 Jahre alten Baumes. Absoluter Höhepunkt für Kunstliebhaber ist das im Jahr 1938 eröffnete Kröller-Müller-Museum, das mit fast 90 Gemälden und über 180 Zeichnungen die zweitgrößte Van-Gogh-Sammlung der Welt beherbergt. Neben 40 wechselnd ausgestellten Werken des Künstlers kann man Meisterwerke von Pablo Picasso, Piet Mondrian und Claude Monet bestaunen. Angeschlossen an das Museum ist einer der größten Skulpturengärten Europas mit mehr als 160 Skulpturen internationaler Künstler.

Veluwes architektonisches Juwel

Der einstige Landsitz der Eheleute Kröller-Möller, der mit dem charakteristischen Turm als eines der bedeutendsten Gebäude der Niederlande gilt, liegt im Norden des Parks und ist das Meisterwerk des Architekten Hendrik Petrus Berlage (1856–1934). Für das Haus im englischen Landschaftsstil arbeitete der Architekt mit Naturstein, glasierten Fliesen und extremer geometrischer Präzision. Berlage war für das bis ins Detail von ihm durchdachte Bauwerk in V-Form auch Innenarchitekt, Möbeldesigner und Landschaftsgärtner. Das Ehepaar bewohnte das Jagdhaus erst in seiner letzten Lebensphase ständig. Heute kann man fünf Zimmer des bedeutenden architektonischen Erbes im Rahmen einer 45-minütigen Führung besichtigen. Tickets müssen auf der Internetseite im Voraus gekauft werden.

RICHTIG HOCH HINAUS

Wenige Kilometer vom Nationalpark bieten die Hochseilgärten im Kletterwald Klimbos Veluwe in Apeldoorn neun verschiedene Routen mit unterschiedlichen Schwierigkeitsstufen. Kinder ab sieben Jahren, die mindestens 1,30 Meter groß sind, können sich auf zwei Parcours im Juniorwald austoben. Das spannende Abenteuer führt kleine Tarzans – natürlich auch gern gemeinsam mit den erwachsenen Begleitpersonen – über Brücken, Netze, Lianen und Seilrutschen. Erwachsene, die mindestens 1,60 Meter groß sind, gehen in den regulären Wald, wo sowohl schöne Anfängerrouten als auch Routen für Mutige für viel Kletterspaß sorgen. Für den totalen Adrenalinkick gibt es noch den freien Fall mit dem Bungee. Sicherheit wird hier natürlich durchgehend groß geschrieben!

WEITERE INFORMATIONEN

www.klimbos.nl
www.hogeveluwe.nl
www.krollermuller.nl

An vielen Stellen im Park kann man Pferde friedlich grasen sehen (oben). Braut sich da was zusammen? Gewitterwolken über dem Park, am Wasser wächst der Gelbe Affodill (rechts).

20 Belgiens erster Nationalpark – Hoge Kempen

Natur erleben – live und interaktiv

Ausgedehnte Tannenwälder, ein Meer aus purpurfarbener Heide, vom Kies- und Sandabbau zeugender Wasserreichtum, Hügel mit herrlichen Ausblicken und viel Freizeitspaß. Belgiens Nationalpark Hoge Kempen liegt nur einen Katzensprung von Deutschland entfernt und lockt zum Naturerlebnis mit der ganzen Familie, zum Entspannen und zum Erkunden – bei Wanderungen, Radtouren, Ausritten und mehr.

Belgiens bislang einziger Nationalpark Hoge Kempen liegt in der östlichsten Provinz Limburg und wurde erst 2006 eröffnet. Der junge Nationalpark, bestehend aus 5700 Hektar erkundenswerter Wald- und Heidelandschaft, lädt zu ausgiebigen ein- oder mehrtägigen Wanderungen ein. Erreichen kann man das Gebiet durch sechs Parktore, die – bis auf eins – selbst Attraktionen sind und für ausgiebigen Freizeitspaß sorgen. Hinter den Toren eröffnet sich das beschilderte Wanderwegenetz aus ungleich langen und beliebig kombinierbaren Teilstrecken. Wer mehr über die Geschichte und die Natur von Hoge Kempen erfahren möchte, kann die Erkundung gemeinsam mit einem Nationalpark-Ranger unternehmen. Das Angebot an geführten Wanderungen und thematischen Erkundungstouren ist vielfältig. Buchbar sind Vollmond- und Kräuterwanderungen, Schatzsuchen sowohl für Kinder und für Erwachsene und vieles mehr. Besucher mit grünem Daumen können die Ranger zwischen Oktober und Februar zudem bei der Parkpflege unterstützen.
Wer lieber mit dem Fahrrad als zu Fuß unterwegs ist, findet im Nationalpark ein interessantes und weitläufiges Radwegenetz vor. Ideal ist der Park mit seinem großen Reit- und Kutschenwegenetz aber auch für einen Ausritt mit dem eigenen Pferd.

Die Hummel freut sich am gelb blühenden Ginster (unten). Mit lustigen Figuren im Wald überrascht der Zwergenpfad nicht nur die Kleinsten (ganz unten). Die Glockenheide verschafft dem Wald tolle Farbkleckse (rechts).

Eine vielfältige Landschaft

Das Areal aus Geröll, das der Fluss Maas aus den Ardennen herangeführt hat, ist in der letzten Eiszeit entstanden. Den Landwirten, die hier jahrhundertelang die Heide- und Waldböden abgetragen haben, sowie weidenden Kühen und Schafen verdankt das Gebiet die Landschaft, die heute aus trockener Heide mit Landdünen und feuchter Heide mit Sümpfen und Mooren besteht. Im August und im September leuchten weite Teile des Parks in knalligem Purpur. Die Heide ist Lebensraum von Heidelerchen, Brachvögeln und Nachtschwalben, Amphibien und Reptilien wie Moorfröschen, Kreuzkröten und Waldeidechsen. In den Wäldern rund um die Heide leben Rehe, aber auch Greifvögel. Die Nadelwälder wurden einst gepflanzt, um Grubenholz für den Steinkohlebergbau zu erhalten. Diesem verdankt Hoge Kempen die Bergehalden, die immer wieder herrliche Aussichten bieten.

Wanderrouten nach jedem Geschmack

Die unterschiedlich langen Wanderrouten des Nationalparks können ganz nach Belieben miteinander kombiniert werden. Unterwegs helfen sowohl zahlreiche Markierungen als auch Informationstafeln. Wanderschuhe und die an den Parktoren erhältliche Wanderkarte sind zu empfehlen. Wählen kann man aus unterschiedlichen Wandergebieten. Hinter jedem Zugang zeigt sich der Nationalpark von einer anderen Seite. Während das leicht hügelige Wandergebiet Lieteberg im Süden von Wäldern, Heiderelikten und vielen Wacholdersträuchern geprägt wird, zeigt sich das Gebiet nordwestlich, erreichbar über die Zugänge Kattevennen und Bahnhof As, mit üppigen Tannenwäldern. Kattevennen ist übrigens gut für Reiter und Radfahrer geeignet und der einzige Zugang, der auch mit öffentlichen Verkehrsmitteln erreichbar ist. Auf ein stilles Meer aus Tannen, hübsche Buchenalleen, Moore und Heiden trifft man außerdem im östlich von Lieteberg liegenden Areal Pietersheim. Nördlich davon erwartet das Gebiet Mechelse Heide die Wanderer mit dem höchsten Hügel des Parks, Kohlehalden und tollen Ausblicken auf das von Sand- und Kiesgruben geprägte Areal. Connecterra, der nördlichste Abschnitt des Parks, erfreut Entdecker mit anspruchsvollen Steigungen und begeistert mit Wasserreichtum und vielen Schutthalden, die immer wieder für faszinierende Fernblicke sorgen.

Eintauchen in die Welt der Steinkohle

Der Hoge Kempen bietet nicht nur für Wanderer tolle Erlebnisse. Auch diejenigen, die etwas über die Geschichte der Steinkohlewerke erfahren möchten, sind hier richtig. Das Haupttor des Nationalparks ist Connecterra, ein ehemaliges Bergwerk, das bis 1987 in Betrieb war. Der alte Förderturm und drei Bergehalden versprechen Besuchern heute eine spektakuläre Aussicht über den Park sowie über das Maastal. Eine Reise in die Steinkohle-Vergangenheit verspricht auch der Bahnhof As, der früher bedeutend für die Steinkohlegewinnung war und heute idealer Ausgangspunkt für Radtouren ist. Vom Bahnhof starteten früher viele Bergwerker und Kohlewagen zu den Steinkohlewerken. Einen herrlichen Blick über das Gelände bietet der 31 Meter hohe Aussichtsturm, eine Replik des Bohrturms, mit dem 1901 die erste Steinkohle in der Provinz Limburg entdeckt wurde. In einem restaurierten Zug wurde der Besucherempfang eingerichtet.

Freizeitspaß für die ganze Familie

Auch Familien mit Kindern können sich auf spannende Aktivitäten freuen – immer im Bezug zur Natur, zu Tieren und sogar zum Weltall. Wer mit Kids unterwegs ist, sollte den Nationalpark über Kattevennen ansteuern. Im dortigen Cosmodrome mit der riesigen Kuppel und den 360 °-Projektionen fühlt man sich den Sternen und Planeten ganz nah. Infos zum Weltraum und den Himmelskörpern gibt es auch im Observatorium. Interessant sind das drei Meter lange Teleskop, eine Wetterstation und der anderthalb Kilometer lange »Planetenpfad«. Bleibt man lieber am Boden, sollte man den Zugang Lieteberg wählen. Auf einem drei Kilometer langen Barfußpfad läuft man über unterschiedliche Bodenbeläge: Holz und Holzspäne, Stein und Gras, Lehm und Wasser. Spannend ist dort auch das unterirdische Insektenzentrum Entomopolis. Der Insektenpfad führt zum Tierturm, dem größten Insektenhaus des Nationalparks. Auch ein überdachter Schmetterlingsgarten steht zum Staunen bereit. Etwas größere Tiere warten am historischen Landgut Pietersheim bei Lanaken auf Besucher. Neben dem Wasserschloss aus dem 12. Jahrhundert, das von den glanzvollen Zeiten der Ritter und Adligen berichtet, gibt es dort einen Kinderbauernhof mit Spielplatz, eine »Schmusewiese« mit Schafen und Ziegen und einen Kleinviehstall mit Kaninchen und Geflügel. Der drei Kilometer lange Zwergenpfad führt spielerisch durch die Natur.

ROMANTISCH IM LUXURIÖSEN REFUGIUM

Wer gern in der Natur unterwegs ist und sich dabei auch ein wenig Luxus gönnen möchte, sollte das (verlängerte) Wochenende im La Butte aux Bois verbringen. Das geschmackvolle Hotel in Lanaken lädt zu romantischen Tagen im Nationalpark ein und sorgt nicht nur mit dem schicken Wellness-Bereich und feinster Gastronomie mit zwei Michelin-Sternen für Erholung und Luxus pur. 1924 wurde es als Landgut in reizvoller Natur zwischen Wäldern für die Adelsfamilie Lagasse de Locht errichtet. Heute wird es als stilvolles Hotel genutzt, in dem die Romantik der alten Zeiten ebenso spürbar ist wie Herzlichkeit, Gastfreundschaft und diskreter Luxus. Die edel eingerichteten Zimmer und Suiten verteilen sich auf drei Gebäude, die hervorragend in die sie umgebende Natur eingebettet sind.

WEITERE INFORMATIONEN

www.labutteauxbois.com
www.nationaalparkhogekempen.be

21 Naturpark Obersauer

Die Welt des Wassers in Luxemburg

Luxemburg hat eines der dichtesten Wanderwegnetze ganz Europas durch wildromantische Landschaften mit sanften Tälern, grünen Wäldern, bizarren Felsen, ungezähmten Flüssen und kleinen Wasserfällen. In den Luxemburger Ardennen führen Wanderwege um den Obersauer Stausee und durch die beiden Naturparks Our und Obersauer.

In die Wildnis eintauchen in Luxemburg? Das kleine Land hat eher den Ruf der Beschaulichkeit, der Übersichtlichkeit und einer Gegend, in der alles nach Recht und Ordnung abläuft. Ungezügelte Natur zählt in diesem Bild nicht unbedingt dazu. Wie man sich täuschen kann: Üppige, naturbelassene Landschaften sind hier ein ganz realer Ruf der Wildnis und bieten Naturliebhabern einen wunderbaren Abenteuerspielplatz. Das Großherzogtum hat ein dichtes Wandernetzwerk von 6000 Kilometern markierter Wanderwege aufgebaut, dazu 600 Kilometer Radwege und 33 Mountainbike-Strecken ausgewiesen. Dies alles liegt auf einem überschaubaren Raum mit Wäldern, Felsen, Schlössern, Burgen und Wasserfällen.

Rund um den Stausee

Esch-Sauer ist eine zentral gelegene Gemeinde im Naturpark Obersauer, ein typischer Ardenner Burgflecken, von Bergen eingerahmt und von der hier gemütlich dahintreibenden Sauer umflossen. Idyllisch an einer Flussschleife gelegen, gehört das Städtchen aufgrund seiner Lage zu den einzigartigsten Ortschaften des Landes. Auf dem fast senkrecht abfallen-

Unter einem Stausee stellt man sich für gewöhnlich etwas Anderes vor: Die Ufer des Stausees Esch-Sauer sind von dichtem Mischwald umgeben (unten, rechts).

den Felssturz ragen die Ruinen der alten Schlossfeste aus dem Jahre 927 hervor. Der kleine Anstieg lohnt sich zu jeder Jahreszeit, denn von hier oben hat man zwischen den historischen Mauern immer wieder einen fantastischen Ausblick auf die Sauer, den Ort und über die umliegende Berg- und Hügellandschaft. Durch zwei Tunnel führt die Straße von Esch-Sauer weiter zum gewaltigen Sauerstaudamm und zum See. Das Haus des Naturparks, in der alten Tuchfabrik von Esch-Sauer eingerichtet, ist der Empfangs- und Auskunftsort für alle Outdoor-Aktivitäten der Region und beherbergt zugleich den zentralen Verkaufspunkt für regionale Produkte. Rund 90 Kilometer Wanderwege gibt es in dieser Ecke des Naturparks, auf einem als »Nationaler Wanderweg« klassifizierten Weg kann man den Obersauerstausee entdecken. Wer gute Kondition besitzt, kann die ganzen 42 Kilometer Länge absolvieren, aber auch für gemütliche Wanderer und Familien mit Kindern gibt es sehr schöne Streckenabschnitte rund um den Stausee, der zu jeder Jahreszeit herrliche Aussichtspunkte bietet. Der Weg führt an malerischen kleinen Dörfern wie Liefrange, Arsdorf, Insenborn und Lultzhausen vorbei, in denen man eine Pause machen oder auch einen Aufenthalt mit Übernachtung einlegen kann. Der Wanderweg hat insgesamt einen mittleren Schwierigkeitsgrad, kann also von jedem problemlos begangen werden.

Wanderparadies am Fluss

Naturliebhaber werden begeistert sein über die Artenvielfalt, Landschaftsentdecker kommen aus dem Staunen nicht mehr heraus: Nicht zu Unrecht wird Luxemburg als ein kleines Wanderparadies angesehen.
Ob in der Stadt, auf dem Land oder am Fluss entlang, für jeden gibt es im Großherzogtum den richtigen Wanderweg. Kaum zaubern die ersten zarten Knospen einen Frühlingshauch auf die Vegetation, schon finden sich die ersten blühenden Bäume und Büsche entlang der Sauer, die Einheimische wie Besucher in den Naturpark locken. In der ersten Frühlingssonne wirkt der Nationalpark besonders reizvoll, leuchten die Felsen des Flussufers besonders intensiv.

GOURMET UND RELAX À LA SÛRE

Im Herzen des Naturparks Obersauer in Esch-sur-Sûre liegt in einem romantischen Tal am Fuße der ältesten Burg in Luxemburg das charmante Hotel de la Sûre. Geschmackvoll eingerichtete Zimmer und ein großer Wellness-Bereich gehören ebenso dazu wie ein für seine ausgezeichnete Küche weithin bekanntes Restaurant. Dabei spielen regionale Produkte aus dem Naturpark eine zentrale Rolle, die vom Sohn des Hauses, einem ehemaligen Mitglied der Luxemburger Koch-Nationalmannschaft und seinem Team, zu leckeren Menüs kreiert werden. Bei schönem Wetter relaxen die Gäste auf der großen Terrasse am Fuße der Burgruinen. Auch Hochzeiten, Seminare und Familienfeiern richtet das Hotel de la Sûre aus. Außerdem ist es das erste Bücherhotel in Luxemburg, denn hier findet man wirklich überall Lesestoff.

WEITERE INFORMATIONEN

www.hotel-de-la-sure.lu
www.naturpark-sure.lu
www.visitluxembourg.com

EUROPAS SÜDEN

MEERE, WÄLDER UND VULKANE

Schöner Aussichtspunkt in der mallorquinischen Serra de Tramuntana: das Kap Formentor bei Port de Pollença.

Der Aufstieg ist etwas mühevoll, doch der Ausblick von Burg Fleckenstein entschädigt für die Strapazen (oben). Mit etwas Glück bekommt man auf Touren durch den Naturpark Gämsen zu Gesicht (rechts).

22 Naturpark Nordvogesen-Pfälzerwald

Von Edelkastanien und Eisvögeln

Zum Glück hält sich die Natur nicht an menschengemachte Grenzen. Ein gutes Beispiel dafür ist ein Biosphärenreservat in der südwestlichen Ecke unseres Landes, der Naturpark Nordvogesen-Pfälzerwald, der sich auch auf französisch-elsässischer Seite zwischen Saverne, Bitche und Wissembourg ausbreitet. Ein zusammenhängendes Gebiet, das Grenzen vergessen lässt.

In der Regel kann man Naturliebhaber anhand ihrer bevorzugten Landschaftsarten in vier Hauptkategorien einteilen. Die einen lieben das Meer, genießen ein Sonnenbad oder unternehmen einen stürmischen Spaziergang im Herbst, wenn die Wellen so richtig wogen. Andere wiederum bevorzugen Wander- und Klettertouren im Gebirge und können von Gipfeln, Almen und Klettersteigen gar nicht genug bekommen. Mancher fühlt sich auf dem flachen Land mit seinen endlos erscheinenden Horizonten und dem weiten Wolkenhimmel wie zu Hause. Aber es gibt auch einige, die mögen es sanfter und sind von den geschwungenen Hügellandschaften unserer Erde begeistert, schätzen den Abwechslungsreichtum dieser Regionen, die versteckten kleinen Dörfer, die dichten Waldhänge sowie die bunten Wiesen eines Naturparks. An der französisch-deutschen Grenze liegt ein großes Gebiet, das für diese letzte Kategorie wie geschaffen ist und seit dem Jahre 1998 ein grenzüberschreitendes UNESCO-Biosphärenreservat bildet: der Pfälzerwald und die Nordvogesen. Ihr Charakter wird geprägt von dichten Waldgebieten, grotesk anmutenden Sandsteinfelsformationen, an die hundert Burgen und Burgruinen sowie zahlreichen Bächen und kleinen Flüssen, die sich durch die Täler winden.

Die typische Rinderrasse der Vogesen ist schwarz-weiß gefleckt (unten). Waldidyll im Naturpark (ganz unten). Blick auf das Städtchen Kaysersberg (rechts).

Frei wie ein Vogel

In zahlreichen Projekten beiderseits der Grenze werden die nachhaltige Entwicklung dieser Region und die Erhaltung der natürlichen Ressourcen gefördert und mit Leben erfüllt. Beeindruckende drei Viertel des Gebietes sind von Wäldern mit Edelkastanien, Kiefern, Fichten und Buchen bewachsen. Damit ist es das größte zusammenhängende Waldgebiet Westeuropas. Naturnahe Wälder sind immer noch die wichtigste Erscheinungsform im Pfälzerwald, oft von der Kiefer geprägt, auf kleineren Flächen finden sich Fichtenbestände, in denen Raufußkauz und Sperlingskauz eine Lebensgrundlage finden. Wie der Wanderfalke scheren sich auch die anderen Vögel und Wildtiere nicht um die vom Menschen gezogene Grenze.

Barrierefrei im Pfälzerwald

In einem besonders stillen und geschützten Bereich des Pfälzerwaldes, dem »Eiswoog«, nistet der Eisvogel. Insgesamt sieben Quellen speisen den Eiswoog bei Ramsen. Inmitten des Biosphärenreservats Pfälzerwald-Nordvogesen gelegen, umgibt ihn eine Naturlandschaft, die dem seltenen Eisvogel als Nistplatz dient. Barrierefreie Wege ermöglichen es, den umliegenden Wald und die Feuchtgebiete auch mit dem Rollstuhl zu erkunden. Stege führen auf das Wasser hinaus, und auch eine Bootsfahrt ist möglich: Eine Liftanlage wurde so installiert, dass man bequem in ein speziell angefertigtes Boot gelangen kann. Das Seehaus Forelle, direkt am Eiswoog gelegen, wurde im Restaurant- und Hotelbereich ebenfalls barrierefrei ausgerichtet. Weit reichen die Blicke aus den Zimmern in die idyllische Natur, und wer etwas Geduld hat, wird sicher auch den bunt gefiederten Eisvogel zu Gesicht bekommen.

Wandern ohne Grenzen

Und dort, wo die Pfalz ins Elsass übergeht, genießen Wanderer Pfälzer Lebensfreude und französisches Laisser-faire in einer charmanten Kombination. Gleich acht mächtige Burgruinen reihen sich entlang des Deutsch-Französischen Burgenwegs. Die knapp 32 Kilometer lange Rundtour verläuft zwischen Pfalz und Elsass. Rätselhafte Geschichten und Sagen, mächtige Aussichtsfelsen, wilde Waldlandschaften sowie romantische Orte lassen das Wanderherz höher schlagen. Sportlich Ambitionierte gehen die Tour an einem Tag. Wer es gemütlicher mag, findet Übernachtungsmög-

lichkeiten auf beiden Seiten der Grenze. Die Kindererlebniswelt »Petit Fleck« auf Burg Fleckenstein macht die Tour auch für Familien attraktiv. Der sieben Kilometer lange Grenzgängerweg ist geeignet für einen abenteuerlichen Familienausflug. Der Rundwanderweg beim Ort Nothweiler wurde vom Deutschen Wanderinstitut als Premiumweg ausgezeichnet und eignet sich für Groß und Klein. Schöne Ausblicke auf die Burgruinen Wegelnburg, Hohenbourg und Löwenstein belohnen den anfangs etwas mühevollen Aufstieg zum Gipfel des Kappelsteins auf der französischen Seite. Entlang des Grenzwegs geht es bergab wieder auf die deutsche Seite zur Eisenerzgrube Nothweiler, die von April bis Oktober besichtigt werden kann.

Zurück in dem romantischen Fachwerkdorf Nothweiler bietet der Zeppelinbrunnen in der Ortsmitte eine willkommene Abkühlung. Wer den reizvollen Wechsel der beiden Nachbarregionen Pfalz auf der deutschen und Elsass auf der französischen Seite auf besinnliche Art und Weise erfahren möchte, kann sich auf die Elsass-Etappe des Kapellenpilgerwegs im Bad Bergzaberner Land begeben. Historische Kirchen und Kapellen machen diesen Wanderweg zum beinahe meditativen Erlebnis. Zur Ruhe findet der Wanderer aber auch in der bezaubernden Landschaft zwischen lieblichen Weinbergen und den Wäldern des Biosphärenreservats Pfälzerwald-Nordvogesen.

In den Vogesen

Das Vogesenmassiv ist ein uraltes, wildes Naturgebiet, ein Land mit geschützten Torfmooren, tiefen Nadelholzwäldern und einer einzigartigen Tierwelt mit Luchsen, Gämsen und Auerhähnen. Außerdem zeigt sich das Vogesenmassiv äußerst widerstandsfähig gegen Klima, Geschichte und Zeit und bietet seinen Besuchern Aktivitäten, die von Einfachheit, Authentizität und dem Wunsch nach Gemeinsamkeit geprägt sind. Es stammt aus einer längst vergangenen Zeit, als Gletscher geduldig die Region prägten und die heutigen Landschaften formten: Bergkämme mit runden Gipfeln, tiefe Wälder, Seen, Torfmoore und Bergwälder. Auf Elsässer Seite fällt der Osthang steil ab in die Ebene. Kastanienbäume, Kiefern- und Tannenwälder thronen hoch über den Weinbergen des Elsass. Der Westhang dagegen geht sanft in die Lothringer Hochebene über. Auch hier ein Land voller Seen, ausgedehnter Laubbaumwälder und hundertjähriger Nadelbäume.

SPIELERISCHES NIEDERBRONN

Niederbronn-les-Bains, Bad Niederbronn, ist das älteste Thermalbad des Elsass und heute eine Gemeinde von 4500 Einwohnern. Der Ort ist Teil des Regionalen Naturparks Nordvogesen und verfügt über zwei Heilquellen, eine römische und eine keltische Quelle. Hier ist nicht nur das archäologische Museum der Nordvogesen angesiedelt und findet man heilende Wasser, sondern man kann auch im Spielkasino sein Glück versuchen. Man muss sich nicht gleich von der Burgruine Wasenburg oder dem Aussichtsturm auf dem Großen Wintersberg hinabstürzen, wenn das nicht klappt: Tröstlich wirkt ein Aufenthalt im Grand Hotel Filippo Niederbronn. Das Vier-Sterne-Haus liegt im Zentrum der Kurstadt und bietet moderne Zimmer im Art-déco-Stil zu vernünftigen Preisen mit zuvorkommendem Service.

WEITERE INFORMATIONEN

www.grand-hotel-filippo.net/de
www.pfaelzerwald.de, www.parc-vosges-nord.fr, www.gastlandschaften.de

23 Ein Traum für Alpinisten – Das Vanoise-Massiv

Bergwelt der Superlative

Dieses hübsche Fleckchen Erde ganz im Südosten Frankreichs ist ganzjährig ein ideales Ziel für Unternehmungen an der frischen Luft. Familien werden ebenso ihr Glück finden wie geübte Bergsteiger und Skifahrer: Wanderungen aller Schwierigkeitsgrade durch herrliche Gebirgslandschaften im Sommer, hochrangige Skigebiete mit olympischem Flair im Winter.

Der Alpensteinbock sollte geschützt werden – das war die Motivation zur Einrichtung des ersten Nationalparks in Frankreich 1963. Mittlerweile ist der Bestand des damals beinahe ausgestorbenen Tiers auf über 1200 Exemplare angewachsen und die alpine Ziegenart zum Wahrzeichen des Nationalparks geworden.

Von Gletschern, blühenden Almwiesen und tierischen Bewohnern

Der Nationalpark liegt im Osten des Départements Savoyen in den Grajischen Alpen, misst zwischen den Hochtälern von Maurienne und Tarentaise 535 Quadratkilometer und besitzt 107 Gipfel, die die 3000-Meter-Marke knacken. Etwa 88 Quadratkilometer sind mit Eis bedeckt, Gipfel wie die Grande Casse (mit 3855 Metern der höchste Berg des Vanoise-Massivs) bei Pralognan-la-Vanoise, die Aiguille de la Grande Sassière (3747 Meter) bei Tignes, die Dent Parrachée (3684 Meter) bei Aussois oder der Sommet de Bellecôte (3416 Meter) bei La Plagne gehören diesem Gletschermassiv an. Es gibt jedoch auch unzählige flachere Hügel, die leicht zugänglich sind und

Smaragdgrün schimmert dieser von Wäldern und hohen Gipfeln eingerahmte Bergsee (unten). Hier zeigt sich nur spärlicher Heidebewuchs, andernorts gibt sich die Pflanzenwelt des Nationalparks artenreicher (rechts).

insgesamt ein Netz aus 400 Kilometern Wanderwegen bieten. Die unterschiedlichen Gesteinsarten wie Kalkstein, Sandstein, Schiefer, Gneis oder Quarz, aus denen die Berge und Felsen bestehen, und seine Funktion als Klimascheide haben die Biodiversität im Massiv begünstigt.

Für viele Tier- und Pflanzenarten war die Ernennung der Region zum Nationalpark ein Segen, denn ihre bis dahin recht gebeutelten Bestände konnten sich allmählich erholen und stabilisieren. Neben Steinbock, Murmeltier und Gämse sind hier auch Grasfrosch, Birkhuhn und der erfolgreich wieder eingeführte Bart- oder Lämmergeier daheim, ebenso Alpen-Leinkraut, Zwerg-Knabenkraut, Frauenschuh, Alpen-Mannsschild und der tiefblaue Enzian.

Bewegung in luftigen Höhen

Für Alpinsportler sind die Möglichkeiten im Vanoise-Gebirge, das unweit der italienischen Grenze liegt, mannigfaltig. Wer sich in gemütlichen, älteren Wintersportorten wohlfühlt, findet im Arc-Tal die richtige Unterkunft, wer die eigens auf den Skisport ausgerichteten Stationen bevorzugt, ist im Tal der Isère gut aufgehoben. Für die Olympischen Winterspiele 1992 wurden Letztere noch erweitert und in großem Stil ausgebaut. Les Trois-Vallées ist mit über 400 Quadratkilometern das größte Skigebiet der gesamten Alpengruppe. Wanderfreunde haben 500 Kilometer beschilderter Wanderwege zu ihrer Verfügung. An einigen Stellen, unter anderem in Orgère, bei Termignon am Plan du Lac und Le Bois bei Champagny-Le- Haut gibt es Informationszentren (Portes du Parc). Herrliche Naturerlebnisse sind übrigens nicht nur in den vor allem im Hochsommer gut besuchten Schutzzonen möglich, auch die weniger überlaufenen Randgebiete warten mit atemberaubenden Aussichten auf. In einigen Bereichen, besonders da, wo es etwas flacher ist, sind immer wieder Felsbilder zu sehen, die möglicherweise von Hirten oder Bergarbeitern vergangener Zeiten zum Zeitvertreib angefertigt wurden. Im Maurienne-Tal zwischen 2000 und 2800 Höhenmetern sind diese besonders häufig.

Wer sich nicht auf zufällige Begegnungen mit den tierischen Einheimischen verlassen will, kann an geführten Touren teilnehmen. Eine architektonische Dokumentation sämtlicher Häuser und Hütten des Vanoise-Gebiets stellt in dem Buch *Trésors d'architecture*, das im Informationszentrum auch ausliegt, die Baustile und -materialien im Lauf der Jahrhunderte vor.

IM WANDEL DER ZEIT

Die Betreiber des Parks hatten 2005 die Idee, eine permanente Fotoausstellung, ein »observatoire photographique«, unter freiem Himmel einzurichten. Die Fotos verteilen sich über den Park und sind für aufmerksame Betrachter sowohl in den tieferen Tallagen als auch im Hochgebirge zu finden. Jedes Ausstellungsobjekt ist georeferenziert, kann also auf einer Karte oder einem Navi exakt geortet werden. Es werden ältere Aufnahmen neben aktuellen Fotografien gezeigt, immer mit identischem Blickwinkel. Die Organisatoren wollen so auf die Entwicklungen und Veränderungen der Landschaft aufmerksam machen, die langsam durch den natürlichen Ablauf vieler kleiner Prozesse oder abrupt, beispielsweise durch vom Menschen durchgeführte Baumaßnahmen, vonstattengehen können.

WEITERE INFORMATIONEN

www.vanoise-parcnational.fr (auf Französisch), http://de.peisey-vallandry.com/sommer/berghutten.html

Am Ende der Schlucht verbreitert sich der Verdon und öffnet sich zum Stausee Lac de Sainte-Croix (oben). Die Quelle des Verdon in den Seealpen ist wohl der Grund für sein klares Wasser (rechts).

24 Die Gorges du Verdon

Wildromantisch und abenteuerlich

Türkisfarbenes Wasser, steile Kalkmassive zu beiden Seiten – so präsentiert sich der Verdon auf seinem Weg durch die Gorges du Verdon. Diese Schlucht wird zwischen Rougon und Aiguines auch als Grand Canyon du Verdon bezeichnet. Mit atemberaubenden Ausblicken und überraschenden Naturschauspielen macht sie diesem Namen alle Ehre.

Zwischen Castellane und Moustiers-Ste-Marie entstand 1974 die oberhalb der Schlucht in die Felsen gehauene D71, auch Route de la Corniche Sublime, also »überwältigende Höhenstraße«, genannt. Gerade in den Sommermonaten ist sie gut befahren, die imposanten Aussichten auf den sich dahinschlängelnden Fluss entschädigen jedoch dafür. Die Felsterrassen der Mescla, dem Zusammenfluss von Verdon und Artuby, bieten fulminante Ausblicke auf den hier 400 bis 500 Meter tiefen Canyon. Faszinierend ist auch der Streckenabschnitt beim Cirque de Vaumale, wenn die Straße zu einem bewaldeten Talkessel führt und ihren auf 1204 Metern gelegenen höchsten Punkt erreicht, in schwindelerregenden 700 Metern Höhe über dem Fluss. Am Col d'Illoire erreicht man das Ende des Canyons, danach geht der Blick über das Plateau de Valensole und den Gipfel des Mont Sainte-Victoire sowie die Umrisse des Lac de Sainte-Croix weit bis zu den Bergmassiven am Horizont.

Unterirdisches Gängenetz

Die trichterförmige Schlucht ist angesichts der Härte ihres Gesteins ungewöhnlich tief (250–700 Meter) und verbreitert sich nach oben hin enorm: Am Grund ist sie zwischen 6 und 100 Meter breit, am oberen Rand der Felsen zwischen 200 und 1500 Meter. Man vermutet, dass sich bei der Auffaltung der Alpen riesige Kalkschichten über andere Gesteine schoben, was zu einem Absinken des bereits vorhandenen Flussbetts führte. Der Verdon grub sich durch bereits existierende Risse und Spalten und höhlte sie weiter aus. Bei der Gletscherschmelze im Quartär nahm seine Wassermenge stark zu, was eine starke Erosion in den Felswänden auslöste. So entstand in Verbindung mit durchsickerndem Regenwasser ein weitverzweigtes Labyrinth aus Höhlen und Wegen. Zum Schutz der besonderen Vegetationsformen wurde 1997 der Parc naturel régional du Verdon, ein 193 000 Hektar großer Naturpark, gegründet. Der Verdon ist das Bindeglied zwischen den Alpen und der Provence und ermöglicht so ein Nebeneinander alpiner und mediterraner Tier- und Pflanzenarten. Man hört in den Olivenhainen die *cigales*, die Grillen, zirpen, was einen direkt in Urlaubsstimmung versetzt, es streifen jedoch auch Gämsen über die Felsgrate, und Murmeltiere durchziehen die blühenden Almwiesen. Hoch oben in den Lüften kann man mit etwas Glück Steinadler erblicken.

Es bieten sich einige Wanderungen zur Erkundung dieser faszinierenden Landschaft an. Wer sich einen Tag Zeit nehmen kann, hat die Möglichkeit, tief in den Canyon einzudringen.

Unterwegs in der Schlucht

Los geht der Sentier Martel am Chalet de la Maline und führt auf dem GR4 zunächst zum Pré d'Issane. Man geht an den 300 Meter hohen Mauern des »Engpasses der Reiter« entlang, dahinter weitet sich die Schlucht, es geht weiter flussaufwärts. Nach dem Felsenmeer Chaos de Trescaïre folgen zwei Tunnel. Nun überquert der Weg den Baou und führt zum Parkplatz hinauf, von dem man den Belvédère du Point Sublime erreicht.

Kürzer (ein bis drei Stunden) und auch für Kinder geeignet ist der »Eidechsenpfad«, ein Naturlehrpfad, der am Point Sublime beginnt. Eine weitere Wanderung (etwa dreieinhalb Stunden) beginnt auch am Point Sublime und führt an der Ruine von Encastel und schönen Aussichtspunkten vorbei zum Belvédère de Rancoumas mit herrlichem Panoramablick über die Umgebung.

UNTERWEGS MIT DEM DRAHTESEL

Eine weitere Alternative zur Erkundung der Schlucht ist das Fahrrad. Erstens ist es umweltfreundlich (außerdem muss man sich nicht über die vollen Straßen ärgern), zweitens kommt man schneller voran als zu Fuß. Von den Orten Castellane, St-André-des-Alpes, Barrême und Tartonne aus führen insgesamt 20 Rundwege durch das Herz des Parks, die in unterschiedlichen Schwierigkeitsgraden die Hochtäler, Schluchten und Seen passieren. Auch die urtümlichen Dörfer wie Quinson oder Moustiers-Ste-Marie werden durchradelt. Für Pausen bieten sich die vereinzelten Badestellen entlang der Schlucht oder der etwa 24 °C warme Stausee Lac de Sainte-Croix an.

WEITERE INFORMATIONEN

www.vtt.alpes-haute-provence.fr
http://verdonebike.pagesperso-orange.fr
(beide auf Französisch)

25 Paradiesische Zustände – Port-Cros

Archipel im französischen Mittelmeer

Ein Nationalpark mitten in Europa, der aus mehreren Eilanden im Miniaturformat besteht, eine artenreiche Flora und Fauna birgt, kaum bekannt und einfach ein himmlisches Fleckchen Erde ist? All das kennzeichnet Port-Cros, einen Nationalpark, zu dem die Inseln Porquerolles, Port-Cros sowie einige kleinere Inseln wie Bagaud, Gabinière und Rascas gehören, außerdem ein maritimer Bereich rundherum bis 600 Meter vor die Uferlinie.

Port-Cros ist schon winzig, aber doch noch größer als die benachbarten Inselchen Bagaud und Gabinière (unten). Die Unterwasserwelt vor den Hyerischen Inseln fasziniert mit exotischen Arten wie der Schraubensabelle (rechts).

Die Regierung erklärte 1963 dieses Gebiet zum Nationalpark und erfüllte so die Auflage, die die Schenkung der Insel Port-Cros an den französischen Staat beinhaltete: Die Eigentümerfamilie wollte Naturschutz für die gesamte Insel, der Staat sollte dort dauerhaft einen Nationalpark unterhalten.
Und so sind die Regeln auf den insgesamt 700 Hektar Land und 1288 Hektar Wasser, die der Park umfasst, auch recht streng: Hunde sind fast überall verboten, ebenso das Rauchen im Freien. Besucher dürfen nicht mit dem eigenen Auto auf die Inseln kommen, nur wenige motorisierte Fahrzeuge sind von diesem Verbot ausgenommen. Das Gute daran: Man gibt sich dem gemächlichen Tempo der Inseln hin, lässt den Alltag hinter sich und erkundet die malerischen Landschaften zu Fuß oder mit dem Rad.

Mikrokosmos in Frankreichs Südwesten

Die etwas kleinere Île de Port-Cros und die Île de Porquerolles bilden gemeinsam mit der Île du Levant den Archipel der Hyerischen Inseln (Frz.: Îles d'Hyères).
Er liegt vor dem Maurenmassiv im Meer, weit im Westen der Côte d'Azur.

Porquerolles ist die größte der Inseln und touristisch am besten erschlossen. Die bekannten Strände Plage de la Courtade und Plage Notre Dame auf der Nordseite der Insel sind für ihr karibisches Flair berühmt geworden; türkisfarbenes Wasser, weißer Sand. Die Südseite wartet mit kleinen, reizvollen Felsbuchten auf. Im Zentrum der Insel befindet sich der Botanische Garten Jardin Emmanuel Lopez, der neben typischen Mittelmeergewächsen wie Olivenbäumen und verschiedenen Kaktussen auch Pflanzen aus Südafrika, Australien, Südostasien sowie Südamerika und Florida kultiviert. Respekt flößen die Festungsbauten ein. Franz I. ließ Mitte des 16. Jahrhunderts das Fort Ste-Agathe am Nordufer errichten, das auch besichtigt werden kann. Die anderen Forts aus dem 17. und 19. Jahrhundert kann man nur von außen bewundern.
Wer sich für eine typisch provenzalische Windmühle interessiert, findet oberhalb des Dorfs, 200 Meter vom Fort Sainte-Agathe entfernt, die alte Mühle Moulin du Bonheur, deren Restaurierung die Nationalparkverwaltung in Auftrag gab.

Port-Cros ist das Herzstück des Nationalparks und selbst für Fahrräder gesperrt. Die Insel verfügt nur über drei Strände, an denen das Baden erlaubt ist, sie eignet sich besser für Wanderungen. Die Parkverwaltung hat drei Wanderwege ausgewiesen, die sämtliche landschaftlichen wie kulturellen Sehenswürdigkeiten passieren, darunter das Fort de l'Estissac oder den Mont Vinaigre (der »Essigberg« ist mit 194 Metern die höchste Erhebung).
Die wenigen Unterkünfte sind insbesondere im Sommer schnell ausgebucht – wer kann, besucht das Naturparadies lieber nicht während der Hauptsaison. Vogelkundler können sich aufmachen, unter den über 100 auf der Insel heimischen Arten seltene oder gefährdete Spezies aufzuspüren, darunter die Provencegrasmücke und den Mittelmeer-Sturmtaucher. Nur im Hafengebiet gibt es ein paar Hotels und Restaurants, der Rest der Insel ist ein Netz verschlungener Pfade oberhalb der Steilküste. Ideal für Wanderer, die die umwerfenden Panoramen, beispielsweise von den Landspitzen Pointe du Cognet oder Pointe de la Galère, genießen wollen.

UNTER FISCHEN

Einer der besten Tauchspots des Mittelmeers ist die Baie de la Palud auf der Nordseite von Port-Cros. Hunderte Fische, die sich schon lange an die Gegenwart des Menschen gewöhnt haben, bevölkern das klare und stille Gewässer der Bucht. Gelbe Bojen markieren einen eigens angelegten Unterwasserpfad. Lehrtafeln, die man unter Wasser lesen kann, erklären die einzelnen Bereiche (Sandboden, Neptungräser, Verwerfungen des Unterbodens und andere). Den interessantesten Bereich stellen wohl die Neptungräser, die von Mittelmeer-Goldstriemen und Brassen in großen Schwärmen durchstreift werden, in den felsigen Abschnitten trifft man hingegen auf den Sägebarsch oder auf Lippfische wie den Meerjunker oder den dreifarbigen Meerpfau. Kleine Einbuchtungen beheimaten rote Seesterne. Ein absolutes Highlight für Schnorchelfans.

WEITERE INFORMATIONEN

www.portcros-parcnational.fr
(auf Französisch)
www.snorkeling-report.com
(Find a spot – France – Plage de la Palud; auf Englisch)

Die Felsbrocken in den Causses sehen aus, als wären sie absichtlich so platziert worden (oben). Steil fallen die Felswände am Ufer der Tarnschlucht ab, trotzdem quetschen sich noch ein paar Häuser zwischen Fluss und Fels. Das Wasser ist flaschengrün und sehr klar (rechts).

26 Grüne Flüsse, karge Plateaus – Die Cevennen

Abwechslungsreich und eigentümlich

Im Südosten des Zentralmassivs liegt das Mittelgebirge der Cevennen. Rundherum befinden sich das Languedoc, eine der ältesten Kulturlandschaften Frankreichs, die Provence mit ihren hübschen Dörfern und lavendelblauen Feldern, und etwas weiter weg: das Meer. So lassen sich bei Reisen in den »Midi«, Südfrankreich also, durchaus Abstecher in die Cevennen einplanen.

Einen kleinen Teil im Kern der Cevennen erklärte man 1970 zum Nationalpark. 127 Gemeinden rundherum mit 64 000 Einwohnern haben sich seiner Charta angeschlossen. Im Städtchen Florac, das am Eingang der Gorges du Tarn zwischen dem Causse Méjean, den Cevennen und dem Mont Lozère liegt, wurde in einem Schloss aus dem 17. Jahrhundert, dem Château de Florac, das Informationszentrum des Nationalparks eingerichtet.

Wölfe, Schafe und noch mehr

Der Park umfasst im Wesentlichen Gebiete der Départements Lozère, Gard und Ardèche und ist 321 378 Hektar groß. In den Hoch-Cevennen, den Hautes Cévennes, ragen aus Granitgestein bestehende Gipfel wie der Mont Lozère mit 1699 Metern oder der Mont Aigoual mit 1567 Metern in die Höhe auf. In den luftigen Höhen der Hautes-Cévennes sind mittlerweile wieder Raubvögel wie der Gänse- oder der Mönchsgeier beheimatet, ebenso Wölfe und Luchse. Die Bemühungen, diese im Park fast schon ausgerotteten Tiere erneut anzusiedeln, waren erfolgreich. Die weitläufigen Wälder mit Eichen-, Kiefern- und Buchenbestand (hoch gelegen) sowie Oliven-, Mandel- und Kastanienbäumen (weiter unten) bieten ihnen ideale Lebensbedingungen. Früher lieferte der Kastanienbaum einen bedeutenden

Am Pont-de-Montvert fließen zwei Bäche in den Oberlauf des Tarn (unten). Kleiner See, umgeben von Wald und Bergen (ganz unten). Eselwanderungen sind in den Cevennen sehr beliebt (rechts).

Teil der Ernährung für die Menschen der Region, daher wird er auch als »Brotbaum« bezeichnet. Heute wächst hier hauptsächlich die Edelkastanie, die trotz ihres Namens ganz unkompliziert auf fast allen verfügbaren Böden wie Sandstein, Schiefer oder Granit gedeiht; lediglich den Kalkstein verschmäht sie. 2011 würdigte die UNESCO den in den Causses betriebenen mediterranen Agropastoralismus und nahm die vom Menschen geschaffene Kulturlandschaft in ihr Weltkulturerbe auf. »Causses et Cévennes« heißt das Gebiet, das eine Fläche von 3000 Quadratkilometern umfasst und die Départements Lozère, Aveyron, Gard und Hérault einschließt. So unwirtlich die Causses auch sein mögen, es gibt ein Lebewesen, das sich mit dem zufrieden gibt, was es hier bekommt: das Schaf. Das bisschen Vegetation genügt ihm, und so gibt es um Roquefort herum an die 500 000 Milchschafe. Der berühmte Blauschimmel-Käse gleichen Namens kommt von dort. Früher hielt man die Tiere hauptsächlich für die Woll- und Lederproduktion. Millau, der Hauptort der Causses am Zusammenfluss von Tarn und Dourbie, war jahrhundertelang führend in der Herstellung von Lederhandschuhen. Heute gibt es nur noch wenige auserwählte, hochpreisige Manufakturen.

Urtümliche Naturgewalt

Am Mont Lozère entspringt der Tarn als reißender Gebirgsbach und erschafft auf seinem Weg Canyons aus den Kalksteinspalten, die er passiert. Die etwa 50 Kilometer lange Tarn-Schlucht (Gorges du Tarn) ist mit ihren unzähligen Naturschönheiten der Hauptanziehungspunkt der Gegend und kann bei Wanderungen oder Bootstouren erkundet werden. Ein weiteres Highlight sind die Gorges de la Jonte, die Jonte-Schlucht, die man mit dem Auto besichtigen kann, dann möglichst von Meyrueis in Richtung Le Rozier, um die eindrucksvolle Canyon-Landschaft voll genießen zu können. Zu Fuß geht es über die Corniche du Causse Méjean und du Causse Noir. An den steilen Hängen der Schlucht sieht man immer wieder bizarre Felsformationen, die die Erosion geschaffen hat.

Unwirtlich, karg und trocken

Ein eigentümliches Landschaftsbild zeigen die Causses, von schroffen Klüften durchschnittene Kalkplateaus. Das markante Gestein, das Regenwasser wie ein Schwamm aufsaugt,

dörrt die Böden aus, und so wächst auf seinen ausgedehnten Flächen wenig Grünes. Spannend wird es jedoch unter der trockenen Erdoberfläche, wo sich eine weitverzweigte Höhlenwelt verbirgt. Oberhalb der tief zerklüfteten Täler ziehen sich die endlos scheinenden Steinwüsten der Causses. Sie strahlen eine majestätische Strenge aus und sind bis auf einige wenige Hügel und Senken völlig gerade. Es herrschen raue Klimaverhältnisse auf durchschnittlich 1000 Höhenmetern, die Winter prägen lang anhaltende Schneestürme, die hier oben ungebremst über die Ebenen fegen. Die Sommer sind heiß und trocken. Wer aufmerksam durch die Causses wandert, wird an manchen Häusern getrocknete Karstdisteln entdecken. Sie haben lange stachelige, eingeschnittene Blätter. Je nach Luftfeuchtigkeit öffnen sich ihre Blüten, weswegen sie als natürliche Barometer genutzt und »Barometerdisteln« genannt werden. Der höchste der Grands Causses ist der kaum bewohnte Causse Méjean mit eintönigen, prärieähnlichen Ebenen, deren Anblick ein Gefühl der Trostlosigkeit hervorrufen. Megalithen zeugen davon, dass sich Menschen früherer Epochen, etwa im Neolithikum, an die widrigen Lebensumstände angepasst hatten.

Spaziergänge und Höhlenbesichtigung

Von Veygalier aus führt ein ausgeschilderter Weg zum Chaos de Nîmes-le-Vieux, einem aus Dolomitfelsen entstandenen riesigen Felsenmeer mit skurrilen Formen. Wenn man von Gally aus in Richtung Veygalier aufbricht, trifft man auf einen Lehrpfad mit Informationstafeln, die die Originalität der urtümlichen Causses-Landschaft deutlich machen. Unterirdisch befindet sich eine der eindrucksvollsten Karsthöhlen der Welt, der Aven Armand, benannt nach dem Schlosser Louis Armand aus einem Nachbarort, der hier im September 1897 mit dem Höhlenforscher Édouard-Alfred Martel auf Expedition unterwegs war und plötzlich ein Loch im Boden entdeckte, das die ortsansässigen Landwirte als *aven* bezeichneten. Am nächsten Tag kamen sie mit einer schnell zusammengestellten Forschergruppe und jeder Menge Material und begannen mit den Messungen. Völlig verzückt kamen sie abends wieder an die Erdoberfläche zurück.
Heute ist die Besichtigung ein spannender Rundgang durch einen versteinerten Palmen- und Zypressenwald, den etwa 400 Stalagmiten bilden. Man kann Monsterköpfe sowie fein ziseliertes Obst aus nächster Nähe betrachten.

ZUR ABWEHR DER PROTESTANTEN

Fast müsste man Ludwig XIV. dankbar sein, dass er zu Beginn des 18. Jahrhunderts die Höhenstraße zwischen Florac und dem südöstlich gelegenen St-Jean-du-Gard, die Corniche des Cévennes, erbauen ließ! Seine Truppen sollten die Protestanten am Eindringen in die Cevennen hindern – was uns heute sehr gelegen kommt, verläuft sie doch auf einem sehr schönen Höhenrücken. Besonderen Eindruck hinterlässt die Fahrt bei Gewitterstimmung oder spätnachmittags, wenn die Schatten die zackigen Hügelkuppen betonen. In St-Laurent-de-Trèves gibt es einen Lehrpfad über dort gefundene Dinosaurierspuren. Nach dem Col de Faïsses geht es in die Vallée Française, die der Schriftsteller Robert Louis Stevenson 1879 auf einem Esel durchquerte. Von seinen Erlebnissen berichtet er in *Reise mit dem Esel durch die Cevennen.*

WEITERE INFORMATIONEN

www.cevennen.fr, www.lozere-tourisme.com (Englisch und Französisch)

27 Grenzgebirge und Verbindung – Die Pyrenäen

Mehr als Wein, Käse und Berge

Die Gebirgskette der Pyrenäen schafft ein kleines Paradox: Sie grenzt Frankreich und Spanien voneinander ab, gleichzeitig verbindet sie die beiden Länder, also man könnte fast sagen, Nord- und Südeuropa. Und so zeigen sich auch zwei Gesichter der Bergkette, je nachdem, von welcher Seite man sich ihr nähert: das sattgrüne im Norden und das trockene im Süden.

Auf mehr als 430 Kilometern entlang der französisch-spanischen Landesgrenze erstrecken sich die Gebirgszüge der Pyrenäen. Von den Pyrénées Atlantiques bis hin zu den Pyrénées Orientales erheben sich mehr als 200 oft vereiste Gipfel majestätisch über 3000 Meter und finden ihre Krönung auf 3404 Metern mit dem Pic de Aneto auf der spanischen Seite. Die Pflanzenwelt sucht mit rund 4500 Arten an Vielfalt ihresgleichen, auch seltene und bedrohte Tierarten haben hier ihr Zuhause. Neben den Pyrenäengämsen und Bartgeiern hoch oben sieht man weiter unten mit etwas Glück eine Kleinfleck-Ginsterkatze vorbeihuschen oder kann nach Einbruch der Dunkelheit einen Pyrenäen-Desman, eine endemische Maulwurfsart, entdecken.

Die Natur- und Nationalparks der Pyrenäen

Sie sind viel mehr als nur eine Grenzgebirgskette und beherbergen viele einzigartige Natur- und Nationalparks. Auf spanischer Seite, von Westen kommend, passiert der Besucher zuerst den Parque National de Ordesa y Monte Perdido. Er besticht durch die höchsten Gipfel der Bergkette, unter anderem mit seinem »verlore-

Das hat schon was von Hochgebirge, diese schroffen Felsen jenseits der Baumgrenze (unten). Rinderherde am Lac Roumassot, im Hintergrund ist der Pic du Midi d'Ossau zu sehen (rechts).

nen Berg«, dem Monte Perdido mit 3355 Metern. Richtung Osten blickt man nach Katalonien. Im Parc Nacional d'Aigüestortes i Estany de Sant Maurici wird so mancher Reisender vom dortigen Wasserreichtum überrascht. Auf nur etwa 14 000 Hektar Gesamtfläche finden sich 80 Seen sowie viele Flüsse und Wasserfälle, die durch die Wälder gurgeln. Der aufgehenden Sonne folgend, führt der Weg in den Naturpark Parc Natural de la Zona Vulcànica de la Garrotxa im Osten der Pyrenäen. 40 inaktive, nicht erloschene Vulkane prägen das Landschaftsbild. Man kann durch die Gärten der »Vora Tosca« spazieren oder einen Blick in die Höhlen aus Vulkangestein werfen.

In Garrotxa startet die Tour in Richtung spanisch-französischer Grenze. Diese einmal hinter sich gelassen, erreicht man ein Stück gen Westen den »Parc Naturel Régional des Pyrénées Catalanes«. Auf französischem Terrain lockt er mit seinen Thermalquellen zum Füße-Ausstrecken und Entspannen.

Vorbei am kleinen Andorra wird es im »Parc Naturel Régional des Pyrénées ariégeoises« prähistorisch. Mit den Höhlen von Niaux und deren Felsmalereien oder der Höhle Mas d'Azil etwa. Immerhin sind die ältesten Malereien mehr als 13 500 Jahre alt. Ganze Höhlenkomplexe, Tunnel und unterirdische Wassersysteme können in der Gebirgskette erkundet werden. Raus aus der Unterwelt und rauf auf die Berge führt die Reise durch die Pyrenäen zu einem spektakulären Abschluss.

Kaum ein Nationalpark vereint Natur und Kultur auf so beeindruckende Weise wie der Parc National des Pyrénées Occidentales. Auf 46 000 Hektar, mit einem einmaligen Bergpanorama, auf einer Länge von etwa 100 Kilometern und einer Breite von 15 Kilometern, leben Mensch und Natur von jeher im Einklang.

Ob die Tour im Wallfahrtsort Lourdes oder mit einer Nacht auf dem Pic du Midi de Bigorre beginnt, spielt keine Rolle. Am Cirque de Gavarnie, einem unvergleichlichen Felsenkessel mit seinen Cascades de Gavarnie, einem Wasserfall mit einer Gesamtfallhöhe von 422 Metern, kommt niemand vorbei. Auch der Gang über den »Pont d'Espagne«, eine kleine Steinbrücke, gehört zu den Höhepunkten des Nationalparkbesuches.

KULTUR UND GENUSS

Auf den Spuren der Kelten, Karthager, Römer und Mauren: Mehr Geschichte an einem Ort wäre absurd. Auf 1632 Metern Höhe findet sich einer der ältesten und bedeutungsvollsten Pyrenäenpässe Col de Somport. Diesen per pedes zu überqueren, hat etwas Bedeutungsschweres und wird belohnt. Dreht man sich nun auf spanischer Seite einmal um 180 Grad, ist der Blick auf das Panorama der Pyrenäen überwältigend. Um diesen Blick noch ein wenig auszukosten und sich verwöhnen zu lassen, empfiehlt es sich, sich im Hotel »Edelweiss« im nahe gelegenen Candanchú einzuquartieren. Der Besucher erfreut sich hier nicht nur des Komforts und sehr guter regionaler Küche, sondern auch guter Weine und Cocktails. On top kann er das alles auf der hoteleigenen Terrasse mit herrlichem Blick auf das Bergpanorama genießen.

WEITERE INFORMATIONEN

www.edelweisscandanchu.com

Einige Wanderrouten führen an der Faja del Pelay entlang (oben). Da bekommt man Lust auf eine nasse Erfrischung: ruhiger Abschnitt der Añisclo-Schlucht (rechts).

28 Nationalpark Ordesa y Monte Perdido

Ein Wanderparadies für jedermann

Wenn sich bizarre Landschaften, tiefe Täler, atemberaubende Steilwände, Canyons und gigantische Höhen zugleich präsentieren, dann befindet sich der Besucher in Europas höchstem Kalksteingebirge und inmitten des Ordesa-Nationalparks. Dort vereinen sich verschiedene Ökosysteme, beeinflusst vom Atlantik im Westen und dem Mittelmeer im Osten, und zeigen ihre unverwechselbare Flora und Fauna.

Auf einer Fläche von 15 600 Hektar inmitten der spanischen Pyrenäen erstreckt sich der 1918 gegründete, 1997 zum UNESCO-Weltnaturerbe gekürte Parque Nacional de Ordesa y Monte Perdido, kurz Ordesa-Nationalpark. Sein höchster Punkt und Namensgeber, der Monte Perdido, der »verlorene Berg«, prägt das Landschaftsbild von nah und fern mit seinen Tres Sorores (»Drei Schwestern«) auf einer Höhe von 3355 Metern.
Im Kern des Parks strömt der Rio Arazas in das Tal Valle de Ordesa. Auf seinem Weg bezwingt er mehrfach das stufenartige Flussbett und bahnt sich seinen Weg mit Getöse. Gut ausgebaute Wege, von leicht ansteigend bis steil, führen durch grüne Wälder, vorbei an reißenden Flüssen, tiefen Schluchten und Tälern, die durch Gletscher geformt wurden.

Unter Beobachtung zu den Schätzen des Parks

Der Besucher des Nationalparks kann sich aussuchen, ob er seine Erkundungstour am Monte Perdido (Norden), an der Añisclo-Schlucht (Süden), im Escuaín-Tal (Osten) oder im Ordesa-Tal (Westen) beginnt.
Unter dem Blick der hoch kreisenden Geier geht es im Escuaín-Tal auf Entdeckungstour. Mit ein wenig Glück können Wanderer sogar eines der Nester ausmachen, denn im Tal

brüten die meisten der Schmutzgeier. Die Touren vom »Aparcamiento Miradores de Revilla« (Parkplatz) sind hervorragend für Einsteiger geeignet, da einige weniger als zwei Stunden dauern und nur wenige Höhenmeter zurückgelegt werden. Eine der Routen führt am Río Yaga vorbei an Steinpyramiden, der »Garganta de Escuaín« (Rachen/Schlucht) hin zum gleichnamigen Aussichtspunkt Mirador de Revilla. Der Blick kann nun ungehindert über die Landschaft gleiten, Stück für Stück das Panorama der Berge und die Abhänge der Sierra de Revilla erkunden, um diese unvergesslichen Eindrücke zu speichern.

Europas größte Schlucht

Nerín ist Ausgangspunkt, um eine der bekanntesten Schluchten Europas zu bewundern, die Añisclo-Schlucht. Es geht entlang des Río Bellos über kleine Brücken, leicht ansteigende Canyons und durch den Wald. Der Anstieg wird steiler, doch im Schatten der Bäume lässt sich das gut ertragen. Am Ende des Weges öffnet sich die Schlucht und scheint die Strapazen förmlich zu verschlucken. Was bleibt, ist der Genuss des Augenblicks. Majestätisch präsentieren sich die Bergspitzen vor den Augen, und laut tosend stürzen die Wassermassen in die Tiefen der Schlucht.

Das Tor zum Park

In der Gemeinde Torla-Ordesa (Torla) startet die eintägige Tour von hier in Richtung Puente des los Navarros, entlang des Río Ara vorwärts in Richtung Wasserfall. Dem Ufer des Río Arazas folgend führt die Straße zum Parkplatz, von welchem es zu Fuß weiter geht. Almwiesen in ihrer Blüte, dösende Kühe und Ziegen prägen das Bild entlang des Flusses, während sich im Hintergrund die Gipfel dem Himmel entgegenstrecken. Schier unzählige kleine Kaskaden laden zum Verweilen und Genießen ein. Dem Zentrum des Parks schon ganz nahe, kann man das Sprudeln der in 200 Meter Tiefe fallenden Bäche schon hören. Nur noch ein kleines Stück, und es ist geschafft. Imposant, wild und schön; der Cola de Caballo ist nun direkt anzusehen. Ob spazierend oder auf sonnengewärmten Steinen liegend, lässt sich dieses Naturschauspiel genießen.
Für alle die, die hoch hinaus wollen, ist ein Besuch des Nationalparks erst perfekt, wenn sie den »Verlorenen Berg« erklommen haben.

HOCH OBEN IN DER LUFT

Zu Fuß die Berge und Gipfel des Nationalparks erklimmen ist wunderbar befreiend und lässt den Besucher auf Tuchfühlung mit der Natur gehen. Sich wie ein Vogel durch die Lüfte tragen lassen – dieses Gefühl von Freiheit und Unbeschwertheit ist schwer in Worte zu fassen.
Einmal auf Augenhöhe mit den Geiern kreisen und aus der Vogelperspektive den Blick auf die Gletscher und Täler der aragonesischen Pyrenäen genießen, wird dieses Gefühl garantiert auslösen. Paragliding heißt hier das Zauberwort. Möglich macht dies das Team von Freiraum-Info. Die Touren werden als Paket mit Übernachtung angeboten und beinhalten sogar einen Shuttle vom Flughafen Barcelona zum Fluggebiet. Für das leibliche Wohl am Ende des Tages ist selbstverständlich auch gesorgt.

WEITERE INFORMATIONEN

www.freiraum-info.de

29 Wanderwinter – Serra de Tramuntana

Die Serra de Tramuntana als Kulturlandschaft ist UNESCO-Welterbe

Mallorca – ein Reiseziel, das viele Besucher in- und auswendig zu kennen glauben. Obwohl die Strände und Buchten der Baleareninsel nach wie vor die beliebtesten Ziele sind, gibt es auch reizvolle Orte im Hinterland, die nicht mit dem Schreckensgespenst »Overtourism« zu kämpfen haben. Eher still und ruhig geht es in den abgelegenen Gegenden der Serra de Tramuntana zu.

Der stille Zauber Mallorcas zieht immer mehr Besucher im Winterhalbjahr auf die Insel. Mallorca hat viele Facetten, von den lärmenden Stränden an der Platja de Palma bis zu verträumten Wanderstrecken im Gebirgszug der Serra de Tramuntana im Westen der Insel. Und tatsächlich strahlt bereits Palmas Altstadt im Winter eine eigene Faszination aus, wenn die verwinkelten Gassen mehr oder weniger den Einheimischen gehören. Dann sind die Mallorquiner gelöst und entspannt.
Alles schaltet einen Gang zurück, es wird stiller auf Mallorca, was allerdings nicht mit einer reduzierten Vielfalt an Möglichkeiten einhergeht. Wandern durch die Tramuntana, Ausstellungsbesuche in den Museen und Galerien oder Weinproben in aufstrebenden Bodegas der Winzer-Kooperative Vi de la Terra wie zum Beispiel in der Finca Son Puig bei Puigpunyent. Hier werden Qualitätsweine aus alten mallorquinischen Rebsorten wie Callet, Tempranillo und Premsal Blanc produziert.

Wandern abseits der Touristenpfade

Reiselust statt Winterfrust wecken auch zwei Fernwanderwege auf Mallorca: Die »Trocken-

Der höchste Gipfel der Serra de Tramuntana ist der Puig Major de Son Torrella mit 1445 Metern. Er liegt am Cúber-Stausee (unten). Es gibt aber auch leichtere Touren, die für Familien geeignet sind (rechts).

mauerroute« führt von Port d'Andratx nach Pollenca durch die Tramuntana mit herrlichen Ausblicken auf das Meer, ein Abstecher hinunter nach Port de Canonge inbegriffen, denn von der Paella im Restaurant Can Toni Morena schwärmt selbst der spanische König. Und die alten »Sommerviehwege« von Artà im Nordosten bis zum Klosterort Lluc führen vorbei an der Eremitage Betlem, einem verträumten Ort mit magischer Ausstrahlungskraft im Wanderwinter auf Mallorca.

Insel der Kultur

Dass Natur und Kultur keine unüberwindbaren Gegensätze sein müssen, kann man auf Mallorca eindrucksvoll erleben. Es gibt noch kleine Geheimnisse. So ist bisher kaum bekannt, dass die Insel auch ein blühendes kulturelles Leben hat und Heimat für viele spanische und internationale Künstler ist, die hier ihre Werke schaffen. Bei der »Artevisita« auf Mallorca kann man den Künstlern bei der Arbeit zuschauen. An die 30 einheimische und internationale Künstler, sogenannte Neu-Mallorquiner, öffnen an zwei Wochenenden im Frühjahr die Türen ihrer Ateliers. Besuchern bietet sich die Möglichkeit, ihnen bei ihrer Arbeit über die Schulter zu blicken. Gleichzeitig finden Sammelausstellungen mit je einem Werk aller teilnehmenden Künstler in Llucmajor und in Valldemossa statt. Der Eintritt in die Ausstellungen und in die Ateliers ist kostenfrei. Natürlich gehört auch Palma zum kulturellen Pflichtprogramm. Die Besucherzahl in der Kathedrale von Palma ist in den letzten Jahren deutlich angestiegen. Grund ist die Kapelle Sant Pere, die vom mallorquinischen Künstler Miquel Barceló neu gestaltet wurde. Er hat das biblische Thema der Vermehrung von Brot und den Fischen in Ton als spektakuläres Kunstwerk umgesetzt, bei dessen Betrachtung man lange verweilen und immer wieder etwas Neues entdecken kann. Der Bedeutung der mallorquinischen und internationalen Kunst wird auch in der Nacht der Künste, »Nit de l'Art«, Rechnung getragen. Im September sind eine ganze Nacht lang Galerien und Museen in Palma geöffnet und läuten die Saison nach der Sommerpause ein. Die Nacht der Kunst, zeitgleich mit der Art Palma, sollte man sich nicht entgehen lassen.

EIN BERÜHMTES PAAR

Eine Bildungsreise durch Valldemossa auf den Spuren des Liebespaares George Sand und Frédéric Chopin, das hier in der Kartause den Winter 1838/1839 verbrachte, sowie das Centre Cultural Costa Nord, gegründet von Michael Douglas, sind für Kulturreisende lohnende Ziele. Im Kulturzentrum werden in moderner Präsentation den Besuchern die Naturerscheinungen in der Serra de Tramuntana näher gebracht und Respekt vor der Natur vermittelt. Auch wenn im Sommer der kleine Ort mit den rund 2000 Einwohnern manchmal überlaufen wird, er erträgt es mit Gelassenheit und Würde. Seine Anziehungskraft geht auf geheimnisvolle Weise trotz des Besucheransturms dennoch nicht verloren. Und am Abend wird es wieder ruhig in den Gassen, dann lächeln die Einheimischen und genießen den Sonnenuntergang.

WEITERE INFORMATIONEN

www.visitvalldemossa.com
Auf dieser Webseite mit geschmackvollen Fotografien findet selbst der Mallorca-Kenner Tipps und Routen, die er noch nicht kennt:
www.serradetramuntana.net

Das Naturschutzgebiet von Tabernas erinnert eher an eine Mondlandschaft, ist aber eine Wüste: für Europa auch schon sehr untypisch (oben). Bei diesem Anblick wundert es nicht, dass Western-Regisseure die Landschaft als ideale Kulisse für ihre Filme ansahen (rechts).

30 Desierto de Tabernas

Wo die Revolverhelden hausen

Das Naturschutzgebiet Desierto de Tabernas breitet sich auf einem Gebiet von rund 12 000 Hektar nördlich vom andalusischen Almería aus. Zwischen den Gebirgsketten Los Filabres und Alhamilla gelegen, ist es das einzige Wüstengebiet auf dem europäischen Kontinent. Landschaft und Klima sind hier von überwältigender Schönheit, gleichzeitig jedoch lebensfeindlich.

Die Wüste war die erste Landschaftsform unseres Planeten und wird, glaubt man Wissenschaftlern und Zukunftsforschern, auch die letzte Form unserer Welt sein. Ihre vielfältigen Ausprägungen als Eis-, Stein-, Sand-, Schutt- oder Salzwüste bedecken immerhin ein Drittel der Erde. Ganz zu schweigen von den Wüsten in uns selbst. Ihre kaum in Worte zu fassende Faszination, ihre scheinbare Unendlichkeit zwingt jeden, der sich in ihr bewegt, sehr schnell zur Auseinandersetzung mit der Sinnfrage seiner Existenz. Und dennoch ist jede Wüste dieser Welt endlich, sie zu durchschreiten und die Ansätze von Unendlichkeit zu erfühlen, ist ein bereichernder Weg aus den alltäglichen Gefängnissen. So ergeht es allen Besuchern, die hierher kommen und die Wüste von Tabernas betreten.

Streng wissenschaftlich gesehen ist es eigentlich eine Halbwüste, aber unabhängig davon, ob halb oder ganz, ihre Ausstrahlung ist so beeindruckend, ihre Landschaftsformen und Farben so faszinierend, dass es viele Besucher gibt, die es nicht bei einem einmaligen Besuch belassen. Das ist auch sinnvoll, denn entgegen der gelegentlich vorherrschenden Meinung, Wüsten seien letztlich eintönig, beweist die Wüste von Tabernas das Gegenteil.

Zu jeder Jahres- und Tageszeit, bei jedem Wind und Wetter zeigt sie andere Muster, wirkt mal

rau, mal sanft und immer majestätisch.
Das einzige Wüstengebiet auf dem europäischen Kontinent und die Landschaft, die sich einem hier darbietet, hat aufgrund des überaus trockenen Mittelmeerklimas besondere Taleinschnitte und Süßgrästersteppen gebildet, die auch als *bad lands* bezeichnet werden. Schlecht ist hier allerdings gar nichts, einfach nur anders als in der Mittelmeerregion. Die Niederschläge in der Desierto de Tabernas erreichen gerade einmal mickrige 245 Millimeter pro Jahr, die Durchschnittstemperatur liegt bei über 17 °C im jährlichen Mittel. Das hört sich zwar zunächst harmlos an, aber hinter diesen Durchschnittswerten verstecken sich extrem trockene, heiße und niederschlagsarme Perioden, die hier die meiste Zeit des Jahres bestimmen.

Nitrophyt und Xerophyt

Da wundert es nicht, dass sich in diesem einzigartigen Halbwüstengebiet eine Vegetation zeigt, die überwiegend von Xerophyten gebildet wird, Pflanzen, die sich an äußerste Wasserknappheit angepasst haben und die nur im Südosten Spaniens zu finden sind. Neben Parasitpflanzen und Tamariskengewächsen findet man Oleander und stickstoffliebende Büsche in den Taleinschnitten.
Auch das Tierleben ist vielfältiger, als man auf den ersten Blick denkt. In der Wüste von Tabernas begegnet man zwei verschiedenen spanischen Igelarten, dem Braunbrustigel *Erinaceus europaeus* und dem vom gegenüberliegenden Kontinent stammenden nordafrikanischen Igel *Atelerix algirus*.

Rohrdommel und Steppenhuhn

Für die Vogelbeobachtung eignen sich besonders gut die Taleinschnitte zwischen den Gebirgsketten, denn hier finden die gefiederten Freunde Schutz- und Brutplätze in den Felswänden. Unter anderen gibt es aber auch den Königsmauersegler, die Felsenschwalbe, die Blaumerle, und auch Dohlen und Wüstengimpel sind zu sehen. Hinzu kommt noch die große Vielfalt an Steppenvögeln, wie zum Beispiel Rohrdommel und Steppenhuhn, die hier heimisch sind. Wem beim Besuch der Tabernas-Wüste einiges bekannt vorkommt, braucht sich nicht wundern: Hier wurden Filme wie *Lawrence von Arabien* oder *Indiana Jones und der letzte Kreuzzug* gedreht.

MEHR ALS NUR KULISSE

Auch wer für Western-Kinofilme und ihre Kulissen wenig übrig hat, diese hier sollte man sich ansehen: Fort Bravo in der Desierto de Tabernas. Man muss sich ja nicht gleich als Revolverheld verkleiden und den Saloon stürmen, das besorgen schon die professionellen Stuntmen. Neben den üblichen Wildwest-Shows hat dieser Erlebnispark aber einen entscheidenden Vorteil: Er befindet sich tatsächlich in einer Umgebung, die den Western-Klassikern täuschend ähnlich sieht. Kein Wunder, denn hier wurden auch die meisten Leinwandstreifen dieses Genres gedreht. Hinzu kommt, dass die Eintrittspreise im Vergleich eher moderat ausfallen und es einen kostenlosen Ausritt dazu gibt, für all jene, die einmal die Cowboy-Perspektive aus dem Sattel erleben wollen. Wenn dann noch Marshall John Wayne um die Ecke kommt …

WEITERE INFORMATIONEN

www.fortbravooficial.com
Die Region um Almería hat weitere Attraktionen und Naturschutzgebiete vorzuweisen: www.andalucia.org/de

31 Nationalpark Sierra Nevada

Der Park – die schneebedeckte Bergkette

Einmal den höchsten Punkt der Iberischen Halbinsel erklimmen? Ruhe, klare Luft und Abenteuer erleben? Wenn all dies zusammenkommt, dann befindet sich der Reisende im »Parque Nacional y Natural de Sierra Nevada«. Hoch oben auf den Bergspitzen, den Blick nach Süden gerichtet und die Berge Afrikas im Visier, bekommt er ein Gefühl dafür, warum das Gebirge im Mittelalter den Beinamen »Sonnengebirge« trug.

Bereits 1986 wurde er von der UNESCO zum Biosphärenreservat erklärt, 1989 zum Naturpark ernannt und nur zehn Jahre später zum Nationalpark gekürt. Der flächenmäßig größte Nationalpark Spaniens besticht neben dem Mulhacén (3482 Meter) auch mit den südlichsten Gletschern Europas. In mittleren Höhenlagen zeichnen dichte Wälder ein Bild mit hohen, rauen, schneebedeckten, von Gletschern geformten Bergspitzen, immer begleitet von der Sonne, im Sommer wie im Winter. Der Südhang des Bergmassivs ist von den kleinen, malerischen Dörfern in der sogenannten Alpujarra von Granada geprägt. Ein Anblick wie aus einem Bilderbuch. Seine reichhaltige Flora und Fauna, mit zahlreichen endemischen Arten wie dem Schneestern oder dem violetten Sierra-Nevada-Veilchen, machen das »Alpenland« im Herzen Andalusiens zu etwas ganz Besonderem. Die zahlreichen Quellen, Bäche, Flüsse und das vor Jahrhunderten angelegte Netz zur Grundwasserversorgung beziehen ihr Wasser während der Schneeschmelze von den hohen Gipfeln und verleihen der Landschaft und den Dörfern der Alpujarra ihren besonderen Glanz. Die U-förmige Land-

Die maurische Architektur der Alhambra hat sich gut in die Landschaft rund um Granada eingepasst (unten). Verschneite Berge auch im Hintergrund dieser Ruine bei Huélago (rechts).

schaft mit ihren Steilwänden und Lagunen in luftigen Höhen lässt sich ideal zu Fuß entdecken und genießen.

Einmal Mulhacén und zurück

Früh am Morgen geht es mit dem Auto oder einem der Busse im Park zum Aparcamiento Hoya de Portillo. Es gilt, auf dem Weg an die Spitze die ersten 238 Höhenmeter zu überwinden. Am Mirador Puerto Molina der erste Stopp, um einen Blick auf Marokkos Küste zu erhaschen. Knapp zwei Stunden später, nach der Baumgrenze, blickt man am Mirador de Trevélez auf das gleichnamige Dorf. Aus rund 2680 Metern Höhe sind die Häuser des Ortes, in dem der weltbekannte Serrano-Schinken hergestellt wird, nur noch schemenhaft zu erkennen. Der Mulhacén erhebt sich majestätisch aus der Landschaft. Nur einen Katzensprung entfernt befindet sich ein historisches Überbleibsel aus Zeiten des Krieges im 19. Jahrhundert: die Schutzhütten Fortines del Mulhacén. Umgeben von karger Landschaft und Felsen, dem Ruf des Berges weiter folgend, rückt die 3000-Meter-Marke immer näher. 400 Höhenmeter noch, und das Ziel ist erreicht – der Mulhacén. Hoch oben fallen die Strapazen des Aufstiegs an diesen magischen Ort förmlich ab. Der Weg war steinig und schwer, das Gefühl, es geschafft zu haben, nimmt einem nun keiner mehr. Bevor es zur letzten Etappe des Tages, dem Refugio Vivac de la Caldera geht, macht der Wanderer an den kleinen Lagunen Las Lagunillas Halt. Umgeben von Stille, den Blick auf das Wasser gerichtet, die Füße in die Sonne gestreckt, gibt es eine bessere Belohnung? Natürlich hätte man die letzten 1000 Meter einfach weitergehen können, aber Lagunen haben immer etwas Magisches.

Tag zwei des Ausfluges dient hauptsächlich dem Abstieg. Zuvor lockt auf dem Massiv am Collado de Ciervo noch der Blick auf die Nordseite des Mulhacén, die Ruinas del Mulhacén bieten sich für Erkundungstouren an, ebenso die Siete Lagunas (sieben Lagunen). Am späten Abend geht es zurück ins Dorf, wo man einfach mal dem Treiben in den Gassen von Capileira zuschauen und einen Wein trinken kann.

PISTENGAUDI AUF SPANISCH

Andalusien: Sonne, Strand, Meer und Flamenco, das sind die häufigsten Assoziationen, wenn man an den Süden Spaniens denkt. Dass es viel mehr zu erleben gibt, wissen Naturliebhaber längst. Ein Skiurlaub in Spanien, kommt aber den wenigsten in den Sinn. Am Rande des Nationalparks erleben die Parkbesucher Skispaß der Extraklasse. Hier befindet sich das südlichste Skigebiet Europas. Es besticht mit 107 Pistenkilometern, 117 Pisten und 21 Liften. Ein besonderes Schmankerl bekommt ein jeder, der zumindest einmal auf den Veleta kommt. Von hier oben gibt es, bei klarer Sicht, einen sagenhaften Blick auf Granada, das Mittelmeer und sogar bis zur Küste Marokkos. Danach lässt es sich tief beeindruckt nach unten sausen. Wem das zu rasant ist, der kann den Tag bei einsamen Winterwanderungen genießen.

WEITERE INFORMATIONEN

https://sierranevada.es
https://schneehoehen.de

Die Dünenlandschaft im Nationalpark macht Lust auf Wanderungen mit ständigem Meerblick (oben). Die Störche sind in der gesamten Provinz zuhause, hier im Besucherzentrum El Acebuche (rechts).

32 In der Provinz Huelva – Coto de Doñana

Die Einsamkeit des Langstreckenschweins

Andalusien – das erinnert an große Kulturen und arabisch anmutende Architektur. Etwas weltlicher gibt sich da die »Ruta del Jabugo«, Straße des Schinkens, die es mit jeder anderen touristischen Gourmet-Route aufnehmen kann. Wer sich dort gestärkt hat, ist bereit für den Weltkulturerbe-Nationalpark Coto de Doñana in der Provinz Huelva.

Manuel sucht mal wieder nach Maria. Nein, die Angebetete ist nicht durchgebrannt, eine Entführung ist auch nicht zu befürchten. Aber in welche Ecke des Eichenwaldes ist sie wieder ausgebüchst?

Maria, die Feinschmeckerin

Immer auf der Suche nach den leckersten Eicheln, hat es ein iberisches Schwein nicht leicht. Bis zu zwölf Kilometer muss solch ein Prachttier schon einmal am Tage zurücklegen, um seinen Hunger zu stillen und Futterstellen zu finden, die den anderen Schweinen der Horde noch nicht bekannt sind.

Und Maria ist eine Feinschmeckerin, da können die anderen sich doch mit den bitteren Eicheln der Korkeichen zufriedengeben, sie bevorzugt die süßeren Früchte der Steineichen. Das geheime Aufspüren macht gelegentlich einsam, wäre da nicht Manuel, der immer wieder dafür sorgt, dass auch Maria zurück zur Horde findet. Denn Ordnung muss sein, jedem Schwein stehen 60 Bäume zur Verfügung auf einer Fläche von mindestens einem Hektar. Das wird von der Schinkenprüfstelle in Jabugo bis zu sechsmal im Jahr auch überprüft, schließlich soll der echte *Jabugo*-Schinken in seiner Qualität einmalig bleiben.

Herrliches Plätzchen für ein Schweineleben (unten). Luftansicht des Küstenabschnitts bei Mazagon (ganz unten). Die Sandstrände im Coto de Doñana scheinen endlos (rechts).

Die Route der Schinken

Das und alles Weitere zu Schinken, Schweinerassen und Produktionsbedingungen erfährt man auf einer Gourmet-Route, die ihren Namen verdient hat. Im Norden der andalusischen Provinz Huelva gibt es von Higuera de la Sierra aus über Aracena bis nach Jabugo eine Schinken-Route durch den Naturpark Sierra de Aracena y Picos de Aroche, in dem die typischen iberischen Schweine durch die Eichenwälder ziehen, bevor sie später zu dem einzigartigen und geschützten *Jabugo*-Schinken verarbeitet werden, der dann mehrere Jahre zum Reifen in den Scheunen hängt. Manuel Eiriz zum Beispiel ist in Berlin aufgewachsen, er führt Gruppen auf Deutsch durch den Betrieb in Corteconcepción, in dem es natürlich auch den typischen *Jabugo*-Schinken zu verkosten gibt. Zusammen mit dem Schinken-Museum und der Maravillas-Grotte im hübschen Städtchen Aracena, das mit dem El Convento auch über ein charmantes Hotel mit 57 Zimmern verfügt und ein empfehlenswertes Reiseziel ist, nur eine Stunde Fahrzeit von Sevilla entfernt. Neben Sevilla kann zur Anreise auch der Flughafen in Faro genutzt werden. Auf jeden Fall braucht man einen großzügig gewählten Koffer, denn neben dem Schinken und einem passenden Olivenöl landet sicher auch die eine oder andere süße Köstlichkeit aus der traditionellen Konditorei Rufino aus Aracena im Gepäck, zum Teufel mit den Kalorien.

Nationalpark der Zugvögel

Vielleicht schafft es Maria ja doch, ihrem Manuel zu entkommen, und läuft hinunter bis Huelva, nimmt ein Bad und macht sich wieder auf den Rückweg. Das größte ökologische Reservat in Europa liegt unmittelbar am Atlantik an der Costa de la Luz in der andalusischen Provinz Huelva: Der Doñana Park wurde bereits 1994 von der UNESCO zum Weltkulturerbe erklärt. Der Nationalpark befindet sich an der Flussmündung des Guadalquivir zwischen Almonte im Norden, Mazagón im Westen und Matalascañas und dem Flussdelta im Osten.
Er ist imposante 54 252 Hektar groß, dazu kommen noch einmal 26 540 Hektar als Pufferzone. Er ist Spaniens wichtigstes Feuchtgebiet und zeichnet sich durch eine große Vielfalt einzigartiger Landschaftsgebiete, Flora und Fauna aus. Neben der Überwinterung Tausender Zugvögel leben seltene Vogelarten in den Feuchtgebieten sowie die zweitgrößte Population des stark bedrohten Pardelluchses.

Eine vierstündige Besichtigung im Geländefahrzeug, die im Besucherzentrum El Acebuche beginnt, mit Erklärungen eines Rangers, ist ein unvergessliches Erlebnis. Da heben selbst die frei umherziehenden *Mostrenca*-Rinder und der hoch oben im Nationalpark kreisende Kaiseradler ehrfurchtsvoll ihre Köpfe. Während in den Lagunen Schilfrohr, Rohrkolben, Binsen und Schwertlilien dominieren, sind weiter entfernt andere Pflanzen typisch für die Vegetation am Ufer oder in den Flussläufen. An den Ufern stehen vor allem Korkeichen zusammen mit Erdbeerbäumen und Myrten. An den Flüssen ist es vorwiegend die Blutweide, eine endemische Pflanze aus dem Tertiär, zusammen mit Königsfarn, Esche, der weißen Pappel, der Sarsaparille oder dem Geißblatt. Das Zusammentreffen so unterschiedlicher Ökosysteme ist der wichtigste Grund dafür, dass Doñana ein echtes Paradies für Vögel geworden ist, in dem mehr als 120 Arten leben.

Praktischer Umweltschutz

Es gibt noch ein weiteres Element, das den Nationalpark zu einem wichtigen Erlebnisraum macht, auch wenn der Anlass ein eher nachdenklich machender Umstand ist. Fleißige Helfer ziehen tagein und tagaus an den langen Sandstränden des Nationalparks unzählige der gefährlichsten und für unsere Umwelt so schädlichen Gegenstände aus dem Sand: angeschwemmtes Plastik. Wer dann an den zentralen Sammelplätzen sieht, was und wieviel dort angelandet ist, bekommt nicht selten einen Schock. Und wenn wir uns vor Augen führen, dass diese verlassenen Strände im Doñana Park ja nicht alleine auf der Welt sind, und erfahren, dass nur ein Prozent des Plastikmülls überhaupt an der Oberfläche schwimmt, wie sehen dann unsere Weltmeere unter Wasser aus? Die Ranger betonen, dass sie den Kampf nicht aufgeben, ihre wehmütigen Blicke hinaus aufs Meer und wieder zurück an Land sprechen eine andere Sprache. Dieses Plastikmüllproblem geht uns alle an, wir müssen handeln, bevor es zu spät ist. Hier im Nationalpark Coto de Doñana unter der andalusischen Sonne wird das jedem mehr als deutlich und verändert hoffentlich bei jedem Einzelnen von uns sein Verhalten.

GRÖSSTE WALLFAHRT SPANIENS

Das kleine, gerade einmal 1600 Einwohner zählende Dorf El Rocio, am südöstlichen Rand des Nationalparks Coto de Doñana gelegen, wäre keiner großen Erwähnung wert, gäbe es hier nicht eine der bedeutendsten und wahrscheinlich auch die größte Wallfahrt Spaniens. Die Feuerwerke, die mystischen Gesänge und die Prozessionen der Bruderschaften über uralte Pilgerwege in der Nähe des Flusses Guadalquivir enden in einem einzigen großen Festival zu ehren der heiligen Jungfrau. Ob zu Pferde oder zu Fuß, der Strom der Wallfahrer scheint nicht abzureißen, man fragt sich, woher all die Menschen kommen und ob es genug Betten für sie gibt. Aber solche Gedanken sind flüchtig, denn der Höhepunkt naht, wenn die Bewohner von Almonte die Kirche stürmen und die Jungfrau durch das Dorf tragen.

WEITERE INFORMATIONEN

www.andalucia.org/de/el-rocio
Ausführliche Informationen zum Nationalpark und der Straße der Schinken gibt es unter www.donanavisitas.es und www.rutadeljamondejabugo.com

33 Nationalpark Cabañeros

Symbolprojekt des spanischen Naturschutzes

Ein Hauch von Afrika mitten in Spanien. Rote Steppe, karge Landschaften, riesige Herden von Rehen und Hirschen kreuzen den Weg. Keine Menschenseele zu sehen auf weiter Flur, nur ein paar Geier kreisen hoch oben am Himmel auf der Suche nach ihrer nächsten Mahlzeit. Herzlich willkommen im Cabañeros-Nationalpark, dem »Parque Nacional de Cabañeros« im Herzen Spaniens.

Die *cabañeros* waren Schäfer und Köhler und lebten in Hütten aus Reet und Baumheide (unten). Typische Steppenlandschaft im Nationalpark (rechts).

Auf einer Größe von etwas mehr als 41 000 Hektar sind vor allem Rotwild und Vögel zu Hause, eine Oase für Ornithologen. Geier, Adler und auch der seltene Schwarzstorch zieren das Bild, im Herbst kommen die Kraniche zum Überwintern. Je nach Höhenlage verteilt sich die Vegetation auf Steineichen, Olivenbäume, Korkeichen, in feuchteren Gebieten gibt es sogar kleine Moore, *trampales*. Den höchsten Punkt im Park bildet der Monte de Toledo mit 1448 Metern. Das heutige Gebiet, welches 1995 zum Nationalpark erklärt wurde, blickt auf eine turbulente Geschichte zurück. Bis in das 19. Jahrhundert hinein gehörte es der Stadt Toledo, diese hatte schon damals Nutzungsauflagen, weshalb die Natur sich bis ins Zeitalter der Industrialisierung hinein fast unberührt entfalten konnte. Geldnöte der Stadt führten dann zu Rodungen und später zum Verkauf großer Landflächen. Das Gebiet war nun aufgeteilt und für den Bürger nicht mehr zu betreten. Die Macht- und Besitzverhältnisse änderten sich, bis schließlich 1982 die spanische Regierung das Gebiet zum Truppenübungsplatz machte. Die Spanier lehnten sich dagegen auf. Ihrem Wider-

Abwechslungsreiche Landschaftsbilder: Felsnadeln (unten), Ginsterheide (ganz unten) und Serengeti-ähnliche Steppe mit Rehen (rechts).

stand sei Dank, wurde das Gelände nur sechs Jahre später bereits zum Naturpark und 1995 dann zum Naturschutzgebiet ernannt. Darauf folgte noch eine Gesetzesänderung, und seit 1997 sind die Besitz- und Nutzungsverhältnisse endlich und eindeutig geregelt. Die Parkfläche ist heute sowohl in staatlichem als auch in privatem Besitz. Der ein oder andere Grenzzaun lässt dies noch erkennen,

aber der Schönheit der Natur hat dies keinen Abbruch getan.

Besuch der spanischen Serengeti und des mediterranen Walds

Die Nacht war kurz, und noch vor Sonnenaufgang treffen wir unseren Guide am Centro de Visitantes de Casa Palillos, steigen in den Jeep und hören gespannt seinen Erläuterungen zu. Das Brummen des Motors im Ohr, fest im Sitz, zuckeln wir gemächlich los, der Sonne entgegen. Sie erhebt sich langsam am Horizont. Noch wabern die Nebelschwaden durch die weite Landschaft. Das tiefe Rot der Sonne scheint mit den warmen Tönen der Wege zu verschmelzen und lässt diese am Horizont verschwinden. Nur wenige Minuten nach dem Start taucht eine Herde Rehe direkt vor dem Auto aus dem Frühnebel auf. 20, 30, 40 sind es mindestens. So schnell, wie sie kamen, sind sie in der Weite der Serengeti, wie die Spanier diese Landschaft auch nennen, wieder verschwunden. La »Raña« (Frosch), heißt dieser Teil des Nationalparks und bildet gleichermaßen sein Herzstück. Je später der Morgen, desto klarer die Sicht, erkennbar sind einzeln stehende Bäume in ihrer ganzen Pracht, wie gemalte Farbtupfer. Den ersten Fotostopp hat die Gruppe bereits hinter sich, als sie am Rande der »Raña« erneut Halt macht, an der Stelle, an der sie langsam in den üppigen mediterranen Wald übergeht. Der Wald hat etwas Mystisches und versetzt seine Betrachter für einen kurzen Moment in eine andere Welt. Umgeben von Steineichen, Portugiesischen Eichen, Korkeichen und Erdbeerbäumen lässt sich dort der Duft des Waldes genießen und dem Zwitschern der Vögel lauschen. Es sind die Tiere, die diesen Park so besonders werden lassen: Iberischer Luchs, Blauracke oder Iberiensteinbock kann man ebenso beobachten wie viele Schmetterlinge. Vor allem Ornithologen haben dort ihre wahre Freude. Ein Stück entfernt raschelt es laut, ein Blick durch das Fernglas zeigt eine Wildschweinrotte. Kurze Zeit später geht es weiter zum Molino de Agua

Brezoso, einer rekonstruierten Wassermühle aus dem 16. Jahrhundert. Sie beherbergt eine Ausstellung. Das nächste Ziel ist so klein wie vielfältig, der Pantano de brezoso. Dieser kleine Sumpf überrascht mit seiner abwechslungsreichen Flora und Fauna. Otter, Schwarzstörche und Graugeier sind hier zu Hause. In der Nähe finden sich kleine Moore, die *trampales*, sehr empfindliche Ökosysteme. In diesem feuchten Ambiente fühlen sich Myrte, Orchideen und Fliegenfallen sehr wohl. Zurück aus diesem Schatten der Bäume geht es durch die karge gelbstichige Landschaft über rote Pisten zurück zum Ausgangspunkt.

Auf der Spur des Riesenfossils

Die Eindrücke des Morgens waren überwältigend. Da heißt es Luft holen und Pause machen. Perfekter Stopp ist das Örtchen Navas de Estena. Vom nahe gelegenen Parkplatz geht es diesmal zu Fuß auf Erkundungstour. Natur erleben, fühlen und entdecken ist per pedes noch einmal ein bisschen intensiver. Die Ruta del Boquerón del Estena ist eine der bekanntesten. Der Weg führt entlang des Flusses Estena durch üppige Landschaften, umgeben von Gestein und Felsen. Dort wandert der Blick über die sattgrünen Berghänge, und das Ohr nimmt das leise Rauschen des Flusses wahr. Eichen, Birken, Weiden und Eiben säumen den Weg. Zwei kleine Brücken spannen sich über Bäche – immer auf dem Weg zum »Riesenwurm«. Das fast 500 Millionen Jahre alte Relikt ruft wohl bei fast jedem Besucher Staunen hervor. Es zeigt sich wie von Meisterhand in Stein gemeißelt. Der Gang des Wurms ist zwölf Meter lang und misst 20 Zentimeter im Durchmesser. Darüber hinaus bewundern Besucher die fossilen Überreste von Trilobiten (ausgestorbener, ehemals im Meer lebender Gliederfüßler) und Anemonen. Nachdem kleine und große Forscher ihren Wissensdurst gestillt haben, machen sie sich langsam auf den Rückweg. Zwar hat die Sonne ihre Tagschicht noch nicht beendet, doch das zeitige Aufstehen fordert jetzt sein Tribut. Ein wunderbarer, erlebnisreicher Tag neigt sich dem Ende zu. Jetzt haben die Geier und Steinböcke das Gebiet wieder ganz für sich.

AUF SAFARI IN ANDALUSIEN

Im Herbst, wenn die Kraniche nach Süden ziehen, und die Tage in Nordeuropa grauer werden, ist der perfekte Zeitpunkt für eine Jeep-Safari in der spanischen Serengeti. Bei immer noch milden Temperaturen wird der Besucher hier Zeuge eines ohrenbetäubenden Spektakels. Herbstzeit ist Brunftzeit, so auch hier auf der Iberischen Halbinsel. Der Cabañeros-Nationalpark, ohnehin bekannt für seine riesigen Herden an Rotwild, bietet zu dieser Zeit seinen Besuchern etwas ganz Besonderes: sich messende Hirsche. Das imposante Brunftgebrüll ist kilometerweit durch die Steppe zu hören. Je näher man den Bullen kommt, desto lauter kann man auch die dumpfen Schläge hören, die ihre Geweihe während der Kämpfe verursachen. Um ganz sicher den richtigen Platz zu finden, bucht man eine Tour im Jeep direkt vor Ort.

WEITERE INFORMATIONEN

www.visitacabaneros.es

Die Flügelspannweite des Gänsegeiers kann bis zu 2,8 Meter betragen (oben). Der Tajo und seine Zuflüsse am Castillo de Monfragüe im gleichnamigen Nationalpark (rechts).

34 Extremadura

Aug' in Aug' mit dem Geier

Es ist immer wieder erstaunlich, wie vielfältig Spanien abseits der Küsten und Strände ist. Man nehme zum Beispiel die westspanische Region Extremadura an der Grenze zu Portugal. Ein abgelegenes Gebiet mit Bergen, Wäldern und Seen, das vor allem für die Vogelwelt von großer Bedeutung ist und unter anderem dem Geier einen idealen Lebensraum bietet.

Der weiße Kopf dreht sich langsam von Osten nach Westen und wieder zurück. Die schwarz umrandeten Augen suchen das Tal und die steilen Berghänge mit regungslosem Blick ab. Nur das dunkelbraune Gefieder flattert ein wenig im Wind. Sein Nest im Baumwipfel scheint leer, jedenfalls kann man von hier unten auch mit dem Fernglas keine Jungen erspähen.

Plötzlich rauscht es kräftig hinter uns, die Sonnenstrahlen werden für Sekunden verdeckt. Mit mächtigen, ausgebreiteten Schwingen überfliegt ein zweiter Mönchsgeier beinahe zum Greifen nah unsere Köpfe. Ein kühler Windhauch umweht uns, bevor der Altweltgeier sich wieder in die Höhe schwingt und sein Nest ansteuert. Ein kleiner Schauer läuft einem über den Rücken, der jedoch schnell wieder verfliegt, denn die Mönchsgeier ernähren sich hauptsächlich von Aas und im Sommer von Eidechsen, Schildkröten und Hasen. Der Mensch hat dann doch ein bisschen zu viel Gewicht auf den Rippen, um von ihm fortgetragen zu werden.

Was bleibt, ist der unvergessliche Anblick eines mächtigen Greifvogels, dessen Spannweite bis zu drei Meter erreichen kann und der mit einem würdevollen Ausdruck sein Revier begutachtet.

Im Nationalpark Monfragüe

Der Mönchsgeier ist eine Greifvogelart, die zu den Altweltgeiern gehört. Er besitzt eine Länge von über einem Meter, ist damit sogar noch größer als der Gänsegeier und nach dem Bartgeier der zweitgrößte Greifvogel Europas. Er ist vor allem in Südeuropa und Vorder- sowie Zentralasien verbreitet und hat in der Extremadura im Nationalpark Monfragüe eine Heimat gefunden, in der sich mit rund 300 Paaren die größte Kolonie in ganz Europa, wahrscheinlich sogar weltweit, befindet. Insgesamt aber schwindet sein Bestand wieder, sodass die Einstufung als »bedrohte Tierart« mittelfristig absehbar ist.

Vor allem in Europa ist er in vielen Teilen seines ursprünglichen Verbreitungsgebietes selten geworden oder bereits ganz verschwunden. Hier im Norden der dünn besiedelten Extremadura lebt der Mönchsgeier auch nicht stressfrei, denn jüngste Beobachtungen haben ergeben, dass der Gänsegeier sich zum Nestbesetzer entwickelt und seine Chance sucht, wann immer ein Nest verlassen erscheint. Im Streit um die Beute oder das Nest behält allerdings der Mönchsgeier meistens die Oberhand.

Einzigartiger Naturraum

Der jüngste Nationalpark Spaniens beherbergt aber nicht nur Geier, er ist zu einem ornithologischen Ziel erster Güte geworden, weil es hier auch alle großen Adler einschließlich des sehr seltenen und bedrohten Iberischen Kaiseradlers und des Habichtsadlers zu sehen gibt. Außerdem findet man beinahe alle in Europa brütenden Waldraubvögel wie Schlangen- und Zwergadler oder den Schwarzen und Roten Milan. Auch den extrem scheuen und vorsichtigen Schwarzstorch kann man hier in freier Wildbahn entdecken. So ist die Extremadura mit ihren Populationen an Raub- und Steppenvögeln eines der bedeutendsten Reiseziele für Vogelliebhaber in ganz Europa geworden.

In den ausgedehnten Kork- und Steineichenwäldern wird noch auf traditionelle und damit nachhaltige Art Kork gewonnen. Die steppenartigen Weidegründe werden zur extensiven Viehwirtschaft genutzt und bewahren so einen Naturraum, der einzigartig geworden ist. Das gilt auch für den wie aus einem Märchen entsprungenen Naturpark Cornalvo in der Nähe der Stadt Mérida, in dessen Umgebung man große Stein- und Korkeichenwälder und über 150 verschiedene Vogelarten findet.

AUF DER ROUTE DER ENTDECKER

Die Extremadura ist nicht nur ein Naturparadies besonderer Güte, hier findet auch der geschichtsinteressierte Reisende eine spannende Route: die »Straße der Konquistadoren«. Es ist schon erstaunlich, wie viele Seefahrer und Entdecker aus dieser Region stammen. Man begegnet ihnen auf Gedenktafeln, Reiterstatuen und Grabstätten in Kirchen, in denen häufig auch noch die Taufbecken aus jener Zeit erhalten sind. Die wichtigsten Orte an der »Straße der Konquistadoren« sind Badajoz, der Geburtsort von Pedro de Alvarado, der an der Eroberung von Honduras, Guatemala und El Salvador beteiligt war. Medellín hat seinem berühmtesten Sohn Hernan Cortes, der das Azteken-Reich entdeckte, ein Denkmal gesetzt. Jerez de los Caballeros mit seinen Kirchen und Türmen ist Geburtsort von Vasco Nunez de Balboa sowie Hernan de Soto, der Florida und den Mississippi entdeckte.

WEITERE INFORMATIONEN

www.stadtlandextremadura.de

www.turismoextremadura.com

35 Auf den Spuren der Dinos – Picos de Europa

Die Landschaften Asturiens führen in die Vorzeit

In der nordspanischen Provinz Asturien kann man unser prähistorisches Erbe entdecken. Eine für Spanien eher untypisch grüne, wildromantische Region, die eine besondere Faszination ausstrahlt. Der Nationalpark Picos de Europa ist einer der meistbesuchten Nationalparks Spaniens. Er erstreckt sich über Teile der autonomen Gemeinschaften Asturien, Kastilien-León und Kantabrien.

Hand aufs Herz: Für die Geschichte und das Schicksal der Dinosaurier interessieren sich Kinder wie Erwachsene gleichermaßen, und wohl jeder hat schon einmal fasziniert ihre vielfältigen Arten und Lebensweisen bestaunt. Selbst ihr plötzliches Verschwinden im Nebel der Erdgeschichte vor rund 60 Millionen Jahren ist von Mythen und Spekulationen umrankt. Fast immer wird das Bild, das wir uns von diesen außergewöhnlich erfolgreichen Landreptilien machen, die über einen Zeitraum von 165 Millionen Jahren unseren Planeten beherrschten, bestimmt von wild-brutalen Kämpfen untereinander und blutrünstig-bestialischer Aggression gegen alles, was zu jener Zeit kreuchte und fleuchte. Allerdings ist das eine einseitige Sicht auf ihr Leben, denn Dinos konnten offenbar auch zärtlich miteinander umgehen in Momenten der Glückseligkeit, die primär natürlich der Fortpflanzung dienten. Das kann man im Muja bestaunen, dem Museo del Jurásico de Asturias bei Colunga, zeigt es doch neben zahlreichen Funden zur Entwicklungsgeschichte des Jura in eindrucksvoller Größe, wie Dino-Werben und Dino-Liebesleben funktionierte.

Über Farne und Ginster blickt man auf die Gipfellandschaft des Nationalparks (unten). Ein schmaler Weg führt zum Wallfahrtskirchlein an der heiligen Höhle Santa Cueva de Covadonga (rechts).

Der Dinosaurierpfad

Dabei macht diese touristische Vermarktung hier durchaus Sinn; schon in grauer Vorzeit zogen hier große Gruppen Lebewesen entlang auf der Suche nach Unterschlupf und Nahrung. An der Küste zwischen Gijón und Ribadesella findet man Dino-Fußabdrücke, Fossilien und Knochen aus dem Jura in so großer Zahl und Größe wie sonst nur selten. So etwa die am Felsstrand entdeckten Spuren eines Sauropolus, die einen imposanten Umfang von 1,3 Metern aufweisen. Sie gelten als die größten Dinosaurier-Fußspuren in Europa und waren bis vor wenigen Jahren auch die größten Spuren weltweit, bis man in Australien noch mächtigere fand. Ob diese lange den Rekord halten, ist ungewiss. Denn wer weiß schon, was in Zukunft noch alles in den Picos de Europa entdeckt wird. Mit seinen 67 455 Hektar ist er der zweitgrößte Nationalpark Spaniens, in West-Ost-Richtung erstreckt er sich über etwa 40 Kilometer, in Nord-Süd-Richtung über 20 Kilometer. Die Berge bestehen aus Kalkstein, der stark verkarstet ist. Es gibt einige sehr tiefe Höhlen, darunter die 1589 Meter tiefe Torca del Cerro, die tiefste Höhle Spaniens und die vierttiefste der Welt. Wer weiß, welche Dinosaurierspuren in dem weit verzweigten Höhlensystem noch gefunden werden?

Zeichnungen der Höhlenmenschen

Eine spannende Zeitreise in die Vorgeschichte gelingt auch mit dem Besuch prähistorischer Höhlen, 13 an der Zahl gibt es alleine im Osten Asturiens mit Malereien und Zeichnungen, die einen Eindruck vom Leben der Urmenschen vermitteln. Auf einer Tour in der berühmten Höhle Tito Bustillo sieht man Höhlenmalereien von Hirschen, Pferden und Frauenfiguren, die zwischen 25 000 und 10 000 v. Chr. geschaffen wurden. Es ist schon spannend, so nah die Spuren der Jäger und Sammler des Jungpaläolithikums vor Augen zu haben. Fast noch ein Geheimtipp ist die Cueva de El Pindal. Sie wurde 2008 zum Weltkulturerbe erklärt, liegt aber noch von den Besuchermassen verschont bei Pimiango an der Biskayaküste. Alleine der Blick am Höhleneingang auf die Meeresklippen lohnt den Fußweg durch Gestrüpp und über die Felsen.

PARADOR IM LAND DER KÖNIGE

Ein nahezu idealer Standort, um die Küstenlandschaften Asturiens und die wilden Gebirgszüge der Picos de Europa zu entdecken, ist der kleine Ort Cangas de Onís. Er liegt im Tal des Sella-Flusses und war bis ins Jahr 774 Sitz der Herrscher des Königreichs Asturien. Über 7000 Hektar der Gemeindefläche gehören zum Nationalpark Picos de Europa. An solch einem geschichtsträchtigen Ort gibt es natürlich auch einen Parador, Teil einer staatlichen Hotelkette, und ein guter Ausgangspunkt für einen Besuch im Naturpark Los Picos. Vom Parador Cangas de Onís aus liegen die schroffen Berge, die weißen Strände, prähistorischen Höhlen, die Seen und Wälder ganz in der Nähe. Hier kann man auf zahlreichen Wanderrouten um die Seen und Berge die idyllische Ruhe inmitten einer wilden, ursprünglichen Gegend genießen.

WEITERE INFORMATIONEN

www.parador.es
Asturien und Nationalpark Picos de Europa: www.spain.info/de
www.museojurasicoasturias.com

Guter Platz, um seine Jacht zu ankern: die Bucht Ría del Vigo an der Playa Rodas (oben). Viele vorgelagerte Felseninseln gehören zum Cíes-Archipel (rechts).

36 Nationalpark Islas Atlánticas

Der Maritime unter den Nationalparks

Im Atlantik vor der Küste Galiziens befindet sich ein kostbarer Schatz, den es zu schützen gilt. Umgeben vom wilden Ozean, geprägt von Wind und Wetter, zeigt sich das wilde Gesicht der Islas Atlánticas seinen Besuchern. Dort lassen sich Spuren menschlicher Besiedlung bis in die Eiszeit zurückverfolgen. Heute gehören die Inseln und das Wasser, das sie umgibt, fast ausschließlich den Tieren und Pflanzen.

Der erst 2002 gegründete Nationalpark der Atlantikinseln Parque Nacional das Illas Atlánticas de Galicia umfasst die Inselgruppen Cíes, Ons, Cortegada und Sálvora. Zusammen haben sie eine Fläche von mehr als 8000 Hektar. 1200 Hektar verteilen sich auf die felsigen Inseln mit beeindruckenden Stränden und Klippen und rund 7000 Hektar auf das umgebende Wasserschutzgebiet. Der Park ist von großer ökologischer Bedeutung, da er zahlreiche Arten von Seevögeln, mehr als 200 Algenarten und etwa 400 Arten von Landpflanzen beherbergt. Eine dieser Raritäten befindet sich auf der Insel Cortegada – der größte Lorbeerwald in ganz Europa. Muschelbänke vor den Toren der Inseln, Silbermöwen, Krähenscharben oder Basstölpel zählen zu den Vogelarten des Parks. Von den verschiedenen Städten aus können Reisende nach Erwerb einer Genehmigung das Ticket auf die Cíes-Inseln kaufen und dann durchstarten.

Die Cíes-Inseln – Inseln der Götter

Der größte Schatz der Galizier ist vielen Spaniern nicht einmal bekannt: Es sind die »Cíes-Inseln«, Inseln der Götter, wie sie schon die Römer nannten. Der Archipel Cíes besteht aus drei Inseln: Monte Agudo, O Faro und San Martiño. Die ersten beiden sind auf natürlichem Weg durch den Strand Playa de Rodas

verbunden. San Martiño lässt sich nur mit einem privat gecharterten Boot erreichen. Paradiesische Strände mit feinem weißen Sand, kristallklarem Wasser, unberührter Natur und traumhaften Tauch- und Schnorchelspots machen den Besuch zu einem unvergesslichen Erlebnis.
Die Inseln zu erkunden ist nur zu Fuß möglich. Etwa auf der Erkundungstour der Ruta del Faro de Cíes folgend. Hinter dem Informationszentrum biegt die Strecke links ab auf den Deich, der die Isla Monte Agudo und die Isla O Faro auf dem Landweg verbindet. Das Wetter meint es gut, der Himmel ist klar, das Meer ruhig und die Besucher erleben das erste Highlight. Vom Deich aus können sie Algen und ein paar Fische und Krebse im glasklaren Wasser erkennen. Ein Stück weiter zeigt sich unerwarteter Kontrast: Links die Dünen von der Playa Rodas und rechts Wald. Vorbei am Interpretationszentrum biegt die Route erneut rechts ab. Wanderer nehmen den Felsen Pedra da Campá ins Visier und ziehen weiter zur Vogelwarte, um Möwen und Kormorane zu beobachten und ihren Lauten zu lauschen. Kurz vor dem Ziel locken die Überreste der Festung as Hortas aus der Bronzezeit. Nun geht es im Zickzackkurs durch die atemberaubende Landschaft hinauf zum Leuchtturm, dem Faro de Cíes. Dort brechen sich die Wellen im wilden Atlantik, es erhebt sich San Martiño zur Linken und gibt einen außergewöhnlichen Blick auf das ganze Cíes-Archipel sowie das benachbarte Ons-Archipel frei. Auf dem Rückweg lockt auf halber Strecke der Strand Playa de Nosa Señora mit Abkühlung im Meer. Nach dem Sonnenbad im weißen Sand geht es weiter zum berühmtesten Strand Galiziens, der Playa Rodas, bis das letzte Boot die Besucher zurück ans Festland bringt.

Isla Ons – die kleine unbekannte Schwester

Noch mehr Ruhe, noch einsamere Strände und Buchten, all das verspricht die Isla Ons. Grüne Bergrücken, umgeben von Klippen, kleine Wanderrouten und eins sein mit der Natur. Man lauscht dem Klagen der verlorenen Seelen am »Buraco do Inferno« (Höllenloch), genießt gigantische Ausblicke am weißen Leuchtturm oder isst den besten Oktopus Galiziens, das und ähnliche sind Eindrücke, die den Besuchern lange im Gedächtnis bleiben.

DER ÄLTESTE BEWOHNER DER INSEL

Einmal durch einen würzig duftenden Lorbeerwald streifen und dabei einen Hauch vom Duft frischer Muscheln inhalieren? Zeuge dieses unbeschreiblichen Erlebnisses wird nur, wer sich eine geführte Tour auf die Insel Cortegada bucht. Möglich ist dies zum Beispiel über den Anbieter »corticata«. Die Guides entführen einen nach Ankunft mit dem Boot in die bewegte Vergangenheit und Gegenwart der Insel. Während man entspannt den Pfaden durch den größten Lorbeerwald Europas folgt, lernt man nebenbei noch den wohl ältesten, allerdings pflanzlichen Inselbewohner kennen – eine Weide. Bevor es zurück aufs Festland zum Muschelessen ins Restaurant »Luchana« geht, werden noch die Ruinen der Alten Kapelle von Cortegada unter die Lupe genommen.

WEITERE INFORMATIONEN

cortegata.com
www.restauranteluchana.com

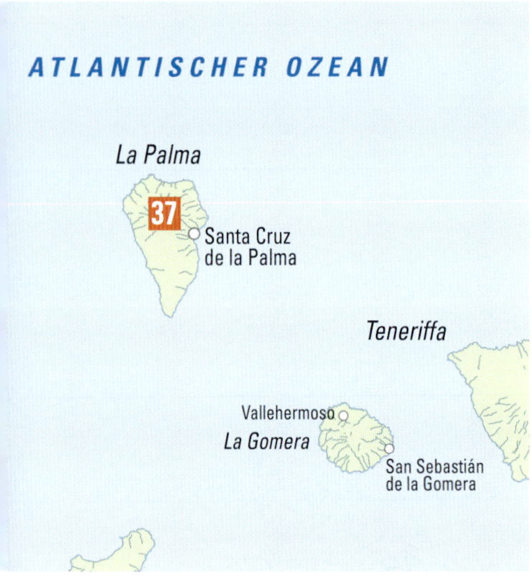

37 Lava-Wunderwelt – Caldera de Taburiente

Einer der weltweit größten vulkanischen Krater

La Palmas Norden wird dominiert von den schroffen Gipfeln des Nationalparks Caldera de Taburiente, die den gleichnamigen Talkessel umschließen. Wundersam und wie von einem fremden Planeten zeigt sich die Landschaft entlang des Bergkamms. La Cumbrecita bei El Paso und die enge Schlucht Barranco de las Angustias bilden die einzigen Zugänge ins Innere.

In der Schlucht Barranco de las Angustias befindet sich dieser Wasserfall der Farben (unten). Der Hirtensprung ist ein auf den Kanaren weit verbreiteter Volkssport, bei dem in gebirgigem Gelände möglichst schnell und sicher Höhenunterschiede überwunden werden müssen (rechts).

Die gewaltigen Ausmaße der Caldera de Taburiente sind beeindruckend, und schon beim Anflug auf die Kanareninsel fallen sie ins Auge. Rund 28 Kilometer beträgt der Umfang des Kraters, und der Höhenunterschied misst von der Sohle bis zum Rand etwa 2000 Meter. Auf dem Grat thronen ein gutes Dutzend Berggipfel.

Die Caldera de Taburiente selbst ist kein vulkanischer Krater im klassischen Sinne, der durch Einsturz bei einer Eruption entstanden ist. Vielmehr ist der gigantische Kessel auf La Palma das Ergebnis starker Erosion sowie eines gewaltigen Bergrutsches, bei dem die westliche Flanke des Taburiente-Vulkans ins Meer stürzte. Auf diese Weise entstand neben der Schlucht Barranco de las Angustias auch der Gebirgszug Cumbre Nueva, der sich in Nord-Süd-Richtung über die Insel zieht.

Wandern über den Wolken

Spektakulär windet sich die Höhenstraße LP-4 zwischen Los Alamos und Hoya Grande zunächst durch oft nebelverhangene Kiefernwälder, um dann plötzlich durch die Wolkendecke zu stoßen. Wie aus einer anderen Welt wirken

die weißen Kuppeln, Parabolspiegel und Stahltürme des astrophysischen Observatoriums, die langsam im Blickfeld auftauchen. Mit ihrer Hilfe erforschen Wissenschaftler hier oben das Universum. Auch wenn seit der Erschließung im Jahre 1985 der Aussichtspunkt am Roque de los Muchachos, der mit 2426 Metern höchsten Erhebung der Insel, einfach mit dem Auto zu erreichen ist, erlebt man die bizarre Gipfellandschaft am besten zu Fuß. Vom Parkplatz am Mirador de Los Andenes aus schlängelt sich der Weg größtenteils auf der zum Inneren der Caldera geneigten Kammseite entlang, an skurrilen Lava-Formationen vorbei bis zum höchsten Punkt La Palmas. Bei klarer Luft kann man Teneriffa, El Hierro und La Gomera am Horizont entdecken.
Ein ganz besonderes Erlebnis hier oben sind die Tage, an denen der vulkanische Kessel sich mit einem Meer aus Wolken füllt, dessen Wellen dramatisch an den Steilwänden hochschlagen, als würden sie versuchen, einem Höllenschlund zu entkommen.

Oase der Stille inmitten wilder Felsen

Der weiche Nadelwaldboden verschluckt die Geräusche der Besucher, die für eine Wanderung in das Innere der Caldera gekommen sind. Am Aussichtspunkt Los Brecitos beginnt die schönste Route ins Herz des Kessels. Nach dem Abstieg durch die duftenden Wälder kanarischer Kiefern im nordwestlichen Berghang erreicht der Wanderweg den Rio Taburiente. Der in der Caldera entspringende Bach fließt im Südwesten durch die einzige Öffnung des Talkessels ins Meer und entsorgt auf diese Weise mitgeführtes Gestein. Mit spektakulär geführter Route folgt die Wanderung diesem engen Felseinschnitt mit dem furchterregenden Namen Barranco de las Angustias, Schlucht der Ängste, wobei zahlreiche Querungen des Bachbetts nötig sind. Nur das widerstandsfähigste Gesteinsmaterial hat inmitten des vulkanischen Kessels den Elementen getrotzt und auf diese Weise wundersame Basaltmonolithen geschaffen. Der bekannteste Felsen mit dem Namen Roque Idafe wurde von den Altkanariern als Heiligtum verehrt.
Auf der Südseite der Caldera erreicht man ab der Passhöhe La Cumbrecita gleich mehrere lohnenswerte Aussichtspunkte. Wie von einem natürlichen Balkon öffnet sich am Mirador Las Chozas ein sagenhafter Panoramablick in den Talkessel und auf die gegenüberliegenden, fast bedrohlich schroffen Felswände unterhalb des nördlichen Bergkamms.

DER TEUFEL TANZT

Alljährlich im September ist im kleinen verschlafenen Nest Tijarafe an der Westküste La Palmas der Teufel los. »La Danza del Diablo« wird hier bereits seit über 90 Jahren zelebriert und bietet auch Besuchern eine einmalige Gelegenheit, die von den Insulanern mit Liebe gepflegte Tradition hautnah zu erleben. Einwohner und Gäste feiern gemeinsam am Vorabend des Festes für die heilige Jungfrau von Candelaria, der Schutzpatronin von Tijarafe, auf dem Platz vor der Dorfkirche. Höhepunkt ist das plötzliche Erscheinen des glutäugigen Teufels mitten in der aufgeheizten Menge zu einer markanten Melodie. Die funkensprühende Gestalt wird von mutigen Tanzenden herausgefordert und ergibt sich schließlich, während das Fest bis zum Morgengrauen andauert.

WEITERE INFORMATIONEN

www.visitlapalma.es/de
Online-Reservierungen im Nationalpark
www.reservasparquesnacionales.es
(den Reiter »Deutsch« auswählen)

Die Tajinaste-Pflanze ist eine endemische Pflanzenart, die im UNESCO-Biosphärenreservat der Caldera de Taburiente auf La Palma sowie auf Teneriffa beheimatet ist.

Ginster, Heide, und immer mal wieder bizarre Felsformen, dazu überall Aussichten auf den höchsten Berg Spaniens, den Pico del Teide. Das und noch mehr macht den Nationalpark Las Cañadas del Teide auf Teneriffa aus (oben, rechts).

38 Bizarre Gebirgslandschaften – Pico del Teide

Kontrastreiches Miteinander

Spaniens höchster Berg liegt nicht etwa auf dem europäischen Festland, sondern weit draußen im Meer, vor der Küste Westafrikas, auf einer bergigen Insel mit toller Tier- und Pflanzenwelt. Teneriffa gehört zum spanischen Staatsgebiet, ist jedoch Teil des Kanarischen Archipels und beheimatet den 3718 Meter hohen Pico del Teide im Nationalpark Las Cañadas del Teide.

Und eigentlich ist es gar kein Berg, sondern ein sogenannter Schichtvulkan. Er hat eine Gesamthöhe von 7500 Metern und erhebt sich majestätisch aus den Tiefen des östlichen Atlantiks. Einzelne Lavaschichten und verschiedene Ablagerungen von Sedimenten bilden diesen kegelförmigen Vulkan, der recht steile Hänge hat und nach oben sehr spitz zuläuft. Diese geomorphologischen Hintergründe sind natürlich nicht für jedermann gleichermaßen spannend, jedoch Urheber dieser fremdartigen Umgebung und daher wissenswert, weil sich dieses fast surreal scheinende Gebiet in allen Aspekten gänzlich von dem unterscheidet, was man aus Mitteleuropa kennt.

Bereits 1954 gründete man den fast 19000 Hektar großen Nationalpark, um die geologischen und biologischen Besonderheiten auf diesem Fleckchen Erde zu würdigen. 2007 befand die UNESCO, dass der Nationalpark zum Weltnaturerbe ernannt werden müsse.

Skurrile Gesteinsformationen

Erkaltete Lavaströme, die zu Stein geworden sind, bieten im Zusammenspiel mit den schroffen Vulkankratern, schmalen Schloten und von Erosion zerfressenen Felsen einen überwältigenden Anblick, der wie eine Mondlandschaft anmutet. Canyons aus nackten Felswänden beeindrucken durch ihre Ausmaße.

Das Maß aller Dinge auf Teneriffa: der Pico del Teide, einmal neben dem Pico Viejo, davor Pinienwald (unten), einmal allein im Bild (ganz unten). Wildprets Natternkopf, auch Tajinaste genannt, kommt nur auf La Palma und auf Teneriffa vor (rechts).

Dieses gesamte, erdgeschichtlich so faszinierende Gebiet wird von der bedeutendsten Sehenswürdigkeit Teneriffas gekrönt, dem Teide selbst: dem Vulkan, der im Wandel der Jahreszeiten immer wieder andere Ansichten von sich zeigt; einmal schneebedeckt, dann von der Sonne in goldenes Licht getaucht oder ganz kahl und schlicht als dunkle Erhebung. Wie ein offenes Buch zeigt der Vulkan an der Schnittfläche seiner Wand seine bewegte, drei Millionen Jahre alte Geschichte. Man erkennt den erdgeschichtlichen Zyklus aus Entstehung, Abrutschen sowie erneutem Emporheben, der sich hier wieder und wieder abspielte.
Am Fuße des Vulkans befindet sich ein Felsenmeer aus Steinen vulkanischen Ursprungs, die aus geomorphologischer Sicht noch recht jung sind, denn sie sind bisher kaum von Erosion betroffen. So können sie in originellen Formen und ganz verschiedenartigen vulkanischen Materialien ihre ganze steinige Schönheit entfalten.

Tiere und Pflanzen, die es nur hier gibt

Ganz im Gegensatz zur strengen Imposanz der Gesteinsformationen steht die liebliche Vielfalt der Pflanzenwelt des Parks. Besonders der Frühling ist als Reisezeit empfehlenswert, da die üppige Pracht der dort wachsenden Blumen die Luft mit köstlichen Aromen schwängert und weithin leuchtende Farbkleckse zaubert. Man nennt Arten, die nur in einem bestimmten Gebiet vorkommen, Endemiten. Auf Teneriffa, der größten und höchstgelegenen Insel des Kanarischen Archipels, leben mehr als 800 Tier- und Pflanzenarten, die es weltweit nur dort gibt. Da sich die Flora auf kleinem Raum sehr stark verändert, findet man in Gebieten in der Nähe der Küste großzügige Sukkulentenbuschlandschaften und kommt sich vor wie in der Wüste. Je höher es dann hinaufgeht, desto mediterraner wird die Pflanzenwelt, und es dehnen sich Pinienwälder und Palmen aus. Auch dem Drachenbaum, einem der Symbole der Kanarischen Inseln, wird man hier und da begegnen.
Die Tierwelt Teneriffas ähnelt, wie auf den anderen Kanarischen Inseln auch, der nordafrikanischen und südeuropäischen Fauna. Sie zeichnet sich jedoch durch eine hohe Anzahl endemischer Arten aus, was sie von den anderen Kanaren unterscheidet. Die Wirbellosen stellen mit 3000 Arten eine der größten Gruppen auf der Insel, über ein Drittel von ihnen sind Endemiten. Beispielsweise sind die Bolles

Lorbeertaube, die Lorbeertaube oder der Teydefink weltweit einzigartig und nur auf den Kanaren vorzufinden. Vogelfreunde haben gute Chancen, beim Birdwatching einige der 200 auf der Insel heimischen Vogelarten beobachten zu können. Während ihres Vogelzugs suchen Reiher oder Enten die Atlantikinsel aufgrund des dort herrschenden guten Wetters auf. Eine weitaus kleinere Tiergruppe stellen die Säugetiere, die nur aus 13 verschiedenen Arten besteht. Die meisten von ihnen hat der Mensch eingeführt, so kamen mit den Ureinwohnern, die etwa vor 2500 Jahren die Insel besiedelten, inselfremde Arten wie Schafe, Ziegen, Hunde und Schweine auf Teneriffa an. Sie hatten die Fähigkeit, sich hier derartig gut anzupassen, dass es nun autochthone Arten von ihnen auf der Insel gibt, das heißt, dass sie heutzutage frei von menschlichen Einflüssen wild vorkommen. Weitere Tierarten, die nicht schon auf dem Archipel vorkamen, sondern von den menschlichen Bewohnern der Insel hergebracht wurden, sind Kaninchen, Ratten, die Etruskerspitzmaus sowie der Nordafrikanische Igel. Ganz neu hinzugekommen ist das Wildschaf. Mit 2718 Metern ist der Guajara hinter dem Pico del Teide und dem Pico Viejo der dritthöchste Gipfel auf Teneriffa. Der ehemalige Vulkan kam vor etwa 200 000 Jahren bei einem heftigen Erdrutsch in Teilen zum Einsturz. Damals entstand der heute noch sichtbare Einschnitt von Las Cañadas.

Vom Krater aus die Sterne sehen

Der Guajara besitzt einen weiten Krater, an dessen südlichem Ende noch alte Mauern sichtbar sind, Überbleibsel einer ehemaligen Weltall-Beobachtungsstation. 1856 nutzte der Italiener Sir Charles Piazzi Smyth, der auch Ägypten zu Forschungszwecken bereiste, erstmals diese Stätte, die als weltweit erste Sternwarte im Hochgebirge gilt. Im Jahre 1910 stellte dann der nächste Astronom, der Franzose Jean Mascart, von dort aus Forschungen an. Da er und seine Wissenschaftler auch bei Schneefall und Eiseskälte ausharrten, ließ er eine wetterfeste Unterkunft errichten, zudem eine Terrasse und einige Wege anlegen. Besonders interessierte die Forscher der Halleysche Komet.

DEM HIMMEL SO NAH

Bereits die Astronomen früherer Jahrhunderte erkannten also, dass der Himmel hier besonders geeignet zur Sternbeobachtung ist. Teneriffa, La Palma, Chile und Hawaii bieten weltweit die beste Sicht ins All. Um die Aussicht auf die Sterne zu schützen, gibt es hier das sogenannte Gesetz des Himmels, das verhindern soll, dass die moderne Zivilisation das Licht verschmutzt und so den guten Blick in den Kosmos beeinträchtigt. Hiervon profitieren nicht nur Hobby-Astronomen, sondern auch hochrangige Wissenschaftler: Die Insel verfügt über eines der modernsten Observatorien weltweit: die Teide-Sternwarte, die zum Institut für Astrophysik der Kanarischen Inseln gehört. So entdeckten Forscher von hier aus, dass die Sonne eine Art Puls hat, der alle fünf Minuten schlägt.
Bei einer Besichtigung der Einrichtungen des Instituts erfahren Sie viel über das Universum und können durch Sonnenteleskope mit verschiedenen Filtern die Sonne betrachten.

WEITERE INFORMATIONEN

www.volcanoteide.com/de

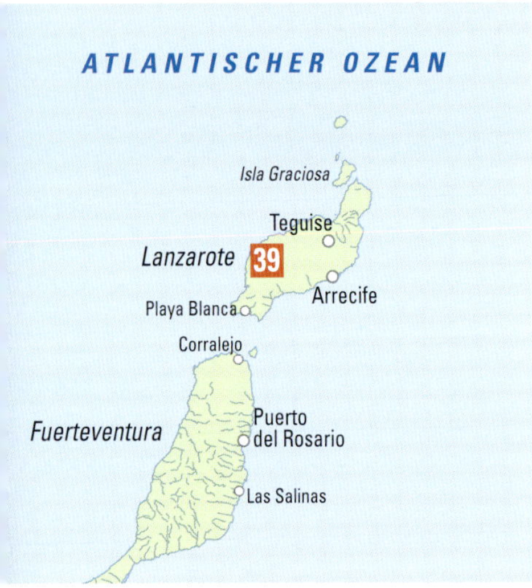

39 Feuer, Lava und Wind – Timanfaya

Im Reich der Feuerberge

Eine ganze Vulkaninsel als Betätigungsfeld eines renommierten Künstlers – wo findet man so etwas schon? Auf der Kanareninsel Lanzarote! Dort gelang dadurch eine eindrucksvolle Symbiose aus Natur, Kunst, Tradition und Nachhaltigkeit. Im Nationalpark Timanfaya zwischen all dem Vulkangestein und der erstarrten Lava wähnt man sich auf einem anderen Planeten.

Das Schild, das den Weg zum Nationalpark weist, wurde von César Manrique gestaltet (unten). Die dominierenden Farben auf Lanzarote sind das Rotbraun der Felsen – und natürlich das Türkisblau des Wassers (rechts)!

Don Andrés Lorenzo Curbelo, einst Pfarrer von Yaiza, schrieb: »Am 1. September 1730, zwischen neun und zehn Uhr abends, brach bei Timanfaya, zwei Wegstunden von Yaiza entfernt, mit einem Mal die Erde auf. In der ersten Nacht erhob sich ein riesenhafter Berg aus dem Schoß der Erde und aus dessen Gipfel schlugen Flammen hoch, die neunzehn Tage unaufhörlich brannten.«

Vulkan- und Lava-Landschaften

Was sich nach Apokalypse anhört, ist lediglich der Beginn des *Tagebuch Lanzarote. Notizen über die Ereignisse in den Jahren 1730 bis 1736*, geschrieben vom damaligen Pfarrer des Dorfes Yaiza. Das kleine Buch ist eine bewegende Chronik der sechs Jahre andauernden Ausbrüche, der gewaltigsten in der Geschichte des Vulkanismus, die ein Drittel der Insel in eine Wüstenei verwandelten. Wie durch ein Wunder gab es nur ein Todesopfer zu beklagen. Es ist übrigens dem deutschen Geologen Leopold von Buch zu verdanken, der die Aufzeichnungen des Don Curbelo 1814 auf Teneriffa entdeckte und eine Abschrift anfertigte, das Original kam später abhanden. Und noch heute

Eine Kamelkarawane zieht durch den Timanfaya-Nationalpark (unten). Schichten des vulkanisches Gesteins (ganz unten). Die grüne Lagune erhält ihre Farbe durch Algen, sie verdunstet jedoch mehr und mehr. Der Sand an diesem Strand ist schwarz und vulkanischen Ursprungs (rechts).

erscheint Lanzarote wie eine Insel aus Feuer, Lava und Wind geboren, zeigen sich faszinierende Urlandschaften, wie man sie sonst kaum mehr zu sehen bekommt. Lanzarote ist die nordöstlichste der Kanarischen Inseln, ihre Gesamtfläche beträgt 795 Quadratkilometer. Sie liegt 1000 Kilometer von der Iberischen Halbinsel und 125 Kilometer von der afrikanischen Küste entfernt, rund 140 000 Einwohner leben

auf Lanzarote. Die drei größten Tourismuszentren sind Puerto del Carmen, Costa Teguise und Playa Blanca. Als erste vollständige Insel wurde Lanzarote 1993 von der UNESCO zum Biosphärenreservat erklärt, ein Jahr nach dem Tode ihres berühmtesten Künstlers César Manrique. Der Nationalpark von Timanfaya hält ausgezeichnete Wandermöglichkeiten bereit, im Park selbst ist die Route entlang der Küste frei begehbar. Ansonsten müssen die geführten Touren bei der Nationalparkverwaltung angemeldet werden. An den Küsten im Südosten, im Norden und auf der kleinen bewohnten Insel La Graciosa, aber auch im Landesinneren findet man geologisch interessante Touren mit leichten bis anspruchsvollen Anforderungsprofilen durch faszinierende Vulkan-, Lava-, Höhlen- und Küstenlandschaften.

Auf den Spuren des Künstlers

Das Gesamtbild der Insel wurde wesentlich vom Künstler César Manrique geprägt. Eine Stiftung kümmert sich um sein kulturelles Erbe, das an verschiedenen Punkten in Museumshäusern und Skulpturen im Freien besichtigt werden kann. Auch das Kunsthandwerk mit Töpferei, Keramik und der Musikinstrumentenbau hat eine lange Tradition auf Lanzarote. Dieser Ausnahmekünstler hat das äußere Erscheinungsbild der Insel wesentlich gestaltet, man begegnet seinen unzähligen Werken, Skulpturen und Domizilen beinahe auf Schritt und Tritt. Eines seiner größten Verdienste ist die Tatsache, dass er die architektonischen Bausünden so mancher Sonnendestination erfolgreich verhindern konnte und sich schon für einen nachhaltigen Tourismus einsetzte, als dieser heute ständig bemühte Begriff noch gar nicht auf der Tagesordnung stand. Die flache, traditionelle Bauweise Lanzarotes mit den kleinen weißen Häusern und den grünen und blauen Fenster- und Türelementen begegnet einem überall und bietet eine wohltuende Erholung für unsere reizüberfluteten Augen. Im Jahre 2012 bekam Lanzarote eine weitere Kulturattraktion hinzu: Das Casa-Museo César

Manrique, letztes Domizil des 1919 in der Inselhauptstadt Arrecife geborenen Malers und Bildhauers, ist neben dem sehenswerten Gebäudekomplex bei Tahiche, in dem auch die Manrique-Stiftung untergebracht ist, als Museum für Besucher geöffnet. Es ermöglicht einen intensiven Blick auf Leben und Werk des Künstlers, der die Außenwirkung der Insel so entscheidend mitprägte und sie in Zusammenarbeit mit der Inselregierung gegenüber Spekulanten und Baukonzernen verteidigte.

Ein Haus in Haría

César Manrique gilt als Lanzarotes wichtigster Künstler des letzten Jahrhunderts, er schuf einige der Hauptsehenswürdigkeiten der Insel: Die berühmten Höhlen Jameos del Agua und der nicht minder bekannte Kaktusgarten bei Guatiza sind beispielhaft für sein Werk, in dem er Natur und Kunst zu vereinen versuchte. Nach langjährigen Auslandsaufenthalten kehrte Manrique 1966 in seine Heimat zurück, um sich für den Schutz der einzigartigen Inselnatur und die kulturellen Traditionen Lanzarotes einzusetzen. 1988 zog er in das Dorf Haría im Norden der Insel, um dort in einer grünen Oase inmitten der Vulkane zu leben und ungestört arbeiten zu können. Es wurde sein letztes Zuhause: 1992 verstarb der Künstler bei einem tragischen Autounfall. In Manriques ehemaligem Anwesen spiegelt sich die Verbundenheit zu seiner Heimat wider. Das kubisch geformte, weiße Gebäude ist in seiner Gestaltung an die traditionelle Inselbauweise angelehnt. Im geräumigen Salon befinden sich ein großer Kamin aus Vulkansteinen und zahlreiche verschiedene Keramiken, die auf Lanzarote hergestellt wurden. Fast alle Baustoffe des Hauses kommen aus dem Meer oder der Erde. Ein Gang durch Wohnräume, Atelier und Werkstatt ermöglicht dem Besucher einen persönlichen Zugang zu dem vielseitig begabten Künstler, der nicht nur als Maler und Designer, sondern auch als Bildhauer, Architekt und Gartengestalter tätig war. Und als Visionär, der die Moderne mit den Traditionen seiner Heimat verband und so ein nachahmenswertes Konzept des Einklangs von Tourismus, wirtschaftlichen Interessen und Naturschutz schuf, das bis heute beispielgebend ist.

WEINBAU MIT TRADITION

Bereits im 15. Jahrhundert wurde die Malvasier-Traube auf Lanzarote angebaut, die Weinwirtschaft ist heute wieder ein wichtiger Zweig der Landwirtschaft. Das Weinanbaugebiet La Geria in der Inselmitte wird intensiv bewirtschaftet, zahlreiche Kellereien bieten Führungen und Proben an. Außerdem können unter anderem die Salzfelder von Janubio, die Aloe-Vera-Produktion in Arrieta-Haria und im Inselnorden bei Mala die Zucht der Cochenille-Schildlaus, die den karminroten Farbstoff liefert, mit ihren Feigenkaktus-Plantagen besichtigt werden. Zu den traditionsreichsten Weingütern der Insel zählt die Bodega El Grifo, die sich seit 1775 ununterbrochen der Weinherstellung widmet. Zu den Rebsorten, die großartige Weiß- und Rotweine ergeben, zählen unter anderem Vijariego, Muskateller und Listán Negro.

WEITERE INFORMATIONEN

www.elgrifo.com
Wer im Nationalpark wandern will, muss sich anmelden und bekommt eine Zeitzone zugewiesen.
www.reservasparquesnacionales.es
www.turismolanzarote.com

Mehrere Stauseen reihen sich hier in der Provinz Minho aneinander (oben). Sehr originelle Bauweise: die alten Kornspeicher der Region; in etwa mit den Getreidekästen vergleichbar, die früher in Bayern und Österreich verwendet wurden (rechts).

40 Üppig wuchernd, saftig grün – Peneda-Gerês

Eine landschaftliche Wundertüte

Hoch oben im Nordwesten Portugals, an der Grenze zu Spanien, befindet sich das wohl bestgehütete Geheimnis des kleinen Landes am Westrand Europas – der Nationalpark Peneda-Gerês. Eine ganz eigene Welt, in der Mensch und Natur im Einklang leben und die Zeit mancherorts still zu stehen scheint. Umgeben von immergrünen Wäldern, Flüssen, Kaskaden und wilden Tieren.

Der Park ist in vielerlei Hinsicht ein Unikat. Nicht nur, dass er der einzige Portugals ist, nein, er versteht es, den modernen Menschen, die Natur und jahrtausendealte Kultur miteinander zu verbinden und in Einklang zu halten.

Von seinen rund 763 Quadratkilometern Gesamtfläche sind 195 Quadratkilometer in Privatbesitz. Sie bleiben dennoch zugänglich, denn die Portugiesen verstehen sich als Teil des Ganzen. Bereits 1971 gegründet, überzeugt Peneda-Gerês mit imposanter Landschaft, Granitfelsen, Almwiesen, Kaskaden und Tälern. Die reichhaltige Flora und Fauna hat der Park seiner Lage und den vielen verschiedenen Mikroklimata zu verdanken. So reißt sich der Iberische Wolf hier noch seinen Rehbock, streifen Wildpferde (*garranos*) durch die Landschaft, und die seltenen *Cachena*-Rinder tun sich an den Almwiesen gütlich. Farnwald, Stechpalmenwald und Uralt-Eichen sowie die blau-violette Gerês-Lilie, gehören zu den Besonderheiten und lassen den Park zur sattgrünen Krone des Landes werden.

Der Nationalpark bietet zudem außerordentlichen kulturellen Reichtum. So führt ein Teil einer alten Römerstraße durch die Landschaft, man findet alte Siedlungsräume mit 5000 Jahre alten Dolmen, Menhiren und Überresten keltischer Castros. Heilquellen in Caldas do

Gerês sind ein einzigartiges Beispiel für das Miteinander von Mensch und Natur. Im Park gibt es viele kleine Dörfer, mit ihren typischen, auf Stelzen gebauten steinernen Maisspeichern (*espigueiros*), in denen noch heute traditionell Viehzucht und Handwerk betrieben werden.

Ein Grenzgang zwischen Natur und Kultur

Die Möglichkeiten im Park scheinen unendlich. Sind die Würfel gefallen, geht es von Gerês aus im Auto zunächst einmal Richtung spanische Grenze. Erstes Ziel ist Cascata da Portela do Homem, ein wunderschöner Wasserfall am Nordtor des Parks. Das Auto bleibt am Portela do Homem stehen, man läuft den kurzen Weg zum Wasserfall. Er befindet sich inmitten des Naturschutzgebietes Mata da Albergaria in einem echten Stück Urwald. Geschmeidig fließt das Wasser ins Naturbecken hinunter. Für ein ungestörtes erstes Bad des Tages empfiehlt sich der Weg rechts vom Wasserfall ein Stück am Fluss entlang, dort kann in aller Ruhe geplantscht werden. Übrigens führt genau dort ein Teil der alten Römerstraße »Geira« entlang, heute ein Stück Natur, umgeben vom satten Grün der Bäume. Die Tour folgt den Spuren der Römer. Wanderer genießen die Ruhe und die frische Waldluft, die vom feuchten Boden aufsteigt. Über eine kleine Holzbrücke führt der Weg zum Ponte de São Miguel, einem Nachbau der Brücke, die während der französischen Invasion als Schutz diente. Der Platz ist ruhig und friedlich, hier lässt sich eine kleine Pause einlegen. Einfach dem Rauschen der Blätter und dem Gesang der Vögel lauschen. Den Weg zurück zum Auto genießen wir schweigend.

Der versunkene Schatz

Über die Nationalparkstraße geht es Richtung Süden. Am besten so langsam wie möglich, um die Eindrücke der Umgebung aufzusaugen, denn anhalten darf man auf dieser Strecke nicht. Vorbei an Gerês geht es zum Fluss Homem und seinem gleichnamigen Stausee. Umgeben von sattem Grün, lädt die Uferpromenade zum Genießen und Flanieren ein. Dem Uferrand folgend, kommen Besucher aus dem Staunen nicht heraus. Das versunkene Dorf Vilarinho da Furna zeigt sich – oder zumindest das, was von ihm übrig ist: seine Ruinen. Es wirkt fast surreal, wie sich dank des Niedrigwassers seine Überreste aus dem Wasser erheben. Ein unvergesslicher Moment.

EIN BAD IN DER NATUR

Ein ungestörtes Bad in einem der kleinen Naturbecken des Rio Homem nehmen und sich vom Strahl einer Kaskade den Rücken massieren lassen? Inmitten unberührter Natur? Dafür muss man dem Fluss, hinter dem Stausee, nur ein wenig gen Norden folgen. Unweit des Trubels kann man hier fast allein ein Bad in einem der steinernen Naturbecken nehmen. Wem eine Kneippkur in der Natur zu kalt ist, der kann sich vertrauensvoll in die Gewässer der Thermalquellen von Gêres begeben, sich bei Bedarf aufwärmen und ihre heilenden Kräfte auf sich und seinen Körper wirken lassen. Das lässt sich wunderbar verbinden mit einer kleinen Bootstour inmitten der üppig grünen und blühenden Landschaft. Das Rundum-Sorglos-Verwöhnprogramm gibt es im örtlichen Hotel »Águas do Gêres«.

WEITERE INFORMATIONEN

www.aguasdogeres.pt
www.termasdeportugal.pt

41 Wildes Kleinod – Nationalpark Val Grande

Einsames Wanderparadies in Nachbarschaft des Lago Maggiore

Als »ultimo paradiso«, das letzte Paradies, wurde die herbe Naturschönheit einmal bezeichnet. Die urtümliche Landschaft liegt unweit des Lago Maggiore. Ihre ganze Faszination erschließt sich dem Besucher am besten beim Durchwandern. Wer sich auf die kaum frequentierten Pfade in das Herz einer der letzten Wildnisse im Alpenraum begibt, wird zweifellos in ihren Bann gezogen.

Val Grande – der Name dieses Nationalparks im Piemont ist in jeder Hinsicht Programm. Zum einen sind Natur und Landschaft der Region einfach großartig, zudem bewahrt der Nationalpark eines der größten zusammenhängenden Wildnisgebiete im gesamten Alpenraum. Eines, das man an dieser Stelle übrigens nicht unbedingt erwartet, denn der Nationalpark Val Grande liegt zwischen dem Verkehrsknotenpunkt Domodossola und dem mondänen Verbania und damit in unmittelbarer Nähe zum viel besuchten und touristisch stark erschlossenen Lago Maggiore.

Gegen eine solche Erschließung sperrt sich das Val Grande einfach dadurch, dass es schwer zugänglich ist. Im Grunde besteht der Park aus zwei großen Tälern, dem Val Pogallo sowie dem eigentlichen Val Grande und wird von nicht sehr hohen, oft steilen und zerklüfteten Bergketten umrahmt – die Gipfel sind zwischen 2100 und 2300 Meter hoch. Die einzige ganzjährig bewohnte Siedlung im Val Pogallo ist Cicogna; und dass sie erst in den 1920er-Jahren über eine schmale Straße angebunden wurde, macht deutlich, dass das gesamte Gebiet seit je nicht gut erreichbar war.

Von der Alpe Leciurt geht der Blick weit über die Hügel und Täler des Parks bis zum Lago Maggiore (unten). Wasserfall am Val Grande-Fluss (rechts).

Völlig abgeschreckt hat das den Menschen jedoch nicht. In früheren Zeiten kam er in die Täler des Val Grande, um hier auf Almen sein Vieh zu weiden oder dann auch, um Holz zu gewinnen. Gerade die Forstwirtschaft wurde später teilweise sehr extensiv betrieben, manche sprechen sogar von Raubbau, was zeigt, dass das Val Grande nicht immer eine Wildnis war, sondern eher eine »verwilderte« Kulturlandschaft ist. Erst im Laufe des 20. Jahrhunderts wurden die Täler vollends sich selbst überlassen, nachdem Alm- und Forstwirtschaft nach und nach aufgegeben wurden. In den wirtschaftlich aufblühenden Städten Norditaliens fand sich leichtere und besser bezahlte Arbeit, sodass die Menschen aus den Tälern fortzogen. Zurück blieben kleine Dörfer, Almen sowie die Maultier- und Wirtschaftswege.

Ins Herz der Wildnis

Über diese Wege erschließt sich Wanderern die ganze Großartigkeit des 1992 gegründeten Nationalparks. Heute verlaufen hier Wanderwege, die von verschiedenen Himmelsrichtungen in unterschiedlichen Schwierigkeitsgraden in die scheinbar unberührten Täler des Nationalparks führen. Ein guter Ausgangspunkt für Wanderungen ist Cicogna, das man von Verbania her erreicht. Hier findet man Unterkunft und Verpflegung, und hier beginnt auch die Tour auf den Spuren der Partisanen (siehe Autorentipp). Nimmt man sich ein paar Tage Zeit, bietet eine Durchquerung die ideale Möglichkeit, den Nationalpark zu entdecken. Für die Tour ins Zentrum des Val Grande sollte man drei Tage einplanen, übernachtet wird in schlichten und nicht bewirtschafteten Berghütten, seinen Proviant muss man selbst mitbringen. Ratsam ist ein guter Schlafsack, denn auch im Sommer kann es in den Hütten kalt werden. Start der Durchquerung ist Fondo li Gabbi im Nordosten, von hier führt ein Wanderweg zur Alpe Scaredi. Weiter wandert man dann nach In la Piana und am dritten Tag durch das Val Gabbio auf die Alpe della Colma, von wo es hinab nach Premosello geht. Wer Lust hat, kann von der Alpe aus vorher noch auf den 2098 Meter hohen Pizzo Proman steigen, von dem sich ein herrlicher Blick in die großartige Natur des Val Grande bietet.

AUF DEN SPUREN TRAGISCHER VERGANGENHEIT

Da das Val Grande so schwer zu erreichen war, nutzten im Zweiten Weltkrieg italienische Partisanengruppen die Täler als Rückzugsgebiet. Im Juni 1944 begannen deutsche Soldaten unter dem Kommando der SS gemeinsam mit faschistischen Truppen eine groß angelegte Operation in den Tälern, bei der neben zahlreichen Partisanen auch viele Älpler getötet wurden. Die Infrastruktur der Täler wurde massiv zerstört, was ein Grund dafür war, dass die Region später verlassen wurde. Einem der Rückzugswege der Partisanen kann man ab Cicogna folgen. Die Tour führt nach Pogallo – wo sich eine Gedenkstätte für 18 hier erschossene Partisanen befindet – und dann weiter zum Bivacco Pian di Boit, einer einfachen Schutzhütte. Nach einer Übernachtung kann man weiter nach Finero wandern oder aber nach Cicogna zurückkehren.

WEITERE INFORMATIONEN

Parco Nazionale della Val Grande
Villa Biraghi, Piazza Pretorio 6, 28805 Vogogna (VB), Tel. 0039/0 32 48 75 40
E-Mail: info@parcovalgrande.it
www.parcovalgrande.it

Um sein Aussterben zu verhindern, wurde das Gebiet zunächst zum privaten Jagdrevier des Königs, später dann zum Nationalpark: der Alpensteinbock (oben). In einen Rahmen aus Felsen und Gipfeln eingebettet: die Seen Lago Ágnel und Lago Serru (rechts).

42 Das große Paradies – Gran Paradiso

Italiens erster Nationalpark

Eine naturbelassene Berglandschaft von faszinierender Schönheit umschließt der Nationalpark Gran Paradiso im Nordwesten Italiens. Hier trifft die zerklüftete Wildnis der Alpen auf eine uralte Kulturlandschaft. Das Wappentier des Gran Paradiso ist der Steinbock. Und der hat ganz wesentlich zum Entstehen des ältesten Nationalparks Italiens beigetragen.

Die Geschichte des Nationalparks Gran Paradiso ist eng mit dem Schutz der hier lebenden Steinböcke verbunden. Bis ins 19. Jahrhundert wurden die Alpensteinböcke wegen ihres Fleisches und ihrer Hörner gejagt. Der Bestand schrumpfte allmählich auf eine Population von einigen Dutzend Tieren zusammen. Der im nahe gelegenen Turin residierende König Vittorio Emanuele II. aus dem Haus Savoyen, selbst leidenschaftlicher Jäger, sah sich zum Handeln gezwungen: 1856 erklärte er das Gebiet rund um den Gran Paradiso zum königlichen Jagdrevier – und bewahrte die Tiere dadurch vor der Ausrottung. In der unberührten Berglandschaft wurden Wanderwege angelegt, Jagdhütten und Rastplätze gebaut. Ein spezialisiertes Wachkorps mit Jagd- und Waldaufsehern sorgte für die Einhaltung der neuen Schutzbestimmungen.
1920 ernannte König Vittorio Emanuele III. das Revier zum Schutzgebiet und stiftete das Naturreservat dem italienischen Staat. Dieser gründete zwei Jahre später, 1922, den ersten Nationalpark Italiens. An die 2800 Alpensteinböcke leben mittlerweile wieder im gesamten Gebiet. Mit etwas Glück sind sie bei einer Wanderung heute überall im Nationalpark anzutreffen.
Von Turin aus gelangt man in einer knappen Autostunde hinauf in den Nationalpark mit sei-

Die Laghi Trebecchi am Col de Nivolet (unten). Aufstieg zum Gipfel des Gran Paradiso (ganz unten). Im Hintergrund der Esel an der Schutzhütte Rifugio Vittorio Emanuele II sieht man die Tresenta, mit 3609 Metern nicht ganz so hoch (rechts).

ner einmaligen Bergkulisse: mit den duftenden Kiefern- und Lärchenwäldern, den grünen Bergwiesen, steilen Felshängen und schneebedeckten Gipfeln, mit tief eingeschnittenen Tälern und erfrischenden Gebirgsbächen, mit seiner lebendigen Vielfalt an Tieren und Pflanzen … Mittendrin ragt aus dem Bergmassiv majestätisch der 4061 Meter hohe Gipfel des Gran Paradiso auf – der höchste Berg der Grajischen Alpen und gleichzeitig der höchste Berg, der mit seiner Basis vollständig auf italienischem Boden steht.

Das überwiegend aus Gneis zusammengesetzte Gran-Paradiso-Massiv ist deutlich abgesetzt vom Alpenhauptkamm, der weiter nördlich über die Walliser Alpen verläuft und am Mont Blanc nach Süden abbiegt. Diese einmalig isolierte Position macht den Gran Paradiso zu einem lohnenden Aussichtsberg. Das einmalige Gipfelpanorama reicht vom Monviso über die Écrins, die Savoyer Alpen mit dem Mont Blanc bis hin zu den Walliser Alpen mit Grand Combin, Matterhorn und Monte Rosa.

Viele Wege führen nach oben

Der Gran Paradiso gilt als relativ leicht zu besteigender Viertausender. Entsprechend groß ist deshalb an manchen Tagen die Anzahl der Bergsteiger, die sich zum Gipfel emporarbeiten. Die Erstbesteigung erfolgte am 4. September 1860 durch J.J. Cowell, W. Dundas, J. Payot und J. Tairraz. Ihre Route über den spaltenarmen Gletscher des Gran Paradiso mit einem Höhenunterschied von gut 1300 Metern bildet heute den üblichen Normalweg vom Rifugio Vittorio Emanuele II aus.
Eine weitere oft begangene und kaum schwierigere Route führt vom Rifugio Chabod über den Laveciau-Gletscher zum sogenannten Eselsrücken hinauf, wo sie sich mit dem vom Rifugio Vittorio Emanuele II kommenden Normalweg vereinigt. Die Routen von der Ostseite auf den Gipfel sind deutlich anspruchsvoller als die Normalwege der Westseite. Die 600 Meter hohe Nordwestwand bietet einen klassischen Eisanstieg (bis 55°).
Am einfachsten ist das Gran Paradiso-Gebiet von Norden her aus dem Aostatal über das Valsavarenchetal oder über das Cognetal und das Valnontey zu erreichen. Der Zustieg zu den zwei Berghütten für Wanderer und Bergsteiger beginnt im Tal von Valsavarenche. Mit dem Start auf 1960 Metern führt ein wunderschöner und technisch einfacher Wanderweg zum Rifugio Vittorio Emanuele II (2732 Meter,

CAI Torino, Tel. +39 0165 95 51 20), dem wichtigsten Stützpunkt für die Besteigung des Gran Paradiso. Das Rifugio Federico Chabod (2750 Meter, Tel. +39 0165 95 55 74) ist alternativer Stützpunkt zur Besteigung des Gran Paradiso und liegt weiter nördlich. Der einfachste Zustieg startet in Pravieux (1834 Meter) im Tal von Valsavarenche und führt auf einem einfachen Wanderweg in rund zweieinhalb bis drei Stunden zur Hütte. Übernachtung unbedingt vorher telefonisch reservieren.

Bergfrühling mit blühenden Schönheiten

Der Nationalpark Gran Paradiso erstreckt sich über 70 000 Hektar auf über 3000 Höhenmetern, aufgeteilt auf fünf Täler: die Valle Orco, Valle Soana, Valle di Cogne, Valsavarenche und Valle di Rhêmes. 9000 Menschen teilen sich den Park mit 50 Säugetierarten, 100 Vogelarten und fast 1000 Pflanzenarten – und an die zwei Millionen Urlauber pro Jahr.
Der Gran Paradiso Nationalpark ist heute ein hochalpines Zentrum zum Schutz von Flora und Fauna, für Forschung und die Pflege alter Kulturen. In Cogne, Valsavarenche und Rhêmes-Notre-Dame unterhält der Nationalpark insgesamt drei Besucherzentren, in denen man zu jeder Jahreszeit die unterschiedlichen ökologischen Aspekte des Naturschutzgebietes erkunden kann.
Ein Besuch im Botanischen Alpengarten Giardino Alpino Paradisia ist im Frühsommer, wenn viele Pflanzenarten in voller Blüte stehen, ein besonderes Erlebnis. Zu den seltenen Blumen des Parks zählen unter anderen die *Potentilla pensylvanica* (Pennsylvanisches Fingerkraut), die *Astragalus alopecurus*, eine Tragant-Art, die ausschließlich im Aostatal wächst, die *Aethionema thomasianum* (eine Staudenart), die *Linnaea borealis*, eine nacheiszeitliche Pflanzenart und die *Paradisea liliastrum*, eine weiße Lilie, die dem historischen Giardino Paradisia ihren Namen leiht.
Neben den mittlerweile einigermaßen zutraulichen Steinböcken sind im Nationalpark auch die etwas scheueren Gämsen sowie Murmeltiere und Luchse beheimatet. Zu den vorhandenen Vogelarten zählen Raubvögel wie Steinadler und der wieder angesiedelte Bartgeier sowie zahlreiche Sperlingsarten.

AOSTA – DIE HAUPTSTADT DER KLEINSTEN REGION ITALIENS

Der beliebteste Urlaubsort am Gran Paradiso ist Aosta. Das 35 000 Einwohner zählende Zentrum der Region Valle d'Aosta wurde von den Römern gegründet, der Name erinnert an Kaiser Augustus. Augustusbogen, Prätorianertor und die großteils begehbare Stadtmauer sind sichtbare Zeugnisse einer traditionsreichen Stadtgeschichte.
Von architektonischem Interesse sind auch die Kathedrale Santa Maria Assunta aus dem 17. Jahrhundert mit den unter dem heutigen Boden befindlichen archäologischen Ausgrabungen, die nahe liegende, charakteristische Piazza Emile Chanoux, sowie die gotische Kollegiatskirche Sant'Orso mit Krypta, Kreuzgang und romanischen Kapitellen aus dem 11. Jahrhundert. Aosta ist ein wichtiger Ausgangspunkt für Routen auf der Suche nach unberührter Natur und den beeindruckenden Schlössern im Tal.

WEITERE INFORMATIONEN

Offizielles Tourismus-Portal und Fremdenverkehrsbüro Aostatal:
www.lovevda.it/de
Parco Nazionale Gran Paradiso:
www.pngp.it

Im Tal ist alles Grau in Grau, weiter oben im Nationalpark Gran Paradiso schauen die Gipfel und die wenigen hoch gelegenen Berghöfe aus dem dichten Nebelmeer heraus.

43 Nationalpark Belluneser Dolomiten

UNESCO-Weltnaturerbe mit verschiedenartigen Lebensräumen

46 Prozent und damit fast die Hälfte des UNESCO-Weltnaturerbes Dolomiten stehen in der norditalienischen Provinz Belluno. Hier liegen bekannte Bergmassive: ein Teil der Drei Zinnen, die Marmolata, die Tofanen, der Sorapiss, die Hohe Gaisl und die Civetta-Moiazza-Gruppe. Und hier wurde 1990 auch der Nationalpark Belluneser Dolomiten ausgewiesen.

Wanderweg auf den Croda da Lago (unten). Die markanten Felstürme der Cinque Torri in den Südlichen Kalkalpen (rechts).

Die berühmten »bleichen Berge« der Dolomiten erstrecken sich auf einem Kerngebiet von 142 000 Hektar über die fünf italienischen Provinzen Bozen, Trient, Belluno, Udine und Pordenone. Dazu kommen weitere 90 000 Hektar, die als Pufferzone ausgewiesen sind. Ihre zerklüfteten Gipfel bestehen aus Dolomit, einem Kalzium-Magnesium-Karbonat, das von dem französischen Geologen Déodat de Dolomieu entdeckt und nach ihm benannt wurde. 2009 wurden die Dolomiten in das UNESCO-Weltnaturerbe aufgenommen. Die nördlichste Provinz Venetiens reicht von den sanften Belluneser Voralpen im Süden, knappe 100 Kilometer nördlich der Adriaküste bei Venedig, bis zum Karnischen Hauptkamm bei Sappada/Plodn an der Grenze zu Österreich. Ihre einmalige Schönheit und bunte Mischung hat den Belluneser Schriftsteller, Journalisten und Künstler Dino Buzzati (1906–1972) schon früh verzaubert: »Io dico che la mia terra è uno dei posti più belli non già dell'Italia, ma dell'intero globo terracqueo« – »Ich sage, dass meine Heimat einer der schönsten Plätze nicht nur Italiens, sondern des gesamten Globus ist.« In einem seiner Werke beschreibt er seine Bellu-

Vom Kleinen Lagazuoi am Passo Falzarego hat man eine schöne Sicht über die Belluneser Dolomiten (unten), ähnlich reizvoll ist eine Frontalansicht (rechts). Die Cascata della Soffia hat im Val del Mis eine tiefe Schlucht ausgehöhlt (ganz unten).

neser Bergwelt als »rätselhaft, intim und versteckt [...] bewegend um der Geschichten wegen, die sie erzählt, um der Luft vergangener Jahrhunderte und um der wüstengleichen Einsamkeit wegen«.

Die Belluneser Dolomiten lassen sich in unterschiedliche Zonen aufteilen: Cortina d'Ampezzo, Arabba – Marmolata, Cadore – Auronzo – Misurina, Alto Cadore – Boite-Tal, Civetta, Conca Agordina, Biois-Tal, Feltrino und Val Belluna. Belluno, bekannt auch als »Klein-Venedig der Berge«, ist Hauptort, Cortina d'Ampezzo der renommierteste Wintersportort.

Es gibt hier zwei große Naturschutzgebiete: den Nationalpark Belluneser Dolomiten, der durch eine außergewöhnliche Diversität an Lebensräumen geprägt ist, sowie den Naturpark der berühmten Ampezzaner Dolomiten.

Der Nationalpark der Belluneser Dolomiten

Er erstreckt sich über eine Fläche von 31 512 Hektar und umfasst Gemeinden wie Belluno, Cesiomaggiore, Feltre, Gosaldo, Longarone, Pedavena, San Gregorio nelle Alpi, Santa Giustina, Sovramonte, Forno di Zoldo, La Valle Agordina, Ponte nelle Alpi und Sospirolo. Im Osten und Westen wird der Park von den Tälern des Cismon und des Piave eingegrenzt, im Norden reicht er bis zum Fluss Maè längs des Val Pramper und im Süden bis ins untere Agordino. Im Naturpark liegen die Gipfel der Feltriner Alpen, die Cimonega-Gruppe mit dem Pizzocco, dem Brendol und Agnelezze, die Monti del Sole, die Schiara-Talvena-Gruppe, der Pramper und der Spiz di Mezzodì. Der Park liegt zwischen 412 und 2565 Metern hoch und umfasst ein großes Allerlei: von den Talsohlen bis zu den Felsenwänden, Laub- und Nadelwälder, Wiesen, Almen und Geröllhalden … Knapp 60 Prozent des Nationalparkgebietes sind von Wäldern bedeckt, Wiesen und Weiden bedecken zwölf Prozent der gesamten Oberfläche, Felsen und Berggipfel ein Viertel der Fläche.

Mensch und Natur

Schon in der Antike war das Gebiet des heutigen Parco Nazionale besiedelt und ist reich an archäologischen Funden: die Ausgrabungsstätte Paluc in Ospitale di Cadore mit dem frühmittelalterlichen Bergbauzentrum, die Skelettfunde des Jägers »L'uomo di Mondeval« und des Höhlenbären in Selva di Cadore oder das Gebiet um Lagole, das als »Quelle der Zivilisation von Cadore« bekannt ist.

Vor 40 000 Jahren erreichten die Neandertaler auf ihrer Jagd nach großen Säugetieren den Monte Avena. Im Cismon-Tal wurden Wohnhöhlen und ein 12 000 Jahre altes Grabmal entdeckt. Im Neolithikum, vor etwa 6000 Jahren, errichteten Menschen erste Siedlungen. Die Parkgeschichte ist eine Geschichte der Menschen, die hier über die Jahrtausende hinweg in einer kargen und herausfordernden Umgebung gelebt und gearbeitet haben. Zahlreiche Militärstraßen aus dem Ersten Weltkrieg, die das Gebiet durchqueren und hinauf in die Bergwelt führen, sind mahnende Zeugen der jüngeren Vergangenheit.

Auf Entdeckungstour

Das durch eine außergewöhnliche Zusammensetzung an Lebensräumen geprägte Schutzgebiet des Nationalparks bietet viele Wandermöglichkeiten. Der Dolomitenhöhenweg Nr. 1 durchquert den Park von Norden nach Süden in zwei Tagen. Einkehr und Übernachtung ist in den Schutzhütten Rifugio Sommariva al Pramperet (www.rifugiosommarivaalpramperet.it), Rifugio Pian de Fontana, (www.piandefontana.it) und Rifugio F. Bianchet (E-Mail: rifugiobianchet@hotmail.com) möglich.

Als Einstieg in den Nationalpark ist ein Besuch in einem der Naturparkhäuser empfehlenswert. Das Besucherzentrum Il sasso nello stagno in Pedavena/Feltre bietet die Möglichkeit, »nicht nur die geologischen Fundamente […] und seine außerordentliche Vielfalt an Lebewesen kennenzulernen, sondern auch zu verstehen, dass der Park ein […] sehr wichtiger Teil der Schönheit und der Schätze der Welt ist, die wir täglich irgendwo zerstören«.

Zwischen Rauch, Wäldern und Minen bewegt man sich im Besucherzentrum Uomini di Valle Imperina in Rivamonte Agordino. Die Ausstellung im ehemaligen Wasserkraftwerk ist den Bewohnern und Arbeitern des Tals gewidmet: den Bergleuten, Tischlern und Landwirten.

In der Ortschaft La Santina in Cesiomaggiore ist das neue Zentrum für Umwelterziehung »La Santina« entstanden. Der Botanische Garten »Campanula morettiana« in der Val Brenton in Sospirolo macht die schöne und vielfältige Flora des Parks für alle zugänglich (Nationalpark Belluneser Dolomiten: www.dolomitipark.it).

SAPPADA/PLODN – DEUTSCHSPRACHIGE ENKLAVE IN DEN BELLUNESER DOLOMITEN

15 kleine Weiler bilden im Norden Bellunos, auf der Südseite der Karnischen Alpen, das Dorf Sappada oder Plodn/Bladen. Das einladende Dorf zu Füßen des 2694 Meter hohen Monte Peralba/Hochweißstein wurde von Zuwanderern aus dem Hochpustertal gegründet. Die »Associazione Plodar« kümmert sich mit viel Engagement darum, die Kultur und Sprache am Leben zu erhalten und für die Zukunft zu retten. Im Ortsteil Cima Sappada/Zepodn erfährt man im Freilicht- und Heimatmuseum viel über die Geschichte. Ein Beispiel, wie sich Plodnerisch im Alltag anhört: »In herbischt vòòlt s'laap va me pame òver in lòngas beart òis bider grien unt de vèlder plienint.« – »Im Herbst fallen die Blätter vom Baum, aber im Frühjahr wird alles wieder grün und die Wiesen blühen.«

WEITERE INFORMATIONEN

www.sappadadolomiti.com
www.plodn.info
Unterkunft in historischen Häusern: Graz Trojar Haus und Voltan Haus
Essen: Sternerestaurant Laite, www.ristorantelaite.com

Das Meer ist vor der Steilküste der Cinque Terre türkisblau (oben). Kaum rechte Winkel: Die bunten Fassaden von Manarola sind kreuz und quer an den Felsen gebaut (rechts).

44 Idyllisch und einzigartig – Die Cinque Terre

Postkartenflair, so weit das Auge reicht

Manchmal benötigt eine Landschaft Tausende Quadratkilometer, um unverwechselbar zu werden, hier reichen knappe 15 Kilometer Küstenlinie aus: Fünf Dörfer drängen sich entlang der ligurischen Riviera auf den beengten Platz zwischen Meer und Bergen und haben es geschafft, weit über die Grenzen Italiens hinaus von sich reden zu machen. Sie gaben diesem Kleinod auch seinen Namen: Cinque Terre.

Das Besondere ist, dass die fünf Orte entlang der Steilküste westlich von La Spezia, die früher kaum zu erreichen war, nicht zersiedelt wurden. Es gibt keine Durchgangsstraße, für die man Häuser hatte abreißen, Dörfer hätte entzweien müssen. So wie hier sah es andernorts nur bis zur Industrialisierung aus, die Landschaften sind ursprünglich, die Dörfer traditionell.

Fünf Dörfer und das Meer

Die UNESCO erhob die Orte Monterosso, Vernazza, Corniglia, Manarola und Riomaggiore 1997 in den Status des Weltkulturerbes. Das Umweltministerium zog kurz darauf nach und machte das Gebiet zusammen mit einem vorgelagerten Meeresschutzgebiet zwei Jahre später zum Parco Nazionale delle Cinque Terre.

Der Erosion zum Trotz

Charakteristisch für die Region sind Steinmäuerchen, die über die steilen sonnigen Hänge verteilt sind und die Flächen in kleine Terrassen, die sogenannten *strisce* (dt. Streifen) unterteilen. Die Bauern errichteten sie mühsam zum Schutz ihrer Felder gegen die Erosion. Heute werden diese schwer zu bewirtschaftenden Flächen hauptsächlich für den Weinanbau der Cinque Terre genutzt, einige Kleinbauern kultivieren Oliven und Gemüse, und die

Seit je wurde an den sonnenverwöhnten Hängen Weinbau betrieben (unten). Der Felsen, auf dem Corniglia liegt, ragt weit ins Meer hinein; im Hintergrund ist Manarola erkennbar (ganz unten). Südöstlich von den Cinque-Terre-Dörfern liegt Portovenere (rechts).

Mauern müssen ständig repariert und in Schuss gehalten werden, damit sie ihre Stützfunktion weiter ausüben können. An manchen Stellen setzt sich mehr und mehr der Buschwald (*Macchia mediterranea*) durch, der hier auch vor der Eroberung der Böden durch die Landwirte vorherrschte. Die *strisce* sind aber noch vielerorts kilometerlang und den ganzen Hügel hinauf zu sehen.

Vor etwa 1000 Jahren ließen sich hier die ersten waghalsigen Bewohner nieder, um an dieser wunderschönen, wenn auch für Bebauung eigentlich völlig ungeeigneten, schroffen Küste trotz der widrigen Umstände Häuser zu errichten. Die Bauten wurden irgendwie an die Felsen gestapelt, immer zum Wasser gerichtet, und an manchen Stellen sieht es fast aberwitzig aus, wie die farbenfrohen Fassaden sich teils krumm und schief aneinander schmiegen. Aber: Das hat was, und man kann sich dem verschrobenen Zauber dieser aus der Not der Raumknappheit entstandenen Kulturlandschaft kaum entziehen. Die Kehrseite der Medaille ist freilich die Überfüllung: Vor allem in den Sommermonaten tritt man sich in den kleinen, engen Orten schier auf die Füße, wenn wieder ein Zug Scharen von Besuchern auslädt. Es gibt auch keine Ausweichmöglichkeiten, da steil unter einem das Meer, steil über einem der Hang liegt. Hat man seine Erledigungen in den Dörfern hinter sich, schafft man es nach einem Fußmarsch von etwa 30 Minuten in abgelegenere Winkel, und hin und wieder erreicht man auch kleine Felsbadestellen. Daher ist es ratsam, sein Badezeug immer dabei zu haben – bereit sein ist schließlich alles.

Die Orte im Einzelnen

Trotz aller Ähnlichkeiten hat jedes der Dörfer seine Eigenheiten: Am weitesten im Südosten liegt Riomaggiore mit seinen übereinandergeschachtelten, oft mehrstöckigen Häusern. Kein Meter bebaubares Land wurde ausgespart.
Die Fassaden leuchten farbenfroh, wenn auch häufig schon etwas verblasst, in Gelb-, Orange- und Rotschattierungen. Eine relativ breite Hauptgasse mit Cafés und Geschäften führt hinunter zur winzigen Hafenbucht, die pittoresk in einer gemütlichen Nische liegt.
Der nächste Ort in Richtung Westen ist Manarola. Kühn und raffiniert bauten die Bewohner auch hier turmhohe Fassaden dicht an dicht. Labyrinthartig führen schmale Treppengassen durch das bescheidene Fischerdorf auf seinem mächtigen Felsvorsprung die Hänge hinauf.

Manarola war lange Zeit ein beliebter Rückzugsort für kreativ Schaffende: Renato Birolli, der als einer der bedeutendsten italienischen Maler und Künstler des 20. Jahrhunderts gilt, hat hier gelebt und gearbeitet. Ein enger Uferweg verläuft entlang der Steilwand.

Corniglia ist nicht ganz so frequentiert, thront es doch 80 Meter über dem Wasser. Wer dort hinabwill, sollte gut zu Fuß sein, denn das geht nur über unzählige Treppenstufen. Unten ist es daher etwas ruhiger, allerdings sollte man dran denken, dass man irgendwann die vielen Stufen auch wieder hinauf muss! Vom Ort aus ist die Aussicht über die Küste spektakulär. Es ist das einzige der fünf Dörfer, in dem keine Hotelübernachtung möglich ist. Dafür gibt es auch nicht so viel Getümmel in den kleinen Gassen.

Wahnsinnig schön und unverkennbar ist Vernazza, das auf einem wuchtigen Felsen liegt. Von dessen Spitze ragt ein Burgturm in den Himmel. Diese Schönheit hat ihren Preis: Besonders an Wochenenden und Feiertagen wälzen sich unglaubliche Besucherströme durch die vielen engen Gassen.

Den westlichen Abschluss der Cinque Terre-Orte macht Monterosso, das knapp 2000 Einwohner zählt und somit das größte der fünf Dörfer ist. Es wirkt auch im Gegensatz zu den anderen, sehr engen Orten geradezu weitläufig und großzügig, fast schon mondän.

Die vielen Hotels, Restaurants und Läden sowie der breite Badestrand sorgen für ordentlich Trubel. Wer im Urlaub eher Ruhe und Abgeschiedenheit sucht, ist hier falsch. Zu den vielen Besuchern aus aller Welt gesellen sich an den Wochenenden noch die italienischen Tagesausflügler, mit Idylle ist es da leider nicht weit her. Gegen Abend fahren zumindest die Tagestouristen wieder ab, denn es gäbe gar nicht genug Übernachtungsmöglichkeiten für alle; dann wird es etwas beschaulicher und auch die Temperaturen lassen sich, je später der Abend, desto besser ertragen.

Dies gilt auch für eine Reise außerhalb der Hauptsaison im Hochsommer: Im Frühjahr oder später im Jahr, Oktober oder November, sind die Dörfer ebenso schön, das Wetter durchaus angenehm, und man fühlt sich nicht ganz so beengt.

SPORT MIT AUSSICHT

Abseits des Getümmels sind schöne Wanderungen möglich, die einem jedoch bei großer Hitze durch ihre Steigungen einiges abverlangen können. 550 Höhenmeter auf neun Kilometern müssen bei der Wanderung von Monterosso über Soviore nach Vernazza überwunden werden, doch die Mühe in oft erbarmungsloser Hitze (kaum Bäume!) wird immer wieder durch fantastische Aussichten auf Meer und Küstenorte belohnt. Von Riomaggiore aus geht es östlich auf teils sehr schmalen, unebenen Wegen in viereinhalb Stunden über 600 Höhenmeter nach Portovenere. Höhenangst-Betroffenen ist diese Strecke nicht zu empfehlen, weil der Weg hinter Campiglia stark abfallende Felsen mit tiefen Ausblicken passiert. Zunächst geht es lange durch die Weinberge hinauf, bis man Campiglia erreicht. Dann führt der Weg durch felsiges Terrain nach Portovenere hinab.

WEITERE INFORMATIONEN

Ristorante Puin (bei Soviore):
www.ristorantepuin.it
Palmaria Restaurant Portovenere:
www.palmariarestaurant.it
www.5terre.de/wandern.html

45 Das Rückgrat Italiens – Der Apennin

Einmal längs durch den Stiefel

1500 Kilometer lang zieht sich der Apennin durch die italienische Geografie, von Ligurien im Norden bis ganz in den Süden über Kalabrien nach Sizilien – überwiegend von Nordwesten in Richtung Südosten, um genau zu sein. Seine höchste Erhebung erreicht der längste Gebirgszug Italiens mit dem 2912 Meter hohen Corno Grande im Abruzzischen Apennin.

Seinen Anfang nimmt der Apennin im Nordwesten Italiens, in Ligurien, wo er sich direkt aus dem Meer erhebt. Hier gehen die Ausläufer der Ligurischen Seealpen nahtlos in die Gebirgskette des Ligurischen Apennin über. Die Grenze zwischen den beiden bildet der Colle di Cadibona – auch Bocchetta di Altare oder Bocchetta di Cadibona genannt –, eine 436 Meter hohe Passhöhe bei Savona. Von dort zieht sich der Apennin Richtung Osten über die Apuanischen Alpen bis zur Adriaküste, wo er sich nach Süden wendet und im Abruzzischen Apennin mit dem Massiv des Gran Sasso d'Italia und dem 2912 Meter hohen Corno Grande seine größte Höhe erreicht. Weiter südwärts teilt sich der Apennin in mehrere kleine Höhenzüge wie die Sila und den Aspromonte nach Kalabrien hin – mit einer Fortsetzung in den Gebirgen Nordsiziliens.

Von Nord nach Süd

Eingeteilt wird der Apennin in einen Nördlichen Apennin mit dem Appennino ligure, dem Appennino tosco-emiliano, dem Appennino tosco-romagnolo und die in den Apennin eingebundenen Apuanischen Alpen. Die wichtigs-

Dichternarzissen im Monti-Sibillini-Nationalpark (unten). Hinter der Bergblumenwiese reckt sich der Corno Grande in die Höhe (rechts).

So sieht der Sommer im Apennin aus (unten). Kräftig blau leuchtet der Ligurische Enzian (ganz unten). Das biogenetische Naturreservat im Emilianischen Apennin (rechts).

ten Pässe über den Apennin liegen zwischen 500 und 1000 Meter hoch. Die Eisenbahnlinie Bologna–Florenz passierte das Gebirge ab 1934. Der Apennin wird von zahlreichen Autobahnen von Nord nach Süd und von West nach Ost durchquert: Mailand–Genua (A7), Parma–La Spezia (A15), Bologna–Florenz (A1), von der Autostrada del Sole oder der Strecke Pescara–Rom (A24/A25).

Ständig in Bewegung

Der Apennin ist ein sogenanntes alpidisches Kettengebirge, das seine Auffaltung dem Aufprall der Afrikanischen gegen die Eurasische Platte verdankt. Der Gebirgszug besteht aus Kalk, Dolomitgestein, Sandstein, Schiefer, Mergel und Ton, teilweise auch aus kristallinem Grundgebirge.

Die gesamte Halbinsel Italien liegt in der »Knautschzone einer geologischen Massenkarambolage«, und so sorgen tektonische Vorgänge wie Erdbeben und Vulkanausbrüche in Italien immer wieder für große Unruhe: Von Süden her schiebt sich der afrikanische Kontinent mit einem Zentimeter pro Jahr nach Norden. Auch von Osten schiebt sich eine Erdplatte gegen Italien und im Westen bewegt sich Korsika, das auf der Europäischen Platte liegt, mit drei Millimetern pro Jahr auf Italien zu.

Kontrastreiche Gebirgsregion

Der Apennin präsentiert sich auf seiner gesamten Länge genauso abwechslungsreich und unterschiedlich wie die italienische Halbinsel auf ihrem Weg vom hohen Norden in den tiefen Süden. Die Gebirgsregion wechselt von malerischen Mittelgebirgslandschaften über einsame und zerklüftete Gebiete bis hin zu schroffen Hochgebirgsgipfeln. In der teils noch unberührten Naturlandschaft sind vielerorts Braunbären, die apenninischen Wölfe und Greifvögel zu Hause. Insbesondere in den abruzzischen Nationalparks haben sich intakte Ökosysteme erhalten, die optimale Lebensbedingungen für große Säugetiere und unzählige Vogelarten bieten. In weiten Teilen besitzt der Apennin Mittelgebirgscharakter mit Gipfeln zwischen 1200 und 1500 Metern Höhe.

Am Fuße der Berge ist die Vegetation mediterran, wobei Weinreben, Olivenhaine und Pinienwälder in den tieferen Lagen bis rund 600 Meter Meereshöhe dominieren. Es folgen Kastanien- und Steineichenwälder und in den höheren Lagen Fichten, Tannen und Krüppelkiefern. Die Baumgrenze verläuft in einer Höhe

von rund 2000 Metern. In den höchsten Lagen gedeihen Flechten und Moose sowie hochalpine Pflanzenarten wie Edelweiß und Enzian. Typisches Gebirgsklima mit niedrigen Temperaturen und hohen Niederschlägen prägt den Apennin. Im Hügelland und den Vorgebirgen ist das Klima mediterran beeinflusst, mit Niederschlagsmengen von etwa 800 Millimetern und einer deutlichen Sommertrockenheit. In den subalpinen Regionen steigt die Niederschlagsmenge auf über 1300 Millimeter, wobei ein deutlicher West-Ost-Unterschied besteht. Der Apennin bildet Italiens Hauptwasserscheide. Die Gewässer der westlichen Seite fließen ins Tyrrhenische und Ligurische Meer, diejenigen der östlichen Flanke in die Adria.

Outdoor-Aktivitäten für jeden Geschmack

Die Bergwelt des Apennin lädt zu allen Jahreszeiten zu Entdeckungstouren ein: mit dem Mountainbike oder zu Fuß, mit Kletterseil und Kanu, mit Jeep und Pferd, mit Ski und Snowboard. Der Apennin weist beste Bedingungen für zahlreiche alpine Sportarten auf. Hochalpine Gipfellagen gelten bei vielen noch als Geheimtipp für einen Skiurlaub. Über 20 Skigebiete mit variantenreichen Abfahrten erstrecken sich in einer Höhe zwischen 1300 und 2800 Metern. Der Monte Cimone im Appennino tosco-emiliano, Corno alle Scale im Appennino bolognese oder Roccaraso und Campo Felice in den Abruzzen zählen zu den bekanntesten Wintersportzentren im Apennin. Von Florenz über Assisi nach Rom etwa verläuft der Franziskusweg, ein mehrere Hundert Kilometer langer Fernwanderweg, der durch die Toskana, Umbrien und die Region Latium führt und den Apennin mit seinen idyllischen Hügellandschaften und antiken Dörfern durchquert. Zahlreiche Regionalparks und Naturreservate schützen weite Teile des italienischen Gebirgszuges und laden mit mannigfaltigen Angeboten zu allen möglichen Aktivitäten mitten in unberührter Natur ein. Zu den eindrucksvollsten Gebieten des Apennin zählt sicherlich das Gran-Sasso-Massiv mit seinem Naturpark in den Abruzzen. Die Gegend ist extrem dünn besiedelt und unzugänglich. In kaum einer anderen europäischen Region leben mehr Bären, Wölfe und Adler.

EIN FAST-3000ER ZWISCHEN ÄTNA UND ALPEN

Der Apennin erreicht in den Abruzzen im majestätischen Corno Grande des Gran Sasso mit 2912 Metern seine größte Erhebung. Der gigantische Felsblock ragt markant über der faszinierenden, fast 30 Kilometer langen, 1600 bis 1900 Meter hoch gelegenen Fläche des Campo Imperatore empor. Endlose Gebirgswiesen zwischen markanten Felsbrocken prägen das Bild der kargen Hochebene, die wegen ihrer fast völlig fehlenden Vegetation an eine Mondlandschaft erinnert und mit Hochebenen im Himalaja vergleichbar ist. Schafherden und halbwilde Pferde weiden auf den Almen, auf denen im Frühsommer Orchideen, Enziane, Narzissen und Veilchen blühen. Die im Norden angrenzenden Monti della Laga sind ein Wandergebiet für Abenteurer. Hier kann man tagelang wandern, ohne auf Ansiedlungen oder Menschen zu treffen.

WEITERE INFORMATIONEN

Ein guter Ausgangspunkt für Wanderungen im Gran Sasso ist das mittlerweile geschlossene Hotel Campo Imperatore auf 2130 Meter Höhe.
www.gransassolagapark.it

Der Ätna flößt einem gewaltigen Respekt ein, alles richtet sich nach ihm (oben). Die Vulkaninsel Stromboli liegt in der Straße von Messina, westlich von Sizilien (rechts).

46 Im schwarzen Sand – Der Parco dell'Etna

Ätna – der höchste aktive Vulkan Europas

Der Parco dell'Etna wurde 1987 als erster Regionalpark Siziliens gegründet. Mit seinen 59 000 Hektar hat er die Aufgabe, das einzigartige Naturambiente und das außergewöhnliche Landschaftsbild rund um den höchsten aktiven Vulkan Europas vor der willkürlichen wirtschaftlichen und touristischen Erschließung zu bewahren und eine umweltverträgliche Entwicklung der lokalen Gemeinschaften vor Ort zu fördern.

Der 3352 Meter hohe Ätna mit seinen schneebedeckten Gipfeln drückt der Ostküste Siziliens seinen Stempel auf. Seine gewaltige Präsenz hat die gesamte Region sowohl geologisch als auch historisch seit Menschengedenken geformt und dominiert die Ionische Küste bis nach Catania. Noch in einer Entfernung von 250 Kilometern ist der gleichermaßen gefürchtete wie verehrte Vulkan sichtbar. Kein Wunder, dass er stets Schauplatz von Mythen und Sagen war. Immer wieder gerät der Vulkan in die Schlagzeilen, wenn er Feuer spuckt, Asche und Staub die Luft verdunkeln und glühende Lava ins Tal fließt. Vor 600 000 Jahren setzte der Vulkanismus im Bereich des heutigen Ätna ein. In seiner heutigen Gestalt entstand der Ätna erst vor 3000 Jahren. Im 20. Jahrhundert bedrohte der Vulkan mit zahlreichen Eruptionen immer wieder seine Umgebung: 1928 wurden zahlreiche Gebäude der Ortschaft Masacli zerstört. 1971 wurde die Seilbahn Ätna-Süd ein Opfer. 1981 bedrohten gefährliche Lavaströme den kleinen Ort Randazzo. 1983 stoppte die Lava nur wenige Kilometer vor der Ortschaft Nicolosi, und 1991 drohte Zafferana der Untergang.

Letzthin erschütterte zum Jahresende 2018 ein durch eine Eruption des Vulkans ausgelöstes Erdbeben der Magnitude 4,8 (Richterskala) die Gegend zwischen Pedara und Acireale.

Dieses Schild führt zu einem alten Kloster im Gebiet des Nationalparks (unten). Die Silvestri-Krater sind erloschen und können umwandert werden (ganz unten). Viele Abschnitte rund um den Ätna sind vollständig mit Vulkanasche bedeckt (rechts).

Der erste Regionalpark Siziliens

Eine wirtschaftliche Erschließung für den aufkommenden Tourismus, Waldrodungen, Zersiedelung und Umweltzerstörung führten in der einmaligen Naturoase beinahe zum Kollaps. In den 1960er-Jahren forderte eine Gruppe ambitionierter Studenten und Naturschützer um den Professor Valerio Giacomini erstmals die Einrichtung eines Regionalparks für den Ätna. Doch erst nach mühsamen politischen Auseinandersetzungen verabschiedete das sizilianische Parlament 1981 ein Gesetz zur Einrichtung von drei Regionalparks: den Parco dei Nebrodi, den Parco delle Madonie und den Parco dell'Etna. Im März 1987 wurde der Park offiziell eingerichtet und in Nicolosi ein Institut zur zentralen Verwaltung des Parks eröffnet. Von hier aus wird seitdem die ökologische wie auch ökonomische Entwicklung der Gegend überwacht und die nachhaltige Förderung des Lebensraums sichergestellt. 2013 wurde der Ätna auch in die Liste des UNESCO-Weltnaturerbes aufgenommen.

Vegetation und Tierwelt

Der Parco dell'Etna erstreckt sich über insgesamt 58367 Hektar und ist in vier Zonen von A bis D eingeteilt. Die zentrale Zone A umfasst 19 237 Hektar rund um den Gipfel des Ätna mit einer Naturlandschaft in ursprünglichem und weitgehend unangetastetem Zustand, den es zu erhalten und zu schützen gilt.

Im darunter liegenden Ring, in der besiedelten Zone B mit ihren 25 391 Hektar, werden Landwirtschaft und Weinbau betrieben. Hier werden die traditionellen Agrartechniken und Lebensweisen gefördert, um Abwanderung und das Aussterben von alten Kulturen und Lebensgemeinschaften zu verhindern. Die sich anschließenden Zonen C (4188 Hektar) und D (9551 Hektar) gelten als Zone Pre-Parco, als dem eigentlichen Regionalpark vorgeschobene Randgebiete. Hier ist eine naturverträgliche und die Nachhaltigkeit bewahrende Nutzung des Gebietes mit dem Bau von neuen Infrastrukturen möglich.

Der Parco dell'Etna ist von einer kunterbunten Flora und Fauna mit mehreren Vegetationszonen geprägt. Bis auf eine Höhe von 800 bis 900 Metern Meter gedeihen Trauben und Oliven, Zitrusfrüchte und Feigen, Haselnüsse und Pistazien, Weizen und Gemüse. Daran schließt sich bis hinauf auf 2000 Meter ein dichter Waldgürtel mit Eichen und Kastanien, Kiefern, Buchen und Pinien an. Es folgen eine Vegetati-

onszone mit Buschwerk und Sträuchern, darunter der Ätna-Ginster und dann eine Zone mit Flechten und Moosen wie Geiskräutern und Cerastio. Die höchsten Regionen rund um den Gipfel sind unbewachsen und meist schneebedeckt. Regelmäßige Vulkanausbrüche und Lavaflüsse verändern die Hänge und das Landschaftsbild des Ätna jedoch ununterbrochen. Im Park leben Wölfe, Füchse, Marder, Stachelschweine, Rotwild, Siebenschläfer und Wildkaninchen. Besonders vielfältig ist die Vogelwelt mit etwa 70 verschiedenen Vogelarten. Singvögel, Spechte und Greifvögel wie Königsadler und Wanderfalken sind zu beobachten.

Eine Tour auf den Ätna

Die Schönheiten und Besonderheiten der einmaligen Bergwelt des Parks mit erstarrten Lavaströmen und Kraterkegeln können Besucher auf zahlreichen Wanderwegen mit unterschiedlichem Schwierigkeitsgrad erkunden. Für einen Start zum Ätna empfehlen sich die zwei Tourismuszentren: Im Norden befindet sich das Rifugio Etna-Nord. Von hier aus werden Touren im Geländebus bis zum Observatorium am Pizzi Deneri auf 2900 Metern Höhe angeboten. Von dort kann man mit den obligatorischen Bergführern bis zum Gipfelkrater aufsteigen. Sehr lebhaft geht es meist im Zentrum Etna-Sud am Rifugio Sapienza auf 1900 Metern Höhe zu. Von hier bringt eine Seilbahn die Wanderer zur oberen Seilbahnstation La Montagnola auf 2504 Meter. Geländebusse fahren bis zum Torre del Filosofo auf 2900 Metern Höhe. Die restlichen 500 Meter bis zum Gipfel müssen mit dem Bergführer (ohne den geht es nicht) erklommen werden. Solotouren sind aus Sicherheitsgründen verboten. Wer die Strecke zu Fuß zurücklegen will: Der Aufstieg vom Rifugio Sapienza bis zum Gipfel des Ätna dauert insgesamt rund 3,5 Stunden. Der Blick vom Gipfel aus ins Innere des Kraters bietet als Entlohnung ein spektakuläres Naturschauspiel und wird zum bleibenden Erlebnis. Recht nostalgisch gestaltet sich eine abwechslungsreiche und entspannende Ätna-Rundfahrt mit der Schmalspurbahn der Ferrovia Circumetnea von Catania Borgo bis nach Giarre–Riposto (Parco dell Etna: www.parcoetna.it).

STROMBOLI – DIE INSEL, DIE FEUER SPUCKT

Ein besonders spannendes Ziel finden Abenteuer und Entdecker auf den Liparischen oder auch Äolischen Inseln (Isole Lipari oder Isole Eolie) im Tyrrhenischen Meer. Schon in der römischen Mythologie wohnte auf den Vulkaninseln nördlich von Sizilien der Gott des Feuers und der Schmiede. Der Vulkan Stromboli erhebt sich mit 924 Metern direkt aus dem Meer und ist seit Jahrtausenden als »Leuchtturm des Mittelmeeres« aktiv. Bedenkt man, dass das Tyrrhenische Meer an dieser Stelle 2000 Meter tief ist, so kommt der Stromboli auf stattliche 3000 Meter. Roberto Rossellinis legendärer Film »Stromboli, terra di dio« mit Ingrid Bergman in der Hauptrolle, setzte 1949 den Startschuss für den Tourismus, von dem die Insel heute lebt.

WEITERE INFORMATIONEN

Exkursionen zu den Stromboli-Kratern organisieren www.stromboliguide.it
Idealer Ausgangspunkt ist das Hotel Ossidiana am Strand des alten Fischerortes Scari: www.hotelossidiana.it

EUROPAS WESTEN UND NORDEN

RAUE KÜSTEN, GEHEIMNISVOLLE LEGENDEN

Auf der Halbinsel Trotternish der Isle of Skye ragen diese Felsnadeln, darunter der berühmte Old Man of Storr, in den Himmel.

47 Abenteuer an der Bernsteinküste – Jütland

Das Gold der Wikinger

Es bildete die Grundlage für eines der größten Hollywood-Abenteuer und übt auf die Besucher der Nordseeküste Dänemarks eine ebenso große Faszination aus wie auf die Akteure im Film »Jurassic Park« – der Bernstein. Wer allerdings an der Bernsteinküste einen Brocken versteinerten Harzes findet, braucht nicht fürchten, von einem Tyrannosaurus gejagt zu werden.

Was die Wikinger nicht eingesammelt und an die Römer verhökert haben, wartet geduldig im Meer auf einen neuen Besitzer. Als die ergiebigsten Orte für Bernsteinsucher gelten die Küste Jütlands von der Insel Fanø hinauf bis zur Südspitze des Ringkøbing-Fjordes, von Harboøre bis Agger am Thy-Nationalpark, von Klitmøller bis Hanstholm und die Westspitze Skagens. An der Ostseeküste stehen die Chancen besonders gut zwischen Frederikshavn und Hals. Wie der Bernstein an die Küsten Dänemarks gelangt ist, darüber gibt es verschiedene Theorien. »Tränen des Meeres« sind es jedenfalls nicht, soviel steht fest. Klingt gut, ist aber nicht belegbar.

Von Mammuts und Moskitos

Plausibler sind da schon Erklärungsversuche aus dem Alltag von vor 20 bis 35 Millionen Jahren. So könnte ein Mammut beim Versuch, sich vor einem Säbelzahntiger zu verstecken, in den Wald gepoltert sein und dabei die Rinde eines Urweltmammutbaumes verletzt haben. Der Baum begann zu »bluten«, und Harz floss heraus. Es tropfte den Stamm hinab und schloss einen Moskito ein. Schlecht für den

Fahles Licht, raue See: Winterstimmung am Strand von Hvide Sande (unten). Man braucht natürlich etwas Glück, um Bernstein zu finden (rechts).

Moskito – gut für die Schmuckverkäufer Millionen Jahre später. Nun brauchte es einige Tausend Jahre, bis das Harz aushärtete, ein Gletscher riesige Mengen Erde und Gestein vor sich herschob und das Sammelsurium inklusive Moskito an den Küsten Dänemarks absetzte.

Mit Hilfe der Götter zum Wikingergold

Unserer Tage sorgt Neptun nun dafür, dass die Objekte der Begierde an Land gespült werden – nicht ganz uneigennützig. Während der Winterstürme wirft er riesige Wellen gegen die Küste und fordert das sich nach der letzten Eiszeit aus dem Meer erhobene Territorium zurück. Jedes Jahr verliert Dänemark an seiner Westküste einige Zentimeter bis Meter, wenn an der Steilküste im Norden tonnenschwere Brocken aus einstigem Meeresboden von den Steilhängen abrutschen, von den Wellen ins Meer gezogen werden und gnadenlos alles verschlingen, was der Mensch nicht schützt.

Wenn die anderen hinterm Ofen hocken, ist die beste Zeit

Während der Winter- und Frühjahrsstürme, wenn im Wellengetöse die flachen Küstengewässer wie in einem Betonmischer aufgewühlt werden, ist der Auftrieb im kalten Wasser höher, und der leichte Bernstein treibt zwischen kleinen Holzstücken mit ähnlicher Dichte im Wasser und wird an Land gespült. Die Chancen, zufällig einen zu finden, sind eher gering. Der erste Gegenstand bei der Bernsteinsuche beziehungsweise -sucht ist ein Stock. Das Hilfsmittel spart das ewige Bücken.

Sicher ist sicher!

Da Bernstein optisch mit dem gefährlichen und leicht entzündlichen weißen Phosphor (angeschwemmte Munitionsreste aus den beiden Weltkriegen) zu verwechseln ist, was in der Vergangenheit immer wieder zu Unfällen geführt hat, ist ein Warnhinweis unerlässlich. Fundstücke sollten daher auf keinen Fall in die Hosen- oder Jackentasche gesteckt werden, da Phosphor sich bei Kontakt mit Sauerstoff selbstentzündet. Es wird geraten, diese in einer Metalldose oder einem mit Wasser gefüllten Glas aufzubewahren.

Die Bernsteinküste Dänemarks ist kein ausgewiesener Nationalpark. Doch die Nordseeküste Jütlands gehört bei Wind und Wetter zu den wildesten und urwüchsigsten Regionen Europas – ein idealer Fluchtpunkt vor Stress und Zivilisationsdruck, der gut zu erreichen ist.

EIN SCHMUCKSTÜCK

In Sæby, an der Ostseeküste Jütlands, gibt es eine Bernsteinschleiferei, in der Frants Kristensen seine Schauwerkstatt betreibt. Neben bemerkenswerten Exponaten im Verkaufsraum bietet er Kurse zur Schmuckverarbeitung an. Die beginnen mit der Suche am Ufer und finden ihren Höhepunkt in der Verarbeitung der Fundstücke. Sein Buch *Bernstein – vom Strand bis zum Schmuck* ist eine kurzweilige und lehrreiche Anleitung zur Suche und Verarbeitung von Bernstein. An der Nordseeküste gibt es in Sønderlev die Bernsteinschleiferei Ravgården, die in einem Museum zum Teil sehr skurrile Schaustücke aus vergangenen Tagen zeigt, als die Winter lang und kalt waren. Denn viel Zeit und Geduld braucht man sowohl bei der Suche wie auch bei der Weiterverarbeitung des Wikingergoldes.

WEITERE INFORMATIONEN

www.schloss-spyker.de
www.ravsliberen.dk
www.ravgaarden.dk

Sand, Strand und Dünen, dazu die grünlich schimmernde See bei Vorupør (oben). Vorupør, der kleine Ort in der Landschaft Thy, ist ein traditionelles Fischerdorf (rechts).

48 Von Wellen und Wölfen – Nationalpark Thy

Ein Paradies im Westen Dänemarks

Wenn der Wind über die Dünen streicht und sich der Strandhafer hin und her neigt, bietet sich dem Betrachter ein Bild, als würden die Wellen vom Meer her bis tief in das Landesinnere branden und als könne man auf den Dünenkämmen über das Wasser wandeln. Es ist eben ein paradiesisch schönes Fleckchen Erde, der Thy-Nationalpark an der Nordseeküste Dänemarks.

Von Agger im Süden bis Hanstholm im Norden erstreckt sich Dänemarks größter Nationalpark auf einer Länge von 55 Kilometern und einer Breite von fünf bis zwölf Kilometern. Das sind 244 000 Quadratkilometer Natur in Form weiter Strände, ausgedehnter Dünenlandschaften, herber Küstenheiden und dichter Wälder, die sich vor der Schönheit dieses Fleckens Erde zu verneigen scheinen. Das Phänomen, bei dem die Baumkronen in eine Richtung wachsen und aussehen, als würde ihr Scheitel vom Winde verweht, nennt man Windschur. Die Bäume haben sich allerdings nicht auf natürlichem Wege hier angesiedelt. Um dem Streben des Meeres, sich das Land einzuverleiben, etwas entgegenzusetzen, wurden die Dünen mit Strandhafer bepflanzt und Wälder angelegt, damit Felder und Höfe vor Sandpflug geschützt sind.

Aus dem Meer empor gestiegen

Seit die Gletscher vor 10 000 Jahren zu schmelzen begannen, erhob sich der Westen Jütlands aus dem Meer. Davon zeugen an den Steilküsten mit Muscheln durchsetzte Kalkschichten einstigen Meeresgrunds. Im Landesinneren tummeln sich an über 200 klaren Seen Fischotter, zudem brüten mehr als 30 Vogelarten in dem Wildreservat. Pfade führen durch die weitläufige Dünenlandschaft, vorbei an den

geschichtsträchtigen Bunkeranlagen des ehemaligen Westwalls. Da schleichen schlimmstenfalls noch kleine Giftzähne in Gestalt von Kreuzottern umher. Es ist trotzdem ratsam, sich in festem Schuhwerk auf Schusters Rappen zu machen. So lässt es sich gegebenenfalls besser die Beine in die Hand nehmen, wenn man nicht Rotkäppchen nacheifern möchte. 2012 wurde hier im Nationalpark Thy nämlich die erste Wölfin gesichtet, und 2017 brachten weiter südlich bei Ulfborg (*ulv* = dänisch für Wolf) acht Wolfswelpen frisches Blut in die ohnehin schon artenreiche Fauna.
Einer der schönsten Wanderwege führt auf einem alten Rettungsweg die Küste entlang. Einst diente der Weg dazu, in Seenot geratene Seeleute von den in tosenden Winterstürmen gekenterten Booten in Sicherheit zu bringen.

Ein riesiger Abenteuerspielplatz

Für kleine wie für große Kinder ist das Land ein einziger Abenteuerspielplatz, auf dem tagsüber von einem der Aussichttürme Seeadler und von den Dünengipfeln Seehunde beobachtet werden können. Für die Nacht finden sich im Nationalpark verteilte, einfache und damit umso romantischere Lagerfeuerplätze mit Blick auf einen funkelnden Sternenhimmel. Auf der Speisekarte für das Dinner stehen über dem Feuer gebratener Hering, Hornhecht oder Scholle aus den Fanggründen der Nordsee oder Barsch und Zander aus einem der Seen – frischer Fisch auf alle Fälle, ob aber aus dem Süß- oder aus dem Salzwasser, muss jeder selbst entscheiden. Zum Nachtisch ein paar Krähen- und Preiselbeeren aus den Heide- und Moorgebieten. Stoff für Gutenachtgeschichten über die Wikinger liefern die Grabhügel aus Bronzezeit. Ein bisschen Gruseln bei Nacht inmitten der Wildnis schärft die Sinne.
Der Nationalpark Thy scheint, wie auch andere Gebiete in Dänemark, den Balanceakt zwischen dem Schutz der Natur und den Zugangsmöglichkeiten für Besucher besonders gut zu meistern. Vielleicht ist das der Tatsache geschuldet, dass das Leben der Bewohner dieser Region von jeher härter war als anderswo. Sie konnten nur im Einklang mit Wind und Wellen überleben. Das lässt die Menschen hier so entspannt sein und bietet jedem die Möglichkeit, ein *hyggeliges* (dänisch für gemütlich) Plätzchen für sich zu entdecken, um dort den salzigen Duft des Meeres zu atmen oder dem Rauschen des Windes zu lauschen.

NATUR KONTRA TRAURIGE GESCHICHTE

Es mag ungewöhnlich erscheinen, im Kontext von Naturlandschaften auf graue Stahlbetonkolosse hinzuweisen. Doch die Westküste Dänemarks ist der lebendige Beweis dafür, dass sich die Natur zurückerobert, was ihr gehört. An den Stränden überflutet das Wasser die Bunker, die Wellen der Winterstürme graben die Betonklötze aus den Hängen der Steilküste, und der allgegenwärtige Wind verschüttet die Eingänge und deckt zu, was als Schandfleck in der makellosen Schönheit der Landschaft scheint. Und doch umweht die allgewärtigen Bauten des Westwalls etwas Geheimnisvolles. Von riesigen Geschützrohren bis zu den kleinen Geschichten der Menschen, die unter dem Größenwahn eines fast 1000 Kilometer entfernt regierenden Diktators zu leben und zu leiden hatten, erzählt das Bunkermuseum inmitten der einstigen Festung Hanstholm.

WEITERE INFORMATIONEN

www.visitthy.de
www.de.nationalparkthy.dk
www.schloss-spyker.de
Bunkermuseum Hanstholm:
www.bunkermuseumhanstholm.dk

49 Prähistorischer Ausflug – Jurassic Coast

Von Schmuggelbuchten und Jagdrevieren

In den Grafschaften West Dorset und East Devon warten an der Jurassic Coast unvergleichbare Naturerlebnisse auf die Besucher. Der Küstenabschnitt zwischen der Studland Bay nördlich von Swanage und Exmouth gehört zum UNESCO-Weltnaturerbe. Wanderer und Geologen werden zurückversetzt in die Welt von Trias, Jura und Kreidezeit.

Es gibt Leute, die stellen erschreckende Dinge in England fest. Man stelle sich vor, der Teekonsum ist in den vergangenen Jahren um 15 Prozent gesunken. Die britische Gesellschaft ist in Gefahr. Wird England ein Land der Cappuccinos? Wo bleibt das unverwechselbare Bergamotte-Geschmackserlebnis unseres geliebten Earl Grey? Schon George Orwell bezeichnete den Tee als »eine Hauptstütze der Zivilisation in unserem Land«. Das war wohl als Mahnung gedacht, denn so manches hat er ja kommen sehen. In der Grafschaft Dorset jedoch gibt es noch immer überall gemütliche kleine Teestuben mit 20 verschiedenen Teesorten auf der Tageskarte. Und der Tee ist kräftig und würzig wie das Land selbst. »Rolling Hills« heißt es hier, und schwungvoll ging es schon zu prähistorischen Zeiten zu, denen die spektakuläre, 160 Kilometer lange Küste ihren Namen verdankt.

Stonehenge und Lawrence von Arabien

Die geologischen Besonderheiten haben der Region den Status des UNESCO-Weltnaturerbes eingebracht. 185 Millionen Jahre Erdgeschichte sind hier zwischen Exmouth im Wes-

Kieselstrand bei Durdle Door an der Jurassic Coast in Dorset (unten). Ab und zu findet man fossile Ammoniten im blauen Ton der Jurassic Coast (rechts).

ten bis Bournemouth und dem New Forest im Osten zu sehen. Steile Küstenabschnitte wechseln sich ab mit langen Sandstränden und versteckten Buchten wie Durdle Door, Ringstead Bay oder Chesil Beach, die lange Zeit von Schmugglern als sichere Verstecke benutzt wurden. Heute liegen Landschaft, Felsen und kleine Dörfer da wie ein offenes geologisches Buch, kann man auf Küstenpfaden wie am Anvil Point herrlich wandern, bei Kimmeridge und Lyme Regis Fossilien suchen oder Dinosaurierspuren in Purbeck und Portland entdecken. Mythen und Legenden begegnen einem hier auf Schritt und Tritt, schon am nördlichen Eingang nach Dorset bei Salisbury wartet ein legendärer Ort auf die Besucher: Stonehenge. Auch Shaftesbury ist ein besonderes Kleinod, oder Moreton etwas weiter südlich gelegen: ein unscheinbares Nest, in dem das Grab des Lawrence von Arabien neben der Saint-Nicholas-Landkirche zu entdecken ist. Diese wie andere Sehenswürdigkeiten Dorsets gehören beinahe noch zu den Geheimtipps, denn die meisten Urlauber brausen an dieser Region im Landesinneren vorbei auf ihrem Weg ins Rosamunde-Pilcher-Land Cornwall. Dabei ist das Wetter der Statistik nach hier sogar besser als an der Englischen Riviera.

New Forest und William der Eroberer

Viele Outdoor-Aktivitäten für Wanderer, Radfahrer, Vogel- und Naturfreunde haben im jüngsten englischen Nationalpark, dem New Forest, gleich hinter dem lebhaften Seebad Bournemouth beginnend, ein neues Refugium gefunden. Auch wenn der Name in die Irre führt, denn neu heißt hier 900 Jahre, so alt ist das dünn besiedelte Wald- und Heideland, das schon William der Eroberer als Jagdrevier nutzte. Gemeinsam mit den Farmern und kleinen Gemeinden wie Lyndhurst, Burley oder Beaulieu wurde ein Konzept für ökologischen Tourismus entwickelt, das bestens zur Jurassic Coast passt. Die Region erhielt bereits die Auszeichnung »Tourism for Tomorrow« für verantwortungsbewusste, nachhaltige Tourismuskonzepte. Aber nicht vergessen: Nehmen Sie sich Zeit für eine der schönsten Grafschaften Englands, trinken Sie Tee und tragen damit dazu bei, dass die Zivilisation auf der Insel gerettet wird.

TRAUMBUCHT LULWORTH COVE

Zwischen der Kimmeridge Bay und Durdle Door, einer spektakulären Bucht und Felsformation, die sich wie ein Tor ins Meer hinein öffnet, findet man Jura- und Kreidefelsformationen, fossile Höhlen, Wellenvertiefungen und Kalksteinfragmente. Untersuchungen haben gezeigt, dass sie 150 Millionen Jahre und älter sind und hier einst ein tropisches Klima herrschte wie auf den Bahamas heutzutage. Das Wetter entlang der Jurassic Coast kann zwar manchmal ganz schön stürmisch sein, und karibische Temperaturen darf man auch nicht erwarten, doch es ist meistens klar und sonnig, mit ein paar kleinen Schauern zwischendurch. Die halten auch die Wanderer nicht davon ab, Lulworth Cove zu besuchen, eine kreisrunde, traumhafte Bucht, an der auch das sehenswerte West Lulworth Heritage Center zum Besuch einlädt.

WEITERE INFORMATIONEN

www.westlulworth.org
Der Jurassic Coast Trust unterhält eine informative und interaktive Website zu diesem faszinierenden Küstenabschnitt: https://jurassiccoast.org

Dem Pony schmeckt's in der blühenden Heide von Exmoor, außerdem sieht das lilafarbene Kraut sehr hübsch aus (oben, rechts).

50 Nationalpark voller Legenden – Exmoor

Versteckte Wege durch Devon und Somerset

Der Exmoor-Nationalpark wurde 1954 gegründet, heute zählt er zwar mit einer Fläche von 692 Quadratkilometern zu den kleinsten Nationalparks in Großbritannien. Dennoch zeigt er eine große Vielfalt an Landschaften, dazu seltene Flora und Fauna. Dramatische Küsten, einsame Moore, bewaldete Hügel, kleine Dörfer und versteckte Täler machen ihn unverwechselbar.

Manche zieht es vor allem ins Dartmoor, zweifelsfrei spielt dabei der Bekanntheitsgrad eine entscheidende Rolle. Kaum einer, der nicht von den Gruselgeschichten aus dieser archaischen Gegend gehört hat. Und sicher lohnt es sich, hier auf Entdeckungsreise zu gehen, doch die einsamen Wälder und Ebenen des Exmoor-Nationalparks stehen dem in nichts nach. Ich ziehe gelegentlich den etwas weniger frequentierten Nationalpark dem Dartmoor vor, manches erscheint hier noch ursprünglicher als andernorts, weniger auf touristische Umsätze ausgerichtet. Obwohl auch diese willkommen sind, dienen sie nicht zuletzt dem Erhalt der wunderbaren Naturlandschaften. Etwa ein Drittel des Nationalparks liegt in der Grafschaft Devon, die anderen beiden befinden sich in Somerset. Ein zentrales Hochplateau, umgeben von romantischen Tälern, teilt das Gebiet in Norden und Süden. Die Flüsse Barle und Exe fließen in südliche Richtung, Lynn und Avill münden in den nördlich gelegenen Bristolkanal. Der höchste Ort des Nationalparks ist mit 519 Metern über dem Meeresspiegel Dunkery Beacon, die Nationalparkbehörde hat ihren Hauptsitz am südlichen Parkende in Dulverton, dort gibt es auch ein Besucherzentrum mit nützlichen Karten und Informationen zu allen Teilgebieten und ökologischen Aspekten des Geländes. Auch Exford

Blick von der Anhöhe Goat's Hill bei Simonsbath auf den River Barle (unten) Der Wald Badgworthy Wood in Doone Valley (ganz unten). Felsental bei Lynton (rechts).

als geografisches Zentrum mit seinen schönen Reetdachhäusern ist ein geeigneter Ausgangspunkt für Wanderungen im Exmoor-Nationalpark.

Lornas Pony- und Vogelparadies

Menschliche Ansiedlungen gibt es im Exmoor bereits seit der letzten Eisenzeit, heute liegen die größten Orte wie Minehead, Lynton, Porlock und Dunster an der Küste. Im Mittelalter entwickelten sich in den Tälern und auf den Hügeln kleinere Dörfer, keltisches Erbe ging in christliche Traditionen über. Im Laufe der Jahrhunderte entstand eine Agrarkultur mit Farm-, Weide- und Heideland, Schaf- und Viehzucht bildete die Grundlage des Einkommens.

Auf den Wanderungen begegnet man mit etwas Glück den frei lebenden Exmoor-Ponys oder dem Rotwild, sicherlich aber einigen der rund 30 000 Schafe. Die dunkelbraunen Ponys stammen von Tieren aus der Altsteinzeit ab, werden heute aber auf einigen Farmen gezüchtet und ausgewildert, um die Rasse zu erhalten. Friedlich grasend sind sie ein wunderbarer Anblick in der Weite des Moores.

Abgesehen von größeren Hochmoorflächen findet man noch einige Moor- und Sumpfgegenden, allerdings ist der Nationalpark kein einzig großes Moor mehr, wie der Name vermuten lässt, auch die Wälder machen nur noch zwölf Prozent der Fläche aus. Umso artenreicher fällt die Vogelwelt aus, 200 Arten vom Bussard über den Eisvogel bis zu Waldbaumläufern und Wanderfalken ziehen hier ihre Bahnen. Dies tat im 17. Jahrhundert auch die legendäre Doone-Räuberbande im Exmoor. Die schöne Lorna Doone verliebte sich gegen den Willen ihrer »Familie« in den Bauernjungen John Ridd. Vor dem Traualtar wurde sie niedergestochen, überlebte aber, und der tapfere John übte Rache. Der Roman *Lorna Doone* von Richard Blackmore ist auch in der Verfilmung von 2001 ein Kassenschlager, und das Doone Valley wandelt sich vom stillen, verträumten Tal zur Touristenattraktion. Obwohl man hier noch immer ruhige Ecken wie die Cloud Farm findet, auf der man wie zu Lornas Zeiten kampieren und Ausritte unternehmen kann.

Wilde Küsten und charmante Orte

Auch die 54 Kilometer lange Küstenlinie des Exmoor-Nationalparks hat ihre besonderen Reize, haben Wellen und Stürme wie bei Sillery Sands außergewöhnliche Profile und Klippen geschaffen, die sich geradezu ins Meer zu stür-

zen scheinen. Hier erstreckt sich auch Englands längster Küstenwald mit Eiben, Mehlbeeren und Traubeneichen. Ein charmanter kleiner Küstenort ist zum Beispiel Porlock an der gleichnamigen Bucht, von seinem Hafen aus wurde einst lebhafter Handel mit Wales getrieben. Auch das alte Seebad Minehead mit seinen verwinkelten Gassen besitzt noch viktorianisches Flair, während Dunster mit seiner mächtigen Burganlage und dem hübschen Yarn Market an die Zeiten der Wollverarbeitung erinnert.

Die Schlossbesitzer-Familie hat allerdings nicht nur über dem Ort gethront, sondern auch zu seiner Entwicklung beigetragen. Im Jahre 1921 übergab Alexander Lutrell die Dunster Memorial Hall in der High Street an die Einwohner des Dorfes, um einen Versammlungsort, einen Ort für gemeinsame Aktivitäten und zur Erinnerung an die Toten des Ersten Weltkrieges eröffnen zu können. Seit dieser Zeit war er ein bevorzugter Gemeindetreffpunkt. Heute steht er auch Gästen offen, denn hier ist das sehenswerte Dunster Dolls Museum untergebracht, zu dem im Jahre 1957 Mrs. Mollie Hardwick in ihrem Cottage den Anstoß gab. Man muss übrigens kein Puppenliebhaber sein, um sich das Museum anzuschauen. Es bietet auch Laien einen interessanten Überblick zu 100 Jahren Puppenmode. Auch eine große Sammlung ethnischer Puppen ist vorhanden, die in landestypischen Trachten die Mode verschiedener Kulturen aufzeigen.

Der Pfarrer und der Teufel

Man nennt sie »Clapper bridges«, doch an dieser Brücke im Tal des River Barle nordwestlich von Dulverton ist ganz und gar nichts klapprig. Tarr Steps gilt als das beste Beispiel der mittelalterlichen Steinbrückenbaukunst in Großbritannien, manche schreiben ihr sogar eine Entstehung in der Bronzezeit zu oder sehen sie keltischen Ursprungs. Da ist durchaus etwas dran, die 55 Meter lange und aus 17 Felsblöcken bestehende Brücke ist ein imposantes Beispiel für die Geschicklichkeit unserer Vorfahren. Selbst wenn es in Strömen regnet, kommt man sicheren und trockenen Fußes auf die andere Seite. Hier sollen sich der Legende nach einst der Teufel und der Pfarrer getroffen und im Wortwettstreit um die Nutzung der Brücke gestritten haben. Der Pfarrer war nicht auf den Mund gefallen, wusste auf alle teuflischen Beschimpfungen eine passende Antwort, und so kam es, dass jeder bis heute Tarr Steps frei benutzen kann.

B&B BEI MELANIE UND NICK

Die Palette an Bed & Breakfast-Übernachtungsmöglichkeiten ist auch im Exmoor-Nationalpark groß. Da es sich um privat geführte Häuser handelt, man praktisch zu Gast bei einer Familie ist, sind die Klassifizierungen der Orte im Exmoor eine gute Orientierungshilfe. Von Lynton an der Nordküste Devons lässt sich das Exmoor erkunden. Das am Ortsrand gelegene Longmead House ist ein traditionelles B&B. Vom freundlichen Willkommen bis zum persönlichen Abschied gehört bei Melanie und Nick, die das Haus seit 2018 führen, alles dazu, was den Aufenthalt angenehm macht. Und auf Wunsch gibt es im Longmead House ein leckeres Dinner mit abschließendem Drink an der Hausbar.

WEITERE INFORMATIONEN

www.longmeadhouse.co.uk
www.exmoor-nationalpark.gov.uk
(am besten vor der Parkerkundung, da nicht überall im Park die Internetverbindung funktioniert)

51 Brecon Beacons

Der rote Drache schlummert noch

Wales ist die wahre Heimat des König Artus und seiner Ritter der Tafelrunde: Das ist Englands bestgehütetes Geheimnis, obwohl die Menschen hier gern Geschichten erzählen. Und die walisische Sprache gibt so manches Rätsel auf. Im mittelwalisischen Nationalpark Brecon Beacons aber haben nicht die Legenden das Sagen, sondern eine archaisch anmutende Natur.

Ein Land der Sagen und Legenden, ein Land voller Burgen, Schlösser, Helden und Poeten, in dem Naturliebhaber, Wanderer und Aktivurlauber auf reizvollen Routen dem roten Drachen, dem walisischen Wahrzeichen, auf der Suche nach dem Heiligen Gral begegnen. Allerdings nur als Souvenir, denn der echte Drache schläft sicher noch in einer der vielen Höhlen der Gebirgskette Brecon Beacons. Wenn Sie in den mittelwalisischen Nationalpark gelangen, kommt es Ihnen vielleicht so vor, als hätten Sie das Ziel all Ihrer Reisen gefunden. Sie wollen einfach nur noch bleiben, so faszinierend erscheinen die Landschaften, die Berge und Täler, die Wasserfälle, Höhlen und die kleinen Orte. Die Geschichten vom roten Drachen tun ein Übriges.

Dramatische Landschaften

Nur wenige Kilometer hinter der Grenze zu England hat man tatsächlich das Gefühl, sich in einem völlig anderen Land zu befinden, nicht nur wegen der keltischen Sprache. Ein pittoresker Fluss windet sich durch ein kleines Tal, eine Klosterruine liegt majestätisch zwischen üppig grünen Wiesen, und auf dem Berg

Im Gebiet des Nationalparks rauschen zahlreiche Wasserfälle (unten). Blick übers Land vom steilen Hang des Llangattock Escarpment (rechts).

über dem Städtchen thront eine von Krähen bevölkerte Burgruine aus vergangenen Jahrhunderten. Die passenden Druidengeschichten gibt es von den gastfreundlichen Menschen gleich dazu. Auch wenn im Spätherbst dunkle Wolken durch das Tal ziehen, der Regen jedoch, allen Vorurteilen zum Trotz, ist auch zu dieser Jahreszeit meist nur von kurzer Dauer und keineswegs so heftig, dass man sich nur im Pub am Kaminfeuer wohlfühlen kann. Gerade die zu dramatischen Szenerien neigende Natur im Nationalpark Brecon Beacons mit ihren engen Tälern, den Hochebenen und die stürmisch dahinziehenden Wolken machen die Gegend zum intensiven Naturerlebnis.

Walisischer Zuckerhut

Wenn wir wandern, haben wir in der Regel irgendein Ziel. Wenn das Ziel wie hier der »Zuckerhut« ist, fragt man sich unwillkürlich, ob nicht das Wandern ohne Ziel der bessere Weg ist, denn wer will schon einen walisischen Gipfel mit solch einem Namen erklimmen, der mehr an südamerikanische Berge mit runden Kuppen denken lässt? Es lohnt sich trotzdem, denn vom Sugarloaf Mountain aus hat man einen herrlichen Fernblick über das weite Land. Schon der Weg hinauf zum 596 Meter hohen Gipfel hat die höchsten Auszeichnungen erhalten, und seine Kegelform ähnelt tatsächlich einem perfekt gestylten Zuckerhut. Hat man die Spitze erreicht, kann man an klaren Tagen die Berge in Shropshire im Norden erkennen, im Süden bis nach Somerset schauen. Dann versteht man auch, woher der Name »Leuchtfeuer-Berge« kommt: Alles Böse kommt aus dem Osten, dieser Leitspruch mündete in der mittelalterlichen Tradition der Leuchtfeuer auf den Bergspitzen hier in Wales als Warnung vor den recht häufigen Angriffen der Briten. Diese hat heute niemand mehr zu befürchten, und so geht es auch in Abergavenny, dem hübschen Städtchen am Fuße der Berge, eher gemütlich zu. Der Ort bietet sich als Ausgangspunkt für Ausflüge in den Nationalpark an.

Und sollten Sie ihn in einer Höhle entdecken, lassen Sie ihn weiterschlafen, den roten Drachen. Man weiß ja nie, wie das Wahrzeichen von Wales gerade so gelaunt ist.

WEINE AUS WALES

Gut, wir geben es zu: Der Weinkenner wird die Augenbrauen hochziehen, vielleicht ein wenig lächeln, dezent seine Skepsis verbergen. Wein aus Wales? Was aber auf der Dummar Farm bei Abergavenny in Monmouthshire am Fuße des walisischen Zuckerhutes produziert wird, kann sich durchaus trinken lassen. Sieben Rebsorten werden hier auf zwei Hektar großen Weinbergen angebaut, darunter Reichensteiner, Regent, Seyval blanc und Madeleine Angevine. Daraus werden Weißweine, ein ausgezeichneter Rosé-Wein und, wenn es der Reifegrad der Trauben zulässt, ein Rotwein gekeltert. Eine Spezialität des Weingutes ist ein trockener Jahrgangssekt, der bereits höchste Preise errungen hat. Die Sugar Loaf Vineyards bieten neben Führungen und Weinproben auch Ferienhäuser an.

WEITERE INFORMATIONEN

www.sugarloafvineyard.co.uk
www.breconbeacons.org
www.visitwales.com

Lila blüht die Heide hier bei Bamford Edge, einem Überhang aus Sandsteinfelsen (oben). Nach einer Kletterpartie auf den Felsenkamm The Roaches belohnt der unbegrenzte Blick zum Städtchen Leek und zum Tittesworth Reservoir, einem Wasserspeicher (rechts).

52 Im Peak District

Das Herz Mittelenglands – Peak District-Nationalpark

Zwischen Manchester im Westen und Sheffield im Osten liegt der 1951 gegründete Peak District-Nationalpark, ältester Nationalpark Großbritanniens. Das Hochlandgebiet bildet die südlichen Ausläufer der Pennines, die sich über eine Länge von mehr als 400 Kilometern von den Midlands über die Yorkshire Dales bis zu den Cheviot Hills an der Grenze zu Schottland ziehen.

Der Peak District trägt seinen Namen zu Recht, weite Teile des wunderschönen Nationalparks liegen über 300 Meter hoch, der höchste Punkt ist der Gipfel des Kinder Scout mit 636 Metern. Dieses Bergplateau hat unter Wanderern und Naturliebhabern einen großen Namen, denn hier forderte im Frühjahr 1932 eine Protestbewegung, dass der Zugang dorthin für jedermann möglich wäre. Sie wurde als »Mass trespass of Kinder Scout« berühmt. Bei dieser Massenbetretung des Gebietes stiegen über 400 Wanderer auf das Plateau, das damals noch in Privatbesitz war. So kam es auf dem Rückweg zu einer ganzen Reihe Verhaftungen wegen Landfriedensbruch. Dieses Ereignis führte Jahre später dann zur Gründung des Nationalparks und zur Öffnung der Landschaft für die Allgemeinheit.

Erholungsgebiet für Millionen

Der Peak District teilt sich in den Bereich Dark Peak im Norden, der von weiten Moorflächen und Sandsteinformationen geprägt ist, und den White Peak, der vom hellen Kalkstein dominiert wird. Der Peak District ist Erholungs- und Naturschutzgebiet zugleich, liegt er doch im Einzugsgebiet der Ballungsräume von Manchester, Leeds, Sheffield, Stoke-on-Trent und Derby. Die größte Fläche seiner 1440 Quadratkilometer gehört zu Derbyshire, es gibt auch

Anteile an Cheshire, Staffordshire sowie South und West Yorkshire. Mit rund 20 Millionen Besuchern jedes Jahr gehört der Peak District zu den beliebtesten Feriengebieten des Landes, das hatte zur Folge, dass es eine entsprechend gut ausgebaute Infrastruktur gibt. Sein Auto kann man also getrost zu Hause lassen, die Busanbindung in die noch so kleinsten Orte funktioniert hier ausgezeichnet.

Zu Fuß durch das Landschaftsidyll

Der Weg ist das Ziel im Peak District, und mit festem Schuhwerk und einer leichten Regenjacke ist man ausreichend gerüstet, um die einsamsten Ecken des Nationalparks zu entdecken. Die Strecke beginnt, wie sie schöner nicht sein könnte. Ein asphaltierter Panoramaweg führt in halber Höhe über dem Tal und unterhalb der Felsen gut einen Kilometer lang den Bergkamm entlang. Eine wunderbare Weitsicht über das gesamte Tal, die Stadt und die Burg stimmt optimistisch. Wenn die Burgruinen zum Greifen nahe scheinen, zweigt der Weg rechts ab über den Kamm des Kalksteingebirges. Nach einem sanften Fünf-Minuten-Regen glänzt das Grün der bemoosten Hügel umso intensiver, wirft das Gelb der Ginsterbüsche goldene Strahlen wie Wegweiser über die Hochebene. Vereinzelt stehen Schafe auf den Wiesen, die ob der unerwarteten Besucher ungläubig ihren Kopf heben. Durch dichtes Heidekraut und kniehohe Farnbüsche geht es in Richtung Norden. Im Osten der Hochebene taucht eine Baumgruppe auf, die Kiefern neigen sich im Wind, der jetzt scharf über die Heide weht, als spähten die Ritter der Tafelrunde nach Eindringlingen, die es zu vertreiben gilt. Dahinter liegen kleine Orte wie Perlen an einer Kette aufgereiht. Wieder durchbricht die Sonne die dahinfliegenden Wolken, der Wind lässt das Heidekraut erzittern, die von Moos und Flechten bedeckten Felsen beginnen zu flüstern: »Walk on walk on.«

Dann die herrliche Stille am Eingang zu einem weiteren Tal, nur die leisen Geräusche der Natur sind zu vernehmen, rechts ein tief abfallender Felskamm, weiter hinten das Murmeln einer Quelle, unten ein kleines Gehöft. Eine tiefe Ruhe und Harmonie gehen von dieser Landschaft aus, die den Wanderer zur Rückbesinnung auf das Wesentliche veranlassen: Schauen, Atmen, Riechen und Gehen. Innere und äußere Natur verschmelzen zu einer Einheit im Peak District.

ARISTOKRATISCHE ELEGANZ IN DERBYSHIRE

Glanz und Elend lagen in Mittelengland schon immer dicht beieinander. Während im nur einen Steinwurf entfernten Eyam 1665 zum letzten Mal in England die Pest ausbrach, begann in Chatsworth House 20 Kilometer südwestlich von Sheffield schon hundert Jahre zuvor die glorreiche Geschichte einer Aristokratenfamilie, die nicht nur architektonische, sondern auch gartengestalterische Glanzpunkte setzte. Mehr als 400 Jahre lang befindet sich Chatsworth House and Gardens nun im Besitz der Cavendish-Familie. Die Gärten, das klassizistische Herrenhaus mit seinen Kunstschätzen und der über 5000 Hektar große Landschaftspark bilden eines der imposantesten Anwesen englischer Adelshäuser, ein elegantes Ensemble aus Teichen, Alleen, Grotten, Orangerie und Rosengärten.

WEITERE INFORMATIONEN

www.chatsworth.org
Die Webseite des Peak District ist übersichtlich gestaltet und bietet auch viele Detailinformationen zur Reisevorbereitung. www.peakdistrict.gov.uk

53 Traum für Romantiker – Lake District

Im Land des Hütehundeflüsterers

Als erster der 15 Nationalparks in Großbritannien erhielt 2017 der Lake District im Nordwesten Englands den Titel UNESCO-Welterbe. Er besteht zum größten Teil aus den Cumbrian Mountains und unzähligen Seen. Dichter wie William Wordsworth und Samuel Taylor Coleridge setzten dem Lake District mit romantischen Gedichten ein Denkmal.

Ein bisschen erinnert die Landschaft um den Lake District ja an das fantastische Auenland aus dem Fantasyfilm »Herr der Ringe« (unten). Im Lake Buttermere spiegeln sich die umliegenden Berge, so ruhig liegt er da (rechts).

Langsam heben sich die Nebel aus den Tälern der Lonscale Farm. Oben vom Hügel ertönen im Wechsel lang- und kurzgezogene Pfeiftöne herunter und ein sanftes »wait, wait, look«. Sweep, der sechsjährige Killiebrae-Hund, legt sich flach ins feuchte Gras, spitzt die Ohren und wagt es nicht, sich zu bewegen. Er späht den Hang hinab, doch seine funkelnden Augen verlieren sich im Nichts. Auch sein Herr hat den Blick in die Ferne zum Talausgang gerichtet, als ob von dort ein geheimnisvolles Licht das in Nebelschleiern versunkene Tal am Derwent Water erhellen soll. Doch nur langsam brechen ein paar Sonnenstrahlen hindurch, tauchen die satten Wiesen in gelbgrünes Licht.

Ein Mann und seine Collies

Derek Scrimgeours Schritte sind fest wie eh und je, seine Haltung ungebeugt, seine Gesichtszüge ein wenig verschlossen und das spitzbübische Lächeln kaum zu erahnen. Seine Schafe sind alle fort, und so durchwandert er alleine mit seinen Border Collies die 500 Hektar große Farm in Englands wunderschönem Lake District drei Kilometer nördlich von Kes-

wick und denkt voller Sehnsucht an den Tag, an dem wieder das vertraute Blöken der Swaledale-Schafherden über sein Weideland ziehen wird. Er beugt sich hinunter zu Sweep, kniet sich neben ihn und streicht ihm sanft über den Kopf. Sweep blickt ihn mit traurigen Augen an: »Wait, wait«, heißt es auch für Derek. Warten, warten auf das nächste Jahr. Das war im Jahre 2001, als die Maul- und Klauenseuche seine Schafherde vernichtete und sein Leben im Nationalpark bei Keswick noch schwerer machte. Heute lebt er in Wigton am Rande des Lake District-Nationalparks, aber seine Liebe zu den Hunden, den Schafen und den wildromantischen Landschaften im Nationalpark ist ungebrochen. Er trainiert sie weiter, gibt Lehrstunden, und seine Hunde gewinnen weiterhin die höchsten Auszeichnungen auf den Trials. Derek zu den besonderen Fähigkeiten seiner Hunde: »Sweep zum Beispiel sammelt und treibt Schafe ins nächste Tal, ohne mich sehen zu können, nur über meine Pfeiftöne, selbst wenn ich eine Meile weit weg bin«. Glen, fünf Jahre alt, wurde in die nationale Jury für die Hütehunde-Wettbewerbe aufgenommen. »Meine Killiebrae-Zuchtlinie fördert den natürlichen Hüte-Instinkt der Hunde«, sagt Derek zu deren Qualitäten. »Sie haben Kraft, Mut, Ausdauer und am wichtigsten: die Eigenschaft, im Team effektiv arbeiten zu können.« Von allen, die er betreut, kommen nur die besten wie Sweep für die Zucht in Frage.

Dereks Philosophie ist so einleuchtend wie erfolgreich: »Der Trainingsprozess soll beiden Spaß machen, aus Wort- und Stoppkommandos entsteht ein Code für Bewegungsmuster und eine intensive Beziehung zwischen Trainer und Hund. Er braucht eine Aufgabe, muss meine Autorität spüren und ich ihn mit Ruhe, Balance und Entschlossenheit führen. Schreien und Fuchteln nützt da gar nichts.« Nur Hunde mit ausgeglichenem Temperament behält er, um ihnen noch kompliziertere Aufgaben wie das Zurückwenden und das Abtrennen beizubringen. Es ist genau diese innere Ruhe, die Zuversicht und Entschlossenheit, die aus Dereks Augen spricht und die von den Hunden verstanden wird. Die meiste Zeit verbringt er auf seiner Farm. Ein Leben im Lake District, in Harmonie mit der Natur.

OLDTIMER OHNE ENDE

Für alle, die mal eine andere Art der Fortbewegung probieren wollen: Man sollte auf einer Reise durch den Nationalpark sicher nicht eine romantische Dampfschifffahrt auf dem Lake Windermere versäumen, dem größten See Englands. Oder man nutzt Fahrrad oder Mountainbike, um seinem Bewegungsdrang in freier Natur nachzugehen. Doch wieder zu Fuß, kann man ganz einfach einen der zahlreichen, bestens ausgeschilderten Wanderwege im Nationalpark durchstreifen. Wer Abwechslung von diesen Outdoor-Aktivitäten sucht, findet in Backbarrow am Südende des Lake Windermere im Lakeland Motor Museum alles, was das Herz von Oldtimerfans höher schlagen lässt. Vom Tretauto über Motorräder bis zu Rennwagen gibt es hier an die 30 000 Gegenstände und Fahrzeuge aller Art zu bestaunen.

WEITERE INFORMATIONEN

www.lakelandmotormuseum.co.uk
Die Nationalparkverwaltung des Lake District unterhält eine empfehlenswerte Website: www.lakedistrict.gov.uk

Über die Hirsche in Glencoe wurden bereits Bücher geschrieben, sie sind fester Bestandteil der Gegend (oben). Charakteristisch für die Highlands: kleine Tümpel, meist baumlose Heidelandschaft, kahle Felsen (rechts).

54 Wandern im Märchenland – Glencoe

Frieden im Verlorenen Tal

Glencoe Village, in den südlichen schottischen Highlands gelegen, wird oft als »the outdoor capital of the UK« bezeichnet. Und tatsächlich sind der kleine Ort und das wunderschöne Glencoe zu einem Zentrum für alle geworden, die Aktivitäten in freier, wilder Natur lieben. Ob Berge, Täler, Seen oder Meeresarme, hier findet jeder Naturfreund sein Refugium.

Wer sich heute dem Tal und dem kleinen Ort Glencoe nähert, spürt sehr schnell die besonders entspannte Atmosphäre, die hier vorherrscht. Obwohl sich Glencoe zu einem der bedeutendsten Outdoorzentren in ganz Großbritannien gemausert hat und sich in der Hochsaison schon einmal die Wander- und Angelfreunde, Mountainbiker und Wassersportler im Tal drängeln, sind Stress und Hektik hier Fremdwörter. Zu mächtig sind die wilden, kegelförmigen Gebirgsketten, die Loch Linnhe und Loch Leven einrahmen, zu weitläufig die wilde Natur, in der man weniger Menschen begegnet, als der gelegentliche Trubel im Glencoe Village vermuten lässt. Friedlich war es nicht immer. Der Ort ist durch eine Schandtat in die Geschichte eingegangen, als hier Ende des 17. Jahrhunderts fast 400 Angehörige des Clans der MacDonalds ermordet wurden oder auf der Flucht in der klirrenden Kälte in den Bergen starben. Grund für das von den Soldaten des Königs William III. durchgeführte Massaker, an das heute ein großes Kreuz in Glencoe erinnert, war natürlich eine Intrige, bei der es um Macht und Einfluss ging.

Wandern in den Bergen

Dass Glencoe zu den faszinierendsten Tälern der schottischen Highlands zählt, ist allgemein unbestritten. Die landschaftlichen Szenerien scheinen beinahe aus einem Märchenland entsprungen, die Bezeichnung »malerisch« ist da eine glatte Untertreibung. Das trifft vor allem auf ein Tal zu, das einen furchterregenden Namen trägt, der jedoch niemanden davon abhalten sollte, es zu durchstreifen: Lost Valley. Eingerahmt wird das abgelegene Tal von den Bergen des über 1100 Meter hohen Massivs des Bidean nam Bian und den markanten Felsformationen der Three Sisters auf der Südseite. An der Nordseite des Tals ragt die steile, pyramidenförmige Felswand des Buachaille Etive Mor in den Himmel. Und darüber, zwischen Himmel und Erde, liegt die einsame windumtoste Hochebene Rannoch Moor. Sie liegt so hoch oben, dass keine landwirtschaftliche Nutzung mehr möglich ist, somit zählt dieses rund 130 Quadratkilometer große Gebiet zu den letzten wirklich unberührten Landschaften Schottlands.

Seine besondere Lage unterstreicht auch der Umstand, dass Rannoch Moor als Wasserscheide fungiert. Die westlich von ihm gelegenen Bäche, Flüsse und Seen führen allesamt ihr Wasser in den Atlantik, die Gewässer, die auf seiner Ostseite liegen, fließen in den River Tay und weiter in die Nordsee. Auch in dem kurz vor Glencoe gelegenen Ort Ballachulish sollte man anhalten, nicht nur aufgrund des gut ausgestatteten Informationszentrums zu dieser Region.

Dem Ballachulish-Schiefer auf der Spur

Dieser rund 600 Einwohner zählende Ort am Loch Leven weist eine große Tradition des Schieferabbaus auf, der bereits Ende des 17. Jahrhunderts begann und bis 1955 andauerte. Dann wurden die letzten Steinbrüche stillgelegt. In seiner Blütezeit um 1845 waren praktisch alle Dächer in Edinburgh und Glasgow mit Ballachulish-Ziegeln gedeckt, verließen an die 20 Millionen Schieferplatten jährlich den Ort.

Auf einer Wanderroute kann man die große Steinbruchtradition der Gegend entdecken. Auch der Wanderweg von Ballachulish über Duror zur Cuil Bay bietet fantastische Panoramen und Ausblicke auf die Inseln Balnagowan, Lismore und Shuna. Bei Achadh nan Darach kann man einen Schlenker machen und den einsamen Waldweg genießen.

LUXUS IM HAUS DES LORDS

Die Unterkünfte im Glencoe-Tal haben sich auf den Tourismus eingestellt und bieten alles vom Campingplatz über B&B-Adressen bis zum Sterne-Hotel. Wer sich etwas Gutes tun will, bucht ein Zimmer im ehrwürdigen Glencoe House und atmet Geschichte. Roger Niemeyer und Judy Pate, die »Guardians of Glencoe House«, haben aus dem Herrenhaus, das ehemals das Zuhause von Lord Strathcona war, ein luxuriöses und stilvolles Hotel gemacht, das keine Wünsche unerfüllt lässt. Auch die zum Hotel gehörenden privaten Parks und Gärten bieten ausgezeichnete Möglichkeiten, die Natur zu erleben, durchzuatmen und rundum zu entspannen.

WEITERE INFORMATIONEN

www.glencoe-house.com

55 Zu Arnold und Alexander – Isle of Skye

Wanderparadies am Atlantik

Die Hebrideninsel Isle of Skye ist durch eine Brücke mit dem Festland verbunden. Das hat trotz der für Touristen guten Anbindung ihrer wilden Schönheit keinen Abbruch getan. Sie gehört zum Schönsten, was Schottland landschaftlich zu bieten hat und fasziniert mit ihrer Kombination aus mächtigen Bergen, sanften Tälern und romantischen Küstenabschnitten.

Ganz vorne auf der Landspitze zeigt das Neist Point Lighthouse Schiffen den richtigen Weg (unten). So war das damals im Zeitalter vor den Handys; heute werden Telefonzellen anderweitig genutzt (rechts).

Arnold besitzt ein überaus freundliches Gemüt, und ein schottischer Geizkragen ist er auch nicht. Hilfsbereit, gastfreundlich, immer zu einem Scherz aufgelegt: »Was erwartest du von mir, mein Nachname ist MacBeth!« Sein Lächeln flößt dann auch keine Angst ein, Arnold MacBeth ist alles andere als ein Königsmörder. Viele Jahre hat er als Fischer in den Gewässern um die Hebrideninseln den Lebensunterhalt für seine Familie verdient, bis die großen Trawler kamen und die kleinen Fischer mit den Preisen nicht mehr mithalten konnten. Aber Arnold wäre kein MacBeth, würde er den Kopf ins Moor stecken. Er hat sich einmal kräftig geschüttelt, sein Gummizeug aus und die Rüstung, pardon, sein Restaurantbesitzer-Outfit angezogen. Dann hat er in Kyleakin am Tor zur Isle of Skye eine Fish & Chips-Bude aufgemacht und erfreut sich jetzt seines neuen Lebens. Seine Frau hat ihn für verrückt erklärt, aber Arnold ist zufrieden, freut sich über jeden Kunden und beliefert auch einige Restaurants auf der Insel und dem Festland. Denn mit einem kennt er sich aus: bei der Frage, was Qualitätsfisch ist und was nicht. Wer also über die Brücke auf die Isle of Skye

kommt, sollte nach dem ersten Kreisverkehr Ausschau halten; eine Fischmahlzeit bei Arnold MacBeth ist der beste Auftakt für einen Inselaufenthalt, den man sich vorstellen kann.

Durch das Geröllfeld

So gestärkt kann man sich getrost auf den Weg machen zu den Cuillin Mountains. Diese zerklüftete Gebirgskette besitzt beinahe hochalpine Merkmale, ist mit ihrem Basaltgestein sehr widerstandsfähig und erst rund 70 Millionen Jahre alt. Wanderer und Kletterer lädt sie aufgrund der grotesken Felsformationen und Hänge zum Kraxeln ein. Mit dem Sgurr Alasdair, der knapp 1000 Meter in den Himmel ragt, findet man hier auch die höchste Erhebung der gesamten Hebriden.

Vom Campingplatz bei der kleinen Ortschaft Glenbrittle aus im Südwesten der Insel führt ein Weg vorbei an einem kleinen See und später dann in einen Talkessel. Von dort aus geht es über ein großes Geröllfeld, den Great Stone Chute, hinauf zum oberen Ende eines Passes, nach dessen Überquerung man nur noch 50 Meter bis zum Gipfel erklimmen muss. Der gälische Name des Berges bedeutet übersetzt übrigens »Berg des Alexander«, in Erinnerung an Alexander Nicolson, der im Jahre 1873 den Berg zum ersten Mal erklommen hat.

Zu den Papageientauchern

Ob See- oder Steinadler, Rothirsch, Marder, Otter, Delfin, Wal, Robbe, Atlantischer Lachs, Tölpel oder Papageientaucher – die Tierwelt auf und um die Isle of Skye ist genauso beeindruckend wie die Landschaft. Die Papageientaucher sind hier zwar häufig nur von März bis April zu sehen, aber man kann vom Südteil der Insel Bootstouren zu den Nachbarinseln wie zum Beispiel zur Isle of Canna unternehmen. Hier bauen die kleinen putzigen Kerlchen ihre Nester, und man bekommt sie sehr zuverlässig zu Gesicht. Die westlichste Insel der schottischen Inneren Hebriden ist nur fünf Kilometer lang und gehört dem National Trust of Scotland, der sie als eine Art Farm bewirtschaftet und sich um den Erhalt der Natur kümmert. Und von hier aus kann man auch nach Rum, Eigg und Muck übersetzen, zu kleinen Inseln jenseits von Raum und Zeit.

KAMINTALKS IM VIEWFIELD

Portree an der Ostküste ist mit seinen rund 2000 Einwohnern der Hauptort der Isle of Skye, entsprechend »großstädtisch« geht es hier zu. Die bunten Häuser an der idyllischen Bucht wirken wie gemalt. Der Name stammt vom gälischen Port an Righ, was »Hafen des Königs« bedeutet. Wahrhaft königlich übernachtet man auch im Viewfield House, einem ehrwürdigen Landsitz der Macdonald-Familie am Rande von Portree, umgeben von wunderschönen Parks, Gärten und Wäldern. Das liebevoll restaurierte Haus, das im frühen 19. Jahrhundert errichtet wurde, atmet noch immer die große Familientradition der Macdonalds, verbunden mit antikem Ambiente und einer herzlichen Gastfreundschaft. Der Abend am Kaminfeuer mit einem Glas Talisker (Single Malt Whisky) in der Hand und einem netten Gespräch bleibt unvergessen.

WEITERE INFORMATIONEN

www.viewfieldhouse.com
Tipps zu einem Inselaufenthalt auf der Isle of Skye gibt es unter www.visitscotland.com und www.isleofskye.com

Die Erhebung, die man hier vom Fluss Dee aus sieht, heißt Devil's Point (oben). Den größten Bestand der schottischen Wildkatze beheimatet der Cairngorms-Nationalpark (rechts).

56 Inspirationsquelle – Cairngorms-Nationalpark

Im Reich der Elementarteilchen

Der schottische Cairngorms-Nationalpark ist mit seinen 4500 Quadratkilometern an Fläche fast doppelt so groß wie der Lake District. Wer die Hektik des modernen Alltags hinter sich lassen will, ist hier genau richtig. Umgeben von einer unendlich erscheinenden, mächtigen Wildnis lässt man seine Sorgen zurück und findet zudem Ruhe, Kraft und Inspiration.

Der erst im Jahre 2003 gegründete Cairngorms-Nationalpark im Nordosten Schottlands hat selbst die Skeptiker überzeugt, die dahinter einen geschickten Schachzug der Tourismusindustrie vermutet und die Naturschutzfunktion angezweifelt haben. Er ist ein gelungenes Beispiel dafür, dass ökologische und ökonomische Aspekte auch in Großprojekten harmonieren können.

Hohe Berge und niedrige Temperaturen

Der Cairngorms-Nationalpark erstreckt sich als Teil der schottischen Highlands von Grantown-on-Spey im Norden, Dinnet im Osten und Blair Atholl im Süden bis nach Dalwhinnie im Westen. Dieser Park umfasst Teile der sich nach Westen fortsetzenden Central Highlands, grenzt nach Norden an die Grampian Highlands, wird nach Osten von Aberdeenshire eingerahmt und umfasst nach Süden Gebiete von Tayside. In seinem Zentrum liegen die Grampian Mountains. Er besitzt ein weitläufiges Hochplateau, aus dessen Mitte fünf der sechs höchsten Berge Großbritanniens und 55 sogenannte Munros, Berge von über 900 Metern Höhe, herausragen. Im Park wurden 1895 und 1982 in Braemar mit -27 °C die niedrigsten Temperaturen aller Zeiten in Großbritannien gemessen. Auch die höchsten Windgeschwindigkeiten wurden hier auf

dem 1250 Meter hohen Cairngorm Gipfel mit 278 Kilometern pro Stunde gemessen.Doch das sind nicht die einzigen Superlative, mit denen der Nationalpark aufwarten kann. Im Park gibt es nicht nur die ältesten einheimischen Bäume und wildesten Wasserfälle, sondern auch die größte Population an schottischen Wildkatzen. Hier kann man die bedrohten Katzen, die sehr scheu sind und zurückgezogen leben, noch häufig in freier Wildbahn beobachten. Wer kein Glück hat, kann ihre Anmut und Kraft im Highland Wildlife Park bei Kingussie aus nächster Nähe bewundern.

Weihnachtsmann und Whisky Trail

So groß wie der Nationalpark selbst, so vielfältig sind auch die Aktivitäten, die man hier unternehmen kann. Vom lebhaften Städtchen Aviemore aus kann man zum Beispiel den Weihnachtsmann und die einzige frei grasende Rentierherde Großbritanniens in Glen More besuchen. Oder eine Fahrt mit der höchsten Eisenbahn Großbritanniens genießen, deren Endstation auf einer Höhe von 1097 Metern über dem Meer liegt. Auch die Dampfeisenbahn der Strathspey Railway schaukelt ihre Passagiere zurück in die Vergangenheit, als Langsamkeit noch ein Qualitätsmerkmal war. Selbst Surfer können hier ihrem Hobby nachgehen. Loch Morlich liegt nur 65 Kilometer vom Meer entfernt, doch der See hat seinen eigenen Sandstrand mit einem großen Wassersportzentrum. Vielleicht bleibt dann noch Zeit für eine belebende Kostprobe Single Malt Whisky in der Glenlivet Brennerei in Tomintoul, die zum berühmten Malt Whisky Trail gehört, oder ein Abstecher zur Dalwhinnie Distillery.

Quelle der Teilchenphysik

Und was hat es mit den Elementarteilchen auf sich? Nun, dass von unberührter Natur und wahrer Wildnis geprägte Landschaften auch neue physische wie mentale Kraft schenken, ist hinreichend bekannt.

Im Cairngorms-Nationalpark findet man schier unerschöpfliche Inspirationsquellen und Momente, die das Potenzial haben, das Denken der Welt in neue Richtungen zu lenken. Denn hier im Nationalpark fand Peter Higgs bereits im Jahre 1964 auf einer Wanderung in den Cairngorms Inspiration für seine inzwischen weltberühmten Higgs-Teilchen, die ihm 2013 den Nobelpreis für Physik einbrachten. Wer also neue Anregungen sucht, ist hier richtig.

BEI DEN ATHOLL HIGHLANDERN

Die Atholl Estates am südlichen Eingang zum Cairngorms-Nationalpark gehören zu den bekanntesten und vor allem sehenswertesten Landsitzen in ganz Schottland. Das hat gewichtige Gründe, denn ihre Geschichte reicht zurück bis ins 13. Jahrhundert. Heute gibt es fünf Tätigkeitsfelder, die für Einnahmen sorgen und das Erbe der Generationen erhalten: Wald- und Landwirtschaft, erneuerbare Energien, Verpachtungen und Tourismus. Im Zentrum liegt Blair Castle, umrahmt von mächtigen Wäldern und Bergen, ein wichtiger Orientierungspunkt in Perthshire, den man besichtigen sollte. Über 19 Generationen der Stewarts und Murrays of Atholl haben hier ihre Spuren hinterlassen. Und mit den Atholl Highlanders findet man hier die einzige legale Privatarmee in Europa unter dem Kommando des Duke of Atholl.

WEITERE INFORMATIONEN

www.blair-castle.co.uk
Über die vielen Möglichkeiten für den Nationalparkbesucher informieren die Webseiten visitcairngorms.com und www.visitscotland.com

57 Geduldiges Warten – Die Highlands

Wie in Fort Augustus die Zeit vergeht

Spätestens seit dem Kultfilm »Highlander – Es kann nur einen geben« mit Christopher Lambert, der 1986 in die Kinos kam, kannte fast jeder die schottischen Highlands. Ihr Charakter, bestehend aus Mooren, Gebirgen, Seen und mächtigen Burgen, hat sich bis heute erhalten. Daran ändern auch die Tourismushochburgen nichts, denn nur zwei Schritte weiter wartet die Wildnis.

Im Herbst färben sich die Mischwälder in den schönsten Farben und spiegeln sich auch noch in den Seen (unten). Festes Schuhwerk ist bei einer Wanderung in den Highlands ratsam; zum Beispiel für eine Bachüberquerung (rechts).

Dieses riesige Gebiet und seine Landschaften im Nordwesten, die in weiten Teilen noch immer dünn besiedelt sind, muten in manchen Gegenden wie zum Beispiel in den baumlosen Hochmooren oder den wilden Flusstälern an, als seien sie einem Science-Fiction-Film entsprungen. Aus der Zeit gefallen, wild, unbezähmbar, mystisch: Man findet gar nicht genug Bezeichnungen und vermisst dennoch den einen oder anderen Aspekt. Über den Highlands liegt noch immer ein geheimnisvolles Versprechen, gespeist von der turbulenten Geschichte der Region, in der einige der schönsten und romantischsten Burgen der Welt liegen: ob Urquhart Castle oder Castle Eilean Donan, vom Dunvegan Castle auf der Isle of Skye und Brodie Castle in Moray bis zum Mey Castle in den nördlichen Highlands. Diese Burgen sind tatsächlich so märchenhaft und wunderschön gelegen, wie man sich ein Highland-Castle nur vorstellen kann.

Grob gesehen trennt man die Highlands von den tiefer liegenden Central Lowlands entlang einer geografischen Linie, die von der Bucht Firth of Clyde über das Loch Lomond bis nach Stonehaven an der Nordsee führt.

Der rund 600 Einwohner zählende Ort Fort Augustus am Südende des weltberühmten Loch Ness wäre, abgesehen von der fünfstufigen Schleuse am Kaledonischen Kanal, nicht weiter erwähnenswert, gäbe ihm seine strategische Lage nicht eine besondere Bedeutung.

Wo bleibt sie nur?

Er liegt an der wichtigen Verkehrsverbindung von Glasgow nach Inverness, und hier starten die Boote, die sich auf die Suche nach dem sagenumwobenen Monster im Loch Ness begeben. Kaum ein Besucher kann sich dieser Verführung widersetzen. Und so sieht man immer wieder Menschen auf den Hügeln rund um den See, mit Ferngläsern und einer gehörigen Portion Geduld, denn Nessie, dieses scheue Wesen, will auch heute nicht seinen Kopf aus den Fluten recken. Das interessiert die Wanderer auf dem »Great Glen Way« recht wenig, der auf seinem Weg von Fort William vorbei an Loch Linnhe, Loch Lochy, Loch Oich und Loch Ness über fast 120 Kilometer bis nach Inverness führt. Ob man nun die Wildnis an den Lochs durchstreift oder seine Geduld beim Warten auf Nessie trainiert, Loch Ness erzeugt hier eine besondere Atmosphäre aus Mythos, Kommerz und Highlander-Geschichten.

Da könnte sie sein!

Die Nessie-Manie begann schon im 6. Jahrhundert, als der Legende nach St. Columban ein Ungeheuer am See vertrieben haben soll. Heute wetteifern zwei Nessie-Ausstellungen in Drumnadrochit am Loch Ness um die Gunst der Besucher. Das modern anmutende »Nessieland« kommt eher einem Monster-Abenteuer-Erlebnispark nahe mit Nessie-Höhle und Abenteuerspielplatz für die Kleinen. Das »Loch Ness Centre & Exhibition« ist mehr etwas für alle, die eine eher wissenschaftliche Dokumentation über den Verlauf der Nessie-Forschung damals und heute interessiert. Über die Jahrhunderte bis in unsere Hochtechnologiezeit hat man mit allen möglichen Gerätschaften Beweise für deren Existenz gesucht. Das Fazit lautet: Man kann nicht ausschließen, dass … Wie auch? Loch Ness ist bis zu 300 Meter tief und 40 Kilometer lang. Also bitte Geduld und Augen auf in der Wildnis um Loch Ness.

IM GEMÜTLICHEN TEEKANNENHAUS

Nicht immer bedeutet groß auch gleich gut. Gerade im B&B-Bereich gibt es manche kleine Perlen, die im Verborgenen glänzen. Nun, ganz versteckt ist das Kettle House B&B in Fort Augustus nicht, aber man muss schon die Augen offen halten, wenn man aus südlicher Richtung auf Fort Augustus zufährt. Linker Hand in einer kleinen Senke hinter Bäumen, Hecken und einem liebevoll gestalteten Garten liegt das Gästehaus von Natalie und Mark Reay, das zwar nur vier Zimmer aufweist, dafür aber mit großer Gastfreundschaft die Reisenden empfängt und umsorgt. Das gilt übrigens auch für Vierbeiner, die hier ebenso willkommen sind. Das Ehepaar kommt aus dem Hotelgeschäft und hat mit Liebe zum Detail eine Unterkunft am Rande von Fort Augustus geschaffen, in der man sich sofort wie zu Hause fühlt.

WEITERE INFORMATIONEN

www.kettlehouselochness.co.uk
www.enjoylochness.com
www.nessieland.co.uk und
www.lochness.com

Typische Ansicht: Wer assoziiert diesen Anblick nicht sofort mit den schottischen Highlands?

Das Alter des Old Man of Hoy, eines Brandungspfeilers auf der Insel Hoy, wird auf 250 Jahre geschätzt. Durch seinen Standort an dieser wetterumtosten Landspitze haben sich bereits Risse im Fels gebildet (oben). Für die Seehunde auf den Orkneys ist der Tisch stets reichlich gedeckt (rechts).

58 Wolken und wilde Küsten – Orkney-Inseln

Hier lernt man staunen

Die Orkney-Inseln sind ein lohnendes Reiseziel für Wanderer und Naturliebhaber. Mystische Ausgrabungsstätten, spektakuläre Küstenabschnitte und charmante Orte sind zu Wanderrouten verknüpfbar, die Urlaubern faszinierende Naturerlebnisse bieten. Dabei erscheint die Weite des Himmels unendlich, regt die Fantasie an und lässt die Kindheit aufleben.

Cirrus, Cumulus und Stratus, oder doch vielleicht eine Strato-Cumulus, wenn nicht sogar eine Nimbus-Wolkenformation? Unsere Beziehungen zu den Wolken sind ja bekanntlich höchst unterschiedlich. Der Luftikus in uns will sie studieren, um herauszufinden, ob er vielleicht doch eine Regenjacke hätte einpacken sollen. Der Sonnenanbeter wirft meist nur einen kurzen, prüfenden Blick zum Himmel, um sich dann genüsslich weiterhin seinem Sonnenbade zu widmen. Der melancholisch Veranlagte verweilt viel länger mit seinen Augen in der Höhe und hängt seinen Träumen nach. Das Kind in uns entdeckt Riesen mit gekrümmten Nasen und Feen mit geschwungenen Zauberstäben. Einer Verzauberung der besonderen Art unterliegt man, wenn man beim Wandern auf den schottischen Orkney-Inseln die Weite des Himmels und die Gestaltenvielfalt der Wolken lesen lernt.
Hier erfahren wir, von unsichtbarer Hand geleitet, wie sich Schäfchenwolken, jene französische Bezeichnung, die sich Mitte des 19. Jahrhunderts in die revolutionäre Wolkenklassifizierung des englischen Naturwissenschaftlers Luke Howard von 1802 einschlich, auf das Wetter im westlichen Mainland auswirken. Und wir lernen Gelassenheit, denn ändern können wir das Wetter jetzt und hier und gleich sowieso nicht. Aber wir können gerade

hier auf den Orkney-Inseln einzigartige Wolkengebilde erleben, flüchtige Erscheinungen am Himmel ebenso wie dramatische Gebilde mit metaphorischem Reiz. Wenn wir uns dann vor Augen führen, dass niemand ein und dieselbe Wolke zweimal sehen kann, lohnt sich der Blick beim Wandern sowohl auf das Meer wie zur Erdoberfläche mit ihren Erscheinungen als auch zum Himmel über uns. »Was liebst du denn, seltsamer Fremdling?« »Ich liebe die Wolken [...] die Wolken [...] die vorüberziehen dort [...] dort [...] die wunderbaren Wolken«, hat Charles Baudelaire 1862 ausgerufen. Eine Faszination, der man auf den Orkney-Inseln überall begegnen kann.

Kultur im Mainland

Wer nach Orkney reist, entdeckt hier nicht nur die unberührte Natur, einsame Strände und wilde Klippen, er findet auch bedeutende Zeugnisse der frühen Zivilisation.
Die Gruppe der rund 70 Orkney-Inseln liegt nördlich des schottischen Festlands und wurde bereits als Top-Reiseziel ausgezeichnet. Völlig zu Recht, denn das Inselleben auf den Orkneys hat mit seiner einzigartigen Geschichte und Kultur eine starke eigene, nordische Identität ausgeprägt. Die größte und bevölkerungsreichste Insel ist Mainland. Auf East Mainland liegt Kirkwall, die alte Hauptstadt mit der imposanten Wikingerkathedrale und dem bedeutenden Fischereihafen. Stromness, der andere wichtige Hafen und Ort der Inselgruppe, befindet sich im Süden des West Mainland. Hier gibt es viele Kunsthandwerksläden und Galerien, ein kleines Kunstzentrum der Inseln.

Natur mit Nordlicht

Die Inseln der Orkneys besitzen großartige prähistorische Ausgrabungsstätten, deren Bedeutung nicht zu unterschätzen ist. So sind zum Beispiel die historischen Siedlungen von Skara Brae auf dem Mainland älter als die ägyptischen Pyramiden. Gemeinsam mit dem beeindruckenden Ring of Brodgar, den Standing Stones of Stenness oder dem Maeshowe Chambered Cairn bilden sie die UNESCO-Weltkulturerbestätte »Heart of Neolithic Orkney«. Und die Natur? Wenn man den weißen Sand und das türkisfarbene Wasser von Orkneys Stränden sieht, wähnt man sich in der Karibik. Papageientaucher, Eissturmvögel, Delfine, Wale und das zauberhafte Nordlicht *Aurora borealis,* was will man mehr?

DER RUM DES PIRATEN

Auch wenn in Schottland der Whisky die erste Geige spielt – immerhin exportiert das Land jedes Jahr an die 350 Millionen Liter –, es gibt Unternehmen, die etwas anderes auf den Spirituosenmarkt bringen. Da ist zum Beispiel die nur einen halben Quadratkilometer das kleine Eiland Lamb Holm südlich von St. Mary's, die wohl kleinste Insel der Welt, auf der Rum gebrannt wird. Und, wie könnte es anders sein, die Brennerei ist nach dem legendären Piraten John Gow benannt, der Anfang des 18. Jahrhunderts ein kurzes, aber wildes Piratenleben führte. Die J. Gow Distillery liegt geradezu idyllisch direkt am Meer und trotzt hier jedem Wind und Wetter. Die Rumsorten erhielten bereits höchste Auszeichnungen, so gewann der J. Gow Spiced Rum 2018 die Goldmedaille auf der International Wine & Spirits Competition in London.

WEITERE INFORMATIONEN

https://jgowrum.com
Die Orkney-Inseln sind so verzweigt und vielfältig, da sind detaillierte Informationen besonders wichtig:
www.orkney.com

59 Im Wind der Zeit – Shetland-Inseln

Aufbruch in die Vergangenheit

Für Naturfans sind die Shetland-Inseln besonders interessant. Überall stürzen sich Bäche und Flüsse von grünen Hügeln, bunte Häuser mit Grasdächern wirken wie Farbtupfer in einsamen Schluchten und Tälern. Traditionen und vor allem auch die norwegischen Wurzeln werden auf den Shetland-Inseln gepflegt, die allerdings seit dem 15. Jahrhundert zu Schottland gehören.

Die Fähr- und Kreuzfahrtschiffe legen im Hafen der Hauptstadt Lerwick an. Völlig unabhängig davon, ob man ein paar Tage lang die auf alle Sinne so beruhigende Natur der Shetlands auf sich wirken lässt oder gleich am selben Abend wieder ablegt: Die Scalloway Bucht und der Jarlshof an der Südspitze der Hauptinsel, die wohl bedeutendste archäologische Stätte in ganz Großbritannien, sollte man sich unbedingt ansehen. Hier gingen die ersten Siedler bereits vor 5000 Jahren an Land. Für das Shetland Folk Festival im Mai oder das Kulturerbe-Festival »Up Helly Aa« Ende Januar ist es auf jeden Fall ratsam, ein paar Tage einplanen. Vielleicht findet man dann ja auch heraus, warum kein Shetlander im Gegensatz zu den Bewohnern der Färöer-Inseln Walfleisch isst. Mit ein paar Gläsern Egils, Viking oder Stout kommt man dem Geheimnis sicher näher.

Furioses Himmelsspektakel in sämtlichen Schattierungen des Regenbogens

Die Shetland-Inseln sind wegen ihrer Lage und der geringen Luftverschmutzung auch ein idealer Ort, um Polarlichter zu erle-

Das Grün der Felsen sorgt für etwas Farbe im häufig tristen Wetter auf den Shetland-Inseln (unten). Papageientaucher bevölkern in Scharen die Klippen der Inseln (rechts).

ben. Dieses Naturschauspiel, benannt nach der römischen Göttin der Dämmerung Aurora und Boreas, dem griechischen Namen für den Nordwind, entsteht durch aufgeladene Teilchen, die entlang magnetischer Linien in die obere Erdatmosphäre beschleunigt werden.
Die Energie hierfür kommt von der Sonne, in Form des »Sonnenwinds«. *Aurorae* erleuchten den Himmel in allen Farben des Regenbogens, von gelbgrünlichen, blauen und violetten Tönen bis zu feurigem Rot und Orange.
Die verspielten Streifen schlängeln sich über den Nachthimmel, verändern sich ständig und können für Minuten oder nur für Sekunden sichtbar sein.
Eins steht allerdings fest: Auf den Shetland-Inseln sind die »Mirrie Dancers«, wie sie hier genannt werden, besonders spektakulär. Herbst und Winter, wenn die Nächte kalt und der Himmel wolkenlos ist, sind mit ihrer langen Dunkelheit die besten Jahreszeiten, um die herrlichen Polarlichter zu beobachten. Und man braucht ein wenig Geduld, denn manchmal tauchen sie erst in den frühen Morgenstunden auf und kündigen einen Tag an, der nicht schöner sein kann.
Auch wenn das Meer rund um die Shetland-Inseln es nicht mit karibischen Temperaturen aufnehmen kann, dennoch liegen hier einige der schönsten Sandstrände unseres gesamten Planeten. Idyllische kleine Buchten mit türkisfarbenem, klarem Wasser, in dem sich die Sonnenstrahlen spiegeln, creme- und goldfarbener Sand, ein sanfter Wind, der durch die Gräser streicht: ideal für ein Picknick am Meer. Und in den seichten Gewässern kann man im Sommer auch getrost ein Bad nehmen, erfrieren wird hier keiner.

Strände vom Feinsten und prähistorische Funde

Strände wie Spiggie und Meal Beach, St. Ninian's Ayre oder die Sands of Breckon verzaubern jeden Besucher. Ebenso der Jarlshof, die bedeutendste archäologische Stätte der Shetland-Inseln nahe der Siedlung Sumburgh an der Südspitze der Hauptinsel.
Die in Erdhügeln versteckten Gebäude stammen aus der Bronzezeit, der Zeit der Pikten und der Wikinger, selbst ein mittelalterliches Bauernhaus befindet sich darunter. Wer durch die schmalen Gänge und Treppen zu den Ausgrabungen steigt, dabei das Rauschen des Meeres immer leiser werden hört, bekommt einen authentischen Eindruck vom Leben in prähistorischer Zeit.

KAP, LEUCHTTURM, HOTEL

Nur eine halbe Stunde dauert der Spaziergang vom Sumburgh Hotel zum Sumburgh Head, aber das Kap an der Südspitze der Hauptinsel und der erste Leuchtturm der Shetland-Inseln, der 1821 in Betrieb ging, lohnen den Aufwand. Die Aussicht von hier aus ist großartig. Der Name Sumburgh geht auf das altnordische *Sunn Borg* zurück und bedeutet so viel wie »Burg im Süden«. Einen Burgcharakter kann das hübsche Hotel dann auch nicht verleugnen, sowohl innen wie im Außenbereich. Angenehm ist hier allerdings, dass nichts mit allem möglichem Tand überfrachtet ist, sondern man sich auf das Wesentliche konzentriert: zuvorkommender Service, traditionelle Gastfreundschaft und gute, regionaltypische Küche mit internationalem Touch. Häufig finden in diesem gelungenen Ambiente auch Konferenzen statt.

WEITERE INFORMATIONEN

www.sumburghhotel.com
www.shetland.org

Saftig grüne Hügel, hier am Lake Tay – genau, wie man sich Irland vorstellt (oben). Im Gebiet des Wicklow-Mountains-Nationalparks sind Wildpferd-Herden beheimatet (rechts).

60 Wanderparadies – Wicklow Mountains

Auf den Spuren des Heiligen Kevin

Die Zeiten, als Irland noch mit Wäldern voller Eichen, Buchen, Birken und Kiefern bedeckt war, sind Vergangenheit. Heute wird an vielen Stellen wieder aufgeforstet, das braucht natürlich seine Zeit. Ganz besonders reizvoll sind die Berge und Täler der Wicklow Mountains südlich von Dublin, die mit Abgeschiedenheit und Stille für ausgedehnte Wanderungen aufwarten.

Mit Rodungen und Holzkohle-Verarbeitung für Schiffe und Fässer wurden die irischen Wälder rigoros abgeholzt, bis fast nichts mehr übrig blieb. Daher haben zusammenhängende Waldgebiete, die die Jahrhunderte und die Industrialisierung überlebt haben, in Irland ihren besonderen Reiz. Die Grafschaft Wicklow nennt nicht nur goldfarbene Sandstrände, bewaldete Täler und Seen ihr eigen, sondern mit dem Wicklow-Mountains-Nationalpark auch eine abgeschiedene, von Menschenhand unberührte Gebirgslandschaft, in der es sich wunderbar wandern lässt. Und im Tal der zwei Seen mit der Klostersiedlung Glendalough lohnt es sich ganz besonders, den Sagen und Geschichten vom heiligen Kevin nachzuspüren und dabei seinen eigenen Frieden zu finden.

Auf dem Wicklow Trail

Die Grafschaft Wicklow wird aufgrund ihrer landschaftlichen Schönheit auch »Garten Irlands« genannt. Aber nicht nur zauberhafte Gärten sind hier zu entdecken, auch die vor etwa 400 Millionen Jahren entstandene Berg- und Hügellandschaft der Wicklow Mountains verströmt ihre Reize. Von der Eiszeit tief eingeschnittene Täler wie Glendalough im Osten und die eher sanft geschwungenen Senken im Westen bilden mit den Wiesen und Wäldern

eine harmonische Szenerie, die von Wanderern immer wieder genutzt wird zu ausgedehnten Touren auf dem Wicklow Trail, Irlands ältestem Fernwanderweg, der auf 132 Kilometern Rathfarnan mit Clonegall verbindet. Besiedelt wurde das Gebiet schon in der Jungsteinzeit, auch die frühen Christen schätzten die Einsamkeit der Berge und die Abgeschiedenheit der Täler. Mehr Betrieb herrscht in den Sommermonaten im Besucherzentrum des Wicklow-Mountains-Nationalparks, der bereits im Jahre 1991 eröffnet wurde und rund 20 000 Hektar umfasst. In der abwechslungsreichen Landschaft aus Heiden, Wäldern und Mooren fühlen sich seltene und bedrohte Vogel- und Säugetierarten genauso wohl wie der Wanderer, der meditative Stille in faszinierender irischer Hügellandschaft sucht.

Kevin und Kathleen

Diese Stille, wie sie auch in Glendalough im »Tal der zwei Seen« zu finden ist, hat wohl auch den heiligen Kevin im 6. Jahrhundert so begeistert, dass er den Ort als geeignet empfand, um sich im Einklang mit der Natur als Einsiedler niederzulassen und später eine Klostergemeinschaft zu gründen. Heute ist es nur im Winter ruhig, wenn die Besucher weniger zahlreich in eines der beliebtesten Ausflugsziele der ganzen Insel strömen. Aus der einstigen Einsiedelei wurde im frühen Mittelalter ein großes Geisteszentrum, an dem bis zu 3000 Mönche und Gelehrte ihren Studien nachgingen. Erhalten und zu besichtigen sind vor allem die Kathedrale, der Rundturm, das Priesterhaus und Kevin's Kitchen, ein weiterer Rundturm, der ebenfalls als Kirche diente.

Die Sagen und Legenden um Kevin sind so vielfältig wie die Landschaft der Wicklow Mountains, in der er gelebt hat. Der Heilige soll so eng mit den Tieren verbunden gewesen sein, dass ihm die Hirschkühe der umliegenden Wälder ihre Milch gaben, mit der er einen Königssohn aufziehen konnte, Vögel in seinen zum Gebet ausgestreckten Händen brüteten und Otter ihm sein in den See gefallenes Gebetbuch unversehrt zurückbrachten. Weniger schmeichelhaft ging der gottesfürchtige Eremit jedoch mit Prinzessin Kathleen um, die ein Auge auf ihn geworfen hatte. Er floh in eine Höhle, doch auch dort spürte sie ihn auf. Müde der Nachstellungen, warf er sie in den See, in dem sie angeblich ertrank.

LANDSITZ MIT ITALIENISCHEM FLAIR

Ein Blick von der Terrasse hinab auf den See, die Gärten und Parkanlagen wie auf ein Märchenland, am Himmel ein Regenbogen. Sanfter Nieselregen weht über die Blumenbeete, Pferdestatuen und Fabelwesen glänzen in der Sonne: Powerscourt House and Gardens bei Enniskerry am Fuße der Wicklow Mountains gehört zu den schönsten Landsitzen, die Irland zu bieten hat. Ende des 12. Jahrhunderts wurde hier eine Burg errichtet, 1603 übernahm Richard Wingfield Powerscourt, nachdem er drei Jahre zuvor zum Marshall von Irland berufen wurde. Über 350 Jahre lebte die Familie Wingfield hier, gestaltete den Landsitz zu einer ästhetischen Komposition, aus der ein Italienischer und ein Japanischer Garten, ein Arboretum und der Rosengarten herausragen. Ein Landsitz, der auf die Kraft der Natur vertraut.

WEITERE INFORMATIONEN

www.powerscourt.ie
Offizielle Websites: Wicklow Mountains: www.visitwicklow.ie; Glendalough: www.glendalough.connect.ie

61 Typisch irisch – Killarney-Nationalpark

Mittendrin und doch allein

Das geschäftige Killarney verbirgt nicht seinen Zweck: Gäste einstimmen, verführen und vorbereiten auf den Ring of Kerry und den Killarney-Nationalpark. Das geschieht geschickt, so mischen sich ins bunte Stadtbild die Touristenbusse genauso wie die Pferdewagen. Urlauber suchen das ultimative Souvenir, aber im Nationalpark kommen alle wieder zur Besinnung.

Bereits 1982 wurde der Killarney-Nationalpark zum Biosphärenreservat erklärt, und noch heute strahlt er trotz seiner Berühmtheit und der damit verbundenen touristischen Frequentierung eine unbestrittene Faszination und Anziehungskraft aus. Nicht zuletzt die drei Gletscherseen Lough Leane, Muckross Lake und der Upper Lake bieten Panoramaszenerien, wie sie schöner nicht sein könnten.

Mensch und Natur in Harmonie

Die ältesten Eichenwälder Irlands findet man hier, die einzige einheimische Rotwildherde zieht ihre Bahn. Auf Wanderungen zum Dinis Island, zum Torc Wasserfall oder zum Devil's Punch Bowl, einem einsamen Bergsee, der von steilen Felsen umgeben ist und den man umrunden kann und dabei atemberaubende Weitsichten über die Berge und Täler genießt, vergisst man Zeit und Raum. Natürlich ist man an Sehenswürdigkeiten wie dem Ross Castle, Muckross House and Gardens oder dem Gap of Dunloe nicht allein, doch selbst in der Hochsaison gelingt nach kurzer Zeit der Weg zurück in die Natur, weg von dem Gedränge an Kassenhäuschen und Kitschverkauf. Der Na-

Moosbewachsene Steine und tief hängende Äste herrschen in den Green Woods vor (unten). Vom Ladies' View hat man eine gute Rundumsicht (rechts).

Hübsch angeleuchtet: Ross Castle (unten). Den Ring of Kerry, die berühmte Panoramastraße, muss man bei einem Irland-Besuch unbedingt auf der Liste haben (ganz unten). Wasserfall im Killarney National Park (rechts).

tionalpark mit seinen über 10 100 Hektar Ausdehnung bietet ausreichend und überall Gelegenheit dazu. Ein Ort besonderer Güte für romantische Seelen ist das direkt am Lough Leane im 15. Jahrhundert errichtete Ross Castle. Der helle Kalkstein der Burg hebt sich ab vom wuchernden Grün der naturbelassenen Uferlandschaft, im Hintergrund thront eine mächtige Bergkette, um die beiden erhaltenen Türme der Ringmauer, die das Fort einst umgab, kreisen die Krähen. Dabei hatten die Besitzer mit Romantik wenig im Sinn, das wehrhafte Ross Castle war die letzte Burg in Munster, die Cromwells Truppen einnahmen. Lange hatte man sich gewehrt, doch als eine alte Prophezeiung sich zu erfüllen schien, gaben auch die letzten Verteidiger ihren Widerstand auf. Die Legende besagte nämlich, dass Ross Castle mit Feuer aus dem Wasser zerstört würde. Als die Briten 1652 ihre Kanonen auf Boote luden und vom See aus angriffen, mit oder ohne Kenntnis der irischen Sagenwelt, wurde die Prophezeiung wahr. Zu sehen sind noch die Ruinen eines Oratoriums aus dem 12. Jahrhundert.

Das Buch des Mittelalters

Ein weiterer mystischer Ort befindet sich auf Innisfallen Island, der größten der insgesamt 26 Inseln im Nationalpark. Dorthin gelangt man entweder mit dem Wassertaxi von Ross Castle aus und zahlt die Passage oder man setzt mit der eigenen Muskelkraft über, spart Geld und hat obendrein noch mehr Zeit, sich auf der Insel umzusehen.

Bereits im 7. Jahrhundert soll hier der heilige Finian ein Kloster gegründet haben, das im 13. Jahrhundert Berühmtheit erlangte, als die Mönche die große *Chronik von Innisfallen* geschrieben haben, eines der bedeutendsten Zeugnisse des irischen Mittelalters und eine wichtige Informationsquelle zur Frühgeschichte Munsters. Das Original-Manuskript wird allerdings im englischen Oxford gehütet, dorthin zu rudern wäre dann doch etwas zu weit. Kaum einer verlässt die Seen, ohne sich Gärten, Parks und das Muckross House selbst anzusehen. Ein kleiner Spaziergang zur versteckten Muckross Abbey ist eine willkommene Abwechslung zum Trubel rund um das Herrenhaus aus dem 19. Jahrhundert, das in seinen Innenräumen nur mit einer geführten Besichtigung betreten werden kann. Durch die weitläufigen Blumen- und Steingärten darf man auch alleine schlendern.

Der Ring of Kerry

Man verlässt die Grafschaft Kerry natürlich nicht, ohne die Iveragh-Halbinsel besucht zu haben. Sie ist berühmt geworden durch den Ring of Kerry. Diese Küstenstraße rund um die Halbinsel gehört zu den eindrucksvollsten Erlebnissen einer Irlandreise, wie sie schöner kaum sein könnten. Selbst Iren, die hier leben, stellen immer wieder ihr Fahrzeug am Straßenrand ab, steigen aus und bewundern das fantastische Küstenpanorama. Man kann die Rundfahrt in einem Tag absolvieren, aber das heißt Eile und nicht Genuss. Oft wird empfohlen, die Rundstrecke mit dem Auto im Uhrzeigersinn, also von Kenmare über Waterville nach Killorglin zu befahren, weil die Touristenbusse die Strecke gegen den Uhrzeiger absolvieren und man ansonsten hinter solch einem Ungetüm herschleichen muss. In der Saison ist das jedoch ziemlich gleichgültig. Ob mit oder gegen die Uhr, wenn einem an einer der zahlreichen extrem engen Kurven ein Reisebus entgegenkommt, ist äußerste Vorsicht angesagt. Das sollte aber niemanden abschrecken, denn zu Recht gilt der Ring of Kerry als Perle einer jeden Irlandreise. Hinter King's Head zum Beispiel erreicht man Caherciveen, den Hauptort an der Spitze der Halbinsel. Mitte des 19. Jahrhunderts wohnten hier noch an die 30 000 Iren, dann kamen die Hungersnot, die Auswanderung und später die Touristen. Einer der großen irischen Befreier, Daniel O'Connell, wurde hier geboren. Im Old Barracks Heritage Centre ist eine Ausstellung zum Leben O'Connells, zur Regionalgeschichte, der Great Southern & Western Railway, Nachbildungen einer Behausung während der großen Hungersnot und eine Kaserne aus der Zeit des Osteraufstandes von 1916 zu sehen. Und von der Burgruine Ballycarberry Castle hat man einen wunderbaren Blick auf Caherciveen und die Valentia-Bucht. Ein Stück weiter entlang der Straße stehen die Überreste der beiden Ringfestungen Cahergall und Lecanabuaile, errichtet im 9. und 10. Jahrhundert. Und ob nun Waterville oder Caherdaniel die schönsten Strände hat, das kann jeder für sich entscheiden. Eine Wanderung vom einen Ort zum anderen auf dem Kerry Way lohnt sich auf jeden Fall.

NÄCHTIGEN WIE DIE KÖNIGIN

Muckross House wurde im Jahre 1843 von Henry Arthur Herbert erbaut, dem Parlamentsabgeordneten des County Kerry. Die Herberts empfingen viele hochrangige Persönlichkeiten, darunter 1861 Königin Victoria von England. Einige Jahre später wurde sie erneut erwartet, alle Räume wurden renoviert, doch dann musste sie absagen. Die immensen Renovierungskosten trieben die Herberts beinahe in den Ruin, 1899 wurde das Anwesen verkauft. Den Bankrott braucht John Courtney sicher nicht zu befürchten, denn er und seine Frau Sinead haben mit dem Victoria House Hotel am südlichen Ende von Killarney, ganz in der Nähe von Muckross House, ein kleines Hotelrefugium geschaffen, das nicht nur mit seinen von viktorianisch bis modern gestalteten Zimmern und Suiten glänzt, sondern auch durch ausgezeichneten Service überzeugt.

WEITERE INFORMATIONEN

www.victoriahousehotel.com
Killarney National Park Centre:
www.killarneynationalpark.ie
Ring of Kerry:
www.ringofkerrytourism.com

Langsam fahren: Im Connemara-Nationalpark richtet man sich nach dem Tempo der tierischen Bewohner, wie hier der Schwarzkopfschafe (oben). Auf dem höchsten Punkt des Diamond Hill verläuft ein Wanderweg (rechts).

62 Landschaften der Seele – Connemara

Wanderwege am Irischen Fjord

Selbst viele Iren antworten, wenn man sie nach den schönsten Ecken Irlands fragt, ohne zu zögern und mit leuchtenden Augen: Connemara natürlich. Das geschieht nicht ohne Grund, denn das County an der Westküste vereint so ziemlich alles, was man mit Irland verbindet: wilde Küsten und sanfte Täler, unberührte Natur und höchst lebendige Geschichtenerzähler.

Der Schriftsteller John O'Donohue hat die Faszination, die von Connemara ausgeht, in seinem Buch *Connemara Blues* in eindrucksvolle Worte gekleidet: »Wörter leben vielleicht im Erd-Schoß, unsichtbar, eine verschollene Welt in ihrer Brust, unter der Düne, wo einst Licht und Jugend war.«
Und er trifft damit genau das Gefühl, das den Besucher sofort gefangen nimmt, wenn er diese Grafschaft an der Westküste betritt: Hier ist etwas anders, eine kaum zu beschreibende mystische Atmosphäre umschmeichelt das Gemüt, eine innere Ruhe macht sich breit, und der Atem folgt dem sanften Wind über das Land.

Stolze 15 Kilometer lang ist der Meeresarm, 600 Meter breit und über 45 Meter tief – Irlands einziger Fjord Killary Harbour kann sich wahrlich sehen lassen. Zwar streiten sich die Gelehrten, ob die tatsächlich wie ein Fjord aussehende Landschaft nun wirklich einer ist, doch ob von Gletschern der letzten Eiszeit geprägt oder nicht: Im verträumten Dorf Leenane zwischen Mount Mweelrea, Devil's Mother und den Maamturk Mountains interessiert das keinen.

Abenteuer am Fjord

Auf beiden Seiten des Fjords gibt es wunderbare Wanderwege, von denen aus man auf die

Seeidyll in der Nähe von Roundstone (unten). Das Torfstechen ist hier eine traditionelle Arbeit: Hauptsächlich dient der Torf zum Heizen, auch in der Medizin findet er seine Anwendung (ganz unten). Kylemore Abbey am Ufer des Lough Poolacappul (rechts).

zahlreichen Muschelbänke hinabschaut, die heute eine der Haupteinnahmequellen der Fischer darstellen. In Leenane wurde 1989 der berühmte Film *The Field* mit Richard Harris in der Hauptrolle als Farmer Bull McCabe unter der Regie von Jim Sheridan gedreht. In Gaynor's The Field Pub traf sich damals die ganze Filmmeute, und selbst wenn man den ersten Pint noch nicht geleert hat: Wer Brendan Gaynor hinter dem Zapfhahn stehen sieht, meint, den leibhaftigen Richard Harris vor sich zu haben. Ein bisschen stolz ist Brendan auf seinen weißen Bart, den sie für die Hauptbesetzung doch glatt übernommen haben. Außerdem kann er so manche Geschichte erzählen von damals, als das mit dem Dreh losging. Und: Auf seine Wetterprognosen können die Wanderer sich verlassen, beim Barte des Propheten.

Auch in Irland werden Aktivferien immer beliebter. Von der Jugendgruppe im Sommercamp bis zu den Best Agern, die beim Kanufahren ihren Gleichgewichtssinn trainieren, sportliche Aktivitäten liegen auch hier an der Westküste im Trend. Nur drei Kilometer hinter Leenane liegt das Killary Adventure Centre, ein Abenteuerkomplex, der vom Hochseilgarten über alle Formen des Wassersports bis zu geführten Wanderungen den verschiedenen Altersgruppen entsprechende Aktivitäten anbietet. Auch Übernachtungsmöglichkeiten zu moderaten Preisen im Stil einer modernen Jugendherberge gibt es, selbst Oldies sind ausdrücklich willkommen. Während die jüngeren Gäste ihre Geschicklichkeit an atemberaubenden Klettergerüsten trainieren, können die älteren Semester beim Torfstechen ihr Können unter Beweis stellen. So haben am Abend alle etwas davon, die Geschichten über die Abenteuer des Tages und den Nachschub für das Kaminfeuer.

Das Tal des Friedens

Ein wenig Wehmut liegt in der Begrüßung der Äbtissin Magdalena FitzGibbon, wenn sie die Besucher von Kylemore Abbey im äußersten Westen Irlands in Connemara empfängt: »Lasst uns alle, die kommen, wie Christus selbst empfangen, mahnt uns der Heilige Benedikt.« Das wird auch in Zukunft so sein, denn Kylemore Abbey, das älteste Benediktinerkloster in Irland, der wunderbar restaurierte viktorianische Garten, die neogotische Kirche und das sehenswerte Besucherzentrum samt Restaurant und Souvenirshop werden keineswegs geschlossen. Auch die heute in Kylemore noch lebenden

Benediktinernonnen werden nicht umziehen müssen, ihre Gebete, Messen und religiösen Studien weiterhin das Tal mit Frieden erfüllen. Doch eines der renommiertesten internationalen Mädchen-Internate des Landes schloss im August 2010 seine Tore: Die Nonnen von Kylemore Abbey sind schlicht und einfach zu alt geworden, um den Unterricht fortführen zu können. Und jüngere Nonnen zieht es offenbar noch nicht in die wildromantische Abgeschiedenheit des Connemara-Nationalparks. Das war einst anders, die seit 1920 hier lebende Gemeinschaft der Nonnen hat eine über 340-jährige Geschichte, die bis zur Gründung des Ordens im Jahre 1665 im belgischen Ypern zurückreicht. Zuletzt studierten hier noch 28 Schülerinnen, sie stammten alle aus der Gegend um Connemaras Hauptstadt Clifden. Wenn ein Licht erlischt, entsteht an anderer Stelle oft ein neues. Die Schließung des Internats bedeutete einen großen Verlust nicht nur für das Bildungsangebot der Region und ganz Irlands, auch ein Stück des besonderen Geistes, der aus Kylemore Abbey in die Welt hinausstrahlte, erlosch. Doch heute gibt es neue Aktivitäten, Nonnen aus aller Welt kommen her, und die Gemeinschaft von Kylemore Abbey wirkt lebendiger denn je.

Nachhaltige Entwicklung

Auch die Besucher werden weiterhin nach Kylemore strömen und eine besondere Atmosphäre klösterlichen Lebens, in Gebet, Abgeschiedenheit und meditativer Stille erleben können. Auch wenn die wunderbar restaurierten Gartenanlagen immer mehr Besucher anlocken, wie ganz Connemara, das sich zu einem Wander- und Urlaubsparadies von besonderer Güte gemausert hat. Und dabei zum Glück Wert legt auf sanfte, nachhaltige Entwicklung, die den Zauber der Region nicht zerstört, sondern ökologisch und mit Augenmaß erweitert. Denn eines ist sicher: Die unverfälschte, unberührte Natur in Connemara zu erhalten ist oberstes Ziel aller Aktivitäten, heute und in der Zukunft.
Regionen wie Connemara haben ihren ganz speziellen Charakter bewahrt. Es gibt Gegenden auf dieser Welt, die, kaum hat man sie betreten, einen gefangen nehmen und nicht mehr loslassen. Wie von unsichtbarer Hand geleitet, wird man in Trance versetzt, enthoben aller Sorgen enthoben und fühlt sich angekommen dort, wo man hingehört. Connemara ist solch eine Seelenlandschaft, aus der man am liebsten gar nicht mehr zurückkehren möchte in den Alltag.

ARMER DAN O'HARA

In Lettershea lebte ein Farmer, dessen Lebensgeschichte noch heute zu Tränen rührt. Das Torffeuer an seiner einfachen Hütte im Schatten der Twelve Bens stand jedem Gast zum Aufwärmen zur Verfügung. Die Familie mit sieben Kindern ernährte sich vom Kartoffelanbau und hatte einige Nutztiere. Doch der Landbesitzer erhöhte die Steuern, Dan konnte nicht mehr zahlen und wurde vertrieben. Auf der Überfahrt starben seine Frau und drei der Kinder, die anderen musste er der Wohlfahrt übergeben. Als gebrochener Mann verkaufte er in den Straßen von New York Streichhölzer bis zu seinem Tod. Martin Walsh und seine Familie haben das alte Cottage wieder aufgebaut und bieten auf der Connemara Heritage Farm Ferien an mit Fischen, Wandern, Torfstechen und der Erinnerung an Dan O'Hara.

WEITERE INFORMATIONEN

www.connemaraheritage.com
www.connenara.net, www.npws.ie
www.kylemoreabbey.com

63 Glenveagh-Nationalpark

Wenn der Adler wieder fliegt

Die Natur im Nordwesten Irlands in der Grafschaft Donegal zu erleben, ist etwas Besonderes. Europas höchste Klippen Sleave League begeistern mit abwechslungsreichen Rundwanderwegen und faszinierenden Aussichten. Das trifft auch auf den Glenveah-Nationalpark zu, Irlands größten Nationalpark, auf dessen Gebiet sich mit dem Mount Errigal Irlands höchster Berg befindet.

Der Geruch des Windes, der über die Wiesen schwingt. Die Weite der Hügellandschaften, die Geschichten von Pilgern und dem entbehrungsreichen Leben der Bauern erzählen. Das Salz des Meeres, das in der Luft liegt und das Atmen verlangsamt. Man riecht, man sieht, man atmet neu und lässt die Geschwindigkeit der modernen Welt zurück. Hier draußen im Nordwesten Irlands im Glenveagh-Nationalpark hat der keltische Tiger seine Zähne verloren. Im Glenveagh-Tal wandern heißt, noch einmal in die Schule zu gehen. Eine Schule allerdings, die durch ihr bloßes Dasein wirkt. Die auf stille Art und Weise mit der Sprache der Natur zeigt, dass es eine Welt gibt jenseits von Börsenkursen und Konsumhatz.

Geglückte Wiederansiedlung

Seit über hundert Jahren galten sie als ausgerottet. Das letzte Paar Steinadler, das in Irland brütete, wurde im Jahre 1910 gesichtet. Etwas ganz Besonderes wurde Naturschützern dann im Jahre 2001 im Nordwesten Irlands vermeldet. Dort flog eine kleine Gruppe Adler nicht nur, sie brüteten hier auch wieder. Die Gattung *Aquila chrysaetos* wurde auf der grünen

Hügel- und Seengebiet im Glenveagh-Nationalpark (unten). Aus unwirtlichem Terrain erhebt sich der Mount Errigal (rechts).

Insel wieder heimisch, nachdem die Naturschützer im Jahr 2000 damit begonnen hatten, im Glenveagh-Nationalpark die Wiederansiedlung des majestätischen Greifvogels zu wagen. Der Park in Donegal zählt zu den ursprünglichsten Landschaften Irlands, ideal für den scheuen und sensiblen König der Lüfte. Das Brutpaar ist Symbol zugleich für Donegals Naturschätze und archaische Landschaften, die sich so erfolgreich der Zersiedelung widersetzt haben. Mit einem modernen Besucherzentrum und dem viktorianischen Castle samt Gärten am Lough Veagh ist der Glenveagh-Nationalpark zu einem beliebten Ausflugsziel geworden. Dabei ist er mit seinen über 16 500 Hektar so weitläufig, dass hier keine Enge durch Besuchermassen auftritt. Hier befindet sich nicht nur eine der größten Rotwildherden Irlands, sondern mit dem 751 Meter hohen Mount Errigal auch der höchste Berg Irlands.

Artenreiche Flora

Das Glenveagh-Tal trennt den Nationalpark praktisch in zwei Hälften. Die fast kahlen Gipfel beherbergen eine arktisch-alpine Pflanzenwelt mit Bärlapp, Bärentraube und Kraut-Weiden. Auch Schneehasen gibt es hier, deren Fell sich allerdings nicht weiß färbt. Unterhalb der Hochlagen beginnt das atlantische Moorland, wie es sonst nur noch in Schottland und Wales vorkommt. In den trockeneren Zonen des Moors findet man Pflanzen wie die Glockenheide, Heidelbeeren oder die schwarze Krähenbeere. Das stets feuchtere Grasland weist Arten wie zum Beispiel Schwingelgras, Röhricht, Blaues Pfeifengras, Fettkraut und Sonnentau auf. In etwas tieferen Lagen zeigen sich Wollgras und Goldwurz.

Heimat für viele Tiere

Mullangore Wood am Südostufer von Lough Veagh wird von Eichen und Birken gebildet, aber es gibt auch Eschen, Eiben, Espen, Koniferen und Stechpalmen. Der Wald bietet Nahrung für viele Vögel wie den Grauschnäpper, den Zilpzalp und den seltenen Waldlaubsänger. Die Koniferen sind Heimat für Kreuzschnabel, Zeisig und Wintergoldhähnchen. Auch Dachse und Füchse durchstreifen die Wälder. Die Seen beziehen ihr Wasser hauptsächlich aus dem Nationalpark und haben daher ein sehr sauberes und sauerstoffreiches Wasser. In den meisten Seen gibt es Forellen und Aale, Lachse und Wandersaiblinge. Am Ufer des Lough Veaghs befindet sich auch die einzige Brutstätte der seltenen Sterntaucher in Irland.

AUSZEIT IM THYME OUT TEAROOM

Im Jahre 2017 haben sie den Food Award Ireland in der Region Donegal gewonnen, aber auch ohne Medaille ist das Angebot der »Thyme Out«-Cafés und -Restaurants eine herausragende Food-Location. Im Glenveagh-Nationalpark gibt es gleich zwei davon: Am Eingang zum Nationalpark verwöhnt ein Restaurant die Gäste, und die Thyme Out Tearooms bieten den Besuchern direkt am Glenveagh Castle hausgemachte Köstlichkeiten und ausgesuchte Teesorten. Vom Apfel- bis zum Karottenkuchen, von der Torte bis zum Plätzchen, alles wird hier in Bio-Qualität frisch hergestellt. Außerdem weiß man sich hier in guter Gesellschaft: Der irische Präsident Michael D. Higgins und Prince Charles waren hier schon zu Gast.

WEITERE INFORMATIONEN

www.thymeouttearooms.com
www.glenveaghnationalpark.ie
Touristische Informationen:
www.govisitdonegal.com
www.irelandnorthwest.ie

Vor den Bunten Bergen aus dem Vulkangestein Rhyolith in der Nähe des Vulkans Hekla wachsen Wollgräser (oben). Island ohne Ponys? Das ist kaum vorstellbar (rechts).

64 Die Bunten Berge – Landmannalaugar

Wie in einer anderen Welt

An Islands Südküste regieren Raubmöwe und Papageientaucher, Letzterer aber nur im Sommer. Und Bauer Sigurd. Wenn ein Führer von den alten Sagas erzählt, mahnt er: »Du kannst den Fremden die Vögel und Berge erklären, aber die alten Geschichten musst du ihnen nicht alle verraten.« So sind sie, die Isländer. Immer freundlich, aber immer auch ein wenig eigensinnig.

Auch wenn Sigurd etwas, nennen wir es traditionell, wirkt, heißt das noch lange nicht, dass er starrköpfig oder rückwärtsgewandt ist. Er steht neuen Methoden in der isländischen Nahrungsmittelerzeugung durchaus offen gegenüber, solange sie Wert auf Qualität und Frische legen.
Das versteht sich von selbst, wenn es sich um frisch gefangenen Fisch, frei weidendes isländisches Lamm, Bio-Gemüse oder auf herkömmliche Weise erzeugtes Meersalz handelt. Nachhaltigkeit und sichere Erzeugung sind ihm sehr wichtig. Die saubere isländische Natur liefert so gesunde Nahrungsmittel für den einheimischen und den Weltmarkt. Seit Jahrhunderten haben sich die Isländer bei der Erzeugung, Lagerung und Zubereitung von Lebensmitteln auf ihre Kreativität gestützt.
Die große Menge an geothermischer Energie im isländischen Boden und große Ressourcen an sauberem Wasser eröffnen neue Möglichkeiten der Lebensmittelherstellung: Ein Großteil der Agrarprodukte gedeiht in modernsten Gewächshäusern, das ist auch bei Sigurd nicht anders. Sie werden mit Erdwärme beheizt und beleuchtet, so wird die geringe Sonneneinstrahlung in den Wintermonaten ausgeglichen.
Die Hauptprodukte seiner Gewächshäuser sind Tomaten, Gurken, Paprika, Kohl und Erdbeeren.

Lappentang und Lodde

Auf isländischen Feldern werden traditionell Mohrrüben, Rhabarber, Steckrüben, Kohl, Lauch, Kartoffeln, Blumenkohl und Grünkohl angebaut. Es gibt auch erfolgreiche Experimente mit dem Anbau von Bio-Raps und Bio-Gerste. Isländische Wildpflanzen und Kräuter wie Schafsampfer, Quendel, Birke und in der Brandung gesammelter Lappentang werden zum Würzen oder Ergänzen der Speisen verwendet.

Auch ein nachhaltiger Fischfang setzt sich durch. Der in Islands Gewässern gefangene Fisch gehört zum besten auf unserem Planeten. Die Hauptarten aus dem Wildfang sind Kabeljau, Schellfisch, Seelachs, Rotbarsch, Hering, Makrele und Lodde. Selbst verantwortungsvolle Aquakultur ist fest in Island verankert. Sigurds Freund Hindrik, der Fischer, verwendet für die Produktion hauptsächlich atlantischen Lachs, Seesaibling und Dorsch.

Hot Pots und Bäder

Was das alles mit Landmannalaugar zu tun hat? Eine ganze Menge, denn Islands Boden, seine Erdschichten und sein heißes, klares Wasser kann man nirgendwo sonst so intensiv, so klar und rein erleben wie hier. Das Naturreservat Landmannalaugar ist ein geothermisches Wunderland mit heißen Quellen, sanften Braun- und Erdtönen und bunt gefärbten Bergen, die hier wie ein offenes Buch vor dem Besucher liegen. Dampf steigt an zahlreichen Stellen aus der Erde, es gibt blau schimmernde Seen und natürlich die *hot pots*, heiße Bäder, aus denen man am liebsten gar nicht mehr heraussteigen möchte. Da wundert es nicht, wenn Landmannalaugar mit »Badestelle der Menschen« übersetzt werden kann.

Das alles ist eingebettet in eine spannende Landschaftsszenerie, wie sie ursprünglicher und wilder kaum vorstellbar ist. Das Gebiet gehört zum Naturreservat Fjallabak im südlichen Hochland Islands, das 1979 gegründet wurde und eine Fläche von rund 47 000 Hektar Land umfasst. Im Sommer ist es sogar so warm, dass man auf einem Campingplatz oder in einer Berghütte übernachten kann. Bei aller Faszination, die dieser Flecken Erde ausstrahlt, sollte man nicht alleine auf Wandertour gehen und beachten, dass es nun mal ein Vulkangebiet ist und bleibt, in dem sich nur die einheimischen Führer wirklich gut auskennen.

DIE WILDE HEKLA

Eine Insel mit über 30 aktiven Vulkanen, da brodelt es allenthalben. Einer der berühmtesten, aber auch einer der gefürchtetsten Lavaspucker auf Island ist die Hekla, die »Haube.« Das Wort ist treffend, denn der Vulkan ganz in der Nähe des Landmannalaugar-Gebietes sieht tatsächlich aus wie ein wohlgeformtes Hütchen. Im Mittelalter hieß er »Tor zur Hölle«, und heute bezeichnen manche Isländer die Hekla als »alte Hexe«. Die Hekla ist der Zentralvulkan einer 40 Kilometer langen Vulkanspalte, ihr Alter wird auf über 6500 Jahre geschätzt. Der Berg gehört zu den drei aktivsten Vulkanen Islands, es ist also durchaus Vorsicht geboten, denn seine Ausbrüche haben immer wieder große Teile von Island mit Asche und Tephra bedeckt. Zum letzten Mal spuckte Hekla am 26. Februar 2000 Feuer und Asche aus.

WEITERE INFORMATIONEN

Informationen und Tourenvorschläge zu ganz Island, den Naturschutz-, Vulkan- und Küstengebieten gibt es unter www.inspiredbyiceland.com

Der kleine See in diesem geothermischen Gebiet bei Landmannalaugar wird von mehrfarbigen Rhyolith-Bergen eingerahmt.

65 Im Vulkanwunderland – Vatnajökull

Wandern mit dem Gletschergeist

Wilde Gesellen singen dramatische Liebeslieder aus versunkenen Königreichen, gekleidet in zottige Felle. In Restaurants tauchen Männer mit eisernen Schwertern und schwarzen Kettenhelmen auf, Gäste tragen Papierhüte mit zwei Hörnern und klatschen rhythmisch zu Liedtexten einer urgermanischen Sprache. Wo sind wir gelandet? Im unverwechselbaren Island natürlich.

Der Skaftafell-Gletscher liegt im Gebiet des gleichnamigen früheren Nationalparks, der in den Vatnajökull-Park eingegliedert wurde (unten). Manche Eishöhlen können besichtigt werden (rechts).

Steinar von Hlidar sagt im Roman *Das wiedergefundene Paradies* von Halldór Laxness: »Es ist nun mal so, mein Lieber: wenn die Welt in den Augen der Kinder nicht mehr voller Wunder ist, dann ist nicht mehr viel übrig.« Wer will das nicht, das Paradies wiederentdecken, mit einem Kurztrip neue Lebensgeister wecken? Im hohen Norden gibt es eine gute Möglichkeit für eine Reise zurück zur Natur mit einem kräftigen Schuss Abenteuergeist. Reykjavík ist in nur 100 Jahren von 6000 auf 106 000 Einwohner rasend schnell gewachsen, es erscheint zersiedelt, in der Weite verloren. Eine für unsere Augen ungewohnte Stadt. Hochhäuser fehlen, Plätze und Märkte wirken ungeordnet, die Raumgestaltung gibt immer den mahnenden Blick frei auf die umliegenden Berge, Vulkane, Horizonte.

Im Land der Vulkane

Der Vatnajökull-Nationalpark umschließt den gleichnamigen Gletscher und die ausgedehnten angrenzenden Gebiete. Die Einzigartigkeit dieses Nationalparks liegt in seiner großen Vielfalt an landschaftlichen Kombinationen: Gletscher und Flüsse, Vulkanismus und geo-

thermische Aktivitäten verbinden sich zu einem besonderen Naturschauspiel, das 14 200 Quadratkilometer umfasst. Stehen Sie morgens früh auf, um sechs Uhr bläst noch ein frostiger Wind herunter vom Vatnajökull, dem größten Gletscher Europas. Die Luft ist trocken, riecht nach Lakritz und schwingt voll wundersamer Geräusche. Der Gletscher knackt und knistert, aufgeregt hebt ein Schneehuhn von seinem Nest im Gletschergeröll ab. Leicht steigt der Schotterweg an in Richtung Norden, hin zur Gletscherzunge. Die Sonne geht hinter den Bergen auf, taucht die ersten Eisfelder in gleißendes Licht. Im Osten wird ein See von riesigen schwarzen Vulkanaschehügeln eingerahmt, die in bizarren Zackenformen dem Eisplateau nacheifern. Dazwischen gewaltige Spalten, die im Erdinneren enden. Zartes Dunkelgrün überzieht den Hang, Moose und Flechten streifen das Taukleid ab und entfalten eine Farbpalette, die der isländische Maler Kjarval (1855–1972) so faszinierend festgehalten hat. Hier draußen wird deutlich, was er gemalt hat. Senke den Blick hinweg vom Himmel, das Geheimnis liegt zu deinen Füßen. So wie er den Isländern den Blick geöffnet hat für das Wunder ihrer Umgebung, so aufmerksam sollte man sich auf der Endmoräne bewegen.

Gesang der Gletschergeister

Einsam steht man in der gewaltigen Natur und lauscht dem Gesang der Gletschergeister. Graugänse fliegen über das Eistal, ein kleiner Bach murmelt vor sich hin, sonst gibt es nur Stein und Eis und Stille. Jetzt spürt man, warum der Glaube an Feen, Geister und Trolle in Island so lebendig ist. Unweigerlich wird man Teil einer anderen Welt, fühlt die Anwesenheit des Unsichtbaren. Die Sonne wird kräftiger, überall schmilzt es, Seevögel rufen. Das Drama des neuen Tages beginnt. Man setzt sich auf einen Granitbrocken, das Rauschen der Gedanken verschwindet schnell. Lauschen, atmen, lauschen, die Musik des estnischen Komponisten Arvo Pärt durchzieht den Himmel, sein Streicher-Adagio *Festina Lente* gibt die Stimmung dieser Ruhe wider. »Eile mit Weile« lautet das Geheimnis, das die Feen und Trolle des Vatnajökull flüstern, ein guter Rat auf dem Weg durch unsere hektische Zeit.

SCHICKSAL EINES NATURSCHUTZGEBIETES

Bereits im Jahre 1967 war das Gebiet um Skaftafell, einen erloschenen Vulkan, eigenständiger Nationalpark. Das Schutzgebiet im Südosten Islands erlebte insgesamt drei Ausweitungen und war mit über 4800 Quadratkilometern damals einer der größten Nationalparks in Europa. Im Jahre 2008 wurde der Skaftafell-Nationalpark in den neuen Vatnajökull-Nationalpark eingegliedert. Verschwunden aus dem kollektiven Bewusstsein der Isländer und vieler Naturliebhaber auf der ganzen Welt ist er trotzdem nicht. Dafür sorgen vor allem zwei imposante Wasserfälle: der Svartifoss, der in keiner Fotosammlung fehlen darf, weil er sich so kerzengrade den Basalthang hinabstürzt. Und der Morsárfoss, der mit 227 Metern höchste Wasserfall Islands. Wer der schönste ist im ganzen Lande, kann jeder für sich entscheiden.

WEITERE INFORMATIONEN

Informationen, Wetterbedingungen, zu beachtende Regeln und Tourenvorschläge zum Vatnajökull-Nationalpark unter www.vatnajokulsthjodgardur.is/en

Eisbärenmutter mit Jungen auf dem Eis von Spitzbergen (oben). Abgebrochenes Gletschereis treibt vor der Kalten Küste (rechts).

66 Land der kalten Küste – Spitzbergen

Zu Besuch bei Eisbären, Walrossen und Lummen

Spitzbergen, von den Wikingern »svalbard«, Kalte Küste, genannt, bietet noch nahezu unberührte Natur. Genau genommen ist es nur die größte Insel des Archipels, der aus sieben großen und einigen Hundert kleinen Inseln besteht. Sie liegen weit nördlich des Polarkreises zwischen 74° und fast 81° Nord. Bis zum Nordpol sind es nur noch 1000 Kilometer, das entspricht der Entfernung von Köln nach Oslo.

Der nördlichste Punkt liegt auf der Insel Rossøya bei 80° 50′ N. So hoch im Norden geht die Sonne im Sommer vom 20. Mai bis zum 26. August nicht unter. Die Polarnacht beginnt am 26. Oktober, und erst am 16. Februar taucht die Sonne erstmals wieder für wenige Minuten auf. Der südlichste Punkt Svalbards wird durch die Südspitze der Bäreninsel bei 74° 20′ Nord markiert. Trotz der hocharktischen Lage ist das Klima auf Svalbard dank der letzten Ausläufer des Golfstroms relativ mild. Die Jahresdurchschnittstemperatur liegt bei -4,4 °C. Der Juli ist mit +5,7 °C der wärmste, der Februar mit -11,6 °C der kälteste Monat. Die überwiegende Zahl der Besucher erkundet Svalbard mit einem Kreuzfahrtschiff. Die kleineren Schiffe besitzen Schlauchboote, mit denen angelandet und die Natur unvergleichlich intensiver erlebt werden kann.

Ziel von Walfängern, Trappern und Bergleuten

Im Unterschied zu anderen hocharktischen Regionen wie Grönland, Nordkanada, Alaska und Nordsibirien, die von verschiedenen Inuit-Kulturen bewohnt wurden, war Spitzbergen nie von Menschen besiedelt. Zu groß waren die Entfernungen zum nächstgelegenen Festland, als dass sie mit den kleinen Booten und Kajaks überwunden werden konnten.

So sieht es aus, das Ewige Eis vor Spitzbergen (unten). Eine Hundeschlittentour ist etwas ganz Besonderes (ganz unten). Auch in dieser Kälte blüht etwas – zumindest im Juli lassen sich die arktischen Blumen bei Longyearbyen nicht davon abhalten (rechts).

So waren es die Wikinger, die im 12. Jahrhundert die »Kalte Küste« entdeckten. 1194 wird die Sichtung erstmals in einem Dokument als »Svalbardi fundinn« erwähnt. Danach vergingen aber weitere 402 Jahre, bevor 1596 der Holländer Willem Barents auf der Suche nach der Nordostpassage die schroffen Zinnen an der Westküste der größten Insel »Spitzbergen« nannte. Die Kunde von den hochnordischen Inseln mit ihren reichen Vorkommen an Walen, Robben, Eisbären und Polarfüchsen sorgte für einen bis dahin beispiellosen Wettlauf um diese Ressourcen durch Walfänger und Pelztierjäger. Während die Walfänger ihre an Land errichteten Tranöfen nur während der Sommermonate nutzten, überwinterten die Pelztierjäger in Spitzbergen, um die hochwertigeren Winterfelle zu erbeuten. Gegen Ende des 18. Jahrhunderts verlor der Walfang rapide an Bedeutung, weil die in Küstennähe lebenden Walbestände nahezu ausgerottet waren. Nach einem Höhepunkt zum Ende des 19. Jahrhunderts nahm die Jagd auf Polarfüchse, Eisbären und Robben, insbesondere Walrosse, ab und kam mit dem Ausbruch des Zweiten Weltkrieges gänzlich zum Erliegen. Nach dem Krieg wurde die Pelztierjagd wieder aufgenommen, aber ab 1973 mit dem Jagdverbot für Eisbären und Walrosse unattraktiv. Heute werden nur noch vereinzelt Polarfüchse gejagt.
Wirtschaftlich interessant wurde Spitzbergen wieder zu Beginn des 20. Jahrhunderts, als große Kohlevorkommen entdeckt wurden. 1906 entstand die erste dauerhafte Siedlung, die nach ihrem Gründer John Munroe Longyear, einem amerikanischen Industriellen, Longyear City genannt wurde. Der heutige Name Longyearbyen ist die norwegische Übersetzung. Von Beginn an waren mehrere Nationen im Kohlebergbau aktiv. Immerhin war Spitzbergen Niemandsland. Aufgrund des Spitzbergenvertrags von 1920 erlangte Norwegen 1925 die Souveränität über die Inseln mit der Maßgabe, dass allen Unterzeichnerstaaten die gleichen Rechte eingeräumt würden wie Norwegen. Bis heute baut Russland in Barentsburg Kohle ab, auch wenn die Förderung kaum noch rentabel ist.

Ein eisiges Tierparadies

Walfänger und Pelztierjäger hatten bis ins 20. Jahrhundert die Bestände der auf Spitzbergen lebenden Tierarten fast bis zur Ausrottung gejagt, doch schon seit vielen Jahrzehnten stehen sie unter strengem Schutz. Etwa 3500 Eisbären

zählen heute wieder zur Spitzbergen-Population. Während des Sommers halten sich die meisten von ihnen auf dem Packeis auf. Aber auch auf den Inseln ist immer mit Eisbären zu rechnen. Meist handelt es sich um Weibchen mit ihren Jungen oder um halbwüchsige, etwa drei- bis fünfjährige Männchen, die dem von den Küsten zurückweichenden Packeis im Frühsommer nicht rechtzeitig gefolgt sind. Auch die Walrosse sind zurückgekehrt. War bis in die 1990er-Jahre nur ein einziger Lagerplatz auf der streng geschützten Insel Moffen im Norden Svalbards verblieben, sind sie heute auch auf der Amsterdamøya im Nordwesten, am Torellneset auf dem Nordaustlandet und auf der Insel Edgeøya zu finden. Niemand kann sich der Faszination der bis zu vier Meter langen und 1500 Kilogramm schweren Tiere mit den gewaltigen Zähnen entziehen. Dagegen nehmen sich andere Robbenarten, allen voran die immerhin auch bis zu zweieinhalb Meter langen und 350 Kilo schweren Bartrobben, fast zierlich aus. Sie können regelmäßig auf Eisschollen beobachtet werden, genauso wie Seehunde, Ringel- und Sattelrobben.

Wale werden in den Gewässern um Spitzbergen wieder regelmäßig gesichtet. Es sind vorwiegend Buckel-, Finn- und Weißwale. In den letzten Jahren sind auch wieder einzelne Blauwale registriert worden, die größten Tiere, die jemals auf der Erde gelebt haben.

An Land sind Rentiere und Polarfüchse die einzigen Säugetiere. Die Rentiere halten sich vorwiegend in den flacheren Küstenebenen auf. Dort finden sie in der kargen, aber im Sommer bunt blühenden Tundra genügend Äsungsflächen, um nicht nur im Sommer zu überleben, sondern sich auch noch genügend Reserven für den Winter anzufuttern. Polarfüchse sind im Sommer häufig unterhalb der riesigen Vogelkolonien zu finden. Die steilen Felsen, in denen Hunderttausende von Seevögeln, vor allem Lummen, Krabbentaucher, Dreizehen- und Eismöwen brüten, können sie zwar nicht erreichen, aber immer wieder fallen Eier und Jungvögel von den Felsen. Im Winter tauschen die Füchse ihr braunes Sommerfell gegen das strahlend weiße Winterfell und folgen den Eisbären auf das Packeis. Hier leben sie von den Resten der Eisbärenmahlzeiten.

ZU WALROSSEN UND DICKSCHNABELLUMMEN

Die nach dem Holländer Thymen Hinlopen (1572–1637) benannte Hinlopenstraße zwischen den Inseln Spitzbergen und Nordaustlandet ist einer der Höhepunkte jeder Spitzbergentour. Auf den ersten Blick wirkt die Landschaft kahl und lebensfeindlich, tatsächlich befinden sich hier aber Orte überquellenden Lebens. Am Alkefjellet an der Ostküste von Spitzbergen brüten auf den schmalen Felsbändern eines gigantischen Basaltblocks 60 000 Paare Dickschnabellummen. Es ist ein ständiges Kommen und Gehen der Altvögel, die ihren Nachwuchs mit Nahrung versorgen. Nur wenige Meilen südöstlich befindet sich auf dem Nordaustlandet eine flache Landzunge, die Torellneset. Walrosse haben diesen traditionellen Lagerplatz in den letzten Jahren wieder zurückerobert und lassen sich aus geringer Distanz beobachten.

WEITERE INFORMATIONEN

www.visitnorway.de
Touristeninformation Svalbard:
www.svalbard.net

Die Eisschollen treiben weit draußen im Polarmeer vor der Küste Spitzbergens.

67 Hardangervidda

Dank der Sherpas auf den Gipfel

Der Hardangervidda-Nationalpark ist mit 3422 Quadratkilometern der größte Nationalpark Norwegens. Er gehört zu den drei Provinzen Hordaland, Telemark und Buskerud und umgrenzt das Hardangervidda-Hochplateau, das gleichzeitig die größte Hochebene Europas bildet. Der Nationalpark ist besonders geeignet für erfahrene Wanderer, aber auch für Einsteiger ins Hochgebirgswandern.

Norwegen kommt einem einzigen großen Naturparadies gleich, das ist weithin bekannt und sicher nicht übertrieben. So gibt es schon in den südlichen Regionen des Landes wunderbare Landschaften und einsame Naturparks, die einem den Atem rauben.
Nehmen wir zum Beispiel die Wälder, Höhen und Landzungen am Schnittpunkt von Vråvatnet- und Nissersee. Bereits hier in der Telemark-Region findet man die schönsten Wanderrouten, Fahrradstrecken und Angelreviere, die man sich vorstellen kann. Mit seinen nur 400 Einwohnern ist Vrådal in der Telemark eines der Touristenzentren mit Tradition, denn schon seit 1890 empfängt man hier Gäste aus aller Welt. Sanfte oder nachhaltige Entwicklung nennt man das heute, denn der Ort hat sich trotz vielfältiger Angebote für aktive Erholung seinen ursprünglichen Charme bewahrt und auf überdimensionierte touristische Großprojekte verzichtet. Die Natur dankt es ihm, so gibt es in den Wäldern noch Bären, Wölfe und Luchse. Besonders reizvoll ist auch eine Schifffahrt auf dem Telemarkkanal oder mit der über 100 Jahre alten *MS Fram* auf dem Nissersee.

Die Felsnase hat den Namen Trolltunga, Troll-Zunge, und befindet sich 700 Meter oberhalb des Stausees Ringedalsvatnet (unten). Der Weg durch das Husedalen-Tal ist einer der schönsten im Nationalpark (rechts).

INSPIRATION FÜR ALLE

Im Nationalpark gibt es viele Übernachtungsmöglichkeiten als Startpunkt für Touren auf die Hardangervidda. Wer sich im Schlafe besonders landestypisch und gemütlich auf seine nächste Wanderung vorbereiten will, wählt das spektakulär am innersten Ende des Hardangar Fjords gelegene Fossli Hotel zu seiner Unterkunft. Von hier aus hat man einen faszinierenden Ausblick auf einen der höchsten Wasserfälle Europas, den Vøringsfoss. Dieses Panorama hat schon Könige und Königinnen, Schriftsteller, Maler und Musiker angezogen. So hat zum Beispiel Edvard Grieg sein Opus 66 hier im Fossli Hotel geschrieben. Vom berühmten Architekten Konow Lund im Art Nouveau-Stil entworfen, hat es bis heute seinen charmanten Charakter behalten.

WEITERE INFORMATIONEN

www.fossli-hotel.com
www.visitnorway.com
Norwegisches Naturzentrum Hadangar: Routen, Wetter, Begegnungen mit Flora und Fauna:
www.norsknatursenter.no/de

Über Rauland zur Hardangervidda

Das gilt auch für die etwas nördlicher gelegene Region um Rauland und den Hardangervidda-Nationalpark. Hier verlässt man die bewaldeten Höhen der Telemark und nähert sich dem größten Bergplateau Europas, dem Königreich der wild lebenden Rentiere. Eine Herde von über 12 000 Tieren durchzieht das Land, hier kann man im Nationalparkzentrum am Møsvatnsee alles über die faszinierende Flora und Fauna eines Gebietes erfahren, das fast so groß ist wie Mallorca. Mit Ståle Rue leitet ein Nationalpark-Ranger das 2014 eröffnete Zentrum bei Skinnarbu und vermittelt mit seinem großen Wissen und Enthusiasmus den Besuchern die Liebe zur Natur. Dabei pflegt er auf sympathische Art eher das Understatement als die große Geste. Die ist angesichts der atemberaubenden Natur auch gar nicht nötig. Der Ausblick ist fantastisch, das Museum interaktiv gestaltet und auch die Speisen im Restaurant empfehlenswert. Ob man danach den Gaustatoppen, mit 1800 Metern Südnorwegens höchster Berg, oder den Falkeriset bei Rauland hoch- und heruntersteigt, die Panoramablicke lohnen die Mühe.

Auf den Falkengipfel

Der Weg auf den Falkeriset, nach der Falkenjagd benannt, die bis zum 17. Jahrhundert ein wichtiger Wirtschaftszweig in der Region war, dauert nur gut eine Stunde. Holländische Falkner lebten hier einst in Steinhütten und machten Jagd auf den größten lebenden Falken: den Gyrfalken. Die edlen Greifvögel wurden an europäische Prinzen und Könige verkauft und für den Fang von Fasanen trainiert. Den im Juni 2013 fertiggestellten und mit großen Felsblöcken errichteten Weg hinauf zum Falkengipfel hat übrigens ein Team von vier Sherpas aus Nepal gebaut. Wie das kam? Einem Norweger, der in Nepal unterwegs war, fiel auf, wie geschickt die Sherpas im Errichten von Steinpfaden auf alle möglichen Berge sind. Da kam ihm die Idee, so auch den Falkengipfel in seiner Heimat Norwegen zu erschließen. Das hat sich herumgesprochen, inzwischen sind schon mehrere Sherpa-Teams in Norwegen im Wegebau in unwegsamem Gelände aktiv.

Wanderer auf dem Jostedalsbreen, dem größten Gletscher des europäischen Festlands, der im Gebiet des Sognefjords liegt (oben). Wasserfälle speisen den Kjenndalsbreen-Gletscher (rechts).

68 Jostedalsbreen-Nationalpark

Nicht nur Eis und Felsen

Fast die Hälfte des Jostedalsbreen-Nationalparks ist vom Eisschild des größten europäischen Gletschers bedeckt. 100 Kilometer lang und 15 Kilometer breit, trennt er wie eine eisige Mauer das Sognefjorde-Gebiet im Süden von der Region um den Sorgfjord im Norden. Das Eis, das eine Dicke bis zu 500 Meter aufweist, bedeckt eine Fläche von 487 Quadratkilometern.

Nicht nur der Gletscher selbst, sondern auch 823 Quadratkilometer des angrenzenden Jostedalen sind seit 1991 als Nationalpark geschützt. Viele Wege führen zum Nationalpark. Den besten Zugang hat man von der Südseite. Von Bergen über die E 16, den Rv 13, Rv 55 und Rv 604 bis Jostedal. Von Oslo über den Rv 7, die E 52 und E 16 bis zum Rv 55 und Rv 604.

Vielfältige Landschaften in enger Nachbarschaft

Einmal im Gebiet angekommen, führen von den Orten Jostedalen, Veitastrond, Fjærland, Stardalen, Oldedalen und Lodalen gut ausgebaute Straßen in den Park. Schon auf dem Weg dorthin wird die ganze Vielfalt der Landschaft deutlich. Vom Fjord über die von den Gletschern ausgeschobenen und heute mit üppiger Vegetation bewachsenen und landwirtschaftlich genutzten Täler, gewaltig aufgeschobenen Moränen bis hin zu kahlen Felslandschaften, von denen Wasserfälle herabstürzen, und natürlich den eisigen Gletschern, sind alle Landschaftsformen auf engem Raum zu sehen. Entsprechend vielfältig sind auch die Möglichkeiten, diese Landschaften zu erleben. Wanderungen auf gekennzeichneten Naturpfaden, Kajaktouren auf dem Gletschersee in Jostedal, Rafting auf dem Jostedøla vom

Diese Leiter passiert man auf dem Weg zum Nigardsbreen (unten). Er ist ein Gletscherarm des breiten Jostedalsbreen-Gletschers (ganz unten). Wasserfall im Nationalpark (rechts).

Jostedalsbreen-Nationalpark zum Lusterfjord und Bootsfahrten auf verschiedenen Gletscherseen gehören zum Angebot.

In den Gewässern rund um den Jostedalsbreen kann man Forellen, Bergforellen, Lachse und Aale angeln. Im Meerwasser ist das Angeln kostenlos, in Süßgewässern muss eine Lizenz erworben werden, die in den Touristenzentren erhältlich ist. Nicht nur geübte Wanderer können die Gletscher hautnah erleben. Wer nicht gut zu Fuß ist, kann sich mit den »Troll Autos«, offenen Wagen für bis zu sieben Personen, vom Parkplatz in Briksdalen etwa drei Kilometer in Richtung Gletscher fahren lassen. Von dort aus sind es nur noch etwa 500 Meter zu Fuß bis zum Briksdalsbreen.

Ein offenes Buch junger Gletschergeschichte

Der Jostedalsbreen mit seinen 22 Gletscherzungen gibt wie ein geologisches Geschichtsbuch Auskunft über die Entwicklung der Gletscherlandschaften Norwegens. Gletscher gelten weltweit als Reste großer Eisschilde, die nach dem Ende der letzten Eiszeit vor etwa 10 000 Jahren nicht vollständig abgeschmolzen sind. Beim Jostedalsbreen und noch einigen anderen Gletschern ist das nicht so. Nachdem die Eismassen verschiedener Eiszeiten die heute vorhandenen Täler nicht nur im Jostedal-Nationalpark ausgeschoben und gewaltige Moränen zurückgelassen hatten, schmolzen sie vollständig ab. Vor etwa 2500 Jahren begann eine neue Kälteperiode, und die Gletscher fingen wieder an zu wachsen. Sie hatte ihren Höhepunkt in der »kleinen Eiszeit« etwa um das Jahr 1750. Zu dieser Zeit hatte der Jostedalsbreen auch seine größte Ausdehnung. Im Jahre 1743 zerstörte die Gletscherzunge Nigardsbreen bei ihrem Vorstoß das Dorf Nigard. Sie hatte in 50 Jahren drei Kilometer an Länge zugelegt. Seit 1748 hat sie sich wieder um fünf Kilometer zurückgezogen, seit 1982 aber wieder 200 Meter gewonnen, während andere Gletscherzungen seitdem um über 150 Meter zurückgewichen sind. Heute ist sie neun Kilometer lang und damit die längste der Gletscherzungen, die zu Tal fließen. Für die Glaziologen, die Eisforscher, ist der Jostedalsbreen mit seinen Gletscherzungen daher ein ideales Studienobjekt. Nirgendwo sonst in Europa gibt es so viele frisch aufgeschüttete Moränen und junges, weniger als einige Hundert Jahre altes Gletschereis an so gut zugänglichen Stellen.

Doch nicht nur Wissenschaftler können im geologischen Geschichtsbuch Jostedalsbreen blättern. Im Breheimsenteret, dem Nationalparkzentrum am Nigardsbreen, erfährt der Besucher in einer interaktiven Ausstellung alles Wissenswerte über die Geschichte nicht nur des Gletschers, sondern auch der angrenzenden Fels-, Tundra- und Kulturlandschaften. Im Kino läuft ein Film mit atemberaubenden Bildern einer Tour unter den Gletscher. Zum Nationalparkzentrum gehört nicht nur der obligatorische Museumsshop mit einer breiten Auswahl an Büchern, Karten und Souvenirs, sondern auch ein Restaurant. Dort werden regionale Spezialitäten für jeden Geschmack angeboten. Wanderer können sich hier auch mit Lunchboxen versorgen lassen.

In der Heimat von Braunbär, Elch und Wasseramsel

Der Nationalpark umfasst nicht nur den Gletscher, sondern auch die eisfreien Gebiete der Umgebung. So vielfältig wie die Landschaft, so vielfältig ist die Tier- und Pflanzenwelt. Mit dem Rückzug des Eises kehrten auch Rothirsch und Elch zurück. Sie sind im Nationalpark nicht selten, man braucht jedoch ein wenig Geduld, um sie zu Gesicht zu bekommen. Auch Rentiere und selbst Braunbären leben hier. Vor den Tieren waren schon die Pflanzen zurückgekommen. Zunächst Moose und Flechten, später Heidekraut und niedrige Büsche, bis sich zuletzt ein Wald aus Erlen, Birken und Kiefern etablierte. In den Bächen sind Forelle, Lachs und Aal ebenso zu Hause wie der Nationalvogel Norwegens, die Wasseramsel. Die Wasseramsel ist der einzige Singvogel, der im und am Wasser leben kann. Sie läuft am Grunde der Bäche entlang und sucht dort nach Wasserinsekten. Bis zu 15 Sekunden bleibt sie unter Wasser, dann muss sie Luft holen. In den sauberen und unverbauten Bächen des Jostedal-Nationalparks kann man sie immer wieder beobachten. Das Gebiet ist durch eine Vielzahl von Wanderwegen erschlossen. Auch mehrtägige Touren mit dem Zelt oder von Hütte zu Hütte sind möglich. Auskunft und Karten erhält man beim norwegischen Wanderverein (Den Norske Turistforening, DNT).

MIT BUS UND BOOT AUF DEN GLETSCHER

Täglich um 8.45 Uhr startet der erste Gletscherbus von Sogndal zum Nigardsbreen. Unterwegs hält er in Solvorn, Hafslo. Marifjøra Bru, Gaupne und dem Breheimsenteret. Der Nigardsbreen ist leicht zu erreichen, und auch die Wanderungen um die Eistürme und Spalten sind für jedermann möglich. Bevor jedoch der Gletscher erwandert wird, sollte man eine Bootsfahrt mit der *MS Jostedalsrypa* über den vor dem Gletscher liegenden See machen. Wer will, kann auch in ungefähr 35 Minuten am Seeufer entlang zum Gletscher wandern. Dort führen speziell ausgebildete Gletscher-Führer durch das Eis. Es werden ein Familienspaziergang (Kinder ab sechs Jahre), eine kurze und eine lange Eiswanderung (Kinder ab zwölf Jahre) angeboten. Spätestens um 16.55 Uhr geht es zurück. Bezahlt wird im Bus.

WEITERE INFORMATIONEN

Breheimsenteret Gletschermuseum:
www.jostedal.com
www.icetroll.com
www.brevegen.no

69 Jotunheimen-Nationalpark und Valdres

Steile Felswände und Aussichten der Superlative

Jotunheimen ist ein 3500 Quadratkilometer großes, fast unberührtes Gebiet im Osten Norwegens. Der Name bedeutet »Heim der Riesen«, und die Region lässt die Herzen von Naturfreunden höher schlagen: Sie erwarten traumhafte Seen, Wasserfälle, Flüsse, Berge wie der Galdhøpiggen (2469 Meter) und der Glittertind (2464 Meter), beeindruckende Gletscher und Täler.

Der Nationalpark ist ideal für Bergsteiger, Radfahrer, Gletscherwanderer, Flussrafter, Höhlenerkunder, Kanufahrer, Reiter, Golfer, Langläufer und Skifahrer. Besteigen Sie den majestätischen Gipfel des Bergs Galdhøpiggen oder wählen Sie eine Route über den neuen Klettersteig in der Nähe von Valdres. Valdres ist bekannt für sein eindrucksvolles Gebirge. Vor allem in der kalten Jahreszeit können Sie sich auf wunderschöne Ski- und Splitboardtouren, Hundeschlittenfahrten, Eisangeln, Kitesurfen, Schnee-Rafting, Langlauf und gut präparierte Skipisten freuen.

Die Ausgangsorte Fagernes, Lom oder Beitostølen sind bequem mit öffentlichen Bussen oder dem Auto und Wohnmobil von den Flughäfen Oslo und Trondheim aus erreichbar, auf denen üblicherweise die meisten Besucher landen.

Kultstatus: der Beseggen Grat im Jotunheimen-Nationalpark

Norwegens meistgegangene Wanderung (etwa sieben Stunden) neben dem Preikestolen, dem nur zu bekannten Fotomotiv eines Felsvorsprungs in Rogaland, bietet unvergessli-

Die Klamm am Sjoa-Fluss wird Ridderspranget, Rittersprung, genannt (unten). Zelte am Fuß des Högvagltindane (rechts).

che Erlebnisse. Eine Bootsfahrt über den Gjendesee kombiniert die 14 Kilometer lange Wanderung, bei der 900 Höhenmeter überwunden werden, mit der einen Kilometer langen Gratwanderung zwischen dem smaragdgrünen Gjende- und dem blauen Bessvatnet See.
Die meisten Besucher kommen mit dem Auto, Wohnmobil oder dem öffentlichen Bus von Oslo oder Trondheim nach Gjendesheim. Es gibt Zeltplätze, kleine Pensionen und eine Jugendherberge am Gjendesee.
In der kurzen schneefreien Zeit von Juli bis Mitte September ist diese wunderschöne Wanderroute stark frequentiert, leider mittlerweile stellenweise erodiert, aber immer noch Hauptattraktion in der Gegend. Startpunkt ist die Jugendherberge Gjendesheim, die direkt am Gjendesee liegt.

Die Tour im Detail

Unterschätzen Sie die Länge der Wanderung nicht und bringen Sie etwas Kondition und vor allem Trittsicherheit mit. Schwindelfrei zu sein gibt ein besseres Gefühl, denn es geht rechts und links 300 Meter zum Bessvatnet See und 700 Meter zum Gjendesee hinunter. Wenn man die Bootsfahrt auf dem Hinweg einplant, steht man nicht unter dem Druck, auf dem Rückweg das letzte Schiff erreichen zu müssen. Vielleicht wird Ihnen die Entscheidung aber auch abgenommen, da das Boot morgens voll ist. Dann laufen Sie am besten direkt an der Gjendehütte los. Alle Wege sind sehr gut ausgeschildert, und ein Verlaufen ist quasi unmöglich. Wird die Tour in die andere Richtung mit der Bootstour am Ende gelaufen, geht es direkt von Gjendesheim bergauf. Die erste Abzweigung, an der nach links gegangen werden muss und NICHT nach rechts nach Glitterheim, wird nach ungefähr einem Kilometer erreicht. Anschließend hangelt man sich an einer steilen Stelle mittels einer Kette einen Felsvorsprung hoch. Weiter geht es steil bergauf, bis das Geröllplateau des Veslefjells erreicht wird. Auf diesem Plateau geht es auf einem gut markierten, aufgrund der Farbe der Steine hellen Weg bis zum höchsten Punkt (etwa 1750 Meter), der mit einer großen Steinpyramide markiert ist.
Wem diese Tour zu lang ist, der startet ab Gjendesheim mit dem Boot und passiert nach der Ankunft die bewirtschaftete Memurubuhütte. Oberhalb des Grates kann die Tour beendet werden – von hier kehrt man zurück zur Bootsanlegestelle. Es geht zwar fast nur bergab, ist aber trotzdem anstrengend.

VALDRES – MIT GÜTESIEGEL

Die Region ist momentan dabei, sich als nachhaltiges Reiseziel zu zertifizieren. Und dieses Prädikat hat sie verdient. Wir alle wollen ja, dass es so schön bleibt, wie es ist! Das bestätigt auch der herrliche Fahrradweg *Mjølkevegen* (= Milchstraße). Die 250 Kilometer lange Tour führt durch das Tal Valdres mit Fährfahrt zwischendrin und Besuch der am Weg liegenden Almhöfe, um sich mit Leckereien, wie Pfannkuchen mit Sauerrahm, Käse und Fladenbrot zu versorgen. Auch das beliebte »Rakfisk-Festival« in Valdres lädt Feinschmecker ein, die jedes Jahr Anfang November Gaumenfreuden genießen. Probieren Sie unbedingt die Spezialität *rakfisk*, eine in Salzlake zubereitete Forelle.
Nicht zu vergessen kulturelle Stätten, wie die Stabkirche von Lom, die Galerie von Jotunheimen oder das Norwegische Gebirgsmuseum.

WEITERE INFORMATIONEN

www.valdres.com

Der See Bergetjönne in der Provinz Oppland (oben). Flechten und vereinzelte Laubbäume bestimmen die Vegetation vor dem Gipfel des Högronden (rechts).

70 Norwegens Ältester – Rondane-Nationalpark

Heimat wilder Rentiere

Der Rondane-Nationalpark ist nicht nur Norwegens ältester Nationalpark, er beherbergt auch mehrere Herden wilder Rentiere mit insgesamt fast 4000 Tieren. Sie haben in der kargen, von Flechten und Moosen beherrschten Landschaft eines ihrer letzten Refugien in Norwegen gefunden. Zu ihrem Schutz wurde der Nationalpark bereits 1962 eingerichtet. Nach einer Erweiterung umfasst er seit 2003 eine Fläche von 963 Quadratkilometern.

Das Rondane-Gebirge ist Teil eines Hochgebirgsrückens, der sich vom Dovrefjell bis fast nach Lillehammer hinunter erstreckt. Der höchste Berg ist der Rondslottet mit 2178 Metern. Weitere neun Gipfel erreichen ebenfalls mehr als 2000 Meter. Wie ganz Skandinavien ist auch dieses Gebirge durch die Gletscher der Eiszeit und das Schmelzwasser nach deren Abtauen geformt worden. Sie hinterließen die im Querschnitt U-förmigen Trogtäler, die charakteristisch für die Landschaft sind. Das Klima ist wie im nordwestlich angrenzenden Dovrefjell kontinental geprägt. Die hohen Berge im Westen verhindern, dass die vom Atlantik kommenden Regenwolken bis hierher gelangen. In Bergen, der »Regenhauptstadt« Norwegens, sind es mehr als 2500 Millimeter. Trocken und warm sind die Sommer. Bis zu 28 °C wurden schon gemessen, im Juli beträgt die Durchschnittstemperatur 10 °C. Die Winter können bitterkalt sein. Hier liegt der Rekord bei -36 °C. Es fällt wenig Schnee, sodass sich hier während der »kleinen Eiszeit« vom 15. bis 19. Jahrhundert keine neuen Gletscher bilden konnten.

Blütenpracht im Kleinformat

Oberhalb von 1500 Metern bilden nur noch Flechten vielfarbige Muster auf den ansonsten kahlen Felsen. Auch unterhalb scheint die Vegetation auf den ersten Blick nur spärlich zu

Eigentümliche Pflanzen und Pilze wachsen im Gebiet des Rondane-Parks (unten). Karger Fels und kaltes Wasser, so bleibt der Park in Erinnerung (ganz unten). Aussicht von Rondeslottet, dem höchsten Gipfel im Nationalpark (rechts).

sein, allerdings ausgesprochen artenreich und nicht nur für Botaniker interessant. Mehr als 400 verschiedene Flechten, Moose und Blütenpflanzen wurden hier schon gefunden. Sie trotzen den harschen Bedingungen des Fjells. Die Samen verschiedener Steinbrecharten, von Schneehahnenfuß über Alpensäuerling bis Läusekraut kämpfen sich jedes Jahr aufs Neue aus dem Boden und überziehen die Tundra mit einem bunten Fleckenmuster. Die flach am Boden kriechenden Zwergbirken, Kraut-Weiden und Heidekräuter überwintern mit kahlen Zweigen, um im zeitigen Frühjahr neues grünes Laub auszutreiben. Nur entlang der Flüsse und in den niedriger gelegenen Randbereichen des Nationalparks erlaubt das alpine Klima schütteren Baumwuchs vorwiegend aus Moorbirken, Weiden und Erlen. Glasklare, fischreiche Seen und Flüsse bilden einen reizvollen Kontrast zur meist kargen Vegetation.

Bei Rentieren, Bären und Co.

Der Park umfasst seit seiner Erweiterung 2003 eine Fläche von 963 Quadratkilometern und ist Heimat für eine Vielzahl kleiner und großer Säugetiere. Die prominentesten Vertreter sind die wildlebenden Rentiere, zu deren Schutz der Nationalpark ursprünglich eingerichtet wurde. Die genügsamen Tiere leben im Wesentlichen von Flechten, verschmähen jedoch auch Gräser und Blumen nicht. Elche und Rehe als Bewohner von Wäldern und halboffenen Landschaften sind in den höheren Lagen des Rondane-Parks nicht zu finden, in den bewaldeten Randbereichen jedoch nicht selten. Auch für Braunbären ist der Nationalpark ein sicheres Zuhause. Braunbären sind übrigens besser als ihr Ruf. Sie sind Allesfresser und ernähren sich in erster Linie von pflanzlicher Nahrung. Das bedeutet allerdings nicht, dass sie ihren Speiseplan nicht auch gern mit bodenbrütenden Vögeln und deren Gelegen, mit Hasen, Lemmingen und Sumpfmäusen bereichern. Auch Aas wird nicht verschmäht. Größere Säuger werden nur angegriffen, wenn sie verletzt oder geschwächt sind. Es ist nur eine kleine Zahl von Tieren, die hier lebt, und es ist sehr schwer, sie zu Gesicht zu bekommen. Das gilt auch für den Vielfraß, der zwar häufiger vorkommt, sich aber seine Nahrung nachts beschafft und den Tag verschläft. Gelegentlich kommen Moschusochsen aus dem Dovrefjell-Sunndalsfjella-Nationalpark auf eine Stippvisite in den Rondane-Nationalpark, bleiben aber bisher nicht auf Dauer.

Auf den Spuren steinzeitlicher Jäger

Erste menschliche Spuren im Rondane-Nationalpark reichen fast 9000 Jahre zurück. Nach dem Abschmelzen der eiszeitlichen Gletscher eroberten sich zunächst Pflanzen und in ihrem Gefolge Tiere die wieder frei gewordenen Gebiete zurück. Rentiere, Moschusochsen, Bären, Vielfraße und viele andere Arten besiedelten das Land. Steinzeitliche Jäger waren den Rentieren hierher gefolgt. Im Rondane-Gebirge haben sie eindrucksvolle, rund 3500 Jahre alte Rentierfallen hinterlassen. Sie errichteten auf den Wanderrouten Umzäunungen aus Steinen oder Bäumen mit nur einer Öffnung, durch die sie die Rentiere hineintrieben oder lockten. Hinter ihnen wurde die Öffnung geschlossen, sodass sie nicht mehr entkommen konnten. Aus Verstecken heraus wurden die Tiere anschließend mit Speeren und Pfeilen erlegt. Es gilt als gesichert, dass die Fallen bis in das 14. Jahrhundert hinein benutzt wurden. Reste findet man heute bei Grayhø und Bløyvangen.

Wanderparadies und Inspirationsquelle

Motorisierter Verkehr ist im Nationalpark nicht erlaubt. Für Wanderer und Biker dagegen bietet sich ein engmaschiges Netz von Wanderwegen an. Alle Wege kreuzen sich bei der vom norwegischen Wanderverein (Den Norske Turistforening, DNT) geführten Rondvassbu-Hütte am Südende des Sees Rondvaten. Dreieinhalb Kilometer lang und 300 Meter breit liegt der See eingebettet zwischen den höchsten Gipfeln des Nationalparks. Im Westen ragen Storsmeden und Veslesmeden auf, im Osten Storonden, Vinjeronden und Rondslottet, der mit 2178 Metern höchste Gipfel. Mit der Rondvassbu-Hütte als Basislager lassen sich alle Gipfel in Tagesmärschen zu Fuß erreichen.
Ob Peter Christen Asbjørnsen (1812–1885), Henryk Ibsen (1828–1906) und Edvard Grieg (1843–1907) ihre Inspiration für die Geschichte um den Bauernsohn Peer Gynt tatsächlich bei Wanderungen durch das Rondane-Gebirge fanden, ist nicht überliefert. Sicher ist jedoch, dass das Leben von Peder Olsen Hågå aus Vinstra, einem kleinen Ort südlich des Nationalparks, die Vorlage lieferte. Harald Oskar Sohlberg (1869–1935) hingegen hat die Berge im Nationalpark immer wieder gemalt. Eines seiner bekanntesten Gemälde ist die *Winternacht in Rondane*, 1913 entstanden. Von der Aussichtsplattform Sohlberplassen am See Atnsjøen bietet sich dem Besucher exakt das Panorama, das Sohlberg gemalt hat.

MIT DEM KANU AUF DEM ATNA

Ein besonderes Erlebnis ist die Erkundung vom Wasser aus. Eine Vielzahl von Flüssen durchzieht das Gebiet. Die Flüsse Sjoa, Lågen und Atna. Sjoa und Lågen bieten Wildwasserrafting, das schon einige Kondition erfordert. Der Atna dagegen ist ideal für entspanntes Naturerleben mit dem Kanu. Gesäumt von Auenwäldern windet er sich entlang des Rondanevegen durch die Landschaft, immer mit Blick auf die blauen Berge des Rondane-Gebirges. Sandbänke laden zum Rasten oder auch Übernachten im Zelt ein. Mit Glück können Elche und Bären beobachtet werden. Von wenigen Stunden bis zu mehreren Tagen kann so eine Tour flussabwärts gehen. Neben dem Boot selbst wird auch die notwendige Ausrüstung (Schwimmwesten) vom Bootsverleiher geliefert, der das Boot am Endpunkt der Tour auch wieder abholt.

WEITERE INFORMATIONEN

uk.rondanevegen.no/contact
uk.rondanevegen.no/rondane-utleie

71 Dovrefjell-Sunndalsfjella-Nationalpark

Im Reich von Steinadler, Vielfraß und Moschusochse

Der Dovrefjell-Sunndalsfjella-Nationalpark ist mit 1693 Quadratkilometern der sechstgrößte in Norwegen. Hier tummelt sich alles, was in intakten, hochalpinen Lebensräumen Rang und Namen hat. Steinadler, Vielfraße, Moschusochsen und Rentiere leben in der vom schneebedeckten Gipfel der 2286 Meter hohen Snøhetta beherrschten Landschaft. Karge Fjelle, üppige Tundren, glasklare Seen und dunkle Moore gehen hier ineinander über.

Trotz seiner Abgeschiedenheit ist der Dovrefkell-Sunndalsfjella-Nationalpark gut zu erreichen. Mit dem Auto oder dem NorWay Bussekspress erreicht man Dombås im Süden des Nationalparks von Oslo über die E 6. Auch eine direkte Zugverbindung besteht dorthin, die Bahn kann aber bis Hjerkinn, unmittelbar am Nationalpark, genutzt werden. Von Bergen kommt man über die E 16, den Rv 5, Rv 55 und Rv 15 mit den Zwischenstationen Lærdal, Sogndal, Lom und Otta nach Dombås. Der NorWay Bussekspress braucht elfeinhalb Stunden von Bergen bis Hjerkinn. Von Trondheim ist Dombås nur über die E 6 zu erreichen, eine Zugverbindung besteht nicht. Das nördlich des Nationalparks gelegene Oppdal ist von Trondheim nicht nur über die E 6 in knapp zwei Stunden zu erreichen, sondern auch mit dem Zug. Von Bergen erreicht man Oppdal über die E 16, den Rv 51, Fv 48 und E 6.
Die Kernzone des Nationalparks ist für den Autoverkehr gesperrt, am Rande liegen aber die gut erreichbaren Ortschaften Dombås, Hjerkinn und Oppdal. Sie verfügen über ausreichende touristische Infrastruktur und bieten sich daher als Basislager für Exkursionen in den

Die Ebene bei Hjerkinn diente früher als Schießplatz, heute ist sie stillgelegt (unten). Ob's da so richtig kuschlig werden kann? Zelten am Seeufer gegenüber des Snøhetta-Bergs (rechts).

Nationalpark an. Mehrere Veranstalter bieten Exkursionen zu Fuß, auf Skiern, mit dem Fahrrad oder auf dem Rücken von Pferden an. Wer die Landschaft auf eigene Faust erkunden will, erhält vom Norwegischen Wanderverein (Den Norske Turistforening, DNT) eine Liste der Wanderhütten sowie Kartenmaterial und Wandervorschläge.

Flüsse und Bäche schlängeln sich vielerorts durch den Park (unten, ganz unten). Ganz feierlich wird es einem beim Anblick dieses Bergidylls zumute (rechts).

Ursprüngliche Natur bis zum Horizont

Aufgrund seiner Lage und Abgeschiedenheit ist das Dovrefjell eines der wenigen intakten Hochgebirgsökosysteme Nordeuropas mit der dafür typischen Tier- und Pflanzenwelt. Wie ganz Skandinavien ist auch dieses Gebirge durch die Gletscher der Eiszeit und das Schmelzwasser nach deren Abtauen geformt worden. Hohe Berge schirmen den Dovrefjell-Sunndalsfjella-Nationalpark gegen die von Westen heranziehenden Tiefdruckgebiete und deren Regenwolken ab. Nach Osten wird das Klima immer kontinentaler, mit kalten, trockenen Wintern und relativ warmen Sommern, in denen allerdings der Großteil der Niederschläge fällt. Durchschnittlich 500 Millimeter Niederschlag werden in Kongsvoll gemessen, nur etwas mehr als ein Fünftel dessen, was auf die Stadt Bergen niedergeht. Im Winter fällt das Thermometer bis auf -36 °C, kann aber im Sommer bis auf 28 °C klettern. Im Juli beträgt die Durchschnittstemperatur 10 °C. Im Winter fällt in der Region wenig Schnee, sodass sich hier während der »kleinen Eiszeit« vom 15. bis 19. Jahrhundert keine neuen Gletscher bilden konnten.

Überlebende der Eiszeit

Der größte Teil des Parks liegt oberhalb der Baumgrenze. Wer hier überleben will, muss kälteresistent und genügsam sein. Wenige Tiere bleiben während des ganzen Jahres, allen voran die Rentiere, die während der Eiszeit in ganz Europa weit verbreitet waren. Heute gibt es nur noch einige versprengte Vorkommen südlich des Polarkreises, zu denen auch die Tiere im Dovrefjell-Sunndalsfjella-Nationalpark zählen. Es ist eine kleine Population, die immer noch im Rhythmus der Jahreszeiten über das Fjell zieht. Sie bekommen häufig Besuch von Artgenossen aus dem benachbarten Rondane-Nationalpark. Ein weiteres Eiszeitrelikt ist die Sumpfmaus, auch Nordische Wühlmaus genannt. Auch sie war einst in Europa weit verbreitet, kommt jedoch heute nur noch in den Hochgebirgsregionen Skandinaviens und

in einer kleinen Restpopulation in Mecklenburg-Vorpommern vor. In Europa selten geworden sind Braunbären. Einige sind im benachbarten Rondane-Nationalpark zu Hause, von wo aus sie regelmäßig auch zu Wanderungen in den Dovrefjell-Sunndalsfjella-Nationalpark aufbrechen. Der Allesfresser Braunbär gibt sich mit einem überwiegend pflanzlichen Speiseplan durchaus zufrieden. Natürlich ernährt er sich auch gern von allerlei Kleintieren, darunter Mäuse und Hasen, oder von Vögeln, die am Boden brüten. Verletzte oder schwache größere Tiere würde er angreifen, gesunde nicht. Er ist also nicht die blutrünstige Bestie, als die er oft dargestellt wird. Gar keine Chance haben Bären gegen die wehrhaften Moschusochsen. Während der Eiszeit waren sie in Europa verbreitet, wurden aber ein Opfer der sich verändernden Umweltbedingungen und der Jagd. Auch 1927 ausgewilderte Tiere überlebten den Zweiten Weltkrieg nicht, und erst ein erneuter Versuch im Jahre 1947 brachte den erhofften Erfolg. Heute leben wieder etwa 240 Moschusochsen im Dovrefjell.

Menschliche Siedlungen gibt es im Nationalpark nicht, doch völlig vom Menschen unbeeinflusst war das Gebiet nie. Erste menschliche Spuren im Dovrefjell reichen fast 9000 Jahre zurück. Es waren steinzeitliche Jäger, die den Rentieren auf dem Weg nach Norden hierhin folgten.

Das Dovrefjellgebirge hat seit mehr als 250 Jahren die Botaniker beschäftigt, denn hier war die Einwanderungsgeschichte der Pflanzen nach der Eiszeit gut nachzuvollziehen. 420 verschiedene Pflanzenarten sind am Dovrefjell gefunden worden, darunter 170 von 250 skandinavischen Gebirgspflanzenarten. Sie gedeihen vor allem auf den kalkreichen Gesteinen östlich des Drivdalen, eines Flusses, der das Gebiet durchzieht. Einige Endemiten, also Arten, die auf eine bestimmte Region beschränkt sind, kommen ebenfalls vor. Dazu zählen der Dovre-Mohn, der Dovre-Löwenzahn und der norwegische Beifuß. Silberwurz, verschiedene Steinbrecharten, Frühlingsküchenschelle und Moltebeere überziehen im Frühling und Sommer die Fjelle mit weißen, roten und violetten Teppichen.

EXKURSION ZU DEN MOSCHUSOCHSEN AUF DEM DOVREFJELL

Auf einer etwa 14 Kilometer langen Wanderung von der Kongsvold Fjeldstue auf das Fjell bestehen gute Chancen, Moschusochsen zu beobachten. Gut markierte Wege führen zu deren bevorzugten Äsungsflächen. Bis dahin sind etwa 300 Höhenmeter zu überwinden. Doch Vorsicht ist geboten. Ein Sicherheitsabstand von 100 Metern sollte unbedingt eingehalten werden, denn die Bullen greifen an, wenn sie sich bedroht fühlen. Es empfiehlt sich, einen ortskundigen Führer zu buchen. Ein umfassendes touristisches Angebot findet der Besucher auch in der Hjerkinn Fjellstue & Fjellridning in Hjerkinn. Von geführten Wanderungen über Reitausflüge, Kanutouren und Moschusochsensafaris bis hin zur Ausleihe von Mountain- und E-Bikes für die Fahrradtour übers Fjell findet jeder das passende Angebot.

WEITERE INFORMATIONEN

Kongsvold Fjeldstue:
www.kongsvold.no
Hjerkinn Fjellstue & Fjellridning:
www.hjerkinn.no

Der Blick schweift bis zum 800 bis 1000 Meter hohen alpinen Teil des Nationalparks, im Vordergrund sieht man den Virihaure-See (oben). Rentiere sind vor allem im Sommer auf den Wiesen und Anhöhen im Park zu sehen (rechts).

72 Des Rentiers Sommerweideland – Padjelanta

Nationalpark mit abwechslungsreichem Wanderweg

Die liebliche Gebirgslandschaft des Nationalparks Padjelanta wird geprägt von weiten Hochebenen, großen Seen, aber auch von wunderschönen Blumenwiesen und unzähligen Vogelarten, die auf den Heiden und an den Seen der baumlosen Gebirgslandschaft leben. Mit einer Fläche von 1984 Quadratkilometern ist er einer der größten Europas und der größte Schwedens.

Der Nationalpark Padjelanta erstreckt sich an der norwegischen Grenze weitab aller Verkehrsanbindungen. Zum Nationalpark erklärte man ihn im Jahr 1962. Gemeinsam mit den Nationalparks Sarek (siehe S.232), Muddus und Stora Sjöfallet sowie fünf Naturreservaten bildet er seit 1996 das UNESCO-Welterbe Laponia. Durchgehend bewohnt wird das Naturschutzgebiet nicht. Im Sommer dient es samischen Rentierzüchter-Gemeinschaften als Weidegebiet. Da Padjelanta ein wichtiges Gebiet für die Samen ist und man dies bei der Verwaltung des Nationalparks berücksichtigt hat, wurde dem Urvolk hier – anders als in den angrenzenden Parks – die Elchjagd erlaubt. In den Dörfern Staloluokta und Arasluokta stehen bis heute noch ein paar traditionelle Behausungen, die Koten.

Eindrucksvolle Flora und Fauna

Padjelanta ist ein Paradies für alpine Blumen. Die jahrhundertelange Beweidung der Rentiere hat zusammen mit dem kalkreichen Gestein hervorragende Bedingungen für zahlreiche ungewöhnliche Arten geschaffen. Man begegnet Weißer Silberwurz, weiß-gelb blühendem Gletscher-Hahnenfuß und den violettroten und rosafarbenen Blüten der Lappland-Alpenrosen. Der Wiesen-Sauerampfer, das Knöterich-Gewächs mit dem hohen Vitamin-C-Gehalt, dient den Samen als Heilpflanze und Wildgemüse.

Ebenso vielseitig ist auch die Tierwelt des Padjelanta. Im Sommer weiden hier unzählige Rentiere. Auf Wanderungen trifft man auf für alpine Regionen typische Vogelarten wie Mornellregenpfeifer, Steinschmätzer und Wiesenpieper. Auf Seen schwimmen Krickenten und Meerenten. Üblich sind zudem Falkenraubmöwen und Raufußbussarde. Mit ein wenig Glück kann man sogar die seltenen, hier brütenden Schnee-Eulen beobachten. Andere bemerkenswerte Tiere sind Elche, Vielfraße und Polarfüchse.

Guter Einstieg ins Lappland-Trekking

Der Padjelantaleden, der »hohe Weg«, ist dank guter Infrastruktur und dezenten Auf- und Abstiegen auch für Wanderer ohne Fjäll-Erfahrung in rund zehn Tagen machbar. Ab Ende Februar bis Ende April lohnt der Padjelantaleden zum Schneeschuhwandern und zum Tourenskifahren. Von Mitte Juli bis Mitte September kommen viele Besucher. Der Padjelantaleden verläuft zwischen den Ortschaften Ritsem im Norden und Kvikkjokk im Süden. Beide Orte sind per Bus oder Auto erreichbar. Die meisten Unterkünfte liegen 13 bis 15 Kilometer voneinander entfernt. Da oft Bäche durchwatet werden, sollte man unbedingt wasserdichte Trekkingstiefel tragen.

Einblicke in die samische Kultur in vielfältiger Natur

Den Auftakt für das Lappland-Abenteuer Padjelantaleden bildet eine Überfahrt über den Stausee Akkajaure. Mächtige Flüsse und Bergsättel werden überquert. An der südöstlichen Bucht des Virihaure bieten die Samen verschiedene Attraktionen für Interessierte an. Einen Blick lohnt die Kotenkirche auf einem Hügel. Neben Wanderutensilien bekommen Wanderer im Hüttendorf samische Spezialitäten wie geräucherten Fisch, getrocknetes Rentierfleisch und das typische Fladenbrot. Helikopter verbinden Staloluokta sowohl mit Ritsem und Kvikkjokk als auch mit der anderen Sommersiedlung der Samen, Arasluokta. Hinter Staloluokta verläuft der Padjelantaleden gen Süden zunächst durch karges Land. Ab und zu müssen ein paar Flüsse durchwatet werden. Mit Blick auf die Bergwelt des Sarek geht es über eine Hochebene und dann bergab bis nach Kvikkjokk.

PADJELANTA AUS DER LUFT

Im Sommer verkehrt täglich ein Helikopter zwischen Ritsem und Staloluokta sowie zwischen Kvikkjokk und Staloluokta. Man kann kürzere Flüge (15 bzw. 40 Minuten) oder Tagesausflüge buchen. Bei Letzteren werden die Gäste zunächst über den Kutjare-See geflogen, dann geht es zu einer Samen-Familie und per Boot zum Fischen, Wandern oder Brotbacken.
Wer nur mal einen Tag wandern möchte, kann mit dem Helikopter auch zu einem Berg geflogen werden, von wo aus man nach zehn Kilometern nach Akkajaure kommt. Am Nachmittag geht es per Helikopter wieder zurück nach Ritsem.

WEITERE INFORMATIONEN

www.fiskflyg.se
Webseite des Parks: www.padjelanta.com
Webseite der schwedischen Nationalparks: www.sverigesnationalparker.se
www.visitsweden.de

73 Wildnis-Trekking – Nationalpark Sarek

Schwedens grandiose Bergwelt

Schroffe Bergmassive, etwa hundert Gletscher, tief eingeschnittene Täler und wilde Stromschnellen bilden das vollkommen weglose Terrain von Schwedens ältestem Nationalpark. Das abgeschiedene Areal ist selbst für erfahrene Wanderer und Bergsteiger ein außergewöhnliches Abenteuer. Es gibt keine markierten Wege oder Hütten, dafür herrscht oft tagelang Menschenleere und Funkstille – auch beim Mobiltelefon!

Der Sarek ist nicht nur der älteste Nationalpark Schwedens, sondern auch der erste seiner Art in Europa. Das bereits 1909 zum Nationalpark ernannte Terrain besteht zu 90 Prozent aus bergigem, unwegsamem Gebiet, zählt zahlreiche Gletscher und sechs der 13 höchsten Berge Schwedens mit einer Höhe über 2000 Metern. Höchster Gipfel ist der Stortoppen (2089 Meter). Die alpine Region wurde schon in Urzeiten von den Samen bewohnt. Die Täler und Berghänge des großen Naturschutzgebiets sind bis heute bedeutendes Weideland für die Rentiere der Sami-Gruppen. Am besten beobachtet man sie aus der Ferne oder wartet still, bis sie vorbeiziehen. Erfahrene Wanderer können hier ihre Abenteuerlust ausleben und die Einsamkeit genießen. Im Sarek gibt es keine Möglichkeiten, sich aufzuwärmen, Proviant gibt es auch nicht zu kaufen. Stege und Brücken sucht man ebenfalls vergeblich, Flussquerungen sind daher in jedem Fall mit einzuplanen. Auch regnet es oft und viel, denn die hohen Gipfel sind Wolkenfänger. Orientieren muss man sich mithilfe von Karten, Kompass oder GPS. Das Handy hat im gesamten Gebiet keinen Empfang.

Fjordlandschaft im Kleinformat: das Rapadalen-Tal (unten). Fernwanderweg Kungsleden, im Hintergrund liegt der Berg Skierffe (rechts).

Schwedens einzigartige Natur

Die Flora ist wegen der felsigen Böden in den hohen Lagen der kargen Berge weniger reich als die Fauna, doch ebenso spannend. In den Tälern von Schwedens ursprünglichstem Nationalpark weiden hier und da die außergewöhnlich großen Elche. Mit Glück sieht man Bären, Vielfraße und die bedrohten Polarfüchse. In den ausgedehnten Birkenwäldern zwitschern Fitislaubsänger, Bergfinken, Stelzen, Blaukehlchen und Fliegenschnäpper. Geprägt ist das Areal von Flechten, Moosen, Zwergweiden und Gras. Wanderer müssen sich im Rapadalen-Tal durch Gestrüpp kämpfen.

Ausgangspunkte – einfach oder »luxuriös«?

Ausgangspunkte, die sich für das Sarek-Abenteuer eignen, sind Kvikkjokk, Saltoluokta, Suorva und Ritsem. Trekker entscheiden sich oft für einen Einstieg über den Staudamm Suorva oder über die Fjällstation Saltoluokta. In der Fjällstation kann man, bevor man zum Abenteuer aufbricht, noch in richtigen Betten schlafen und es sich gut gehen lassen. Mehr Möglichkeiten für den Einstieg in den Sarek bietet der Kungsleden weiter südlich, beispielsweise über die spartanische Berghütte Aktse, von wo aus es an einer uralten Opferstelle vorbei zum Berg Skierffe geht. Wandern kann man von dort aus auch ins Rapadalen. Außerdem kann man sich mit dem Boot bis an den Fuße des Nammasj bringen lassen.

Isoliert wandern in wilder Natur

Im wilden Sarek ist der Weg das Ziel. Ideale Jahreszeit für eine Trekkingtour sind der Juli und der August. Dann ist in den Samen-Siedlungen etwas los, und Blau- und Moltebeeren ergänzen den Proviant. Ab September, wenn die Preiselbeeren reifen, wird es wieder kälter. Eins der beliebtesten Ziele des Sarek ist der Skierffe, der mit einer grandiosen Aussicht auf die sich 700 Meter darunter erstreckende Flusslandschaft des Rapaätno fasziniert. Eindrucksvoll ist auch der Berg Nammásj, der »heilige Berg« der Samen. Obwohl der Berg zunächst recht klein wirkt, ist bei seiner Besteigung wegen der steilen Hänge und dem Geröll durch Stein- und Erdrutsche Vorsicht geboten. Auch Guhkesvágge, das »lange Tal«, ist ein viel besuchtes Ausflugsziel. Wichtig für die Rentierhaltung ist auch das Guohpervágge, wo sich der Sarek von seiner grünsten Seite zeigt. Ein kulturelles Highlight bietet die uralte Alggavarre-Kapelle, in der am dritten Juliwochenende ein Gottesdienst stattfindet.

BOOTSTOUREN NACH JEDEM GESCHMACK

Das fruchtbare Delta Kvikkjokk besteht aus den beiden Flüssen Tarraälven und Gamajahka, interessanten serpentinenartigen Kanälen, kleinen Seen, Lagunen und Laubbauminseln. Bei Battrafik i Kvikkjokk können Interessierte zwischen Ende Mai und September Bootstouren buchen. Bei den Touren auf dem Zweistromdelta erfahren Teilnehmer viel über die üppige Flora, Fauna und Geologie der Region, aber auch zur Kultur. Die angebotenen Bootstouren mit Tageswanderungen eignen sich auch ideal für alle, die nur ein wenig Bergluft schnuppern wollen, beispielsweise bei einer Tour zum Nammásj kombiniert mit den Mühlenteichen Kvarntjärnarna, wo früher Getreide gemahlen wurde.

WEITERE INFORMATIONEN

www.battrafikikvikkjokk.com
www.swedishtouristassociation.com
www.sverigesnationalparker.se
www.visitsweden.de

Man sollte fit genug sein, eine ganze Weile stehend auf dem Schlitten verbringen zu können, dann steht einer Tour mit den Huskies nichts im Wege (oben). Eisfall im Korouma-Naturreservat (rechts).

74 Winterwonderland – Riisitunturi

Frostiger Nationalpark mit geheimnisvollen Baumformationen

Willkommen in Posio mit seinem verwunschenen Riisitunturi-Nationalpark – ein echter Geheimtipp in Lappland! Nördlich von Helsinki wartet Posio mit einer wenig touristischen, ruhigen Lage auf. Märchenhafte Wanderungen mit Schneeschuhen im Riisitunturi Fell oder Schlittenhundetouren begeistern abenteuerlustige Urlauber.

In der Regel kommen die Besucher am wenig frequentierten Flughafen von Kuusamo an. Der Ort verfügt neben Restaurants, einem Einkaufszentrum und einigen Souvenirgeschäften über die meisten Unterkünfte. 45 Minuten entfernt liegt das beschauliche Dorf Posio mit einem Kultur- und Einkaufszentrum und einem Supermarkt (K-Market). Neben der weltweit nördlichsten Keramikfabrik Pentik gibt es einen Laden auf dem Gelände des Museums und ein nettes kleines Café.

Posio ist ein altes Siedlungsgebiet der Samen und im Sommer ein beliebtes Ziel für Naturfreunde, Wanderer und Angler. Outdoorfans werden von den geschützten Sümpfen des Karitunturi Fjells und dem Naturschutzgebiet Auttiköngäs begeistert sein. Im Winter fühlen sich hier vor allem Schneeschuhwanderer und Ski- oder Snowboardfahrer wohl. Vor allem Naturfotografen schwärmen von der einzigartigen märchenhaften Kulisse: Die weitläufigen Fichten- und Kiefernwälder sind mit einer dicken Puderzuckerschicht bedeckt und glitzern um die Wette. Bei diesem atemberaubenden Anblick, den man idealerweise bei Sonnenauf- oder -untergang erlebt, kann einem nur das Herz aufgehen. Und wer Glück hat und zwischen Oktober und März dorthin reisen kann, für den tanzen vielleicht auch noch ein paar Nordlichter.

Lappland lockt nicht nur mit seiner großartigen Wildnis und der Mitternachtssonne im Sommer, die 24 Stunden scheint, sondern auch mit den Nordlichtern, die von Oktober bis März an bis zu 200 Nächten am Himmel erscheinen. Winterfans sollten sich von diesem eisigen Märchenland verzaubern lassen.

Unvergesslich: eine Schneeschuhwanderung im Winter

Vom Parkplatz durch ein kleines Waldstück bis auf eine Anhöhe hinauf, bleibt man immer wieder stehen, weil die Baumriesen mit tonnenschweren Schneemassen darauf so unwirklich erscheinen und man immer wieder neue Formationen entdeckt. Sind es wirklich Bäume oder nicht doch Riesen oder Trolle? Willkommen im Abenteuerland! Es gibt verschiedene Rundwege, einige von ihnen bieten Schutzhütten und Feuerstellen am Weg. Oft fühlt es sich an, als ob man in einer anderen Welt unterwegs sei. Und das Licht verstärkt diesen Eindruck: Vor allem zur »Blauen Stunde« verfärbt sich der Himmel zu einem zarten Rosa- und Blauton, und die bizarren Baumgestalten werfen ihre Schatten.

Mit Schlittenhunden durch die glitzernde Winterwelt

Einmal als Musher mit Huskies vor dem Schlitten selbst fahren? Das geht! Am nördlichen Rande des Riisitunturi-Nationalparks befindet sich die Schlittenhundefarm Kota Husky. Durch die tief verschneite Landschaft fliegt man quasi dahin, und wer weiß, was Marika beim »heiligen Baum« erzählt …

Lauri ist seit 2007 der Besitzer der Schlittenhundefarm Kota Husky. Er und seine Frau Marika besitzen 45 Hunde und veranstalten individuelle Schlittenhundetouren bis zu maximal zwölf Personen. Ihre Farm liegt circa 25 Minuten mit dem Auto von Posio entfernt, mitten im Nichts. Nach einer kurzen Einführung und dem Kennenlernen der Hunde darf man schon auf den Hundeschlitten aufsteigen und es geht unter Anleitung von beiden direkt hinter dem Haus los. Das lautlose Dahingleiten durch die stille, verschneite Winterlandschaft mutet bisweilen meditativ an, ist aber natürlich ein ganz besonderes Highlight. Zurück an der Farm kann man sich noch in einem typischen Zelt, *lávvu* genannt, mit Köstlichkeiten der Samen in Lappland stärken (www.kota-husky.fi).

WANDERUNG IM NATURRESERVAT UND PICKNICK AM LAGERFEUER

Eine interessante Tagestour ist der Besuch der Korouma-Schlucht – und das zu jeder Jahreszeit. Mit dem Auto dauert die Fahrt circa 30 Minuten – von Posio aus auf der Straße, die auch nach Rovaniemi führt. Verschieden lange Touren durch die zerklüftete und mehrere Millionen Jahre alte Schlucht stehen zur Auswahl. Hinter einem hölzernen Tor startet einer der Wanderwege zur Schlucht hinunter. Sie lockt mit mehreren bis zu 60 Meter hohen Wasserfällen, an denen im Winter nicht nur Eiszapfen hängen: Eiskletterer finden hier das ideale Terrain für ihr Hobby vor. Gegen Ende der fünf Kilometer langen Runde gelangt man zu zwei Schutzhütten mit einer Feuerstelle, wo man sich im Winter bei heißem Tee und gegrillten Würstchen wieder aufwärmen kann.

WEITERE INFORMATIONEN

Unterkunft: neues, ruhiges, an einem See gelegenes Hotel Lapin Satu in Posio; sehr nette russische Betreiber, Schneeschuhverleih, gutes Frühstück/Abendessen; www.lapinsatu.com

75 Oulanka-Nationalpark

66 Grad Nord

Man nehme: ein paar Flüsse, Stromschnellen und Wasserfälle, umgeben von dichten Nadelwäldern, durchsetzt mit Seen, bewohnt von seltenen Tier- und Pflanzenarten, mische dies gut durch und verteile alles um den 66. Breitengrad Nord herum. Das Ergebnis ist eine einmalige Landschaft im Nordosten Finnlands an der Grenze zu Russland – der Oulanka-Nationalpark.

Natur kennt keine Grenzen, und so beschränkt sich die Landesgrenze entlang des Nationalparks auf den Menschen, nicht aber auf Flora und Fauna. Er besticht vor allem durch seine für die boreale Waldzone atypische Artenvielfalt. Die hügelige Landschaft ist geprägt von Kiefernwäldern. Im Schutz der Bäume, eingebettet in Moos, gedeiht die zarte Calypso-Orchidee, das Nationalparksymbol. Im Sommer verströmen Heidelbeeren ihren süßen Duft. Dachse, Luchse, Wölfe und Bären durchstreifen die Weite. Wilde Flüsse und rasende Stromschnellen bieten optimale Voraussetzungen für die Sprungfreude der Bachforellen und die Tauchgänge der Wasseramseln. Schon im frühen 20. Jahrhundert erkannte man die Einzigartigkeit dieses Fleckchens Erde. Erst 1956 wurde das Gebiet zum Nationalpark erklärt.

Pieni Karhunkierros – kleine Bärenrunde

Heute machen sich Begeisterung und Vorfreude bei den Wanderern breit. Die Wegbeschreibung des Rundwegs hat die Neugier geweckt: wunderschöne Wildnis, rauschende Stromschnellen, Wälder und steile Klippen. Start ist

Flusslauf des Kitkajoki, vom Päähkänäkallio-Felsen aus betrachtet (unten). Die Kleinen haben Hunger, daher hat die Vogelmama Futter besorgt (rechts).

im südlichen Teil des Parks und in Juuma. Der Streckenverlauf verspricht viel Abwechslung. Auf großen Teilen gilt das »Jedermannrecht«. Überall da, wo es nicht ausdrücklich verboten ist, darf man sich an den Beeren und Pilzen entlang des Wegesrandes gütlich tun.
Die ersten 1500 Meter führen durch den Wald. Die Luft ist rein und nur von den Aromen der Moose und Nadelbäume geschwängert. Schon nach kurzer Zeit erreichen die Wanderer die Schutzhütten Myllykoski. Das Rauschen der Stromschnellen ist ein akustischer Genuss. Auf ins erste Mikroabenteuer. Mit wackeligen Beinen geht es auf einer der drei Hängebrücken über den Fluss Kitkajoki. Vorbei am Pyöreälampi-See über Stock und Stein und kleine Holzbretterpfade auf den Felsen Kallioportti.

Der Duft der Freiheit

Der Blick auf das Kitkajoki-Tal ist unfassbar schön. Überwältigt vom Gefühl der Freiheit, der Kraft der Natur und ihrer Einzigartigkeit geht es weiter durch das Naturschutzgebiet des Juuma-aapa-Moors zur Hängebrücke Nummer zwei, Harrisuvanto. Sanft und mit einem leisen Rauschen begleitet der Kitkajoki-Fluss die Gäste durch das Heideland. Lange bevor sie die Gischt sehen können, ist das Getöse zu hören. Noch lässt sich nur erahnen, wie sich die Wassermassen den Jyrävä-Wasserfall herunterstürzen, bevor sie sich weiter durch den schmalen Canyon schlängeln. Es ist nur ein Gefälle von knapp zehn Metern, aber der Jyrävä macht Krach wie die ganz Großen. Gut zwei Drittel der Strecke durch die faszinierende Landschaft sind bereits zurückgelegt. Ein zweites Mal überqueren de Wanderer den Fluss an der Myllykoski-Hütte über die Hängebrücke. Dieses Mal nehmen sie auch die Wassermühle genauer in Augenschein. Bereits 1926 wurde sie vom »Juuma Mill Collective« erbaut. Heute dient sie dem Besucher als Zufluchts- und Picknickstätte. Selbstredend, dass die Brotzeit direkt hier inmitten der Natur und umgeben vom Klang des fließenden Wassers eingenommen wird. Von hier ist es nicht mehr weit bis zum Ausgangspunkt. Das Gehtempo wird verlangsamt, um ein letztes Mal für diesen Tag die klare frische Luft einzuatmen und die finnische Wildnis zu genießen.

HUNDESCHLITTENTOUREN – EIN UNVERGLEICHLICHES ERLEBNIS

Mit ihren eisblauen Augen schauen sie einen an, heulen auf und zerren am Geschirr. Ganz ungeduldig warten sie auf das Kommando, die Huskys von »ERÄ - SUSI«. Dick eingepackt und mit extra Fettschicht im Gesicht, wartet der Besucher auf die Einteilung, wer mit wem fahren darf. Die Spannung steigt auf allen Seiten. Einmal mit dem Hundeschlitten durch die unberührte Winterlandschaft gleiten, der Natur aus ungewohnter Perspektive ganz nah sein und sich der Kraft der Huskies hingeben. Am Ende des Tages wird man um diese Jahreszeit noch mit den *Aurora borealis* am Nachthimmel belohnt. Mehr Finnland, Natur und Naturwunder ist kaum möglich. Und so geht ein perfekter und unvergesslicher Wintertag für den Parkbesucher zu Ende.

WEITERE INFORMATIONEN

www.erasusi.com

Waldreich präsentiert sich die Fjordlandschaft im Nationalpark Koli (oben). Auf Wanderungen im Park geht es über Stock und Stein, daher sollte man lieber stehen bleiben, um die schönen Aussichten, die sich einem ständig bieten, zu bewundern (rechts).

76 Das Gesicht Finnlands – Nationalpark Koli

Raue Landschaft und Nationalromantik

Von jeher inspirierte die raue Landschaft der Koli-Berge die Menschen. Ob als Heimat übernatürlicher Wesen oder als Ausdruck der finnischen Identität zur Zeit der Nationalromantik, die Koli-Berge vermochten so manche Sehnsucht zu stillen. Und auch heute noch ist es schwer, sich der beeindruckenden Landschaft und »schönsten Aussicht des Landes« zu entziehen.

Von den nackten Zahlen her sind die Koli-Berge nur wenig beeindruckend, ragen sie doch gerade einmal 347 Meter in den Himmel. Da sich das umliegende Gelände aber sehr flach gestaltet, bietet sich trotz der geringen Höhe eine wunderbare Aussicht über die atemberaubende Natur Finnlands. Dem Volksglauben nach wohnten mächtige Geister auf den Gipfeln. Zur Zeit des aufkommenden finnischen Nationalismus wurde vermehrt nach der Einfachheit der Natur gesucht; fündig wurden die Künstler schließlich in den Koli-Bergen, die sich als Gegenpol zum technologischen Fortschritt und zur Ausbeutung der natürlichen Ressourcen zum Gesicht Finnlands entwickelten. Geologisch zählen die Koli-Berge zu den Überbleibseln aus der Zeit der finnischen Gebirgsbildung. Die Eismassen der letzten Eiszeit trugen das Gestein ab, und nur der härtere Quarzit überdauerte. Noch heute sind die rissigen Spuren der Gletscherbewegungen zu sehen, die sich wie Narben über die Felsplateaus ziehen. Riesige Gesteinsbrocken, sogenannte Findlinge, wurden einst von den Eismassen mitgeführt und liegen seit dem Abschmelzen in der Landschaft verteilt.

Wandern im Herzen Nordkareliens

Im Jahre 1991 wurde das Gebiet im Herzen der berühmten Hügellandschaften Nordkareliens zum Nationalpark erklärt, der seitdem mehrfach für nachhaltigen Tourismus ausgezeichnet wurde. Auf über 80 Kilometern größtenteils naturbelassenen Wanderwegen lässt sich das Gelände erkunden. Eine Straße führt bis knapp unterhalb der Gipfel der landschaftlichen Hauptattraktion Finnlands, wo ein Hotel und ein Besucherzentrum die Gäste erwarten. Von dem Gebäudekomplex, der sich durch seine Bauart und die gewählten Materialien erstaunlich gut in die Umgebung integriert, geht es zu Fuß bergan, bis schon nach kurzer Zeit die höchste Erhebung der Koli-Berge erreicht ist.

Die schönste Aussicht des Landes

Dem Ukko-Koli, benannt nach der höchsten finnischen Gottheit aus dem Kalevala-Epos, liegt der riesige Pielinen-See zu Füßen. Beinahe im Minutentakt wechseln die Lichtstimmungen und lassen das Wasser des Sees in einem tiefen Blau erscheinen oder verwandeln es in eine silbern glänzende Fläche, die nur durch kleine Inseln unterbrochen oder von feinen Wellen gekräuselt wird. Es überrascht nicht, dass vor einigen Jahren die Bevölkerung Finnlands aus den 21 nationalen Aussichtspunkten den Ukko-Koli zum schönsten gewählt hat. Ursprüngliche Pfade bringen den Wanderer zum mit 334 Metern dritthöchsten Gipfel, dem Paha-Koli. Nicht nur verurteilte Verbrecher wurden von ihm in den sicheren Tod gestürzt, auch der Hexerei beschuldigte Frauen und Männer waren im Mittelalter gezwungen, von hier oben einen letzten Blick auf die irdische Schönheit zu werfen. Der Akka-Koli ist nach Südwesten hin gerichtet. Unterhalb der zweithöchsten Erhebung liegt ein felsiges Plateau, der »Tempel der Stille«, von wo der Blick weit über die sich bis zum Horizont ziehenden Wälder Kareliens reicht, auf die die vom Wind getriebenen Wolken ein abwechslungsreiches Licht- und Schattenspiel zaubern. Im Sommer prägen die blühenden Weiden an den Hängen der Hügel das Landschaftsbild, und die stellenweise abgebrochenen Spitzen der Nadelbäume berichten von den Schneemassen, die in der kalten Jahreszeit die Koli-Berge in ein wahres Winterwunderland verwandeln. Dann führt auch eine Eisstraße über den zugefrorenen Pielinen-See.

KOLI FREETIME CAMPINGPLATZ

Am Ufer des Valkealampi-Sees liegt der Campingplatz mit Sauna, Grillhütte und Feuerstellen. Das Mieten von Kajaks und Kanadiern ist möglich, sodass dem Fangen des eigenen Abendessens im See nichts im Wege steht. Wer nicht campen möchte, kann auch in einem gemütlichen Zimmer der Holzbungalows nächtigen. Das überaus liebenswerte Ehepaar Nina Mikkonen and Harri Salminen, das sich um das Wohl der Gäste sorgt, macht den Aufenthalt zu einem unvergesslichen Erlebnis. Während im Sommer Wanderwege direkt vom Campingplatz losgehen, sorgen Langlaufloipen im Winter für Abwechslung. Darüber hinaus eignet sich der Platz gut zum Erkunden der nahe gelegenen Koli-Berge.

WEITERE INFORMATIONEN

www.kolifreetime.fi
www.nationalparks.fi

77 Nuuksio-Nationalpark

Finnland so, wie man es sich vorstellt

Einmal Finnland all inclusive findet der Besucher im Nuuksio-Nationalpark. Unweit der Hauptstadt Helsinki vereint der Nationalpark, was es für das echte Finnlandgefühl braucht: unberührte, weite Landschaften, Wälder und Seen satt. Die ursprüngliche Natur verspricht Erholung pur, gepaart mit dem Gefühl von Freiheit und Abenteuer in der Wildnis.

Mit 5300 Hektar ist der Nuuksio-Nationalpark ein eher kleines Naturparadies. Dafür besticht er durch wilde Natur, geprägt von Wäldern, Klippen, blau schimmernden Seen und Weihern. Seine Wanderwege sind hervorragend ausgeschildert, und die Routen eignen sich für jedermann. Selbst mit Kinderwagen und Rollstuhl ist es möglich, Teile des Parks zu erkunden. Wer hierher kommt, der erlebt Finnland von seiner schönsten Seite. Täler und Schluchten prägen die Landschaft, deren Hügel während der Eiszeit geformt worden sind. Sie sind oftmals karg und felsig oder von Flechten und spärlichem Kiefernwald bedeckt. Der Übergang der Vegetationszonen von Laub- und Nadelmischwald zum Borealen Nadelwald ist fließend und gibt dem Park eine ganz besondere Note. Seltene Tier- und Pflanzenarten können sich hier ebenso entfalten wie die Besucher die Ruhe genießen. Nachtaktive Waldbewohner scheinen sich besonders wohlzufühlen, so brüten hier nicht nur Ziegenmelker, sondern es findet sich eine der größten Populationen der Europäischen Flughörnchen im Nationalpark. Diese kleinen Verwandten des Eichhörnchens sind so speziell,

Bäume, Bäume und noch mehr Bäume hier an diesem See mit kleiner Insel bei Espoo (unten). Nein, das ist kein Vogel, der das Federkleid richtet, sondern ein Pilz (rechts).

dass sie zum Nationalparksymbol wurden. Nuuksios geografischer Lage sei Dank sind im Sommer die Tage lang und die Nächte kurz.

Lange Tage – kurze Nächte

Dieser Umstand kommt dem Parkbesucher sehr zugute und lässt ihn den Tag in der herrlichen Landschaft voll ausschöpfen. Nach einer ausgiebigen Brotzeit inklusive finnischer Grillköstlichkeiten wie der *makkara* (Bratwurst) geht es weiter auf der Rabenrunde. Nach der morgendlichen Tour für Einsteiger gehört die Rabenrunde schon zum finnischen Naturerlebnis für Fortgeschrittene. Dieser Weg bringt seine Wanderer zum Schwärmen. Zwischen Moos und unter Fichten beginnt die Runde. Der Pfad schlängelt sich leicht ansteigend durch den Wald. Eingehüllt in den Duft der Waldkräuter, begleitet vom Zwitschern der Vögel, wird der tiefblaue Mustalampi-See erreicht. Noch ein Stück bergauf, und der Rajakallio-Felsen gewährt einen beeindruckenden Blick auf einige der 80 Seen und Teiche, die den Park prägen. Über Felsen, vorbei an Klippen verzaubert der Korpinkierros-Rundweg seine Besucher. Zieht sie in seinen Bann, sorgt für innere Ruhe und stillt das Verlangen nach Wildnis und Freiheit. Gute drei Stunden und acht Kilometer später sitzt der Finnland-begeisterte Besucher entspannt und etwas erschöpft am Lagerfeuer des finnisches Juwels Nuuksio. Die letzten Sonnenstrahlen des Tages und die Stille genießend, bis die Sonne am Horizont untergeht und für die Nachtschwärmer des Nationalparks der Tag beginnt.

Auf den Spuren der Eiszeit

Schier unendlich scheint die Auswahl an Wanderrouten im Nationalpark. Für den morgendlichen Rundgang, zur Einstimmung auf die finnische Natur und Stille, bietet sich der Haukankierros-Rundweg (Falkenrunde) mit nur gut dreieinhalb Kilometern Wegstrecke an.
Auf dem gut ausgeschilderten Weg bieten sich den Besuchern spektakuläre Landschaften der Eiszeit. Stück für Stück lässt er den Gast ein wenig mehr in die unberührte Natur eintauchen. Teils über Stock und Stein, vorbei an Teichen und durch das Dickicht des Waldes führt der Pfad auf eine Anhöhe. Von hier wird das Auge mit einem phänomenalen Blick auf das Myllypuro-Tal belohnt. Am Mustalampi-See gibt es eine der zahlreichen Feuerstellen. Dort wird das Picknick zum Grillfest und der Hunger gestillt, bevor am Nachmittag der Korpinkierros-Rundweg lockt.

EINE NACHT IM BAUM

Für alle diejenigen, die sich den Abenteurer im Inneren erhalten haben: Denen, die gerne in der Natur und mit ihr verbunden sind, bietet der Nuuksio-Nationalpark noch ein Erlebnis der ganz besonderen Art. Ein paar Meter über den Boden, immer fest gespannt zwischen den Bäumen hängen sie, die *tensile*, eine Mischung aus Zelt und Hängematte. Platz ist für zwei Personen, der Blick in den Himmel ist frei. Vom transparenten Mückengitter geschützt vor blutsaugerischen Attacken, liegt der Gast hier und kann dieses fantastische Erlebnis genießen. Der rote Feuerball am Abendhimmel taucht die Baumkronen in ein sanftes Licht. Das Rauschen der Blätter, das Summen der Insekten und die Gutenachtgeschichten der Vögel lassen den Besucher eins werden mit der Natur und sanft einschlummern.

WEITERE INFORMATIONEN

www.honkalintu.fi

Zum Schutz der Tiere und Pflanzen im Park durchwandert man ihn auf Holzstegen (oben). Viele Arten des Spechts sind im Lahemaa-Park beheimatet, hier der Große gefleckte Specht (rechts).

78 Im Land der Bären und Luchse – Lahemaa

Auf den Spuren deutsch-baltischer Geschichte

Der estnische Lahemaa-Nationalpark wurde im Jahre 1971 als erster Nationalpark in der damaligen Sowjetunion gegründet. Ziel war und ist der Schutz der Küstenlandschaften, der Hochmoore und Taigawälder und des deutsch-baltischen Kulturerbes. Der Nationalpark ist 750 Quadratkilometer groß – davon ist rund ein Drittel mit Wasser bedeckt – und liegt unter der Meeresoberfläche der Ostsee.

Der Nationalpark bedeckt etwa 72 500 Hektar Fläche und befindet sich 70 Kilometer in östlicher Richtung von der Hauptstadt Tallinn entfernt am Finnischen Meerbusen in Nord-Estland. Bemerkenswert und besonders ist dabei, dass nicht nur im gesamten Nationalpark die abwechslungsreiche Natur, sondern auch das deutsch-baltische Kulturerbe als schützenswertes Ziel festgeschrieben wurde. Das hübsche Vihula Manor-Herrenhaus, der große Gutshof Sagadi, in dem heute die Staatswaldverwaltung untergebracht ist, Vösu als beliebter Urlaubsort an der Küste und kleine Dörfer wie Altja und Palmse geben der Kulturlandschaft einen eigenen Charakter.

Aber auch die zahlreichen Buchten, Lahemaa bedeutet übersetzt »Buchtenland«, die artenreichen Wälder, Felsen und Findlinge, Seen und Sümpfe, Flüsse und Wasserfälle machen zusammen mit Elch, Biber, Bär und Luchs das Gebiet zu einem wahren Paradies. Nicht zu vergessen die nördlichste Landzunge Estlands, die wildromantische Halbinsel Purekkari und das benachbarte Viinistu. Man denkt an Finistère und Land's End und liegt damit gar nicht so falsch.

Von Bäumen und Bären

Charakteristisch für den Nationalpark sind neben den ausgedehnten Waldgebieten lange

Halbinseln und dazwischen tiefe Buchten mit Kleininseln. Die letzte Eiszeit hat hier viele Findlinge aus Finnland zurückgelassen. Rund 73 Prozent der Festlandfläche im Park sind von Wald bedeckt. Damit zählt Lahemaa zu den größten Waldschutzgebieten in Europa. Hier findet man überwiegend Taiga-artige Nadelwälder. Im Süden grenzt Lahemaa an das Kõrvemaa-Naturschutzgebiet, zusammen bilden sie einen Naturraum, der ideale Bedingungen für große Raubtiere wie Bären, Wölfe und Luchse bietet. Mehr als die Hälfte aller 700 estnischen Braunbären leben hier im Nordosten des Landes.

Lebensraum für bedrohte Vogel- und Insektenarten

Jahrzehntelange strenge Naturschutzmaßnahmen haben die Wälder für Arten, die von alten Baumbeständen abhängig sind, wertvoll gemacht. So sind in Lahemaa der sonst in Europa selten gewordene Dreizehenspecht und Weißrückenspecht zu Hause. Die alten Baumstämme bieten beste Brutbedingungen für den Habichts-, Sperlings- und Raufußkauz. Auch Auerhahn und Haselhuhn sind hier zahlreich zu finden. Pilze, Flechten und Insekten profitieren von diesem riesigen Schutzgebiet. Und auch für uns Menschen, die wir nur als Besucher in diesen Park kommen, bieten die Urwälder von Lahemaa wertvolle und einmalige Erlebnisse.

Vogelzug über die Ostsee

Die Küstenlinie bietet Lebensraum für viele Wasservögel. Besonders interessant wird es an der Ostsee im Frühling und Herbst. Estland ist Drehpunkt auf der ostatlantischen Vogelzugroute, an der Küste entlang ziehen Millionen Wasservögel in die Brutgebiete nach Nordskandinavien bis nach Spitzbergen und zur sibirischen Taimyrhalbinsel. Von den Halbinselspitzen des Nationalparks kann man die vorbeiziehenden Schwärme Tausender Samt-, Trauer-, Pfeif-, Berg-, Eis- und anderer Enten beobachten. In den Buchten rasten Mittel-, Eis- und Zwergsäger. Für Wanderer gibt es in Lahemaa zahlreiche Naturpfade und Routen, viele kleine Waldwege und lange, unbebaute Küstenlinien. Eine der beliebtesten Wanderungen ist der Holzpfad durch das Viru Hochmoor. Vom Aussichtsturm inmitten des Moores kann man den Blick auf die Landschaft so richtig genießen.

NIMM PLATZ IN DER KAFFEEKANNE

Im Lahemaa-Nationalpark spielt das deutsch-baltische Kulturerbe eine wichtige Rolle. Schon im 16. Jahrhundert gehörten die größeren Grundbesitze in der Region deutschen Adelsfamilien. Im 18. Jahrhundert wurden hier prächtige Herrenhäuser gebaut wie Palmse, Kolga oder Sagadi. Das bekannteste davon ist sicher das Barockschloss Palmse, hier findet man ein vollständiges Gebäudeensemble aus Hauptschloss, Verwalterhaus, Wagenremise, Waschküche, Sommerstube, Pavillon, Taubenhaus und Stallungen. Alles zusammen gibt einen guten Überblick zur deutschen Geschichte in Estland. Aber nicht nur in großen Gütern findet man deutsche Wurzeln, auch in der »Kaffeekanne«, einem gemütlichen Café-Restaurant, das von einer deutschen Familie betrieben wird, findet man diese Spuren.

WEITERE INFORMATIONEN

www.kohvikann.com
www.visitestonia.com/de/urlaubsziele/nordestland/der-nationalpark-lahemaa
www.kaitsealad.ee

EUROPAS
OSTEN UND SÜDOSTEN
FLUSSLANDSCHAFTEN, TÄLER UND INSELN

Wasser in verschiedensten Formen: Überall im Nationalpark von Plitvice stürzt das nasse Element von oben herab, bildet kleine Lagunen oder ruhige Seen.

79 Einsames Seenreich – Ladoga und Onega

Russlands Nordwesten

Im Süden der Republik Karelien im äußersten Nordwesten Russlands liegen die beiden größten Seen Europas, die durch den Fluss Swir verbunden werden. Die dünn besiedelte Region rund um den Ladoga- und Onegasee begeistert mit unberührter Natur, dichten Urwäldern und atemberaubenden Ausblicken. Dazu ist sie Heimat zahlreicher Wildtiere und beeindruckt mit einzigartiger Holzarchitektur.

Vor den Toren Sankt Petersburgs, nicht einmal 50 Kilometer Richtung Nordwesten, liegt der Ladogasee, mit über 17000 Quadratkilometern Wasserfläche der größte See Europas. Ganze 33-mal kleiner ist die Fläche des Bodensees, selbst die über 500 Inseln im Ladoga ergeben zusammen eine größere Fläche als die des großen süddeutschen Sees.

Wasser und Eis

Die Menschen, die an seinen Ufern leben, nennen ihn einfach »das Meer«, erblickt man doch keinen Horizont, wenn man auf ihn hinausschaut. Seine Küsten sind einsam, mal breiten sich weite Sandstrände aus, gesäumt von Kiefernwäldern, dann wieder klatscht der See gegen Felsen und zerklüftete Landmassen; hie und da wird die wilde Natur unterbrochen von kleinen Siedlungen, leisen, manchmal verlassen wirkenden Dörfern, deren bunte Holzhäuser in der Sonne leuchten. Für mindestens vier Monate im Jahr ist der Ladogasee zugefroren; die Eisschicht kann zeitweise sogar mit Lastwagen oder Zügen befahren werden. So auch in den Kriegsjahren am Ende des Zweiten Weltkriegs, als über die sogenannte Straße des

Ursprüngliche Natur, so weit das Auge reicht: dle Schären des Ladoga-Sees (unten). Die Uferschnepfe fühlt sich auf Feuchtwiesen wohl, daher ist dieses Seengebiet der ideale Lebensraum für sie (rechts).

Lebens die Menschen im von der Wehrmacht eingekesselten Leningrad über das Eis von der Roten Armee versorgt wurden.

Unberührte Wildnis

Entstanden ist der geologisch noch junge Süßwassersee nach der letzten Eiszeit. In seinen Fluten lebt eine Unterart der Ringelrobbe, eine von zwei Ringelrobbenarten weltweit, die nicht im Salzwasser beheimatet ist. Im Nordosten des Ladoga gedeihen mehrere hundert Jahre alte Urwälder. Hier sind Bären, Wölfe und Luchse zu Hause. Die Region um die beiden großen Seen ist geprägt von weitläufigen Wäldern und Sumpfgebieten, und dazwischen finden sich immer wieder kleinere Teiche und Seen. Vielerorts sind keine Spuren menschlichen Einflusses sichtbar, und die wenigen Dörfer der Bewohner der Republik Karelien, meist verbunden durch staubige Pisten, wirken ein wenig verloren inmitten der Wildnis und fügen sich gleichzeitig harmonisch ins Landschaftsbild ein, haben die Menschen doch vor allem das Material zum Bauen verwendet, das sich hier im Überfluss findet: Holz.

Ein Labyrinth aus Inseln

Im Nordosten liegt der zweitgrößte See Europas, der Onegasee. Seine nördliche Küste ist ein Flickenteppich aus winzigen und größeren Inseln, aus langgestreckten Fjorden und menschenleeren Landzungen. Inmitten dieses geheimnisvollen Reiches aus Land und Wasser liegt Shunga, die Siedlung, die dem Shungit-Stein seinen Namen verlieh. Das Nordufer des Onegasees ist einer von ganz wenigen Orten weltweit, wo dieses mattschwarze, fast nur aus Kohlenstoff bestehende Gestein gefunden werden kann, dem die Einheimischen heilende Kräfte nachsagen. Über 40 Fischarten lassen sich im See zählen, darunter Lachse, Aale und Zander. Weiter im Westen mündet die Suna in den Zarensee, wie der Onega auch genannt wird; hier, im Kiwatsch-Nationalpark, donnert der Fluss über einen Wasserfall aus mehreren Kaskaden Richtung Süden. Ein wenig verschlafen schmiegen die beiden gewaltigen Seen sich an die nördlich davon liegende Republik Karelien, an ihren stillen Ufern herrscht eine Ursprünglichkeit und Ruhe, wie sie bei uns kaum mehr zu finden ist.

KISHI-FREILICHTMUSEUM

Inmitten des Küstenlabyrinths im Norden des Onegasees liegt die Insel Kishi. In früherer Zeit ein Ritualplatz der Karelier, ist sie heute ein Freilichtmuseum und beherbergt neben zahlreichen Zeugnissen der karelischen Holzbau- und -schnitzkunst ein Kirchenensemble, das seinesgleichen sucht. Ursprünglich im 17. Jahrhundert als einfache Bauernkirchen ohne Zuhilfenahme eines einzigen Metallnagels gebaut, gehört die Anlage heute zum Weltkulturerbe der UNESCO. Besonders beeindruckend ist die Verklärungskirche mit ihren 22 Kuppeln, die von Schindeln aus Espenholz bedeckt sind und bei Sonnenlicht fast metallisch glänzen. An verschiedenen Stellen auf der Insel kann der Besucher auch Beispiele traditioneller Handwerksberufe wie Weben, Schmuckherstellung oder Sticken erleben.

WEITERE INFORMATIONEN

10a, Kirov sq., Petrozavodsk,
Republic of Karelia, Russia, 185035
www.kizhi.karelia.ru,
E-Mail: museum@kizhi.karelia.ru
(ganzjährig geöffnet)

An dieser Flussschleife der Wolga, der Samara-Biegung, ist deutlich die Breite zu erkennen, die der Strom stellenweise hat (oben). Friedliche Abendstimmung am Wasser (rechts).

80 Längster Fluss Europas – Die Wolga

Geschichte und Kultur des alten und neuen Russlands

Die Wolga, mit 3530 Kilometern längster Fluss Europas, fließt gemächlich von ihrer Quelle in den Waldaihöhen nördlich von Moskau dem Kaspischen Meer entgegen. An ihren Ufern liegen acht gewaltige Stauwerke mit Kraftwerken, riesigen Stauseen und Schleusenanlagen, die Teil wichtiger Verkehrsverbindungen sind und auch dem Tourismus dienen.

Unweit der Automobilstadt Togliatti beginnt das Gebiet der als Samarskaya Luka bezeichneten großen Wolgaschleife. Im kühnen Bogen macht der Strom auf einer Länge von rund 200 Kilometer eine 180-Grad-Kurve, die das Areal der Shiguli-Berge halbinselförmig umschließt. Zwischen Togliatti und der Stadt Shiguljowsk befindet sich die Staumauer des größten Wolga-Stausees, dem sogenannten Kuibyschewer Meer, mit der beachtlichen Länge von 550 Kilometern. In der Mitte der großen Wolgaschleife liegt die Stadt Samara, eine Millionenstadt an der Mittleren Wolga. Stromabwärts, unmittelbar hinter Samara, beginnt bereits das Areal des nächsten großen Stausees, der zum Saratower Wasserkraftwerk gehört und 230 Kilometer lang ist. So hat die Wolga in der Gegenwart nur noch wenige Kilometer ihres ureigenen Flussbettes mit seiner natürlichen Umgebung erhalten.

Ein Kleinod zwischen zwei Riesenstädten – der Nationalpark Samarskaya Luka

Das Gebiet der Schiguli-Berge wurde aufgrund seiner geologischen und geografischen Besonderheiten bereits Mitte der 1980er-Jahre zum Nationalpark erklärt und steht heute auf der Liste des UNESCO-Weltkulturerbes. Dieses landschaftlich wertvolle Gebiet ist hügelig bis bergig und hat Mittelgebirgscharakter.

Aussichtsplattform bei der Samara-Biegung, im Hintergrund die Zhigulev-Berge (unten). Dieser gesunkene Kahn ist nur noch als Abenteuerspielplatz zu gebrauchen (ganz unten). Ausblick über das nächtliche Samara (rechts).

Hier erstrecken sich Waldsteppen und steppenartige Höhenzüge, die an den höchsten Stellen aus Karstgestein, Kalkstein und Dolomit bestehen und bis zu 381 Meter hoch sind.

Flora und Fauna

Die Flora im Park weist mehr als 1500 Arten aus, darunter zahlreiche Gewächse, die nur in Gletschergebieten und in der Tundra gedeihen: Kosaken-Wacholder, Stieleichen, sibirische Douglasien, Haselnuss, Altai-Anemonen, Shiguli-Wolfsmilch, wilde Geranien, Weißdorn, Stachelnelken, Wolganelken, Wolga-Glockenblumen, Wermut, Beifuß, Vergissmeinnicht u.a. Es gibt zahlreiche endemische Pflanzenarten, sowie 18 seltene und gefährdete, die auf der Roten Liste der Russischen Föderation stehen.

Vertreter der Tierwelt aus allen Klimazonen Russlands sind hier heimisch. Neben den ganz Großen wie Braunbär, Elch, Hirsch, Wolf, Fuchs und Luchs leben Waschbären, Wildschweine, Biber, Siebenschläfer, Murmeltiere, Rehe, Hasen und sogar Wildpferde im Nationalpark.

Von den kleineren Tierarten findet man hier: verschiedene Mäusearten wie die Gelbhals-Maus, die Rotschopf-Wühlmaus und andere Wühlmaus-Arten, die Steppenmaus, große und kleine Zieselmaus u.a. Mehr als 200 Vogelarten leben ständig im Park oder sind als Zugvögel auf der »Durchreise« hier zeitweilig ansässig, wie: Schwarzstorch, Wanderfalke, Seeschwalbe, zahlreiche Wildenten-Arten, Steinadler, Auerhahn, Grün- und Buntspechte, Bachstelze, Wildtaube, diverse Eulen- und Waldkauzarten.

In den Feuchtgebieten leben Sumpfschildkröten, Bunt-Eidechsen, Ringelnattern, Molche, Frösche, Bisamratten und andere. Die Wolga selbst, »Mutter« aller russischen Flüsse, aber auch zahlreiche kleinere Bäche und Weiher sind sehr fischreich, bis zu 60 Fischarten zählt man hier. Das Gebiet ist an ausgewiesenen Stellen ein Eldorado für Angler.

Auch Kreuzottern lassen sich zuweilen in den trockenen, felsigen Bereichen beobachten.

Im Park gibt es diverse Naturhöhlen und Grotten, aber auch Reste aus der Zeit des Bergbaus sowie Steinbrüche. Vor allem in den Naturhöhlen sind ungefähr 30 000 Fledermäuse nachgewiesen, die sich in 14 Arten und Unterarten aufgliedern und unter besonderem Schutz stehen.

Es gibt im Park sechs ausgewiesene Wanderwege: So kann der Gast die Route zur »Steinernen Schüssel« gehen, einem Wanderweg durch ein verkarstetes Kalkstein-Gebiet, mit Schluchten und Mineralquellen wie der Quelle des heiligen Nikolaus mit der gleichnamigen Kapelle, Teil eines wichtigen Pilgerweges der orthodox-Gläubigen von Samara bis zur Quelle.

Mythen und Geschichten

In der Nähe befindet sich das Dorf Schirjajewo, wo der berühmte Maler Ilja Repin einige Monate lebte und das weltbekannte Gemälde Die *Wolgatreidler* schuf. Sein Wohnhaus ist heute Museum, außerdem gibt es im Dorf das Haus des Dichters Schirjajew und einen Museums-Bauernhof mit zahlreichen Exponaten aus dem bäuerlichen Leben des 19. Jahrhunderts. Die Route zum Molodjetskij Kurgan führt auf den vermutlich aus der Bronze- oder Eisenzeit stammenden Grabhügel, der in mehr als 200 Metern Höhe den Besucher mit einem traumhaften Ausblick auf die Shiguli-Berge und die Wolga belohnt. Unweit des Wolgaufers, beim Dorf »Klein Rjasan«, befindet sich eine Naturhöhle, die den Namen des Bauernführers Stjepan Rasin trägt. Hier soll der Widersacher der Zaren mit seinen Mannen im Jahre 1670 gutes Versteck gefunden haben. Am Wolgaufer ist Angeln möglich, es gibt Möglichkeiten zum Grillen und Übernachten im Zelt. Der Weg zum »Hexensee« ist ein kurzer, auch für Kinder gut geeigneter Wanderweg. Zahlreiche mystische Skulpturen erinnern an die Verehrung von Naturgottheiten. Beim Dorf Mordowo befindet sich ein einzigartiges Freilichtmuseum zur Geschichte der Wolga-Bulgaren, die vom 9. bis 13. Jahrhundert Herrscher über die gesamte mittlere Wolga waren. Zur Quelle des heiligen Ägidius und zum Wolga-Kloster führt ein gemütlicher Weg am Wolgaufer entlang. De Quelle ist seit Jahrhunderten als heilige Quelle bekannt, war Wallfahrtsort bis zum Beginn der Sowjetzeit. Dann verfielen sie und das Kloster aufgrund des Verbots jeglicher religiöser Aktivitäten. Seit 2003 sprudelt die Quelle wieder als Gesundbrunnen für die Besucher und Mönche, auch das Kloster ist wieder voll »funktionierend«, wie der Russe sagt. Samarskaya Luka ist eine wahre Perle an der Wolga, über den internationalen Flughafen von Samara in etwa einer Stunde über Togliatti gut erreichbar.

TECHNICAL MUSEUM TOGLIATTI

Togliatti wurde in den 1960er-Jahren als Retortenstadt errichtet, mit dem Ziel, hier eine moderne Pkw-Produktion auf der Basis von Fiat-Fahrzeugen zu errichten. Heute leben in der Stadt der Lada-Werke fast 700 000 Menschen. Das Technik-Museum des Konzerns »Avtowas« (Lada-Werke) ist auf der »Grünen Wiese« direkt vor dem Gebäude angelegt, wo auch zahlreiche Maschinenriesen ausgestellt sind. Technikbegeisterte sind hier richtig, es gibt Fahr- und Flugzeuge aller Art zu bestaunen, insgesamt 460 Exponate, vom U-Boot über Kampf- und Transportflugzeuge, Panzer, Raketen, Amphibienfahrzeuge, Hubschrauber, historische Lkws, Lokomotiven u.v.a.m.

WEITERE INFORMATIONEN

Hotel: »Park Otel« (Park Hotel), 5 km vom Museum, am Wolgaufer
Restaurant: »Telega«, in der Mitte zwischen Museum und Wolgaufer
www.city-on-volga.ru/en/museums/auto_vaz_technical_museum

81 Nationalpark Plitvicer Seen

Wilder Westen in Kroatien

Kaum zu glauben, aber wahr: Den »Schatz im Silbersee« suchten Winnetou und Old Shatterhand mitten in Kroatien, in der Karstlandschaft Dalmatiens. Im Quellgebiet des Flusses Korana hat die Natur eine Kulisse errichtet, die wie geschaffen ist für Abenteuer vor der Kamera. Ganze 16 Seen glitzern in einer schluchtartigen Waldlandschaft, azurblau, hellgrün, türkis, kobaltblau.

Atemberaubend und mystisch ist das Farbenspiel – kein Wunder, dass man hier auch einen »Silbersee« sah. Ein Teil des so benannten Westerns wurde hier gedreht. Rauschen, Donnern, Plätschern … in breiten Kaskaden stürzen die Wasser hinab, sammeln sich erneut, verbinden sich zu einer einzigartigen Landschaft aus Sturzbächen und Wasserfällen. Besonders eindrucksvoll ist der aus 78 Meter Höhe herabrauschende Veliki Slap. Die Seen liegen stufenartig in verschiedenen Höhen, getrennt von Sinterbarrieren, auch »Rauwacken« genannt. Diese weiche und poröse Gesteinsart bildet sich aus dem gelöstem Kalkstein des Karstes, Moosen und Algen. Man unterscheidet wegen der geologischen Beschaffenheit des Untergrunds und den jeweils spezifischen hydrogeologischen Bedingungen die Oberen und Unteren Seen.

Die Oberen und Unteren Seen

Die zwölf oberen Seen haben sich auf undurchlässigem Dolomit gebildet. Sie sind auch weitläufiger und zerklüfteter als die Unteren Seen, charakteristisch sind außerdem ihre sanfteren Ufer. Diese Seen heißen Prošćansko Je-

Die Westliche Smaragdeidechse schimmert in einem sehr grellen Grün (unten). Die Plitvicer Seen liegen auf unterschiedlichen Niveaus und sind über Wasserfälle miteinander verbunden (rechts).

Stege führen durch das Gebiet des Parks, unmittelbar an den Wasserflächen entlang (unten, ganz unten). Die Wasserfälle sind im Park allgegenwärtig (unten, ganz unten, rechts).

zero, Ciginovac, Okrugljak, Batinovac, Veliko Jezero, Malo Jezero, Vir, Galovac, Milino Jezero, Gradinsko Jezero und Burgeti. Die Unteren Seen indes sind auf durchlässigem Kalkboden entstanden. Sie haben sich in die enge Schlucht zwischen den steilen Hängen hineingeschnitten. Diese Seen heißen Milanovac, Gavanovac, Kaluđerovac und Novakovića Brod. Die Seen münden in dem eindrucksvollen Wasserfall Sastavci, unterhalb dessen das Flussbett der Korana beginnt. Eine elektrisch betriebene Fähre verbindet die oberen mit den unteren Seen. Das Zusammenspiel von Wasser, Pflanzen und Gestein verändert die Landschaft laufend, seit der letzten Eiszeit schon. Gespeist wird dieses sagenhafte Naturwunder durch Regenfälle und kleine Flüsse, vor allem aber durch unterirdische Quellen im Karstgestein. Am tiefsten Punkt des Parks, am Sastavci Slap, vereinen sich die Wassermassen zum Fluss Korana. Rund um die Seenlandschaft erstrecken sich dichte, urwüchsige Wälder aus Birken, Buchen, Eichen, Rottannen und Weymouth-Kiefern, geschmückt mit Höhlen, Quellen und Blumenwiesen.

Der Nationalpark Plitvicer Seen liegt im südlichen Bereich des Gebirgszugs Mala Kapela, auf einer Höhe von 369 bis 1279 Metern über dem Meeresspiegel. Als Teil der Dinarischen Karstlandschaft zählt das Gebiet mit seinen spezifischen geologischen, geomorphologischen und hydrologischen Eigenschaften zu einer der weltweit eindrucksvollsten Karstregionen. Die Sinterbarrieren entstehen durch den geologischen Prozess der Versinterung, der hier wiederum dazu führte, dass sich die Seen bilden konnten.

Fledermäuse und Grottenolme

Seit 1979 zählt der Nationalpark zum Weltkulturerbe der UNESCO. 1267 verschiedene Pflanzen hat man hier gezählt, darunter 55 leuchtende Orchideenarten. Sogar ein Urwaldgebiet namens Čorkova uvala hat sich erhalten, in dem Bäume bis zu 700 Jahre alt geworden sind. Iltisse und Marder, 20 verschiedene Fledermausarten, Sumpfschildkröten, die immer seltener werdenden Flusskrebse, bis zu zehn Kilogramm schwere Forellen und die Grottenolme der unterirdischen Karsthöhlen tummeln sich hier. Bussarde und Habichte ziehen am Himmel ihre Kreise. In einem besonders geschützten Gebiet fernab der touristischen Pfade leben Braunbären, Wölfe, Wildkatzen und Luchse. Ein seltsames Wesen

ist in den unterirdischen Karsthöhlen anzutreffen: der Grottenolm, blind und mit einer fast durchsichtigen, schimmernden Haut. Von vorne betrachtet, erinnert das possierliche Tier an ein winziges, schwimmendes Schweinchen.

Zauberhaft zu jeder Jahreszeit

Ein weitverzweigtes Netz aus Wanderwegen und Holzbrücken geleitet einen zu den schönstens Plätzen des Nationalparks. Es fällt schwer zu entscheiden, in welcher Jahreszeit es hier am Schönsten ist. Ganz gleich zu welcher Jahreszeit, wer diesen Ausflug wirklich genießen möchte, sollte sich ausreichend Zeit dafür nehmen. Und noch ein Tipp: Völlig trocken kommt man aus dieser Zauberwelt selten wieder heraus, was im Hochsommer durchaus willkommen ist. Für die übrige Jahreszeit ist mindestens ein leichter Anorak zu empfehlen. Zu beachten sind beim Besuch die Anweisungen auf den Infotafeln. So müssen alle Gäste den gekennzeichneten Wegen folgen und dürfen keine weggeworfenen Abfälle, keine Botschaften an Bäumen oder anderweitige Schäden an der Natur hinterlassen.
Die Spuren Winnetous liegen mitten in Kroatien. Während der Häuptling in die ewigen Jagdgründe eingegangen ist, bleibt der Nationalpark Plitvicer Seen unsterblich, in seiner Schönheit, in lange währenden Erinnerungen nach dem Besuch.

Der Weg zum »Silbersee«

Von den Ferienorten der kroatischen Küste und den Städten des Binnenlandes aus ist der Nationalpark Plitvicer Seen gut zu erreichen. Ein lohnenswertes Tagesziel!
Mit dem Auto: über die Autobahn A1 (E71/E65), die zu Küstenorten wie Zadar und Split und der Hauptstadt Zagreb führt. Anschluss z.B. über Autobahnausfahrt 13-Gornja und die Route 522 Richtung Plitvi ka jezera/Korenica/Udbina. Von Zadar fährt man etwa zwei bis zweieinhalb Stunden, von Zagreb eine knappe Stunde. Einige Strecken sind mautpflichtig.
Mit dem Bus: von Zagreb, Zadar, Split und Karlovac (früher: Karlstadt) gibt es insgesamt rund 30 Busverbindungen zum Nationalpark. Achtung, manche Busfahrer halten nur nach Aufforderung an den Eingängen des Nationalparks.
Mit der Bahn: Die am nächsten gelegenen Bahnhöfe befinden sich in Josipdol und Plaski, doch von hier aus fahren keine Busse in den Nationalpark. Besser über die großen Städte fahren und dann in den Bus umsteigen!

RADROUTEN UM DEN NATIONALPARK

Im Nationalpark Plitvicer Seen sind Fahrräder nicht erlaubt, aber um das Gebiet herum schon, und da verläuft ein etwa 60 bis 80 Kilometer langes Radwegenetz. Es ist ideal für Aktivurlauber, die mehr sehen möchten als die Seenlandschaft. Entlang der Radrouten gelangt man zu schönen Aussichtspunkten, zu den Quellen der Flüsse und zu kleinen ursprünglichen Orten in der Umgebung des Nationalparks. Alle Radrouten sind durch Verbindungsstrecken untereinander kombinierbar. Mehr Infos zu Radwegen, Routen, Kontrollpunkten und anderen für Radfahrer interessanten Besonderheiten sind zu finden auf den Homepages der Tourismusverbände der Gemeinden Plitvička Jezera (www.discoverplitvice.com) und Rakovica (www.plitvickedoline.hr).

WEITERE INFORMATIONEN

Es gibt eine deutsche Version der Webseite des Nationalparks:
www.np-plitvicka-jezera.hr/de

Gipfellandschaft des Naturparks Velebit (oben). Die schlichte St.-Peters-Kirche befindet sich in Starigrad (rechts).

82 Nationalpark Paklenica

In der »kleinen Hölle« aus Felsen

Wer in Kroatien noch unberührte Natur und international einmalige Kunstschätze entdecken will, sollte für sich die Region rund um Zadar erobern, in dem der ehemalige römische und venezianische Einfluss immer noch gut erkennbar ist. Paklenica, der größte Nationalpark des Landes, oder die 3000-jährige Geschichte der Hauptstadt Zadar bieten reichlich Abwechslung.

Gleich fünf Nationalparks lassen sich von Zadar aus als Tagesausflug ansteuern: Paklenica, Krka (siehe S. 260), Nordvelebit, die Kornaten und die Plitvicer Seen (siehe S. 252). Besonders bietet sich der Nationalpark Paklenica an, denn er liegt im Velebit-Gebirgsmassiv nur 30 Kilometer nordöstlich der Stadt Zadar. Bereits im Jahr 1949 zum Nationalpark erklärt, ist er einer der ältesten dieser Art.

Eindrucksvolle Karstwelten

Seinen Namen, aus dem Kroatischen übersetzt bedeutet er so viel wie »kleine Hölle«, verdankt Paklenica wahrscheinlich den rauen und steilen Karstfelsen, die den Nationalpark prägen. Hier verbergen sich etliche Höhlen, ein Bild, das an eine Unterwelt erinnert. Einer anderen Bedeutung zufolge ist die Bezeichnung auf die im Park häufig vorkommenden Schwarzkiefern zurückzuführen. Ihr Saft, die *paklina*, wurde früher verwendet, um Booten einen Anstrich zum Schutz vor Nässe zu geben. Der Nationalpark ist wie geschaffen zum Wandern und Klettern – allein das Klettergebiet umfasst mehr als 400 Routen in unterschiedlichen Schwierigkeitsgraden. Ein Netz aus 150 Kilometern markierter Wanderwege lädt dazu ein, die Vielfalt des Nationalparks kennenzulernen. Für eine Rast stehen auch einige Berghütten und Schutzhütten zur Verfügung.

Die Polster-Glockenblume ist nicht sehr anspruchsvoll und wächst sogar auf dem nackten Fels (unten). Die Wanderungen im Park eignen sich auch für Familien (ganz unten). Unterirdische Wunderwelt in der Höhle Manita Peć (rechts).

Die höchsten Gipfel sind der Vaganski Vrh, er ragt 1757 Meter über der Adria auf, und der Sveto Brdo. Auf seiner Gesamtfläche von 96 Quadratkilometern bietet er einen Lebensraum für viele seltene und geschützte Tierarten, etwa Braunbären, Luchse, Schlangenadler und Gänsegeier. Auch etliche Reptilien kommen hier vor, unter anderem die giftigen Hornvipern und Kreuzottern. Die Pflanzenwelt bezaubert besonders im Frühjahr, wenn alles grünt und Alpenveilchen zu entdecken sind. Manchmal liegt auch noch etwas Schnee auf den Berggipfeln, und der Wildbach Velika Paklenica führt nun besonders viel Wasser. Gerade zum Wandern lohnt sich diese milde Jahreszeit auch aufgrund der angenehmen Temperaturen.

Ausstellung im Ethno-Haus

Unter dem Namen »Mirila – Seelenruhestätten« lockt eine Ausstellung im Ethno-Haus (tgl. 13–21 Uhr, Eintritt frei). Sie informiert über die Bräuche, Lebensweise, Entstehung und Vergehen in dieser Region. Bei Mirila handelt es sich um Steinmarkierungen eines einheitlichen Bestattungsrituals aus dem 17. bis 20. Jahrhundert – einer Zeit, in der der Gebirgszug Velebit noch besiedelt war. Zu entdecken sind sie entlang der Pfade von Velebit.

Eine Region für Aktive

Der Küstenstreifen bei Zadar ist ideal für einen Urlaub mit Sonne, Strand und Meer und Freizeitaktivitäten wie Baden, Schnorcheln, Tauchen, Segeln oder Surfen, Beachvolleyball oder Tennis. Ein tolles Erlebnis ist es zum Beispiel, mit einem erfahrenen Tauchlehrer in die blaue Meerestiefe hinabzugleiten, um die farbenschillernde Welt der Riffe zu entdecken. Oder ein Segeltörn inmitten der 200 Inseln und Inselchen vor der Küste von Zadar.

Im Umkreis von 150 Kilometern liegen die Naturschutzparks Vraner See, Telascica-Bucht und das Gebirge Velebit, seit 1978 ein UNESCO-Biosphärenreservat. Weitere Naturschönheiten sind der Karstfluss Zrmanja, die Höhlen von Cerovac, die Mondlandschaft der Insel Pag und Dutzende von Inselchen im Pasmaner Kanal. In Paklenica sind vor allem Bergwandern, Freeclimbing, Trekking und Birdwatching angesagt, auf dem Zrmanja Kanu- und Kajakfahren sowie Rafting. Wer jeweils länger da oder dort verweilen möchte, kann es mühelos tun – auf einem der zahlreichen Campingplätze. Und wen der Hunger treibt, der sollte in ein *konobe* gehen, eines dieser kleinen, oft in

Kellergewölben untergebrachten Wirtshäuser, die solide kroatische Hausmannskost servieren. Eine Rast für Leib und Seele: Gastfreundschaft wird in ganz Kroatien ganz groß geschrieben.

Ausflug nach Zadar

Zadar liegt an der Nordküste Dalmatiens auf einer flachen Landzunge, hinter einem Archipel von Inseln und Inselchen. Die Geschichte der Stadt reicht etwa 3000 Jahre zurück. Zuerst kamen die alten Griechen, dann die Römer, schließlich die Venezianer. Ganze Epochen, in denen das heutige Stadtbild Zadars geprägt wurde.

Von der Uferpromenade aus gelangt man zum antiken Forum mit der monumentalen Kirche des heiligen Donatus und dem Glockenturm der Kathedrale. Dort geht es weiter durch die Hauptstraße zum Hauptplatz der Stadt, der gesäumt ist von den Renaissancebauten der Stadtloggia und der Stadtwache. Weiter östlich erhebt sich die Kirche des heiligen Simeon mit einem wertvollen Schrein aus dem 14. Jahrhundert. Im südlichen Teil Zadars lockt pittoreske mittelalterliche Stadtviertel mit engen Gassen und schmalen Häusern. Nördlich der Hauptstraße liegt der Marktplatz mit einem quirligen Fischmarkt. Unweit davon, in östlicher Richtung, kommt man zum Festlandtor aus dem 16. Jahrhundert. Der Halbinselkern ist teilweise noch von alten Festungsmauern umgeben, von wo aus sich ein weiter Blick auf Stadt, Festland, Felsbuchten und sonnige Badestrände öffnet.

Ein Paradies für Wassersportler

Zadar ist eine ausgesprochen attraktive Region. Die zerklüftete Küste mit über 200 vorgelagerten Inseln, etlichen Buchten, geschützten Häfen und einer faszinierenden Unterwasserwelt ist wie geschaffen für den Wassersport. Segler und Surfer fühlen sich hier genauso wohl wie Taucher und Freizeitkapitäne. Passende Boote jeglicher Art und Größe können auch gleich gechartert werden. Für den naturnahen Aufenthalt gibt es mehr als 100 Campingplätze, davon acht größere und viele kleinere private, wo sich der Urlauber schnell zu Hause fühlt. Fazit: Zadar und Umgebung sind absolut nichts für einen Langweiler-Urlaub.

BERGHÜTTE NAHE DER SCHLUCHT

Im Nationalpark Paklenica haben Urlauber die Möglichkeit, in die Paklenica-Berghütte oder in Schutzhütten einzukehren und auch dort zu übernachten. Eine befindet sich zum Beispiel rund zwei Stunden Wanderzeit von der Schlucht von Velika Paklenica entfernt. Die Hütte ist täglich geöffnet und bietet rund 50 Schlafplätze in Mehrbettzimmern, eine Gemeinschaftsküche und einen Gemeinschaftsessraum. Wer das Übernachtungsangebot nutzen möchte, sollte für alle Fälle einen Schlafsack dabei haben. Verwaltet wird die Hütte vom Bergwandervereins Paklenica aus Zadar.

WEITERE INFORMATIONEN

Tel. +385 97 755 76 54 – Irena Šaran
E-Mail: dom.paklenica@gmail.com
www.np-paklenica.hr/de
www.zadar.hr/de

83 Nationalpark Krka

Naturjuwel mit sieben Wasserfällen

Hier wurden in den 1960er-Jahren Teile der Winnetou-Filme gedreht: Eindrucksvoll ist die Schlucht im Nationalpark Krka. Auf einer Fläche von 109,5 Quadratkilometern verzaubert eine Landschaft aus sieben Wasserfällen mit etlichen Klippen, Felsen, Höhlen und Spalten. Nicht weit davon bietet sich die älteste slawische Siedlung an der kroatischen Adriaküste für einen Ausflug an.

Geprägt ist der Nationalpark von dem namensgebenden Fluss, der 72,5 Kilometer langen Krka. Von ihrer Quelle im Dinarischen Gebirge bis zur Mündung in das Adriatische Meer windet sie sich durch eine atemberaubende Karstlandschaft.

Baden unter dem Wasserfall

Besonders eindrucksvoll im Nationalpark Krka sind die spektakulären Wasserfälle, die der Fluss bildet. Sie übertreffen sogar noch jene im Nationalpark Plitvicer Seen (siehe S. 252): Ihr Wasservolumen ist deutlich größer. So stürzen die Wassermassen an der letzten Kaskade Skradinski Buk mit 55 Kubikmetern pro Sekunde über die Felsbarriere in eine Tiefe von 46 Metern. Dabei überwinden sie eine Breite von 800 Metern und insgesamt 17 Travertinstufen. Travertin ist die Bezeichnung für den porösen, meist gelblichen Kalkstein. Die Wassermassen sammeln sich in einem großen See, in dem sogar gebadet werden darf.

Aber auch kulturell hat der Nationalpark einiges zu bieten. Im Norden liegt zum Beispiel das Krka-Kloster, architektonisch eine eigenartige Mischung aus mediterraner und byzantini-

Lebensraum vieler Tiere und Pflanzen: das klare Süßwasser im Park (unten). Mittels unzähliger kleiner Kaskaden überwindet das Wasser einen beträchtlichen Höhenunterschied (rechts).

Die alte Steinkirche ist nach dem Krka-Park benannt (unten). Auch für Frösche bietet das Feuchtbiotop Krka optimale Bedingungen (ganz unten). Isolierte Lage: das Kloster Visovac (rechts).

scher Architektur, die bis ins 15. Jahrhundert zurückreicht. Unterhalb davon erstreckt sich ein weiterer See, an dessen Ostufer noch einige der traditionellen ehemaligen Getreidemühlen stehen. Am Ende verengt sich der See zu einer 150 Meter schmalen Schlucht, durch die das Wasser schießt, bis es in einen weiteren See mündet. Dort ruht auf einem Inselchen das Kloster Samostan Visovac. Es wurde im 14. Jahrhundert erbaut und blickt in zölibatärem Schweigen auf die umliegenden Eichenwälder.

Fast wie im Dschungel

Zum Nationalpark Krka gehören dschungelartige Wälder, deren größtenteils mediterrane Pflanzenwelt auch Einflüsse der südeuropäischen Flora aufweist. Ein weiterer Teil der Bäume, Sträucher und wuchernden Stauden kann nicht so spezifisch zugeordnet werden. Rund 860 bekannte Pflanzenarten wurden hier insgesamt gezählt – eine Artenvielfalt, die sich vor allem aufgrund der ausgedehnten Wasserflächen der Seen entwickeln konnte. An deren südlichem Ende gedeiht eine naturbelassene Sumpfvegetation mit wunderschönem Bewuchs von Seerosen und von Schilf bestandenen Ufern.

Die ungewöhnliche Flora begründet sich mit der Geschichte der Region: Einst war sie von einer größtenteils bäuerlichen Gesellschaft besiedelt. Für die nötigen Nutzflächen wurde der zuvor dichte Wald weitgehend abgeholzt und erst Jahrhunderte später am unteren Krka-Verlauf wieder aufgeforstet. Doch dort, wo die Bäume verschwunden waren, siedelten sich etliche kleinere, lichtliebende Pflanzen an.

Adler beobachten

Der Nationalpark Krka ist für die Vogelwanderung von außerordentlicher Bedeutung und gilt aufgrund seiner Artenvielfalt als eines der wertvollsten Biotope Europas. Seine Tierwelt zeichnet sich durch ihre rund 220 Vogelarten aus, darunter etliche Zugvögel, die vor allem im Frühjahr und Herbst die Wipfel der Bäume bevölkern. Auch seltene Adler sind hier bei ihrer Beutejagd oder dem Bau ihrer Horste zu beobachten. Hier kommen außerdem verschiedenste Fischarten vor, in den Sümpfen auch Amphibien und in den Gehölzen und im Gestein zahlreiche Reptilien. So ist auch eine der vier Lachsfamilien ausschließlich in der Krka beheimatet, eine von wohl 18 Süßwasserfischarten, darunter zehn endemische Arten – die also nur hier zu finden sind. Damit liegt der Fluss im

europäischen Vergleich ganz weit vorn. Im Seebereich des Flusses hat sich eine der größten Fledermauskolonien Europas angesiedelt.

Mittelalterliches Šibenik

Nur ungefähr eine Viertelstunde benötigt man mit dem Auto bis Šibenik. Dies ist die älteste slawische Siedlung an der kroatischen Adriaküste, erstmals urkundlich erwähnt im Jahr 1066. Lange Zeit wehrte sich die Stadt gegen die venezianische Herrschaft, ehe sie sich Anfang des 15. Jahrhunderts den Dogen beugen musste. Sie liegt an einer weitläufigen Bucht, wo sich der Krka-Fluss ins Meer ergießt. Wie ein riesiges Amphitheater schmiegt sich die Stadt an die umliegenden Berghänge. Das Stadtbild ist geprägt von schmalen, verwinkelten Gassen, zahlreichen Stiegen, Treppen und überwölbten Passagen – eine einzigartige Stadt an der Adriaküste.

Überragt wird das Ganze von der dreischiffigen, aus Kalkstein und Marmor erbauten Kathedrale Sveti Jakov (1431–1555), seit dem Jahr 2000 Teil des UNESCO-Weltkulturerbes. Sie steht am Domplatz, der an der Hangseite mit der zweigeschossigen Stadtloggia abschließt. Besonders markant wirkt das dem heiligen Jakob geweihte Gotteshaus durch einen umlaufenden Kranz von 34 Löwen- und 71 Menschenköpfen, mit dem Baumeister Juraj Dalmatinac seine mittelalterlichen Zeitgenossen verewigte. Im einstigen Fürstenpalais ist heute das Stadtmuseum untergebracht. Von der alten Stadtbefestigung mit ihren drei Festungsanlagen genießt man einen herrlichen Blick über die Stadt und die Bucht von Šibenik mit ihren zahlreichen großen und kleinen Inseln.

Längst zählt das Städtchen zu den schönsten Zielen an der dalmatinischen Küste. Das glasklare Meer, das mediterrane Klima, die malerische Landschaft und die nahe gelegenen Nationalparks Krka und Kornati locken immer mehr Gäste an, vor allem wegen des nautischen Tourismus: Schwimmen, Schnorcheln, Tauchen, Surfen und Segeln sind hier angesagt. Wer in Šibenik verweilen möchte, findet mühelos ein Hotel oder bucht sich in der großen Hotelanlage vor den Toren der Stadt ein, die auch Bungalows, Campingplatz, eine Marina und viele Freizeitmöglichkeiten anbietet.

SO WEIT DAS AUGE REICHT

Die verfallenen mittelalterlichen Festungen garantieren auch heute noch eins: den besten Ausblick über das Krka-Tal, der damals von immenser strategischer Bedeutung war. So stehen die Ruinen immer an den höchsten Stellen mit beeindruckendem Panoramablick, und während hier früher nach feindseligen Truppen Ausschau gehalten wurde, können heute Besucher den Blick einfach nur in die Ferne schweifen lassen und genießen. Keinesfalls sollte man es verpassen, auch den Aussichtspunkt oberhalb des Roski Slap zu erklimmen. Es führen 300 hölzerne Stufen hinauf. Die Mühe wird entschädigt durch einen sagenhaften Blick auf den Fluss und den Wasserfall. Auch eine Höhle ist zu sehen, in der prähistorische Knochenfunde entdeckt wurden.

WEITERE INFORMATIONEN

www.nationalpark-krka.de

Das Wasser des Štrbački-buk-Wasserfalls wirkt hier petrolfarben (oben). Wälder, Berge und Seen – ganz beschaulich gibt sich der Nationalpark Una (rechts).

84 Glasklares Wasser – Nationalpark Una

Ursprünglich und einzigartig

Wasserfreunde sind hier richtig: die Kraft des Wassers spüren und genießen. Entlang des namensgebenden Flusses, der Una, der »Einzigartigen«, spazieren gehen oder sich in ihre Fluten stürzen, um eine Rafting-Tour zu erleben? Ein unberührtes Stückchen Europa, mit einer Biodiversität, die ihresgleichen sucht, all das macht den bosnischen Nationalpark Una aus.

Die Una, Namensgeberin und Hauptschlagader des Nationalparks, entspringt einer typischen Karstquelle in Kroatien nahe dem Berg Čemernica. Nicht nur, dass der glasklare Fluss den Park durchzieht, Kanu- und Kajakfahrer aus aller Welt anzieht und für biologische Vielfalt sorgt, macht die Landschaft einzigartig.

Die Einzigartige und der Nationalpark

Schon die Römer waren von der Kraft und Aura des Flusses fasziniert. So waren sie es, die der Una ihren Namen gaben. Allein bei ihrem Anblick und durch ihre Ausstrahlungskraft schaffte die Una es der Legende nach, die Krieger von ihrer Kampfes- und Streitlust zu befreien. Zum Dank nannten sie sie Una, die Einzigartige. Die Kraft des Wassers ist unbeschreiblich, und auch Flora und Fauna gedeihen prächtig. Ob direkt am Ufer oder in den umliegenden Wäldern, hier kann man nicht nur die größten europäischen Raubtiere wie Bär, Wolf und Luchs beobachten. Mit etwas Glück erhascht der Besucher einen Blick auf die endemische Spezies der Alpen-Kleinwühlmaus. Auf den Wiesen entlang des Ufers ist die fliederfarbene Unas-Glockenblume ein Blickfang. Erst 2008 wurde der Park mit einer Gesamtfläche von 19 800 Hektar gegründet, und knapp zwei Drittel der Fläche wurden unter Naturschutz gestellt.

Von Wasserfällen und Ruinen

Mit dem Auto geht es von Süd nach Nord. Entlang der Una mit ihrem glasklaren Wasser und dem blaugrünen Farbenspiel. Die Sonne im Gesicht, ist die Vorfreude auf das erste Highlight des Tages, die Wasserfälle von Martin Brod, groß. An der Stelle, wo sich die Una mit dem Fluss Unac verbindet, ist die Zahl der Wasserfälle, Kaskaden und Becken im Park am dichtesten. Beeindruckend, wie sich die Wassermassen in kleinen Rinnsalen nach unten stürzen. Aus allen Richtungen scheinen sie sich ihren Weg zu bahnen. Die Gischt spritzt nach oben, und kleine feine Wasserperlen erfrischen die Haut. Im Zusammenspiel mit der Sonne erscheint vor dem Felsgestein ein Farbenspiel in allen Nuancen des Regenbogens wie aus dem Bilderbuch. Langsam geht es auf die Holzbrücke, um diesem Naturschauspiel noch ein wenig näherzukommen. Von hier möchte man so schnell nicht wieder weg. Stehen bleiben, Augen schließen und genießen. Sich dem Rauschen des Wassers hingeben und von der Kühle des Wassers verwöhnen lassen. Erfrischt und geerdet geht es weiter Richtung Kulen Vakuf und die Burgruine Ostrovica. Ein Spaziergang durch den Ort und der Besuch der Ruine lassen den Parkbesucher in die jahrhundertealte, kriegerische und erlebnisreiche Vergangenheit der Region eintauchen. Geschichte, Kultur und Natur eines Landes gehören eng zusammen, weshalb sich ein Halt an dieser Stelle sehr lohnt.

Der nächste Höhepunkt lässt nicht lange auf sich warten: Štrbački buk. Spektakulär, wie sich die Wassermassen des Wasserfalls in 25 Meter Tiefe stürzen. Er ist der höchste hier im Park. Seine Stufenform hat er tektonischen Bewegungen und den für die Nationalparkregion typischen Tuffablagerungen zu verdanken. Das Grün der Moose, der Duft der Sommerwiesen und das nicht enden wollende Rauschen des Flusses lassen den Besucher verweilen. Ein Spaziergang Richtung Canyon, wo man noch die Rafter anfeuert, dazu das Zwitschern der Vögel und das Zirpen der Grillen lassen einen unvergesslichen Sommertag langsam zu Ende gehen. Seinen perfekten Ausklang findet der Tag bei einem Abendessen mit traditionellen Gerichten nahe der Stromschnellen von Ripač.

ABENDESSEN AUF DEM BOOT

Behutsam bewegt die Una das kleine Holzboot hin und her, umgeben von kleinen, leise rauschenden Wasserfällen. Während die Sonne mit ihren letzten Strahlen das Wasser glitzern lässt, genießt der Gast an Bord des *River Docks* seine bosnischen Spezialitäten als Abendessen. Auf den Tellern finden sich hübsch angerichtet etwa: *Ćevapi* (gegrillte Hackfleischrollen) mit *somun* (Fladenbrot) und rohen Zwiebeln. Daneben ein Tontopf mit *bosanski lonac* (Eintopf) und ein Stück *burek* (eine Art Lasagne). Den süßen Abschluss macht *tufahija* (gekochter Apfel mit Füllung). Passend dazu kann man den Gaumen mit regionalen Weinen oder *limunada* verwöhnen. Anschließend kann man sich im zugehörigen Hotel direkt in die weichen Federn sinken lassen.

WEITERE INFORMATIONEN

www.emporium.ba/en

85 Schlafende Schönheit – Nationalpark Sutjeska

Das Dornröschen in Bosnien-Herzegowina

Einer der letzten Urwälder Europas findet sich im Nationalpark Sutjeska, der bisher touristisch noch ein weißer Fleck auf der Landkarte ist. Das liegt sicher auch an der jüngeren Vergangenheit Bosnien-Herzegowinas. Er ist nicht nur wild, sondern auch einsam, denn Wanderer und Outdoorfans haben ihn noch nicht für sich entdeckt. So bleibt er ein Dornröschen, das wachgeküsst werden möchte.

Wohl kaum ein Reisender, der sich in dieses Land aufmacht, entgeht den Fragen wie »Ist das nicht gefährlich dort?«, »Hast du keine Angst vor den Minen?«. Es wird noch dauern, bis die Minenräumung in Bosnien-Herzegowina abgeschlossen ist. Aber nicht jeder Schritt ist eine Bedrohung, die Wanderwege sind minenfrei. Dennoch heißt es Acht geben und nicht querfeldein laufen. Vielleicht ist das mit einer der Gründe, weshalb sich hier einer der letzten Urwälder Europas erhalten konnte. Braunbären, Wölfe und Luchse werden schlichtweg nicht von Wanderern gestört. An mit rotem oder gelbem Band markierten Stellen lauert nach wie vor Gefahr, denn längst sind noch nicht alle Minen geräumt worden.

Unbekanntes Insektenparadies

Es summt und brummt, Bienen und Hummeln steuern Enzian und Hahnenfuß an. Manchmal scheinen sie aus den Pflanzen herauszutorkeln, an den Beinen bunte Pollenpakete für den Nachwuchs. Hier scheint die Natur noch in Ordnung. Wer den Park kennt, meint, er sei wilder als andere Parks. Andere sagen, er sei einsamer. Beide haben wohl irgendwie Recht.

Der Skakavac-Wasserfall des Flüsschens Perućica ist etwa 75 Meter hoch (unten). Denkmal des Zweiten Weltkriegs (rechts).

Highlights im Park

Nicht nur wegen der Minen ist das Verlassen der Wege im Park wenig ratsam. Es ist auch oftmals schlichtweg zu dicht bewachsen, im Park breitet sich einer der letzten Urwälder Europas aus: Der Perućica-Urwald ist schon 20 000 Jahre alt, viele der dicken Buchen haben mehr als 300 Jahre auf dem Buckel, und zwischen vielen Bäumen hat sich undurchdringliches Gestrüpp gebildet. Doch es gibt ein gutes Netz an Wanderwegen.

Nicht nur der Fernwanderweg Via Dinarica, der von Slowenien bis Albanien durch das Gebiet führt, ist einen Versuch wert. Zum Pflichtprogramm des Parks gehört auf jeden Fall der Maglić. Der mit seinen 2386 Metern höchste Berg des Landes gilt als einer der Höhepunkte beim Parkbesuch. Zu Gipfelstürmern werden die Wanderer im Park allerdings kaum, denn der Aufstieg über die Westwand ist kompliziert und verlangt Erfahrung von den Wanderern. Neun Gletscherseen leuchten immer wieder aus den Wiesen oder Felsen hervor, die Einheimischen haben sie passenderweise »Augen der Berge« genannt. Und ebenso strahlen sie auch, jedenfalls wenn der Himmel blau ist. Die gesamte Fläche von 172 Quadratkilometern des 1952 zum Nationalpark ausgerufenen Gebietes wird wohl niemand gänzlich schaffen, den Besuch der Sutjeska-Schlucht aber schon. Über Jahrtausende hat der gleichnamige Fluss mit beständiger Beharrlichkeit die Felsen mit seinem Wasser ausgefräst. Heute ist sie 1000 Meter tief. So manch ein Besucher aus den USA vergleicht deswegen die Schlucht mit einigen Nationalparks in seiner Heimat. Doch dann lächeln die Bosnier nur und antworten: »Nein. Hier ist es viel ruhiger und menschenleerer.« Dennoch, an Attraktionen steht der Sutjeska manchem großen Park in nichts nach. Zu den Höhepunkten des Parks gehört auch noch der Wasserfall Skakavac, der sich 75 Meter an einer Felswand in die Tiefe stürzt. Eines der Denkmäler des Parks ist allerdings menschengemacht: das Mahnmal im Tal der Helden. Zwei riesige Steinklötze, in der Mitte getrennt, stehen sich gegenüber wie die Soldaten. Der Koloss erinnert an die Schlacht im Zweiten Weltkrieg, als jugoslawische Partisanen die deutsche Wehrmacht verdrängten.

RAFTING AUF DER TARA

Helm auf, Schwimmweste festgezurrt und los geht es: gemeinsam die Paddel schwingen und das Schlauchboot über die wild gurgelnden Wasser der Tara navigieren. Hier im Nationalpark Sutjeska ist der Fluss nicht nur breit, sondern an vielen Stellen schier unfassbar türkis. Doch was so friedlich aussieht, täuscht. Wer einmal im Schlauchboot gesessen hat, weiß, wie die Sprudel das Gummiboot auf einmal zum Tanzen bringen. Da muss sogar der erfahrene Guide geschickt navigieren, jede helfende Hand zählt. Sogar kleine Stromschnellen wollen überwunden werden. Auf einmal ist es wieder ruhig. So als wäre nie etwas gewesen, gleicht der Fluss nun eher einem stillen See, in dem das Boot fast zu stehen scheint. Genießer buchen die Tour gleich mit einem entsprechenden kulinarischen Outdoor-Angebot.

WEITERE INFORMATIONEN

www.raftingtara.com

Da kommt fast schon Alpen-Feeling auf: Berglandschaft im Nationalpark Durmitor im Dinarischen Gebirge (oben). Schafherde auf einer Almwiese auf dem Parkgelände (rechts).

86 Nationalpark Durmitor

Die schönen Augen der Berge Montenegros

Skifahren in Montenegro? Ja, und wie! Das kleine Land birgt ein skifahrerisches Kleinod: Durmitor. Doch das Gebirge im Norden des Balkanstaates ist weitaus mehr als nur ein beliebtes Wintersportzentrum. Es ist ein einzigartiger, ursprünglicher Nationalpark. Die Landschaft aus schroffen Gipfeln und glasklaren Gletscherseen ist ein ideales Wanderrevier.

Da stehen sie. Mitten im Weg, wie eine Woge aus lebenden Wollknäueln. Eine große Schafherde versperrt den Weg. Doch Eile ist an dieser Stelle fehl am Platze. Dann wird eben gewartet. Das Auto steckt fest mitten in der Herde, die sich nicht beirren lässt und die leckeren Kräuter vom Wegesrand zupft. Löwenzahn und Kamille wuchern dort und schmecken den Schafen. Sie lassen sich Zeit, doch irgendwann sind auch sie aus dem Weg verschwunden.

Die größte Schlucht Europas

Weiter geht es, auf Erkundungstour in die Berge des Durmitor. Zu den wichtigsten Sehenswürdigkeiten des Gebirges zählt der Tara-Canyon. Er ist nach dem Grand Canyon in den USA die wohl zweitlängste Schlucht der Welt. Wie mit dem Beitel in die Landschaft gefräst, schneiden sich die Flusstäler durch das Grün der Wiesen. Bis zu 1600 Meter tief ist die Schlucht, die der Fluss Tara in die Felsen gegraben hat. Wo einst Flößer das Holz gen Donau getrieben haben, machen sich heute Abenteuerlustige auf, um die Landschaft zu erkunden. Rafting ist eine der schönsten Arten, um dem wilden Lauf des Wassers mit seinen Stromschnellen zu folgen und die Landschaft aus einer ganz anderen Perspektive aus zu entdecken. Bis zu 60 Meter hohe Wasserfälle zäh-

len dabei zu den größten Herausforderungen solcher Touren. Das Örtchen Šćepan Polje ist der beste Ausgangspunkt dafür. Doch auch von oben, etwa von Crvena Greda, ist die Tara-Schlucht imposant, der Blick reicht immerhin bis nach Bosnien.

Schwarze Seen und steile Hänge

Die steilen Abhänge erfreuen Fans des Wintersports, die hier auf dem Balkan dem Skifahren nachgehen können. Wer den Nationalpark lieber nicht im Winter erkundet, für den ist Wasser vielleicht das richtige Element. Für seine klaren Seen ist der Nationalpark bekannt. Die Einheimischen nennen sie »Bergaugen«. Dabei gibt die Landschaft einen hervorragenden Einblick in die Entstehung der Topografien. Man muss sich nur im Nationalpark Durmitor umschauen, um zu begreifen, wie Bergseen entstanden sind: Die schroffen Hänge, die steil aus der Landschaft ragen und sich als Gipfel im Wasser der Seen spiegeln, sammeln Mengen an Schnee. Doch sie können das viele Schmelzwasser nicht halten, und so entstehen in den Tälern Seen als Sammelbecken. In kaum einer Berglandschaft wird das so deutlich wie hier, wo sich die Gipfel in dem himmelblauen Wasser spiegeln. Berühmt ist dabei der Crno Jezero, der »Schwarze See« am Fuße des Međed ist das beliebteste Ausflugsziel der Gegend.

Unberührtes Refugium für Wolf und Bär

Dieser See ist als beliebtes Naherholungsziel berühmt, daher sind Besucher, die Ruhe und Abgeschiedenheit suchen, hier fehl am Platze. Doch Einsamkeit ist im Nationalpark Durmitor kein Problem, denn er gehört zu den eher unbekannten Wanderparadiesen Europas. So ruhig geht es dort zu, dass Wölfe, Luchse und Bären an den Hängen und in den dichten Wäldern sicheres Quartier gefunden haben. In den Lüften kreisen Adler und Falken, und über den Wiesenblumen flattern Schmetterlinge wie Apollofalter oder das Sechsfleck-Widderchen, die sich an lilafarbenen Distelblüten laben. Bei so viel Idylle wundert es nicht, dass die Griechen einst glaubten, mit dem Durmitor das Gegenstück zum Olymp gefunden zu haben. Galt der Olymp als Regierungssitz der Götter, sollen die Gottheiten nachts zum Durmitor gezogen sein, um sich auszuruhen. Wer den Frieden und die Stille der Bergwelt einmal erlebt hat, versteht, wie die Menschen auf so eine Sage kommen konnten.

LEDENA PECINA

Stalaktiten kennt man ja: Das sind, im Gegensatz zu den nach oben wachsenden Stalagmiten, von der Decke hängende Tropfsteine, die von der Mühsal erzählen, mit der sich der Kalk über Jahrhunderte abgelagert hat. Doch diese Stalaktiten bestehen nicht aus Kalk, sondern aus Eis. Das ist die Besonderheit dieser Höhle, die auf einer Höhe von 2180 Metern im Gebirge liegt. Es tropft überall, vor allem an wärmeren Tagen klingt es in der Höhle wie im Urwald nach einem starken Regenguss. Obwohl an den Hängen Schnee und Eis schmelzen, bleiben die Eiszapfen in der Höhle auch im Sommer bestehen und faszinieren die Besucher. Wer die Eishöhle besichtigen will, sollte zuvor anrufen, denn der Einlass ist reglementiert, um das Naturkunstwerk zu schützen. Die Höhle liegt übrigens schon in Serbien.

WEITERE INFORMATIONEN

Gornje Lopiže, Serbien,
Tel. +381/20 74 48 43

Grün, Grün und noch mehr Grün: Eingebettet in bewaldete Berge durchzieht der Fluss Tara Montenegro.

87 Biogradska Gora

Einsamkeit zwischen den Gipfeln

Der Biogradska Gora ist der kleinste Nationalpark Montenegros und hat es in sich: Auf geringer Fläche, eingepasst zwischen Bergen, Gletscherseen und weiten Almen, zeigt sich eine erstaunliche und ungeahnte Vielfalt der Natur. Vor allem der Ausflug zum Gletschersee lohnt sich, die Berggipfel bieten eine sportliche Herausforderung für Abenteurer.

Die Ufer des Sees sind lückenlos baumbestanden (unten). Die Holzboote am Biograd-See im Bjelasica-Tal laden zu einer gemächlichen Ruderpartie ein (rechts).

Wenn der Morgennebel noch ein wenig länger im Wald verweilt und seine Schwaden zwischen den Bäumen entlangwabern, liegt eine mystische Stimmung über dem Nationalpark. Die ersten Sonnenstrahlen schneiden wie Lichtschwerter durch den Dunst und lassen die Blätter der Rotbuchen in einem frischen Grün erstrahlen. Ihr Licht fällt auf einen der letzten Urwälder Europas. Im Nationalpark Biogradska Gora ist es nicht selten, dass manche Bäume 500 Jahre alt sind und mehr als 45 Meter hoch. Beeindruckend sind ihre Stämme, die ein Mensch allein nicht mehr umfassen kann. Der Urwald grenzt an das Ufer des Gletschersees Biogradsko Jezero.

Urwald am Gletschersee

Der Gletschersee erstrahlt in einem tiefen Blau. In einem Seitental des Tara-Gebirges gelegen, bildet der See die Hauptattraktion des Nationalparks. Er ist zwar nur bis zu sechs Meter tief, aber die Berggipfel, die sich in dem ruhigen Gewässer spiegeln, bieten einen einmaligen Ort der Entspannung. So sind viele Spaziergänger an dem See zu finden, dessen Steg mit den Ruderbooten zu einem beliebten Fotomo-

tiv geworden ist. Vor allem im Herbst, wenn sich das Laub der Rotbuchen orange und rot färbt, bietet sich dem Besucher ein einmaliges Farbenspiel. Etwa eine Stunde dauert die Umrundung des Gewässers zu Fuß, eine beliebte Tour. Der Weg ist zum Teil mit Holzplanken ausgelegt und gut erschlossen, im Gegensatz zu den anderen Seen. Der Biogradsko Jezero ist mit seiner Höhe von 1094 Metern der am tiefsten gelegene der sechs Gletscherseen, die im Park zu finden sind. Sie liegen auf einer Höhe von mehr als 1800 Metern.

Adler, Bären und Rothirsche

Sogar ein 21 Meter hoher Aussichtsturm lockt am Ufer des Sees. Wer ihn erklommen hat, bekommt zu sehen, was sonst eher Adlern und Falken vorbehalten ist. Gänsegeier, Steinadler, Wanderfalken und Habichte gehören ebenso zu den Bewohnern dieses Gebietes wie Wolf, Bär, Luchs und Otter. 150 Vogelarten erfreuen nicht nur Ornithologen. Während man die Adler oft nur als kleine Punkte am Himmel erkennt, gehört der Rothirsch schon eher zu den Tieren, deren Schatten man ab und zu im Gebüsch weghuschen sieht. Immerhin 80 Prozent des Nationalparks sind bewaldet.

Blicke in die Weite

Wer es nicht so waldig mag, kommt über einen Feldweg vom Ufer aus bis auf 2000 Meter Höhe. Eine Herausforderung für Geländefahrzeugbesitzer oder Motorradfahrer bietet diese 30 Kilometer lange Strecke. Sie eignet sich auch zum Wandern, nur dass man ab und zu mit Fahrzeugen rechnen sollte. Doch der Weg lohnt sich, denn bald erreicht man den Kammweg. Im Spätsommer ergibt sich ein einmaliges Panorama, wenn die Berghänge mit Moosen und Gräsern bewachsen sind. Es summt und brummt auf diesen Wiesen, mehr als 350 Insektenarten sind im Nationalpark heimisch. Während dieser Weg 30 Kilometer misst, sind die meisten Wanderwege nicht länger als 13 Kilometer, also gut für Anfänger als Tagesausflug zu schaffen. Für diejenigen, die die Herausforderung suchen, bieten sich die Wege zu den Gipfeln an: Der Crna Glava oder der Šiško Jezero eignen sich für solche Vorhaben und belohnen die Mühe mit einer grandiosen Aussicht.

ÜBERNACHTEN IM NATIONALPARK

Die Katuns, wie die kleinen Hütten im Park heißen, kann man zum Beispiel am Campingplatz des Nationalparks mieten, es gibt aber auch unterwegs immer wieder Stellen, an denen Wanderhütten einfache Übernachtungsmöglichkeiten bieten. Sie erinnern in ihrer Schlichtheit an Zelte aus Holz, sind aber für hartgesottene Wanderer und Abenteurer eine echte Alternative zur Tagestour, denn die einfachen Hütten finden sich überall im Park verteilt. Wer Schlafsack und Proviant dabei hat, wird dort eine ganz eigene Möglichkeit der Übernachtung finden. Ausgestattet sind sie oftmals mit einer Art Gemeinschaftsterrasse mit Feuerstelle. Die Webseite des Parks gibt einen Überblick über die Hütten. Wem das zu einsam ist, der kann aber auch am Campingplatz Kraljevo Kolo am Parkeingang übernachten.

WEITERE INFORMATIONEN

www.nparkovi.me/en/map-of-parks

Friedliche Abendstimmung am Aussichtspunkt (oben). In den dichten Nadelwäldern des Parks kann sich durchaus mal Nebel breit machen (rechts).

88 Nationalpark Tara

Wenn die Bären Vortritt haben

Der Tara-Park ist der bekannteste Nationalpark Serbiens und lockt mit wundervollen Naturerlebnissen in duftenden Wäldern, auf überschaubaren Wanderwegnetzen und von spektakulären Aussichtspunkten herab. Wer vorhat, länger dort unterwegs zu sein, dem sei jedoch geraten, Verhaltensregeln zum Umgang mit Bären zu studieren – sicher ist sicher.

Wann lichtet er sich endlich? Der dichte Buchen- und Kiefernwald will kein Ende nehmen. Immer wieder zeigt sich hinter der nächsten Kurve ein Meer aus Stämmen anstatt helles Licht. Dann endlich dringt Himmel durch das Blättermeer. Ein wenig noch auf dem Kammweg wandern, und schon ist sie da. Die kleine Plattform, mit runden Balken gesichert. Wer dort steht, vergisst alle Mühen der Wanderung, denn dieser Ausblick ist wirklich atemberaubend. Im Tal breitet sich der See Perucac aus, dahinter ziehen sich die Berge mit steilen Hängen empor. Bosnien-Herzegowina liegt in Blickweite und ist doch so weit weg. Der Aussichtspunkt Banjska Stena ist wohl eindeutig der Höhepunkt des Nationalparks. Er ist über den Wanderweg Nummer 9 in knapp vier Stunden zu erreichen. Ein Aufwand, der sich lohnt, denn der Blick auf den See Perucac ist phänomenal.

Duftende Wälder aus Serbischen Fichten

Wer sich aufmacht, den Nationalpark und seine Natur zu erkunden, der sollte auch mal Nase und Augen weitmöglichst öffnen und den Nadelwald mit allen Sinnen wahrnehmen: Der Wald, bestehend aus Serbischen Fichten, ist eine Besonderheit der Gegend, die nur in dieser Region zu finden ist, da diese Art endemisch ist. Ein guter Grund, dieses Gebiet unter besonderen Schutz zu stellen. Das dachten sich jedenfalls die Serben 1981, als sie das Gebiet zum Nationalpark erklärt haben. Insgesamt dehnt sich der Park über das gesamte Tara- und Zvijezda-Gebirge aus und liegt auf einer Höhe zwischen 1000 und 2000 Metern. Knapp 20 Wanderwege spannen sich als dichtes Netz durch den Park. Wer sie gehen will, sollte sich vorher gut mit Karten ausstatten, da es sonst heikel werden kann, auf dem richtigen Weg zu bleiben. Banjska Stena ist der Weg, der nicht nur zum wunderbaren Aussichtspunkt führt, sondern auch die Möglichkeit bietet, Bären zu treffen. Denn die großen Säugetiere fühlen sich sehr wohl in diesem Park, der bei Reisenden noch immer Geheimtipp-Charakter hat. Doch wer die wichtigsten Verhaltensregeln beherrscht, etwa sich bemerkbar zu machen und dem Bär auf jeden Fall immer den Weg frei zu machen, muss wenig befürchten. Also immer schön den Bären den Vortritt lassen. Doch eigentlich sind sie eher in den dunklen Stunden unterwegs.

Radfahren, Klettern und Kanu

Wandern ist aber nicht die einzige Sportart, die sich in dem Park ausüben lässt. Er lädt vor allem zum Radfahren ein, etwa auf der Route nach Zlatibor. Der Nationalpark mit seinen vielen Seen ist zudem ein perfekter Ort, um Kajak- oder Bootstouren durch die Drina-Schlucht zu unternehmen. Oder zu klettern, die steilen Wände eignen sich optimal dafür. Oder einfach ganz normal zu wandern und sich am Anblick der Wiesen und Flüsse zu erfreuen. Nicht nur am Banjska Stena zeigt der Park einen wundervollen Aussichtspunkt, sondern auch bei Sjenic, dort tut sich sogar der am höchsten gelegene Panoramapunkt auf. Von dem Aussichtsturm aus können Besucher die Dervanta-Schlucht sehen und ihren Blick über den See, den Wald und die Dörfer schweifen lassen.

Je nach Jahreszeit kann es vorkommen, dass man auf dem Weg dann nicht nur die großen Tiere trifft, sondern auch die kleinen, denn Insekten und Schmetterlinge fühlen sich dort ebenfalls sehr wohl. Und wem das noch nicht reicht, der macht einen kleinen Schlenker zu den Kulturstätten wie etwa Kloster Rača, den Nekropolen in Perucac und Rastište oder lässt sich von den Thermalquellen Ladeva verwöhnen. Sie sollen bei verschiedenen Hautproblemen heilend wirken.

DRINA-FLUSSHAUS

Es sieht aus, als würde es jeden Moment herunterbrechen: Die Hütte steht auf dem Felsen, als wäre sie längst herausgewachsen: ein Inselchen mitten im Fluss, darauf eine Plattform und eben jene Hütte. Das Drina-Flusshaus zählt zu den am häufigsten fotografierten Motiven der Gegend. Zunächst war es 1968 als Plattform für Schwimmer errichtet worden, später bauten ambitionierte Serben dort eine Schutzhütte für Wasserwanderer. Hochwasser bringt das Häuschen, das so surreal auf der schmalen Plattform thront, immer mal wieder zum Einstürzen, doch inzwischen ist die Hütte längst Wahrzeichen der Gegend und wird immer wieder neu aufgebaut. Sie befindet sich allerdings in Privatbesitz. Doch es gibt andere schwimmende Ferienhäuser auf dem Fluss Drina, die gemietet werden können.

WEITERE INFORMATIONEN

Tourismusamt Serbien:
www.serbia.travel

89 Nationalpark Retezat

Transsylvanien mal anders

Transsylvanien ist gemeinhin für seine Legenden rund um Graf Dracula bekannt. Dass Siebenbürgen weitaus mehr, vor allem unberührte Landschaften, einzigartige Natur und zahlreiche Gletscherseen zu bieten hat, wissen nur wenige. Ein Besuch im Retezat-Nationalpark sollte daher bei jedem Wanderliebhaber und Bergsteiger eines Tages auf dem Programm stehen.

Der Nationalpark Rezetat ist in vielerlei Hinsicht ein Urgestein. Zum einen ist er bereits 1935 als ein solcher gegründet wurden. Zum anderen reichen die Spuren menschlicher Besiedlung, nahe dem heutigen Gebiet, bis in die Steinzeit zurück. Derzeit erstreckt sich der Park über eine Fläche von knapp 40 000 Hektar. Beherbergt ein Drittel aller in Rumänien vorkommenden Pflanzen und bietet den großen europäischen Raubtieren wie Luchs, Wildkatze, Bär und Wolf einen Rückzugsort und Lebensraum. Es verwundert kaum, dass der Park jährlich viele Wanderfreunde und Bergsteiger anzieht, die einen der vielen Zweitausender besteigen oder den Panoramablick auf diese genießen wollen. Die von Schnee und Eis geformten Berge und Felsen verleihen dem Gebirge sein raues Antlitz. Gleichzeitig betten diese Gipfel die knapp 100 Gletscherseen ein und geben ihnen den Schutz, den sie brauchen, um noch lange erhalten zu bleiben.
Wen es nicht bis ganz nach oben zieht, der erlebt ganz intensiv die florale Vielfalt des Parks. Im Schatten von Buchen, Fichten, Tannen und Birken wird die Wanderung zu einem erholsamen Ausflug. Den Blick ab und an nach unten

Schade, dass der Rhododendron immer nur so kurz blüht, er kontrastiert so hübsch mit den grauen Felsen und dem dunklen See (unten). Das Nahrungsangebot für den Rotfuchs ist im Park überaus reichlich (rechts).

gerichtet und aus dem Schatten der Bäume herausgetreten, wird das Auge belohnt. Bunt erscheint die alpine Pflanzenwelt rechts und links der Pfade und auf den Felsen ringsherum. Gelbe Felsenblümchen, violett schimmerndes Läusekraut, weiße Artemisia oder die pinkfarbene Gletscher-Nelke gibt es zu entdecken. Schmale Holzbrücken führen über Bäche und Flüsse und verleihen dem Ganzen noch eine Prise Abenteuer.

Die Magie der »blauen Augen« – eine Wanderung um die Gletscherseen

Innerhalb des Parks gibt es 20 offizielle Routen. Von leicht bis schwer, von Halbtages- bis Mehrtagestour. Spricht man von Retezat, so spricht man auch von der Magie der »blauen Augen«, den Gletscherseen. Sie prägen die Landschaft. Auf 2041 Metern beginnt direkt am Bucura-See eine der beliebtesten und doch auch anspruchsvolleren Touren im Park. Schon beim Start ist man umgeben von einem atemberaubenden Panorama. Es ragen, wie in einem Wettstreit, die Spitzen des Judele (2398 Meter), des Bucura (2433 Meter) und des höchsten Berges Peleaga (2509 Meter) dem Himmel entgegen. Begeistert vom Gefühl der Freiheit geht man nun in Richtung Poarta Bucurei. Umgeben von Felsbrocken und zwischen den letzten grünen Farbtupfern blickt man einmal mehr über das Massiv und bleibt an seiner markanten Fassade hängen. Weiter geht es durch den Şaua Judele (Bergsattel von Judele). Unter stetiger Beobachtung der »blauen Augen« erreichen wir den Vârful Slăveiu (Gipfel) auf 2347 Metern Höhe.

Die Anstrengungen haben sich gelohnt. Die Luft ist klar und rein, der Blick uneingeschränkt. Bizarr anmutende steile Felswände lenken den Blick in die Tiefe. Es ist atemberaubend. Der Weg führt leicht bergab, durch den Şaua Slăveiu zum Lacul Lia, dem Lia-See. Ein tiefer Blick in das tiefblaue Auge, gefüllt mit glasklarem, reinen Wasser, und die Strapazen sind fast vergessen. Der letzte Kilometer des Tages zurück zum Lacul Bucura läuft sich wie von selbst. Noch einmal die Stille und Einsamkeit genießen, noch einmal eins sein mit der Natur. Dann ist der größte aller Gletscherseen wieder im Visier.

VON RÖMERN UND DAKERN

Nur etwa 30 Autominuten entfernt von der unberührten Natur des Urwaldes befindet sich ein weiterer Schatz Rumäniens, der eine große historische Bedeutung hat: Die Rede ist vom kleinen Örtchen Sarmizegetusa. Hier befinden sich die Überreste einer römischen Siedlung und einer zu ihrer Zeit gewaltigen Festung. Die etwa 2000 Jahre alten Ruinen gehören zu den Ausgrabungsstätten Sarmizegetusa Regia und Sarmizegetusa Ulpia Traiana, welche die bedeutende Geschichte des Daker-Reiches erzählen. Sarmizegetusa Ulpia Traiana, die runden Steine, waren zur damaligen Zeit ein Heiligtum und gehören zum UNESCO-Weltkulturerbe. Die Ruinen und ein Besuch im dazugehörigen Museum sind ein Muss für Geschichtsinteressierte und Hobbyarchäologen.

WEITERE INFORMATIONEN

www.rumaenien-guide.de

Gebirgsstraße mit zahllosen Serpentinen und Kurven: die Transfogarascher Hochstraße (oben). Schafhirte mit Hund am Urdele-Pass (rechts).

90 Nationalpark Karpaten

Willkommen im Urwald mit Buchen und Bären

Das Buchenland wird die Gebirgskette, die sich 1500 Kilometer lang durch Mittel- und Osteuropa erstreckt, bei den Einheimischen auch genannt: Die Karpaten gehören zu den letzten Buchenurwäldern Europas. Der größte Nationalpark der Ukraine bildet einen 200 Kilometer langen Gürtel von Rakhiv an der rumänischen Grenze bis zum slowakischen Vihorlat-Gebirge.

Manchmal lohnt es sich, andere Blickwinkel einzunehmen. Etwa im Urwald der Karpaten. Wer dort unterwegs ist, sollte sich die Zeit nehmen und einfach mal den Kopf in den Nacken legen und schauen. In diese uralten Baumkronen, in denen sich das Sonnenlicht bricht und die ovalen Blätter zum Leuchten bringt. Mit etwas Glück zeigt sich ein Stück blauer Himmel und komplettiert das Farbenspiel. Wer es aushält, schaut etwas länger nach oben, möglicherweise huschen Eichhörnchen durch das Geäst oder Vögel landen flatternd. Fast immer ist im Frühjahr irgendwo der Specht zu hören, wie er schnell und rhythmisch seinen Schnabel gegen morsche Stämme hämmert. Der Nationalpark Karpaten in der Ukraine ist ein ganz besonderes Stückchen Wald, das seit 2007 zum Weltnaturerbe der UNESCO gehört.

Bergseen und Artenvielfalt

Doch nicht nur Wälder zeichnen die Karpaten aus, vor allem in Rumänien gleicht die Landschaft einem regelrechten Auenland, denn zwischen den Wäldern breiten sich alpine Weideflächen aus, und dazwischen sammelt sich Wasser in Seen. Zu den bekanntesten Gewässern des Nationalparks gehört der Bergsee Synewyr, er ist der größte See der Waldkarpaten der Ukraine und ein beliebtes Ausflugsziel. Er

entstand vor 10 000 Jahren als Gletschersee auf der Höhe von 989 Metern und ist heute Refugium der Regenbogenforelle.

Inseln wie Pupillen

Besonders malerisch ist die kleine Insel, die wie die Pupille eines Auges in der Mitte des blauen Sees liegt. Seen wie diese sind wichtige Wasserreservoirs für die Umwelt und nicht zuletzt die Tiere. Auch Glazialseen wie Maritschejka und Nessamowyte sind einen Ausflug wert. Übrigens ranken sich um fast jedes der Gewässer eigene Sagen, von Liebe, Sünde und Auflehnen gegen das Schicksal. So sollen Besucher nicht im See Nessamowyte baden, da dort die Seelen der Sünder leben würden. Wer das Gewässer aufwühle, wecke diese sündhaften Geister, die dann sofort Hagel und Unwetter herabregnen ließen. Um das zu vermeiden, solle man sich fernhalten.
Der Artenreichtum der Karpaten ist beeindruckend: Mehr als 70 Säugetierarten, darunter Bären, Otter und Luchse sowie seltene Pflanzen wie wilde Orchideen und 700 Pilzsorten bringen nicht nur Biologen ins Schwärmen. Große Säuger wie Bären lassen sich übrigens an manchen Stellen gezielt auffinden, denn es gibt Futterplätze, die sie regelmäßig aufsuchen.

Auf in die schwarzen Berge

Tschornohora heißt das etwa 2000 Meter hohe Gebirgsmassiv, das sich durch die Karpaten zieht. Der Name der Gebirgskette bedeutet übersetzt »Schwarze Berge«, was auf ihre Silhouette hinweist, die sich dunkel am Horizont abzeichnet. Vielleicht aber liegt es auch an den dichten, dunklen Wäldern.
Sie lassen sich am besten vom höchsten Gipfel der Ukraine, dem Howerla mit seinen 2061 Metern, bestaunen.
Zu den Hotspots für Touristen zählt auch der Wasserfall Guk, der auf 900 Metern Höhe liegt. Oder der Gipfel des Pip Iwan. Übrigens ist es nicht der Sommer, in dem die Karpaten ihr schönstes Gesicht zeigen. Eigentlich auch nicht der Frühling, trotz der Blütenpracht. Die Karpaten zeigen ihre volle Pracht im Herbst, wenn sich die Rotbuchen in ihr buntestes Kleid werfen: Knallig orange wird es dann, zwischendurch mit gelben und roten Tupfern. Alle, die den Monat November als grau bezeichnen, waren noch nicht in der Ukraine.

PILZTOUREN

Manchmal gleichen ihre Hüte fast Regenschirmen, so groß werden die Köpfe von Steinpilz oder Marone – die Ukraine verwandelt sich im Spätsommer in ein Land der Pilzesucher. Unter Garantie werden die Körbe an diesen Tagen voll, und die Besucher lernen viel über Verwechslungsgefahren, Zubereitungsarten und Bedeutung der Pilze für das Ökosystem Wald. Der Veranstalter Green Ukraine bietet Touren ab dem Ort Verkhovyna an, bei der die Besucher individuell durch den Wald geführt werden. Die Tour ist auch für Einzelpersonen oder Familien buchbar. Einheimische bereiten die Funde am offenen Feuer oder in kleinen Hütten zu, helfen dabei, die Pilze haltbar zu machen und einzuwecken oder versorgen die Gäste mit Schafskäse und Likören aus der Region. Wenn das keinen Gaumenkitzel verspricht!

WEITERE INFORMATIONEN

www.green-ukraine.com

Weißer Nebel liegt über dem Nadelwald in der Maramures-Region in den Karpaten.

91 Im Donaudelta

Wasser-Wildnis-Wunderland

Rund 300 Kilometer nordöstlich der rumänischen Hauptstadt Bukarest beginnt in Tulcea mit dem Donaudelta ein faszinierendes Wasserreich und eine artenreiche Tier- und Pflanzenwelt, wie es sie in Europa kein zweites Mal gibt. Das undurchdringbar erscheinende grüne Dickicht an den Rändern der Wasseradern, der Flüsse und Seen ist das größte Schilfgebiet der Welt.

Das seit 1991 zum UNESCO-Weltnaturerbe zählende Gebiet mit einer Ausdehnung von 580 000 Hektar ist nach dem Wolgadelta, dem Flussdelta der Wolga am Kaspischen Meer zwischen Russland und Kasachstan, das zweitgrößte Flussdelta Europas. Als Biosphärenreservat bietet es Schutz für über 1200 Pflanzenarten und ist für rund 320 Vogelarten, die meisten davon Zugvögel, Rast- und Rückzugsraum. Etwa 180 Vogelarten nisten auch hier. Die Donau als europäischer Fluss mit großer Tradition und Geschichte verbindet zehn Länder miteinander, so viele wie kein anderer Fluss auf der Welt. Auf seinen 2860 Kilometern durchzieht der Strom das nördliche Alpenvorland und das Wiener Becken, die Pannonische Tiefebene und das Walachische Tiefland, durchschneidet Gebirge und Täler, fließt durch die Wachau, die Hainburger Pforte und durch das Eiserne Tor, bevor er über das ausgedehnte Donaudelta ins Schwarze Meer mündet.
Hier im Donaudelta entfaltet sich dann seine ganze Größe. Mäandernde Flussläufe, große und kleine Seen, ausgedehnte Sumpf- und Schilfgebiete, Dünenlandschaften und Weidenwälder bilden eine Wasserwildnis, die einem

Das Donaudelta verschafft zahlreichen Tieren und Pflanzen optimale Lebensbedingungen und weist daher eine große Biodiversität auf (unten, rechts).

wahren Wunderland gleichkommt. Es wird gebildet von drei Hauptarmen der Donau: der Chilia-Arm an der rumänisch-ukrainischen Staatsgrenze im Norden, der Sulina-Arm in der Mitte und der Sfântu-Gheorghe-Arm im Süden des Donaudeltas.

Pelikane im Schilf

Was sich hier an Pflanzen und Tieren tummelt, steht vielfach auf der Liste bedrohter Arten. Außerdem gehören zu diesem Gebiet auch fünf Vogelzugtrassen, die von Europa nach Asien und Afrika führen. Wer sich einer Expedition ins Donaudelta anschließt, auf Ausflugsbooten geführte Tagestouren unternimmt oder auf Hausbooten durch das Delta zieht, erlebt ein Ökosystem, das so wild und unberührt erscheint, als sei es gerade erst erschaffen worden. Und jeder Tag bedeutet eine neue Begegnung mit den imposanten und hübsch gefärbten Rosapelikanen, die am Schilfrand Schutz suchen, um in Ruhe ihre Mahlzeit zu vertilgen. Hier sind außerdem Fische und Wasserschlangen, Insekten und Fischotter, Ziegen, Schafe und Esel zu Hause – denn im Donaudelta leben heute noch etwa 15 000 Menschen, die meisten davon in kleinen Dörfern und Ansiedlungen mit oft nur einer Handvoll im traditionellen Stil erbauten Lehmhäusern mit Schilfdach. Sie leben vom Fischfang, bauen Gemüse an und halten Nutztiere. Sie gehorchen dem Gesetz des Überlebens und pflegen eine archaisch anmutende Lebensart, so fern jeglicher Zivilisation, dass es uns fast surreal erscheint.

Entdeckung unbekannter Arten

Sei es die rote oder weiße Fuchsente, der weiße Reiher, ein Weißschwanzadler, der Löffler, die Mandelkrähe, der Stelzvogel, der gemeine oder der krause Pelikan – das Delta ist ein Paradies für Vogelbeobachter, Angler und Naturliebhaber. Über 1200 Pflanzenarten, darunter die geschützten Seerosen und 184 im Rahmen der Berner Konvention besonders geschützte Arten haben im Donaudelta ihren lebenserhaltenden Schutzraum gefunden. Bei jüngsten Zählungen haben Wissenschaftler 5000 Tier- und Pflanzenarten im Delta bestimmt, darunter an die 20 Arten, die noch unbekannt waren und hier erstmals entdeckt wurden.

ERLEBNISORT MIT WISSENSVERMITTLUNG

Wer eine Reise ins Donaudelta plant, kann seinen Erlebniswert noch steigern, wenn er zuvor in der Hafenstadt Tulcea das Museum für Ökologischen Tourismus im Donaudelta besucht. Neben allen sachlichen Informationen zu Flora, Fauna, Ökosystemen und Biosphärenreservaten in anschaulichen Dauer- und Sonderausstellungen lernt er vor allem, Respekt vor der großartigen Natur des Deltas zu verinnerlichen. Besonderes Highlight ist das Aquarium des Museums, das 24 bedrohte Fischarten des Deltas und aus dem Schwarzen Meer enthält. Auch die botanischen, geologischen und ornithologischen Sammlungen können sich sehen lassen. Dabei wurden die heranwachsenden Besucher nicht vergessen, eine Spielzeugsammlung und ein Computer-Infozentrum machen den Aufenthalt auch für junge Besucher zum Erlebnis.

WEITERE INFORMATIONEN

Als Eingangstor zum Donaudelta gilt Tulcea: www.primariatulcea.ro
Donaudelta Eco-Tourismus Museum Center: www.icemtl.ro/danube-delta-eco-tourism-museum-center

Auf dem Anstieg zum Botev-Gipfel blickt man bis zum Horizont über bewaldete Berge (oben). Im Balkangebirge leben wilde Pferde (rechts).

92 Nationalpark Zentralbalkan

Im Reich der alten Buchenwälder

Das Balkangebirge, das der gesamten Halbinsel seinen Namen gab, zieht sich ungefähr 600 Kilometer mitten durch das Land und halbiert es in Nord- und Südbulgarien. Seine wertvollsten Naturräume samt der höchsten Erhebungen liegen im Nationalpark Zentralbalkan. Wanderfreunde entdecken hier die Ruhe und Stille der alten Wälder und die Weite einer unbekannten Bergwelt.

Das Wort Balkan stammt von den Osmanen und bedeutet im Türkischen »bewaldetes Gebirge«. Die Bulgaren nennen diese Bergkette Stara Planina, »altes Gebirge«. In Wirklichkeit hat das Balkangebirge dasselbe Alter wie die Alpen und ist somit noch relativ jung. Geologisch gesehen ist es ein tertiäres Faltengebirge, das vor etwa 35 Millionen Jahren entstanden ist. Klimatisch gilt es als wichtigste Wetter- und Wasserscheide Bulgariens. 1991 wurde der zentrale Abschnitt zum Nationalpark erklärt. Er ist etwa 720 Quadratkilometer groß und umfasst außer neun Reservaten noch viele weitere ökologisch hochwertige Gebiete. Hier dominiert metamorphes Tiefengestein, das vielfach mit Kalkgestein und Dolomit durchsetzt ist. Typisch sind seine bewaldeten steilen Nord- und Südhänge und der waldlose Kamm. Die höchsten Gipfel im Balkangebirge – rund 15 von ihnen sind höher als 2000 Meter – liegen in einer alpinen Landschaft im Nationalpark. Braunbären und Wölfe sind in den wilden Wäldern zu Hause. Zur reichen Pflanzenwelt gehören elf endemische Arten, wie zum Beispiel das Balkan-Veilchen (*Viola balcanica*).

Alte Buchenwälder

Die Faszination des Nationalparks sind große, natürlich gewachsene Buchenwälder mit einem Durchschnittsalter von 135 Jahren. In ei-

nigen Waldstücken existieren durchaus auch über 200-jährige Bäume. Außerdem wurden in unzugänglichen Bergregionen sogar noch Urwälder registriert. Die Rotbuche *Fagus sylvatica*, so der botanische Name der vorkommenden Art – fühlt sich am steilen Nordhang zwischen 800 und 1600 Höhenmetern am wohlsten. 2017 erkannte die UNESCO die wertvollsten Buchenwälder des Nationalparks Zentralbalkan als Weltnaturerbe an. Obwohl fast alle diese Wälder in Reservaten liegen, in denen nur Wissenschaftler zugelassen sind, führen mehrere Wanderwege durch intakte Waldlandschaften. Ein spannendes Ziel ist der Berggrat bei der Kozya-Stena-Hütte. In ihrer Umgebung findet man außer hundertjährigen Buchen auch das Edelweiß! Ausgangspunkt ist das Dorf Chiflik, wo man nach der Wanderung in Thermalquellen baden kann.

Zum Berg Botev

Etwa in der geografischen Mitte Bulgariens erhebt sich das alpine Massiv des Bergs Botev. Er ist mit seinen 2376 Metern die höchste Erhebung des Balkangebirges und zusammen mit dem Braunbär das Wahrzeichen des Nationalparks. Benannt ist der Gipfel nach dem Freiheitskämpfer Hristo Botev. Sein Geburtsort Kalofer ist nicht nur ein nettes Dorf, sondern auch idealer Ausgangspunkt für die Besteigung des Botev. Der blau markierte Wanderweg führt in circa vier Stunden von Panitsite durch einen mystischen Buchenwald zur Hütte Rai (1430 Meter). Das Wort *rai* bedeutet Paradies. Paradiesisch schön wirkt der 124 Meter hohe Wasserfall bei der Hütte. Zum Gipfel folgt man dem steilen und serpentinenartigen Weg vorbei am Wasserfall (Aufstieg ca. drei Stunden).

Von Hütte zu Hütte

Man kann im Nationalpark wunderbar von Hütte zu Hütte wandern. Die schönste Tour beginnt im Erholungsort Ribaritsa und endet nach acht Tagen am historischen Shipka-Pass. Der rot markierte Wanderweg ist Teil des Europäischen Fernwanderwegs E3 und führt in west-östlicher Richtung den aussichtsreichen Kamm entlang. Man durchquert tiefe Buchenwälder, besteigt mehrere waldlose Gipfel mit mehr als 1800 Metern (inklusiv dem Berg Botev), übernachtet in urigen Hütten und kann täglich das fantastische Bergpanorama genießen. Die Tagesetappen sind zwischen 12 und 20 Kilometern lang.

ROSENTAL

Die Rose ist das Wahrzeichen Bulgariens. Sie wächst im duftenden Rosental, das sich am südlichen Fuße des Nationalparks zwischen den Städten Sopot und Kazanlak erstreckt. Einmal im Jahr, zwischen Mitte Mai und Anfang Juni, kann man hier die Rosenblüte und damit den Duft von Milliarden von Rosen erleben. Dabei empfiehlt sich auf jeden Fall der Besuch einer Rosenöl-Destillerie. Die Rosenblätter werden am frühen Morgen von Hand geerntet und schon kurz darauf zu kostbarem Öl weiterverarbeitet. Rund die Hälfte der weltweiten Rosenölproduktion stammt aus Bulgarien. Die Lavendelblüte Ende Juni bietet ein ähnlich spannendes Erlebnis. Ganzjährig kann man die berühmten Thrakergräber im Rosental besichtigen, darunter das Grab bei Kazanlak (UNESCO-Welterbe). Zu guter Letzt ist die Region auch ein kleines Weinbaugebiet.

WEITERE INFORMATIONEN

Tourismusinformation:
www.visitcentralbalkan.net
Wanderreiseveranstalter:
www.wandernbulgarien.eu
Rosenöl-Destillerie:
www.eniobonchev.com

93 Himmlische Erlebnisse – Nationalpark Rila

Alpine Wanderungen durch surreale Landschaften

Rila ist mit einer Fläche von 810 Quadratkilometern der größte Nationalpark auf dem Balkan. Er nimmt einen wesentlichen Teil des gleichnamigen und zugleich höchsten Gebirgszuges Südosteuropas ein. Außer einer reichen Artenvielfalt findet man hier unberührte alpine Landschaften, idyllische Seen, fast 3000 Meter hohe Gipfel und am Fuße des Parks sehenswerte Kulturdenkmäler wie das Rila-Kloster.

Rila liegt in Südwestbulgarien etwa 70 Kilometer südlich von Sofia. Der Name bedeutet »wasserreich« und beschreibt damit eine wesentliche Charakteristik des Gebirges. Hier entspringen drei der längsten Flüsse Bulgariens: Maritsa, Iskar und Mesta. Zudem zählt Rila fast 180 Bergseen. Das Gebirge besteht vornehmlich aus Granit und Gneis und entstand in der jetzigen Form während der letzten Eiszeit. Das Schutzgebiet erstreckt sich über die höchsten Teile des Gebirges. Bestandteil des Nationalparks sind vier streng geschützte Zonen, zwei davon sind UNESCO-Biosphärenreservate. Hier sind intakte alpine Landschaften sowie alte Pinien- und Fichtenwälder verbreitet, wo Braunbären, Wölfe und Balkan-Gämsen zu Hause sind. Für Blumenfreunde ist Rila eine wahre Offenbarung. Man zählt 57 endemische Pflanzenarten, darunter das Wahrzeichen des Parks – die violett blühende Rila-Primel (*Primula deorum*). Mit knapp 500 Kilometern markierten Wanderwegen, 70 Pensionen und 25 Berghütten ist Rila das perfekte Wanderziel. Auch Mountainbiker finden hier ein ideales Terrain vor. Im Winter ist Skifahren, Skitouren-Gehen und Schneeschuhwandern angesagt.

Der Herbst präsentiert sich hier in seinen schönsten Farben (unten). Einer der höchsten Wasserfälle Bulgariens ist der Skakavitsa-Fall im Rila-Gebirge (rechts).

Schnee und Blütenpracht ganz nah beieinander: der Bliznaka-See (unten). Sieben Seen gehören zum Rila-Park (ganz unten). Arkadengänge, Türmchen und Querstreifen kennzeichnen das Rila-Kloster (rechts).

Borovets und Musala

1896 gegründet, ist Borovets Bulgariens ältester Erholungsort. Das zweitgrößte Skizentrum des Landes befindet sich auf 1350 Metern Höhe. Die Saison beginnt Ende Dezember, bis Anfang April liegt dauerhaft Schnee. Im Sommer ist der örtliche Mountainbike-Park eine Attraktion. Borovets ist außerdem Ausgangspunkt für den Aufstieg zum Gipfel Musala. Mit seinen 2925 Metern ist er der höchste Berg auf dem Balkan. Sein Name stammt von den Osmanen und bedeutet im Arabischen »offene Gebetsstätte«. Mit der Seilbahn von Borovets ist die Besteigung als Tagestour machbar (Aufstieg etwa drei Stunden). Es empfiehlt sich, wenn möglich das Wochenende zu meiden! Die erste Etappe von der oberen Bahnstation bis zur Hütte Musala (2389 Meter) ist ein Spaziergang ohne nennenswerte Höhenunterschiede. Von dort geht es vorbei an Seen und über Geröll zur Ledeno-Ezero-Hütte (2709 Meter). Der gleichnamige Bergsee bei der Hütte ist der höchste im Lande. Es führt schließlich ein steiler Weg zum Gipfel, auf dem man in kurzer Distanz etwa 200 Höhenmeter überwindet. Auf dem »Dach des Balkans« angelangt, eröffnet sich ein grandioses Panorama.

Sieben Rila-Seen

Die Sieben Rila-Seen sind ähnlich spektakulär wie die Drei Zinnen in den Dolomiten: Sie sind unglaublich schön, mystisch und sehr populär. In Bulgarien sind sie zweifellos die meistbesuchten Bergseen. Alle sieben befinden sich in einem engen Gebirgstal im westlichen Teil des Nationalparks, das während der letzten Eiszeit von einem Gletscher geformt wurde. Die Seen liegen dabei auf unterschiedlichen Höhen zwischen 2100 und 2500 Metern, wobei jeder See seinen eigenen Namen hat. Sie lauten von unten in folgender Reihenfolge: Dolnoto ezero (»der untere See«), Ribnoto ezero (»der Fisch-See«), Trilistnika (»dreiblättriger See«), Bliznaka (»der Zwilling«), Babreka (»die Niere«), Okoto (»das Auge«) und Salzata (»die Träne«). Die attraktivste Wanderung führt zum höchsten Punkt im Tal – dem »Seekopf« (Ezeren Vrah), von dem aus alle sieben Seen zu überblicken sind. Die besten Ausgangspunkte für die Sieben Rila-Seen sind die Hütten Pionerska (von hier kann man mit einem Sessellift hochfahren) und Vada (Aufstieg zu den Seen etwa drei Stunden). Am Fuße des Tals liegt Sapareva Banya, ein Ort mit wunderbaren Thermalquellen. Außer den genannten Top-Wanderzielen sind

viele weitere reizvolle Gegenden einen Besuch wert, beispielsweise die Überschreitung des Haupt-Bergkamms von Govedartsi, vorbei an den Sieben Rila-Seen zum Rila-Kloster mit Übernachtung in der Ivan-Vazov-Hütte. Die weiten alpinen Landschaften entdeckt man am besten auf dem Wanderweg zwischen den Hütten Ribni Ezera und Makedonia. Idyllische Seen und markante Berge findet man auch im Maliovitsa-Tal mit dem 70 Meter hohen Skakavitsa-Wasserfall. Wem das nicht reicht: Die Europäischen Fernwanderwege E4 und E8 verlaufen von Norden nach Süden und nach Osten durch den Nationalpark. Wann ist die beste Wanderzeit? Bis Ende Mai liegt noch Schnee, im Juni und Juli blühen die Blumen, die Hochsaison ist im August. Im September herrscht ein mildes trockenes Wetter. In den Grenzen des Naturschutzgebietes sind das Zelten und das Schwimmen in den Seen verboten.

Rila-Kloster

Bulgariens größtes und schönstes Sakralbaudenkmal liegt auf 1150 Metern mitten im Wald, am Fuße einiger der höchsten Gipfel des Nationalparks. Gegründet wurde es im 10. Jahrhundert vom ersten bulgarischen Einsiedler, dem Mönch Ivan Rilski. Im Mittelalter wurde unterhalb der alten Einsiedelei ein größeres Kloster errichtet, das jedoch durch einen heftigen Brand vernichtet wurde. Einheimische Baumeister leiteten im 19. Jahrhundert den Neuaufbau und gaben der Anlage im Wesentlichen ihre heutige Gestalt. Hinter den dicken Mauern ist die Klosterkirche zu besichtigen. Sie ist eine Kreuzkuppelkirche mit einem eindrucksvollen Säulengang, der mit farbenfrohen Fresken bemalt ist. Das älteste Gebäude im Hof – der steinerne Hrelyo-Turm – ist eine Verteidigungsanlage aus dem Jahr 1335. Einblick in die Geschichte des Rila-Klosters gibt das Historische Museum. Das einmalige holzgeschnitzte Raphaelskreuz mit seinen 36 Bibelszenen und über 600 Figuren ist der Höhepunkt der Ausstellung. Außerdem gibt es noch eine Ikonengalerie, ein Ethnografisches Museum und ein Landwirtschaftsmuseum. Ein vier Kilometer langer Weg führt hinter dem Kloster durch einen tiefen Buchenwald zur alten Einsiedelei-Höhle von Ivan Rilski.

PANEURYTHMIE BEI DEN SIEBEN RILA-SEEN

Das Ensemble der Sieben Rila-Seen ist wahrscheinlich die bemerkenswerteste alpine Landschaft des Landes. Für viele Menschen gehört dieses magische Gebirgstal zu den kraftvollsten Orten der Welt. Dieser Meinung war auch der bulgarische Philosoph Petar Danov (1864–1944), der Gründer der Universellen Weißen Bruderschaft, einer okkultistisch-religiösen Gemeinschaft. 1929 führte er zum ersten Mal seine Schüler zu den Sieben Rila-Seen. 1933 entwickelte er eine Abfolge von 30 rituellen Übungen, die man in einem Kreis praktiziert. So kreierte er einen spirituellen Tanz, den er Paneurythmie nannte. Jährlich zwischen dem 1. und 22. August treffen sich rund 2000 Anhänger der Weißen Bruderschaft bei den Sieben Rila-Seen. Morgens tanzen sie, fast alle weiß gekleidet, die Paneurythmie in Begleitung sakraler Musik.

WEITERE INFORMATIONEN

Tourismusinformation: www.rilanationalpark.bg
Borovets: www.borovets-bg.com
Wanderführer: www.bulguides.com
Paneurythmie: www.panevritmia.info

Erfahren und trittsicher sollten Wanderer auf dem Koncheto-Grat im Nationalpark Pirin sein. Belohnt wird die Mühe des Aufstiegs mit einem herrlichen Panoramablick (oben). Hoch hinauf geht es in den Pirinbergen (rechts).

94 Nationalpark Pirin

Unterwegs durch einen natürlichen Alpengarten

»Oh, wie schön Du bist Pirin, Pirin, das Schönste auf der Welt …« So lautet der Anfang eines der bekanntesten Wanderlieder Bulgariens. Pirin hat eine besondere Anziehungskraft, die schon seit eh und je die Herzen von Wanderern bezaubert: Vielleicht sind die schroffen Berge, die blauen Seen, die seltenen Blumen oder die Herausforderung der alpinen Wegstrecken der Grund dafür.

Pirin liegt im Südwesten Bulgariens im Dreiländereck mit Griechenland und Nordmazedonien. Der Nationalpark, der hochalpin geprägt ist, ist 403 Quadratkilometer groß und nach dem höchsten Gott der Slawen Perun benannt. Über 25 Gipfel ragen mehr als 2700 Meter empor, wobei Vihren mit 2914 Metern der höchste von ihnen ist. Er ist Teil eines markanten Berggrats, der aus Marmor besteht. Alle andere Gebirgsteile sind aus Granit. Die Landschaft wurde während der letzten Eiszeit von Gletschern geformt und auch die etwa 170 Gebirgsseen sind nach der Gletscherschmelze entstanden. Eine der größten Attraktionen des Parks bietet aber auch die artenreiche Flora. Hier wächst unter anderem das Edelweiß. Ein erstaunliches Naturerbe unmittelbar westlich und östlich des Skigebiets Bansko wird durch zwei Reservate geschützt. Im Naturschutzgebiet Bayuvi-Dupki-Dzhinzhiritsa handelt es sich um einen alten Pinienwald und eine alpine Gegend mit außergewöhnlich vielen endemischen Pflanzenarten. Braunbären und Wölfe verstecken sich außerdem im Reservat Yulen. Um diese biologische Vielfalt noch besser zu schützen, wurde 1983 der Nationalpark Pirin in die UNESCO-Welterbeliste aufgenommen. Dennoch ist Pirin in Gefahr: Seit 2003 wächst das örtliche Skizentrum Bansko in rasantem Tempo weiter. Das Städtchen gilt

Bunt blüht es auf den Bergwiesen am Dzhangal-Gipfel (unten). Das Ali-Botush-Reservat im Slavyanka-Gebirge (ganz unten). Im Hintergrund der Valyavishki-Seen erhebt sich der Dzhangal-Gipfel (rechts).

noch als idealer Ausgangspunkt für Wanderungen. Das Zelten und Baden in den Seen ist allerdings streng verboten.
Der Nationalpark ist Heimat von vielen interessanten Pflanzen. Das Besondere ist die große Anzahl an Endemiten (einheimischen Arten) auf relativ kleinem Raum. Genau 18 Pflanzenarten trifft man nur im Pirin an und nirgendwo sonst auf der Welt, darunter der Piriner Mohn (Papaver degenii). Die beste Möglichkeit, diese im Juli gelb blühende Blume zu entdecken, bietet sich auf dem Weg zum Gipfel Vihren. Ferner zählt man 36 bulgarische und 110 balkanische Endemiten und noch knapp 450 verschiedene Heilpflanzen. In der Umgebung der Hütte Banderitsa steht außerdem ein einzigartiger Wald mit Schlangenhaut-Kiefern (*Pinus heldreichii*) und Rumelischen Kiefern (*Pinus peuce*). Beide Kiefernarten sind auf der Balkanhalbinsel endemisch. Quasi am Straßenrand, nur 350 Meter hinter der bereits erwähnten Hütte, findet man sogar den ältesten Nadelbaum in Bulgarien: die sogenannte Baykusheva Mura – eine über 1300-jährige Schlangenhaut-Kiefer. Sie ist 25 Meter hoch und hat dabei einen Umfang von acht Metern.

Vihren

Die Trapezform der höchsten Erhebung des Pirins ist von Weitem sichtbar. Der Berg Vihren ist mit 2914 Metern der Riese im Nationalpark und dritthöchster Gipfel auf dem Balkan. Er ist der östlichste Berg am spektakulären Marmor-Berggrat. Von Bansko aus ist deutlich ein Stück seiner steilen Wand samt der flachen Spitze zu sehen. Als einziger Ort im Lande bleibt am Fuße seiner Nordseite das ganze Jahr über der Schnee liegen. Hier werden Frühaufsteher auch Balkan-Gämsen begegnen. Vihren und die anderen Marmor-Gipfel sind außerdem ein Sammelplatz seltener Pflanzen wie dem Edelweiß. An schönen Sommertagen wird Vihren von vielen Menschen bestiegen. Die anspruchsvolle Wanderung beginnt von der Hütte Vihren (Aufstieg 950 Meter, drei Stunden), oder auch von der Hütte Banderitsa (Aufstieg 1100 Meter, dreieinhalb Stunden). Die Tour kann man bis zum Koncheto (»Pferdchen«) ausdehnen – dem schmalsten Teil auf dem Marmor-Berggrat. Trittsicherheit und Schwindelfreiheit sind absolut unabdingbar.

Alpine Wanderungen

Alle Wege im Nationalpark sind gut markiert. Der Europäische Fernwanderweg E4 leitet die

Wanderer vom Rila-Gebirge über den Bergpass Predela zur Hütte Yavorov – Startpunkt für die abwechslungsreiche Pirin-Überschreitung. Die erste Etappe führt den imposanten und teilweise sehr schmalen Marmor-Berggrat (Höhe über 2700 Meter) entlang zur Hütte Vihren. Am vierten Tag erreicht man den Weinort Melnik am südlichen Fuße des Parks. Viele Tageswanderungen beginnen an der Hütte Vihren im Banderitsa-Tal. Hier sind die Bergseen Ezero Okoto (rote Markierung, 30 Minuten) oder Hvoinato Ezero (gelb-blaue Markierung, eineinhalb Stunden) Anziehungspunkte. *Ezero* ist das bulgarische Wort für See. Schön ist auch die Umgebung der Hütte Bezbog mit dem gleichnamigen See. Hier geht es zum Berg Polezhan (2851 Meter) und zum größten See im Pirin, dem Popovo Ezero (etwa 13 Hektar). Die Wandersaison geht von Juni bis November. Bis Ende Mai muss man über 2200 Metern noch mit Schnee rechnen, an Sommerwochenenden mit Menschenmassen. Die beste Saison für Blumenliebhaber ist Ende Juni bis August, trockenes Wetter herrscht im September. Beste Entspannung nach einer Wanderung bieten die Thermalbäder in Dobrinishte und Banya, beide unweit von Bansko.

Umweltschützer gegen Ski-Investoren

Der Tourismus droht den Nationalpark zu überrollen. 2003 wurde das einstige kleine Skigebiet bei Bansko erheblich erweitert. Hundertjährige Fichten und Pinien wurden abgeholzt, um Platz für Pisten zu schaffen. Der Ort ist zum größten Skizentrum auf dem Balkan angewachsen und seit 2009 sogar Austragungsort des alpinen Weltcups. Eines wird jedoch immer klarer: Die Einwohner haben recht wenig von dieser Entwicklung, das meiste Geld verdienen Offshore-Gesellschaften. Ende 2018 wurde der Mehrheitseigner des Skigebiets öffentlich bekannt. Es handelt sich um den ehemaligen Skistar Marc Girardelli, der das Skizentrum Bansko im Jahr 2016 gekauft hat. Der Bau einer neuen Gondelbahn und mehrerer Skipisten sind in Planung. Gegen diese Bestrebungen kämpfen seit Jahren einheimische Umweltschützer. Bislang haben sie Erfolg. Doch ist es fraglich, ob sie gegen Investoren wie Girardelli auf Dauer eine Chance haben …

TEVNO EZERO

Einen besonderen Charme besitzt die Gegend um den Tevno-Ezero-See. Er ist etwa sechs Hektar groß und liegt auf 2512 Metern eingebettet in eine raue Landschaft, in der Balkan-Gämsen zu Hause sind. Die Natur ist einfach bezaubernd: felsig, aber dank der vielen kleinen Bäche sehr grün. Rings um den Tevno-Ezero-See ragen steile Gipfel empor, die sich wunderschön im blauen See spiegeln. Die höchste Erhebung hier heißt Kamenitsa (2822 Meter). Die Berghütte am Ufer des Sees erwartet Wanderer in den warmen Monaten. Sie liegt direkt am Europäischen Fernwanderweg E4 und wird im Sommer durch Maultiere versorgt. Beliebte Ausgangspunkte für die Gegend von Tevno Ezero sind die Hütten Demyanitsa und Bezbog (etwa drei Stunden Aufstieg), ebenso wie Vihren (etwa sechseinhalb Stunden, anspruchsvolle Tour entlang des E4).

WEITERE INFORMATIONEN

Wanderreiseveranstalter:
www.wikinger-reisen.de
www.hauser-exkursionen.de
Übernachtung in der Tevno-Ezero-Hütte:
8 € pro Person, Matratzenlager und Mehrbettzimmer
Tel. +359/884 66 36 35
(per SMS auf Englisch reservieren)

95 Zagoria und Vikos-Aoos-Nationalpark

Natur und Kultur spannend vereint

Wander- oder gute Laufschuhe im Gepäck? Los geht's zur Erkundung des Vikos-Aoos-Nationalparks im äußersten Nordwesten Griechenlands. Der Naturpark, der Teil des Nord-Pindos-Nationalparks ist, begeistert mit reizvoller Landschaft sowie mit den traditionellen Zagoria-Dörfern und ihrer charakteristischen Architektur – alles zu entdecken im Rahmen unterschiedlichster Aktivitäten.

Der Vikos-Aoos-Nationalpark wurde 1973 gegründet und erstreckt sich im nördlichen Teil der Gebirgskette Pindos, die mit Gipfeln wie Smolikas (2637 Meter), Timfi (2497 Meter) und Nemertsika (2209 Meter) atemberaubende Höhen erreicht. Seit 2005 gehört das Areal zum Nationalpark Nord-Pindos, dem größten des Landes, der auch den Nationalpark Pindos (Valia Kalda) sowie elf weitere Naturschutzgebiete umfasst. Außerdem zählt Vikos-Aoos, also das Areal zwischen den Schluchten Vikos und Aoos sowie zwischen Monodendri und Konitsa, seit dem Jahr 2010 zu den Geoparks der UNESCO.

Naturfreunde treffen in der Region auf eine der faszinierendsten Gegenden Griechenlands.
In die wild zerklüftete Laub- und Nadelbaumlandschaft sind auf einzigartige Weise vier Dörfer der Zagoria integriert. Die insgesamt 45 Dörfer mit der ursprünglichen Architektur werden durch ein Geflecht von uralten, steinigen Pfaden miteinander verbunden. Sie sind im Frühling von Wildblumen übersät und zeigen sich im Herbst in sanften Farben. Die Griechen kommen am liebsten an den Winterwochenenden in die Region, wenn es in den vielen schönen Hotels richtig romantisch wird.

Blick auf das an einem Hügel liegende Dorf Skamneli (unten). Die steinerne Misius-Brücke in der Nähe von Vitsa führt über den Fluss Voidomatis (rechts).

Die Bauweise mit steingedecktem Dach ist typisch für die Gegend, hier in Vitsa (unten). Im *Guinness-Buch der Rekorde* als tiefste Schlucht der Welt eingetragen, gemessen am Verhältnis zwischen Tiefe und Breite: die Vikos-Schlucht (ganz unten, rechts).

Zagoria: ein Konglomerat aus Ursprünglichkeit

Die engen Wege zwischen den Dörfern führen über Brücken, auf denen Glocken vor starkem Wind warnen, über alte Stege, die einst von Händlern erbaut wurden, um das Hochwasser zu überqueren, und über uralte, denkmalgeschützte Bogenbrücken. Ihrer Abgeschiedenheit verdanken die »Dörfer hinter den Bergen«, dass sie in der Zeit der jahrhundertelangen Türkenherrschaft (1430–1912/13) anders als die übrige Provinz Epirus weitgehend autonom blieben und somit viel kulturelles Erbe erhalten werden konnte. Die mit Schiefer gedeckten Felssteinhäuser bezaubern bis heute durch ihren traditionellen Stil. Auffällig sind zudem viele Brunnen und Zisternen sowie Kirchen aus dem 16. bis 19. Jahrhundert. Für den passenden Rahmen sorgen die üppige Vegetation, hohe Felswände und unzählige kleine Bäche und Flüsse. Das bekannteste Dorf der Zagoria ist Monodendri, ein Ort mit vielen alten Herrenhäusern und einem hübschen Dorfplatz mit uralter Platane. Wer schwindelfrei ist, sollte vom Dorfplatz zum kleinen verlassenen Kloster Agia Paraskevi wandern, das am Steilabfall zur Vikos-Schlucht liegt. Der Weg dorthin führt über äußerst schmale Wege mit schwindelerregenden Ausblicken in die Schlucht. Am Ende der Vikos-Schlucht liegt auf 770 Metern Höhe das sehenswerte Dörfchen Vikos. Die beiden Dörfer Megalo Papigo und Mikro Papigo erstrecken sich imposant unter den Felsgipfeln des Timfi-Massivs. Zwischen den beiden Orten lohnt ein Spaziergang zu den natürlichen Felsschwimmbecken mit kleinem Wasserfall.

Natur pur, so weit das Auge reicht

Die herrliche Natur im Vikos-Aoos präsentiert sich mit reicher Flora und Fauna. Er zählt 1700 Pflanzenarten, von denen 19 endemisch sind, und wird von 13 Amphibienarten, 130 Vogelarten und zahlreichen Säugetieren wie Bären, Wölfen, Wildschweinen, Rehen und Wildziegen bewohnt. Absolute Highlights für Entdecker sind die Schluchten der Region: Vikos, Aoos und Vikaki. Sie eignen sich besonders im späten Frühjahr und im Herbst zum Wandern. Unbedingt sollte man sich vor den Wanderungen allerdings nach dem Wetter erkundigen. Nach regenreichen Wintern werden aus den Bächen und Flüssen in den Schluchten reißende Wasserfälle. Für die zwölf Kilometer lange Vikos-Schlucht, die am Südhang des

Timfi die Dörfer Monodendri und Vikos miteinander verbindet, braucht man etwa sieben Stunden. Der markierte Weg führt durch imposante, steil aufragende Felswände vorbei an blumenreichen Wiesen und entlang des Flusses Voidomatis. Die engste Stelle ist 1100 Meter breit; die Felsenwände ragen dort 900 Meter in die Höhe. Ihr verdankt die Schlucht ihren Eintrag im *Guinness-Buch der Rekorde* als tiefste Schlucht der Welt – proportional zur Weite. Die zehn Kilometer lange Aoos-Schlucht liegt im nördlichen Teil des Nationalparks nahe der Stadt Konitsa. Gebildet wird sie durch den gleichnamigen Fluss, der zahlreiche Kajak-, Kanufahrer und Rafter in das wilde Gewässer lockt. Auf der Suche nach Wasser wird man jedoch auch auf dem Timfi fündig, wo mehrere Bergseen auf Erkundung warten. Größter See des Nationalparks ist der ein Hektar große Drakolimni, der »Drachensee«, auf 2000 Metern Höhe. Er ist in einer zwei- bis fünfstündigen Wanderung von Mikro Papigo aus erreichbar.

Keine Zeit für Langeweile

Die Gegend rund um die Zagoria bietet sich nicht nur für ausgiebige Wanderungen und Mountainbike-Touren an. In der Region werden von vielen Veranstaltern auch andere Aktivitäten angeboten, die unvergessliche Momente versprechen. Dabei spielt es keine Rolle, ob man lieber gemütlich seine Zeit verbringt oder ob es eine Aktivität mit Adrenalinkick sein soll. So findet man im Westen von Asprangelos, einem der südlichen Zagoria, beispielsweise einen Startplatz zum Gleitschirmfliegen. Im Ort selbst ist zwischen März und September ein Schießstand geöffnet. Pferdefans und diejenigen, die es lieber etwas ruhiger angehen lassen möchten, können rund um Papigo reiten. Gourmets gehen bei Demati, südöstlich des Vikos-Aoos, das ganze Jahr über auf Trüffelsuche, selbstverständlich gemeinsam mit Züchtern und ausgebildeten Hunden. Wasserfans buchen hingegen Rafting-Touren. Die sechs Kilometer langen Touren führen meist durch das Herz des Vikos-Aoos-Nationalparks – über den Fluss Voidomatis – und beginnen an der Brücke zwischen Aristi und Papigo. Absolutes Highlight für Abenteurer – sogar für Anfänger – ist das durch Schluchten führende Canyoning. Extremsport-Fans bewältigen dabei etwa Strecken in der Vikaki-Schlucht. Für den Adrenalinkick sorgen auch die angebotenen Off-Road-Touren mit einem Geländewagen.

STILVOLL ÜBERNACHTEN IN MONODENDRI

Im Zentrum von Monodendri erwartet das MountGrace Suites & Spa Urlauber mit herrlichem Blick auf die umliegenden Berge. Das freundlich geführte Hotel im Stil eines Chalets – kombiniert mit einem Hauch von Orient – verspricht genug Raum zur Entspannung. Die individuell eingerichteten Suiten mit Kamin begeistern mit Naturfarben und -materialien. Der kleine, aber feine Wellnessbereich verfügt über einen Whirlpool. Sowohl das reichhaltige Frühstück, das einen guten Start in den Tag verspricht, als auch die lokalen Produkte im edlen Restaurant sorgen für unvergessliche Gaumenfreuden.

WEITERE INFORMATIONEN

MountGrace Suites & Spa, Monodendri: www.mountgrace.gr
Gemeinde Zagori: www.zagori.gov.gr
Geopark Vikos-Aoos: www.vikosaoosgeopark.com
Nationalpark Nord-Pindos: www.pindosnationalpark.gr

Vor diesem Wolkenbild wirken die felsigen Erhebungen des Olymp-Gebirges umso eindrucksvoller (oben). Gämsen mögen das steile, felsige Terrain (rechts).

96 Griechenlands höchster Berg – Der Olymp

Auf den Thron des Göttervaters Zeus

Markant erhebt sich Griechenlands majestätisches Bergmassiv – fast 40 Kilometer lang und knapp 30 Kilometer breit – aus einer flachen, fruchtbaren Ebene in Zentralgriechenland. Der gewaltige, weit verzweigte Olymp könnte eindrucksvoller nicht sein, auch die Aussicht von hier auf die Ägäis nicht! Kein Wunder, dass die alten Griechen ihm den Sitz ihrer zwölf Götter zugeschrieben haben.

Homer, frühester Dichter des Abendlandes, nannte den Olymp, der in seinem höchsten Gipfel Mytikas 2918 Meter Höhe erreicht, den »Sitz der Götter«. Der berühmte Göttervater Zeus wurde von Homer »Wolkenversammler« genannt. Verständlich, denn aufgrund der extremen Höhe und dem sich ihm zu Füßen eröffnenden Meer sind die Gipfel des Bergs an der Küste zwischen Makedonien und Thessalien oft von Wolken umschlossen. Wanderer sollten den Aufstieg deshalb mit Vorsicht genießen. Denn selbst an wolkenlosen Tagen kann es passieren, dass in kürzester Zeit Wind und Nebel aufkommen und sich Wolken um die Gipfel zusammenziehen. Das bedeutet aber nicht, dass der Sitz der Götter nicht auch von ungeübten Wanderern entdeckt werden kann – allerdings im Sommer. Denn häufig sind die Hänge des Bergmassivs Ende Mai noch mit Schnee bedeckt. Wanderanfänger sollten dann besser auf eine Entdeckungstour verzichten.

Wanderwege in außergewöhnlicher Natur

Wanderer aus aller Welt entdecken den Olymp auf 20 gut ausgeschilderten Strecken, darunter ein Teil des Europäischen Fernwanderwegs E4. Vor allem im Sommer tummeln sich unzählige Urlauber auf den Wegen des Massivs. Der aus Kalk und Dolomit bestehende Berg, bewach-

sen mit Wäldern aus Buchen, Tannen und griechischen Schwarzkiefern, sorgt ganz in der Nähe der Ägäis für ein grandioses alpines Bild. Die große Vielfalt an Biotopen brachte auf dem Olymp, der 1938 zum Nationalpark erklärt wurde, eine reichhaltige Flora mit über 1700 Arten hervor. Darunter fallen auch die 26 endemischen Pflanzen wie die violett blühende *Jankaea heldreichii*, eine Reliktart aus dem Tertiär, die nur hier vorkommt. Ebenfalls endemisch ist beispielsweise die *Aubrieta thessala*. Sie gehört zur Pflanzengattung der Blaukissen. Seit 1981 ist das nahezu kreisförmige Massiv mit seinen sechs Hauptgipfeln und über 40 Nebengipfeln ins Biosphärenreservat der UNESCO eintragen. Auf dem außerdem von Buchsbäumen, Steineichen und Panzerkiefern, Lorbeer- und Erdbeerbäumen, Orchideen und Zistrosen, aber auch von Enzian bewachsenen Hochgebirge leben Wölfe, Wildschweine, Gämse, Rehe, Mönchsgeier und Falken.

Zu Füßen der atemberaubenden Gipfel

Informationen zu den Wanderungen und zum Nationalpark bekommen Urlauber im Info-Zentrum im lebhaften Örtchen Litochoro, das sich dank der vielen Besucher dem Olymp-Tourismus verschrieben hat. Litochoro ist beliebter Ausgangspunkt für die Erwanderung des Bergmassivs, dessen Hauptgipfel alle über das »Hochplateau der Musen« erreichbar sind. Der sechsstündige Aufstieg dorthin ist selbst für junge Wanderfans mit guter Kondition machbar. Für Übernachtungen stehen auf dem Olymp übrigens acht bewirtete Berghütten bereit. Wer nicht ganz weit hinauf will und nur etwas Bergluft schnuppern möchte, kann von Litochoro nur ins Dörfchen Prionia wandern, das auch per Auto erreichbar ist. Die neun Kilometer lange Wanderung, für die man etwa fünf Stunden benötigt, führt durch die wildromantische Enipea-Schlucht. Bei ständigem Auf und Ab werden in der Schlucht jedoch 740 Meter Höhenunterschied überwunden. Ganz einfach ist diese Wanderung also nicht. Auf hölzernen Brücken überquert man im zweiten Teil zudem immer wieder den Fluss. Für die mühsame Strecke werden Wanderer mit einem reizvollen Naturschauspiel zwischen steil aufragenden Felswänden belohnt. Absolutes Highlight sind nach einem regenreichen Winter die Wasserfälle.

HIGHLIGHT FÜR ARCHÄOLOGIE-FANS

In der Antike war Dion eng mit Alexander dem Großen verbunden. Besonders häufig besuchte er hier das Zeus-Heiligtum. Ihre Blütezeit erlebte die Kultstätte zwischen 413 und 399 v. Chr. unter König Archelaos. Bewohnt war die Stadt, in der es auch Heiligtümer für die Götter Demeter und Asklepios gab, jedoch von der Klassik bis ins frühe Christentum. Außer den Tempeln kann man große Teile der Stadtmauer, Straßen, Reste der öffentlichen Badeanlagen, Häuser und Werkstätten sowie zwei Theater aus hellenistischer und römischer Zeit sehen. Im zugehörigen Museum in der Nähe zeugen die Funde von den Glanzzeiten der Stadt, darunter zahlreiche Skulpturen und Schrifttafeln aus den Heiligtümern, Grabsteine, Münzen und eine Wasserorgel aus dem 1. Jahrhundert v. Chr.

WEITERE INFORMATIONEN

Archäologische Stätte und Museum Dion:
www.ancientdion.org
Nationalpark Olymp:
www.olympusfd.gr
Griechische Zentrale für Fremdenverkehr:
www.visitgreece.com.de

97 Dem Himmel ganz nah – Meteora

Uralte Klöster auf »schwebenden« Felsen

Im Morgendunst, aber auch zum Sonnenuntergang, ist das Bild besonders imposant. Die wie Adlerneste an den steil aufragenden Sandsteinfelsen klebenden Meteora-Klöster scheinen im Dunst in der Luft zu schweben. Der spektakuläre Felsenwald und seine uralten Klöster sorgen jedoch auch zu allen anderen Tageszeiten für den »Wow«-Effekt und locken nicht nur Entdecker, sondern auch Sportliche in die Region.

Treffend leitet sich der Name Meteora vom griechischen Wort für »schwebend« ab. Die über 400 Meter hohen Felsnadeln erheben sich schließlich fast senkrecht und weithin sichtbar nahe dem über 2000 Meter hohen Pindos-Gebirge in der Thessalischen Ebene und werden von uralten Klöstern bekrönt. Ihnen zu Füßen: die Kleinstadt Kalambaka und das Dorf Kastraki. Entstanden ist das Naturwunder vor vielen Millionen Jahren, als sich durch Wasserströme und Ablagerungen von Steinen, Sand und Schlamm gewaltige Felsen aus Sandstein und Mineralkonglomeraten geformt haben. Damals befand sich in der Region ein See mit einem deltaartigen Kegel. Die Wassermassen flossen im Laufe der Zeit in die Ägäis ab, und Erosion, starke Winde und Regen spalteten den Kegel in mehrere Hügel unterschiedlichster Formen. Heute blühen im Frühjahr auf den grünen Wiesen unterhalb der Felsen die Judasbäume in hellem Violett – eine herrliche Kulisse für die unterschiedlichsten Outdoor-Abenteuer.

Nicht verpassen! Die bekanntesten Klöster

Dass die schwer zugänglichen Felsen schon früher Neugier erweckten, beweist ihre Ge-

Über einen in den Fels gehauenen Weg erreicht man Kloster Varlaam (unten). Wenn die Sonne tief steht, kommen die bizarren Formen der Felsen besonders gut zur Geltung (rechts).

Fast scheint es, als würde sich das Kloster Rousanóu auf seinem etwas kleineren Felsen ducken (unten). Alte Kücheneinrichtung im Kloster Megálo Metéoro (ganz unten). Das Kloster Agía Triáda überragt von seinem hohen Felsen aus das Tal (rechts).

schichte. Im 10. Jahrhundert schienen die sich gen Himmel erhebenden Felsen ideal für asketisches Leben, sodass sich damals die ersten Eremiten in den Höhlen der Felsen niederließen. Ab dem 14. Jahrhundert wurden auf den Felsnadeln die ersten Klöster und Einsiedeleien gebaut. Seit 1988 zählen die Klöster der Meteora zum UNESCO-Weltkulturerbe. Obwohl sie bis vor einigen Jahrzehnten nur über Strickleitern und Lastenaufzüge erreichbar waren, werden sechs von ihnen bis heute bewohnt. Die restlichen 18 Klöster wurden verlassen und sind fast alle einsturzgefährdet, sodass der Aufstieg zu den Ruinen verboten ist. Der Besuch der sechs bewohnten Klöster lohnt hingegen sehr. Ältestes und größtes Kloster der Meteora ist Megálo Metéoro, das ab 1340 von Mönchen erbaut wurde. Die Klosterkirche des eindrucksvollen Konvents wurde im Jahr 1522 mit Fresken ausgemalt. Das Museum ist in mehreren Räumen wie dem alten Speisesaal, der ehemaligen Küche und der Böttcherei untergebracht. Gezeigt werden liturgische Geräte, byzantinische Ikonen und alte Handschriften, aber auch uralte Fässer, Körbe aus Schilf und Objekte, die in der Tischlerei gefertigt wurden. Zweitgrößter Konvent ist das in der Nähe thronende und über 195 Stufen erreichbare, im 14. Jahrhundert gegründete Varlaam. Sehen kann man im Klosterkomplex die im Jahr 1544 erbaute Allerheiligen-Kirche mit ihrer vergoldeten, kunstvoll geschnitzten Ikonostase und den beiden kostbaren Lesepulten mit Dekoration aus Elfenbein, aber auch das kleinere Gotteshaus Trion Ierarchon. Beide wurden im 16. Jahrhundert mit Fresken ausgemalt. Sehenswert sind dort aber auch der Speisesaal, die Küche und das Altersheim. Staunen kann man über ein altes Netz, in dem die Mönche früher Lasten hinaufzogen.

Weitere Klöster im Felsenlabyrinth

Das erste Kloster, das Reisende von Kastraki aus erreichen, heißt Agiou Nikolaou Anapafsa und scheint nur knapp unter dem höchsten Punkt der Felswand zu kleben. Der auffällige Klosterkomplex aus Naturstein, der sich auf verschiedenen Ebenen verteilt, ist vom Parkplatz aus in etwa zehn Minuten fußläufig zu erreichen. Beim Aufstieg passiert man zunächst eine winzige, dem heiligen Antonios geweihte Kapelle, die Freskenreste aus dem 14. Jahrhundert birgt. Hauptkirche des Klosters ist das fensterlose, dem heiligen Nikolaos gewidmete Gotteshaus vom Anfang des 16. Jahrhunderts. Gut andert-

halb Kilometer weiter östlich thront auf dem Plateau eines senkrecht aufragenden Felsens mit grandiosem Blick über die Region der Komplex des Klosters Roussanou. Die Hauptkirche des dreigeschossigen Konvents aus dem 14. Jahrhundert ist mit eindrucksvollen Fresken ausgemalt, auch im alten Schlafsaal sind Ikonen ausgestellt. Am schwierigsten erreichbar ist das von Mönchen bewohnte Kloster Agia Triada, das auf einem Felsen abseits der Straße liegt. Besucher müssen hier zunächst ins Tal absteigen und dann wieder über 140 Stufen hinauf. Wer den mühsamen Aufstieg zum Kloster aus dem Jahr 1438 auf sich nimmt, wird aber mit einem atemberaubenden Panorama über Kalambaka bis hin zum Pindos-Gebirge belohnt. Die 1475/76 erbaute Klosterkirche wurde im 18. Jahrhundert mit Fresken ausgemalt. Einziger Konvent, der ohne Aufwand über eine kurze Brücke erreicht werden kann, ist Agiou Stefanou, das auf einem Felsen über Kalambaka weiter südlich erbaut wurde. Das Frauenkloster hat zwei sehenswerte Kirchen: die kleinere, einschiffige Stefanos-Kapelle aus dem Jahr 1545 und das große, dem heiligen Charalambos geweihte Gotteshaus von 1798. Letzteres lockt mit beachtlichen Wandmalereien vom Ende des letzten Jahrhunderts. Im Museum, das wie in den anderen Klöstern im ehemaligen Speisesaal untergebracht ist, werden byzantinische Ikonen, seltene Handschriften und wertvolle Silberschmiedearbeiten ausgestellt.

Griechenlands Kletterparadies

Die weltweit einzigartige Felslandschaft mit ihren verwegen wirkenden Klöstern ist zwischen Mitte April und Ende Mai sowie von September bis Ende Oktober eins der beliebtesten Kletterziele Griechenlands. Kein Wunder, die früheren Zufluchtsorte der Eremiten bieten die ideale Kulisse für das Kletterabenteuer. Zum Klettern sind jedoch nur Felsen ohne Klöster freigegeben. Dennoch gibt es hier über 700 Kletterrouten an etwa 170 Gipfeln. Die Klassiker unter den spektakulären Kletterwegen machen ihren Namen alle Ehre, egal ob der »Traumpfeiler«, die »Linie des fallenden Tropfens« oder die »Wahnsinnsverschneidung«. Beliebtester Kletterfelsen ist der Doupiani am Ortsrand von Kastraki. Er erwartet die Abenteurer mit den meisten Routen jeglicher Schwierigkeitsstufen. Wer lieber am Boden bleibt, kann in der herrlichen Region wandern, Mountainbike-Touren unternehmen, Höhlen besichtigen oder auf dem Fluss Ionas im Schatten der Felsen zum Rafting-Abenteuer starten.

»SCHATZSUCHE« FÜR GOURMETS

Im Museum für Naturgeschichte und Pilze außerhalb von Kalambaka an der Straße nach Metsovo, nehmen 250 verschiedene Sorten Pilze und Trüffel einen besonderen Stellenwert ein. Interessierte können die Pilze außerdem probieren. Das spannende Erlebnis der halbtägigen Trüffelsuche, bei dem die Teilnehmer viel über die »Schwarzen Diamanten« erfahren, wird nicht nur von einem Trüffelzüchter, sondern auch von speziell ausgebildeten Hunden begleitet. Nach erfolgreichem Fund wird mitten im Wald im riesigen Topf Pasta mit Trüffeln zubereitet, die von den Teilnehmern genüsslich verspeist wird (www.meteoramuseum.gr, Trüffelsuche: www.trufflehunting.net).

WEITERE INFORMATIONEN

Touristeninfo Kalambaka:
www.infotouristmeteora.gr
Klettern, Wandern und andere Touren:
www.visitmeteora.travel
Griechische Zentrale für Fremdenverkehr:
www.visitgreece.com.de

Traumstrand der besonderen Art: Auf dem glatten Stein am Strand von Sarakiniko kann man es sich bequem machen. Ablagerungen weißer Vulkanasche haben diese ungewöhnlichen Formen hervorgebracht (oben, rechts).

98 Strandvielfalt in der Ägäis – Milos

Vulkanlandschaften und Fischerdörfer

Dank ihres vulkanischen Ursprungs ist die Kykladeninsel Milos eine der vielfältigsten Inseln der Ägäis. Mit ihren Naturschätzen, weißen Steinformationen, tiefroten Felsen, schwarzen Lavasäulen und heißen Thermalquellen verspricht das kleine Eiland eine außergewöhnliche Landschaft, kombiniert mit riesiger Strandvielfalt, smaragdgrün schimmerndem Wasser und origineller Architektur.

Archäologie-Fans kennen Milos als Fundort der weltberühmten Venus von Milos, einer halbnackten Statue der Göttin Aphrodite aus dem 2. Jahrhundert v. Chr., die im Louvre in Paris steht. Die Einzigartigkeit verdankt die Insel jedoch dem Vulkanismus. Obgleich der letzte Ausbruch des Tsingrado Tausende Jahre her ist, zählt er zu den aktiven Vulkanen. Davon zeugen hydrothermale Aktivitäten, die durch eine Magmakammer in etwa sechs bis acht Kilometern Tiefe entstehen und für viele heiße Quellen sorgen. In den Bergwerken werden vorwiegend der Rohstoff Obsidian sowie wertvolle Mineralien wie Bentonit, Perlit, Pyrit, Quarz und andere kostbare Bodenschätze abgebaut. Nur gegen den Abbau der Goldvorräte sträuben sich die Insulaner bisher. Dadurch würde nämlich die Umwelt und folglich die Schönheit der Insel, sprich die sichere Einnahmequelle des Tourismus, gefährdet werden.

Eine Landschaft voller Überraschungen

Wer mehr über die Geologie von Milos und den Bergbau erfahren möchte, sollte das Bergbaumuseum besuchen. Trekker und Entdecker können die vielfarbige Vulkanlandschaft von Milos zudem auf sieben sogenannten Geo Walks kennenlernen. Besonders gut kann man die von Wind, Regen und Eruptionen geformte Insel mit den spektakulären Felsformationen und den roten, orangefarbenen, gelben, grünen und weißen Gesteinen auch vom Meer aus bestaunen.

Urlaub auf der Insel der Bergbauer

Da die Insulaner den Lebensunterhalt größtenteils mit dem Bergbau bestreiten, ist das Eiland lange nicht so überlaufen wie andere Inseln des Archipels. Von Massentourismus ist auf Milos keine Spur, große Hotelkomplexe sucht man vergeblich. Den Urlaub verbringt man in charmanten Unterkünften, in denen griechische Gastlichkeit noch groß geschrieben wird. Wer früh genug bucht, kann im Sommer zudem in den sogenannten *syrmata* übernachten. Diese farbenfrohen, inseltypischen und oft in den Fels gebauten Fischerhäuser prägen Milos' winzige fotogene Weiler. Sie sind weiß gekalkt und bilden mit den Toren und Fensterläden in knalligen Farben zauberhafte Farbkontraste zwischen Hängen und Meer. Ursprünglich wurden sie so gebaut, um im Erdgeschoss die Fischerboote unterzustellen. Im Obergeschoss lag der Wohnbereich. Bekanntestes Örtchen mit der inseltypischen Architektur ist Klima, wo sich die Fischerhäuser direkt am Wasser aneinanderreihen. Ähnlich schön sind die noch kleineren Weiler Mandrakia, Skinopi und Fyropotamos.

Dörfer und Strände

Die gerade mal 5000 Einwohner leben überwiegend im Norden der Insel: im Haupt- und Hafenort Adamas, im Küstenort Pollonia, wo auch viele Urlauber unterkommen, und im Bergdorf Plaka, in dem Kunsthandwerker das Shopping-Herz höher schlagen lassen. Ein toller Treffpunkt zum Sonnenuntergang.
Mit über 70 außergewöhnlichen Stränden ist Milos auch ein Paradies für Badeurlauber. Einige der schönsten Strände sind Sarakiniko, Milos' bekanntester Strand, entstanden durch Erosion und umgeben von weißen Felsformationen aus Bimsstein, Paliochori, wo der Wirt der Taverne Sirocco die heißen Thermalquellen im Sand zum Garen von Fleisch und Fisch nutzt, Alogomandra mit dem markanten Felsüberhang, und der sehr beliebte grausandige Firiplaka.
Außerdem begeistern an der Küstenlinie die Grotte von Papafragas sowie Kleftiko, wo zahlreiche Felsentore und Höhlen, winzige Strände und Felsvorsprünge die spektakulärste geologische Attraktion der Insel bilden.

SPORTLICHE TOUR ENTLANG DER KÜSTE

Milos' Facettenreichtum erkundet man wegen ihrer vom Land her unzugänglichen Buchten und Grotten am besten vom Wasser aus. Für Sportliche und für diejenigen, die sich fit genug fühlen, werden Tages- und Mehrtagestouren mit dem Kajak angeboten. Organisiert werden die Ausflüge von einem professionellen Team rund um den australischen Geologen Rod Feldtman, der seit rund 20 Jahren auf Milos lebt. Die interessanten geführten Touren mit Einzel- oder Doppelkajaks für rund zehn Personen entlang Milos' spektakulärer Küstenlinie finden zwischen April und Oktober statt. Zeit zum Baden und Schnorcheln bleibt vor den vielfarbigen Gesteinen während der sportlichen Reise durch Milos' Erdgeschichte übrigens auch. Erfahrung braucht man nicht!

WEITERE INFORMATIONEN

Triovásalos: www.seakayakgreece.com
www.miloterranean.gr
Griechische Zentrale für Fremdenverkehr: www.visitgreece.com.de
Webseite der Gemeinde: www.milos.gr

99 Romantisch und exklusiv – Santorin

Bilderbuchdörfer am Kraterrand

Warum wird Santorin eigentlich immer wieder zur schönsten Insel der Welt gekürt? Blendend weiße Häuser und typische Kykladenarchitektur, atemberaubend in den Kraterrand gebaut, Kirchen mit blauen Kuppeln, Gassen mit grandiosen Aussichten auf die Caldera, und unzählige Stufen, die von hoch über dem Meer thronenden Dörfern hinab führen. Das könnten einige der Gründe sein!

Die wohl meistbesuchte Insel der Kykladen fesselt jährlich unzählige Besucher mit ihrer reizvollen Natur und Architektur und gilt mit den hübschen Kraterranddörfern und Sonnenuntergängen als eins der romantischsten Ziele im Mittelmeerraum. Wohin man auch blickt: Die Silhouette Santorins ist durch die Vulkanlandschaft einmalig. Aber die weltberühmte Insel begeistert auch mit erstklassigen Hotels, einem hervorragenden kulinarischen Angebot und den eindrucksvollen Zeugnissen der ältesten Hochkultur Europas. Die charakteristische Form verdankt Santorin einem Vulkan, der um 1645 v. Chr. ausbrach und die ursprünglich kreisrunde Insel auseinandersprengte. Die Caldera, das Vulkanbecken, das damals im Meer versank, wird seitdem von den Inseln, die dabei entstanden sind, umschlossen: Santorin, Thirassia und Aspronissi.

Spektakuläre Szenerien, so weit das Auge reicht

Die wunderschönen Dörfer Santorins kleben an den über 300 Meter hohen, steil aus dem Meer emporragenden Rändern des Vulkankraters. Gegründet wurden sie im Mittelalter.

Von hier oben hat man eine schöne Aussicht auf die Inselgruppe der Kykladen (unten). In den Stein geschlagene Treppenstufen führen hinauf zum Skaros-Felsen (rechts).

Blick von der Vulkaninsel Nea Kameni (unten). Was nicht passt, wird passend gemacht, dachten sich wohl die Erbauer dieser in den Fels gemauerten Häuschen (ganz unten). Schöner Kontrast: die dunklen Felsen und die weißen Häuser des Dörfchens Firà (rechts).

Der weiche Bimsstein am sichelförmigen Kraterrand zwischen Oia und Akrotiri erwies sich damals als gut geeignet, um Häuser in Form von Höhlen zu bauen. Während einige höhlenartige Häuser erhalten sind und oft zu Hotels umgebaut wurden, zeugen neuere Häuser von der charakteristischen Kykladenarchitektur. Die schneeweißen und pastellfarbenen Kubushäuser, zwischen denen sich zahllose Kirchen und Kapellen mit ihren markanten weißen, blauen und gelben Kuppeln erheben, reihen sich im Gassenlabyrinth der Dörfer aneinander. In der Caldera tummeln sich viele Kreuzfahrtschiffe, Segel- und Ausflugsboote. Schließlich wollen auch die Rundreisenden in der Ägäis einen Blick auf die Dörfer hoch über dem Meer werfen. Auf der Suche nach außergewöhnlicher Geologie kann man Ausflüge zu den erst in den letzten zwei Jahrtausenden entstandenen Lavainseln Nea Kameni und Palea Kameni unternehmen. Ihre heutige Form verdanken sie den letzten Vulkanausbrüchen Santorins in der ersten Hälfte des 20. Jahrhunderts.

Lange Geschichte – jahrtausendealte Kultur

Santorins geologische Geschichte ist eng mit einer uralten Kultur verwoben, die vor fast 4000 Jahren auf der Insel blühte und durch den Vulkanausbruch 1645 v. Chr. vollständig ausgelöscht wurde. Die von der Insel Kreta stammenden Minoer, Europas erste Hochkultur, ließen sich in der Siedlung Akrotiri im Süden der Insel nieder. Ihre zweigeschossigen Häuser wurden wie die gesamte Insel unter einer bis zu 60 Zentimeter dicken Bimssteinschicht begraben. Funde aus der sehenswerten archäologischen Stätte, die eine der bedeutendsten des Landes ist, werden in zwei Museen ausgestellt, sehr interessant für Historiker. Untergebracht sind sie im Prähistorischen und im Archäologischen Museum in der Inselhauptstadt Firá. Im Santozeum werden über 3700 authentische Repliken der in Akrotiri gefundenen Fresken ausgestellt. Von der neueren Geschichte Santorins berichtet hingegen das Ghizi-Museum mit historischen Schriften und Fotos aus der ersten Hälfte des 20. Jahrhunderts und Stichen aus dem 15. bis 19. Jahrhundert.

Quirlige Dörfer am Kraterrand

Wer die Inselarchitektur genauer unter die Lupe nehmen möchte, geht entlang der Kraterrandgasse zwischen dem Inselhauptort Firá und dem Nachbardorf Imerovigli spazieren.

Der herrliche Weg führt an Kirchen, Kubushäusern, traumhaften Hotels und Kraterrandterrassen vorbei – immer begleitet vom atemberaubenden Blick auf die Caldera. In Firá, wo unbedingt ein Blick in die Kathedrale am Kraterrand lohnt, können Urlauber – zumindest an Tagen ohne unzählige Kreuzfahrttouristen – eine Fahrt mit der Seilbahn zum alten Hafen unternehmen. Alternativ zur Seilbahn und zum mühsamen Ab- und Aufstieg über den steilen Treppenpfad mit fast 600 Stufen stehen auch Esel und Maultiere zur Verfügung, die Besucher hinab-, aber auch wieder hinauf tragen. Unbedingt beachten sollten Urlauber jedoch das Wohl der Tiere. Leider werden nicht alle von ihren Besitzern gut behandelt. Highlight im Nachbarort Imerovigli ist ein Spaziergang zum fotogenen Skaros-Felsen. Populär für den Sonnenuntergang, Santorins berühmteste »Attraktion«, ist hingegen das Örtchen Oia im äußersten Norden der Insel: Die hinter den bunten Häusern abtauchende Sonne ist das Fotomotiv schlechthin.

Santorins andere Seite

Santorin hat auch abseits der Kraterranddörfer einiges zu bieten. Auf der Suche nach typisch griechischem Flair werden Urlauber beispielsweise am alten Hafen Ammoudi unterhalb von Oia fündig. Im Schatten der hohen Kraterwände reihen sich hier die Tavernen gleich am Wasser aneinander. Erkundungstouren führen zu Binnendörfern wie Pirgos mit der mittelalterlichen Festung, aber auch zu mehreren Weinkellereien, die sich über die ganze Insel verteilen. Nicht nur für Weinliebhaber lohnt auch der Besuch des Wein-Museums in Vothonas, das in acht Meter tiefen Gewölben von der Geschichte des Weinanbaus auf Santorin erzählt. Badefans, die sich nicht nur mit dem Hotelpool über der Caldera zufriedengeben, können auf der Kykladen-Insel natürlich auch an den Strand – im Osten. Wie die Landschaft, zeugen auch die Strände Santorins von vulkanischen Eigenheiten. Sie bestehen aus schwarzem Sand und Kieselsteinen, so auch der Red Beach, der mit seiner roten Lava-Steilwand im Hintergrund für ein außergewöhnliches Bild sorgt. Besonders schön ist zudem der 800 Meter lange Vlichada-Strand. Der schwarze Strand ist mit weißen Kieseln durchsetzt und erstreckt sich vor einer hellen Felswand. Meistbesuchter Strand Santorins ist der gut erreichbare und kilometerlange Kiesstrand Kamari vor einer quirligen Promenade, im Süden von einem großen Felskap begrenzt.

STILVOLL UND ERSTKLASSIG

Wer dem Trubel und der Enge der Unterkünfte am Kraterrand entgehen möchte, auf den Caldera-Blick verzichten kann und Wert auf Privatsphäre mit persönlichem Service legt, ist im Santo Maris nordwestlich von Oia richtig. Das weitläufige Fünf-Sterne-Hotel im Kubusstil verspricht neben Annehmlichkeiten wie Whirlpool für jede Suite die schönsten Sonnenuntergänge Santorins. Nirgendwo sonst kann man besser bestaunen, wie die Sonne als feuerroter Ball am Horizont im Meer versinkt. Edel und gemütlich eingerichtete Suiten, fünf Infinity-Pools, ein hervorragendes Restaurant und ein hauseigener Spa-Bereich sorgen für absolute Erholung weit ab der Massen und dennoch nur einen Sprung vom Geschehen entfernt (www.santomaris.gr).

WEITERE INFORMATIONEN

Webseite der Gemeinde:
www.santorini.gr
Griechische Zentrale für Fremdenverkehr:
www.visitgreece.com.de

Ganz schön hochgebirgig, das Gebiet des Samariá-Parks (oben). Hier im Schatten dieser Kalkfelsen lässt es sich gut aushalten, der Stein und das Wasser des Bachs sind angenehm kühl (rechts).

100 Alpine Anmutung – Samaria-Schlucht

Auf Kreta mit Wanderschuhen an den Strand

Die Samaria-Schlucht, eine der längsten Schluchten Europas, begeistert mit ihrer wildromantischen Kulisse, imposanten Felsformationen, sprudelnden Quellen, einer enormen Artenvielfalt und steil aufragenden Felswänden. Als populärste Wanderstrecke Kretas führt sie jährlich Tausende Urlauber durch das Zentralmassiv der Weißen Berge in den Süden – ans Libysche Meer.

Obwohl die Wanderung durch die berühmteste Schlucht Griechenlands kein Spaziergang ist, gehört sie zu den beliebtesten sportlichen Aktivitäten von Kreta-Urlaubern – egal, ob geübter Trekker oder einfach nur Naturfreund. Unterschätzen sollte man die Tour aus dem Hochgebirge ans Libysche Meer im Westen der Insel jedoch nicht! Denn in fünf bis sieben Stunden müssen hier 1250 Meter Höhenunterschied auf insgesamt rund 16 Kilometern überwunden werden. Begehbar ist die Samaria-Schlucht, das Herz des 4850 Hektar großen Nationalparks gleichen Namens, allerdings nur zwischen Mai und Oktober. Über den durch die Schlucht verlaufenden Bach führen dann Trittsteine, hölzerne Stege und Brücken. Im Winter ist sie aufgrund des hohen, durch Schneeschmelzen entstehenden Wasserstands unpassierbar.

Einsame Hochebene inmitten der Weißen Berge

Das Wanderabenteuer beginnt südlich von Kretas Nordküstenstadt Chania auf der 25 Quadratmeter großen und stillen Omalos-Hochebene, die vor allem im Frühjahr beeindruckt, wenn die Gipfel der Weißen Berge noch mit Schnee bedeckt sind. Die in etwa 1100 Metern Höhe gelegene Ebene ist gänzlich von den Gipfeln des Gebirgsmassivs um-

Die Pferde kennen sich in dem Terrain bestens aus und tragen Wanderer gern ein Stück (unten). Kaum zu glauben, dass an dieser Steilwand etwas wächst (ganz unten). Dieser Weg bildet den Einstieg in die Samariá-Schlucht (rechts).

schlossen und dient vorwiegend als Weideland für Ziegen und Schafe. Urlauber, die auf eigene Faust anreisen und vorhaben, die Samaria-Schlucht zu durchlaufen, können auf der Hochebene auch eine Übernachtung miteinplanen. Dann kann man die Ebene mit den wenigen Steinhütten der Schafhirten auch ein wenig erkunden. Häuser sowie die beiden Tavernen Exari und Neos Omalos, in denen auch einfache Zimmer vermietet werden, sind nur in der winzigen Siedlung Omalos zu sehen. Interessierte können dem Wirt im Hotel Exari zwischen Februar und September außerdem bei der Herstellung von Milchprodukten zusehen. Ideal ist die Anreise am Tag vor der Wanderung aber auch, um in den frühen Morgenstunden vor Ankunft der unzähligen Touristenbusse aufzubrechen.

Auf dem Weg zum verlassenen Dorf

Der Startpunkt für die Wanderung ist die Stelle Xyloskalo bei Omalos westlich des 1884 Meter hohen Gipfels Gingilos. Auf zwei Kilometern mit vielen hölzernen Balken geht es zunächst an Zypressen, Pinien und Kiefern vorbei steil bergab zum Bachlauf, wo atemberaubende Felsformationen imponieren. Mit Glück sieht man beim Abstieg über der Schlucht kreisende Bartgeier und Steinadler. Begleitet von Kiefernduft führt die Strecke nach rund sechs Kilometern zum verlassenen Dorf Samaria, dem die Schlucht den Namen verdankt. Die Bewohner, die hier einst von der Holzfällerei lebten, mussten ihre Häuser 1962 verlassen, als Samaria zum Nationalpark erklärt wurde. Inzwischen ist das alte Dorf Station der Parkwächter. Außerdem gibt es dort eine Erste-Hilfe-Station und sanitäre Einrichtungen. An Quellen können Wanderer ihre mitgebrachten Wasserflaschen auffüllen. Wer Glück hat, trifft zwischen den Ruinen der Bruchsteinhäuser und im Schatten von Platanen und Olivenbäumen auf die kretischen Wildziegen *kri-kri*. Schnorren sie nicht gerade bei Wanderern um Futter, sieht man die Ziegen auch an der Felswand klettern. Der Seltenheitsstatus dieser Tiere war ein Grund dafür, dass die Samaria-Schlucht im Jahre 1962 zum Nationalpark erklärt wurde. Zudem hat die UNESCO sie im Jahre 1981 als Biosphärenreservat eingestuft.

Staunen zwischen hohen Felswänden

Hinter dem verlassenen Dorf wird die Schlucht immer enger, und der imposanteste

Teil der Route beginnt! Einzigartig glitzern die Hunderte Meter hohen Felswände in der Sonne. Je nach Lichteinfall zeigt sich das Gestein in einem anderen Farbton. Ihren Höhepunkt erreicht die Schlucht an der »Eisernen Pforte«. Auf etwa zwölf Metern Länge ist der Weg hier gerade mal drei bis vier Meter breit. Die Felswände ragen imposant empor, scheinen sich an ihrem oberen Ende fast zu berühren. Führt der Fluss noch Wasser, passiert man die Stelle über große Steine an der Felswand. Trittsicherheit ist gefragt! Dahinter weitet sich der Weg, und der Bachlauf wird immer wieder auf Holzstegen und -brücken überquert, bis man das Ende der Schlucht erreicht. Dort wartet ein Minibus, der erschöpfte Wanderer zum winzigen Hafen des Küstenweilers Agia Roumeli bringt. Zu Fuß sind es jetzt nämlich noch etwa drei mühsame Kilometer bis ins Dorf.

Am Ende lockt das Meer

Der letzte und anstrengendste Teil der Strecke führt vorbei an zahlreichen Feigenbäumen, Kiefern und entlang der Hausruinen des alten Dorfs Agia Roumeli. Die Bewohner leben heute im neuen Dorf am Meer, das nur durch die Schlucht und andere Wanderwege entlang der Südküste erreichbar ist. Das abgeschiedene Dörfchen erwacht durch die unzähligen Wanderer, die hier im Sommer jeden Nachmittag von den Fähren abgeholt werden, zu neuem Leben. Sie füllen die Tavernen oder springen am kleinen Kieselsteinstrand ins Meer. Zumindest, bis sie am späten Nachmittag gen Osten nach Chora Sfakion oder gen Westen Richtung Sougia und Paleochora fahren. Von all diesen Orten fahren die Busse dann wieder zurück an die Nordküste. Wie das Leben in Agía Roumeli abseits der Wanderermassen aussieht, können Urlauber erleben, die über Nacht bleiben. Sie wohnen in einer Handvoll einfacher Pensionen und treffen sich in traditionellen Tavernen. Wer länger bleibt, kann in der Region noch weitere Entdeckungstouren unternehmen, beispielsweise zum etwa drei Kilometer östlich gelegenen Kiesel-Sand-Strand Agíos Pavlos, wo eine Kapelle aus dem 11. Jahrhundert imposant dem Zahn der Zeit trotzt.

KRETAS SCHÖNSTES KÜSTENDORF

Wer ein paar Tage in Postkartenatmosphäre an der Südwestküste verbringen und einfach mal entschleunigen möchte, ist im winzigen Küstenort Loutro genau richtig. Das autofreie Dörfchen ist nur über den Wasserweg erreichbar. Der pittoreske Ort, der direkt an eine Felswand gebaut ist, wird nur im Sommerhalbjahr bewohnt. Urlauber kommen dann zum Ausspannen, viele Künstler auf der Suche nach Inspiration. An den Wochenenden und in der Hochsaison füllt sich die kleine Bucht vor dem Weiler mit Fischer- und Motorbooten. Auf der Suche nach Trubel und Nachtleben ist man in Loutro jedoch falsch. Die Inhaber der hiesigen Unterkünfte sind sich einig, dass es rund um die hübsche Bucht ruhig zugehen soll. Tagsüber kann man ein Kanu mieten und die umliegenden Strände erkunden oder ausgiebig wandern.

WEITERE INFORMATIONEN

Nationalpark Samaria: www.samaria.gr
Busse: www.bus-service-crete-ktel.com
Fähren: www.anendyk.gr
Taverne Exari: www.exari.gr

Frostige Winterstimmung am Ladogasee.

REGISTER

Friedliche Morgenstimmung mit aufgehender Sonne im Buchenwald im Nationalpark Jasmund.

TEXT- UND BILDNACHWEIS

Textnachweis: Jörg Berghoff: Kap. 6, 7, 8, 16, 17, 21, 22, 29, 30, 32, 34, 35, 39, 49, 50, 51, 52, 53, 54, 55, 56, 57, 58, 59, 60, 61, 62, 63, 64, 65, 67, 78, 91; Thomas Burgert: Kap. 9, 41; Carsten Dohme: Einleitung, Kap. 47, 48; Rosemarie Elsner: Kap. 10, 11; Sarah Fischer: Kap. 69, 74; Ruth und Jürgen Haberhauer: Kap. 76, 79; Ulrike Jeute: Kap. 15, 27, 28, 31, 33, 36, 40, 75, 77, 84, 89; Bernd Klaube: Kap. 80; Andrea Lammert: Kap. 5, 85, 86, 87, 88, 90; Christine Lendt: Kap. 4, 81, 82, 83; Britta Mentzel: Kap. 2, 3; Georgi Palahutev: Kap. 92, 93, 94; Sabine Rheker-Weigt: Kap. 1; Hans-Joachim Spitzenberger: Kap. 66, 68, 70, 71; Herbert Taschler: Kap. 12, 13, 42, 43, 45, 46; Klio Verigou: Kap. 19, 20, 72, 73, 95, 96, 97, 98, 99, 100; Mareike Weber: Kap. 14, 18, 23, 24, 25, 26, 38, 44; Silke Weidemann: Kap. 37

Bildnachweis: S. 102 Manula Padilla, 161 Carsten Dohme, 273 u. Linda Weidenbach, 285 o., 289 u., 292 u. Georgi Palahutev

Bildagentur LOOK: S. 4 unten 2.v.li., 14, 15, 16 o., 43 u., 92, 94 o., 95, 150, 152 u., 157 u., 258 u., 260 (Konrad Wothe), 6 unten 2.v.li. (Photononstop), 16 u., 18, 31, 32 o., 33 u., 34, 37, 263 u., 317 (Heinz Wohner), 4 u. Mitte, 19 o., u. (Thomas Grundner), 21 o., 125, 193 (Günther Bayerl), 21 u., 128, 130 o. (Sabine Lubenow), 25, 30, 187 o. (Karl Johaentges), 11, 26, 116 (Tobias Richter), 4 unten 2.v.re., 6 o., 6 unten 3.v.re., 10, 12/13, 35, 98, 99 o. 105 o., 112 u., 113 u., 129, 131 o., 153 o., 169, 170, 181 u., 183 u., 195 u., 214, 235 o., 247 u., 250 u., 252, 253, 288 u., 302 u., 313 u. (age fotostock), 36. o., u., 45 o., 47, 49, 54, 138 u., 139 o., 149 u., 151, 153 u. (Andreas Strauß), 4 unten ganz re., 39, 40 u., 80/81 (Daniel Schoenen), 40 o., 41 o., 165 u., 273 o. (Ingolf Pompe), 44, 137, 138 o. (Iris Kürschner), 45 u. (Florian Werner), 48 u., 51, 217, 221, 222, 254 o., 5 (Rainer Mirau), 55, 56 o., 56 u. (Bernard van Dierendonck), 42, 58 (Axel Ellerhorst), 63 u., 127 u., 132, 243 o., 313 o. (Thomas Stankiewicz), 67 (Bethel Fath), 79 u. (Franz Marc Frei), 90 (Ulla Lohmann), 93, 173 o. (The Travel Library), 97 o., 217, 218 o., 218 u. (Frank van Groen), 97 u., 109 u., 117 o., 121, 122/123 (Juergen Richter), 101 o. (Hauke Dressler), 101 u. (Ulf Boettcher), 103 o. (Aurora Photos), 107 (Kay Maeritz), 115 o., 133 o., 166, 198 u., 277 u., 295 (robertharding), 126 o., 131 u., 283 u. (Brigitte Merz), 142, 143, 144 o., 145 o. (Lukas Furlan), 144 u., 192, 229 o., 229 u. (ClickAlps), 149 o., 306 (Sabrina Larcher), 157 o. (Martin Siering), 181 o. (Design Pics), 183 o. (Ralf Gantzhorn), 191 o. (TerraVista), 204/205 (David Köster), 210 u., 212/213 (Tom Lamm), 223 (Lookphotos), 279 (Millennium Images), 280/281 (Stefan Schuetz), 319 (L. Pousset)

Mauritius Images/Zoonar: S. 78 (Zoonar GmbH/Alamy Stock Photo), S. 79 o. (mauritius images / imageBROKER), 135 u. (Giancarlo Parazzoli /RealyEasyStar / Alamy Stock Photo), 163 o. (Walter Bibikow), 175 u. (Park Dale/Alamy Stock), 237 u. (Andrew Bain / Alamy Stock Photo)

Shutterstock: S . 87 (beboy), 4 unten ganz li. (Jarmo Piironen), 6 unten ganz li. (dragos dpvue), 6 unten 3.v.li. (Swen Stroop), 6 unten ganz re. (Albert Russ), 17 (Armin Voeller), 20 (ricok), 22 (CornetBlue777), 23 (dugdax), 24 (Joppi), 25 o. (Andreas Krummwiede), 4 unten 3.v.re., 27 u. (javarman), 27 o. (xantolus), 28/29 (Pavel Klasek), 32 u. (r. Classen), 33 o. (Benjamin B), 38 (karp5), 41 u. (Drozdowski), 43 o. (Peter Fodor), 46, 48 o. (Agatha Kadar), 50, 52 u. (Karel Stipek), 52 o., 53 (rorue), 57 (Tupungato), 59 o. (Bor Rojnik), 59 u. (Anrephoto), 60/61 (patjo), 62 (JiriCastka), 63 o. (Miroslava Durcatova), 6 unten 2.v.re., 64 (kovop58), 65 o., 178 (Shaiith), 65 u. (Martin Valigursky), 66 (Damian Pankowiec), 68 o., 69 o. (bchyla), 68 u. (ChWeiss), 69 u. (Roman Babakin), 70 (Rudmer Zwerver), 71 (arturasker), 72 o. (Rob Christiaans), 72 u. (Bakusova), 73 (Ysbrand Cosijn), 74, 76 o., 76 u., 77 (Sabrina Tollenaers), 75 (Olha Rohulya), 82 (Leonid Andronov), 83, 224 o. (Frank Fichtmueller), 84 o., u. (midgardson), 85 (Gayane), 86 (Mircea Costina), 88, 219 u. (Nejron Photo), 89 (Marina VN), 91 o. (Sami Sarkis), 91 u. (Damsea), 94 u. (David Hughes), 96 (carlos larrechi), 99 u. (Jose Arcos Aguilar), 100 (Petr Brezina), 103 u. (underworld), 104 (Lukasz Janyst) 105 u. (photoff), 106, 109 (Traveller70), 108 o. (miquelito), 108 u. (Iulius Agency), 110 (Brian Maudsley), 111 (Juan Aunion), 112 o. (Quate), 113 o. (Jacinto Marabel Romo), 114 (Michael Schroeder), 115 u. (Francisco Javier Gil), 117 u., 203 u. (LouieLea), 118 (umomos), 119 o. (arousa), 119 u. (Tono Balaguer), 120 (Alberto Loyo), 124 (Cegli), 126 u. (F. Jimenez Meca), 127 o. (Ronald Wittek), 130 u. (Zlotnikov Andrii), 133 u. (Rolf E. Staerk), 134, 135 o. (Ivan Yeudashenka), 136 (ueuaphoto), 140/141 (Jiri Hrebicek), 145 u. EmanuelePansecco, 146 (Gaspar Janos), 147 (David Oster), 148 o. (Kert), 148 u., 310 (Simon Dannhauer), 152 o. (Olena Z.), 154 (cge2010), 155 (luigi nifos), 156 o. (passiso), 156 u. (T.W. van Urk), 158/159 (iaminut), 160, 163 u. (rphstock), 162 (Kirsten Warner), 164 (Terry Yarrow), 165 o. (Arjen de Ruiter), 167 (Stuart Stevenson), 168 o., 171 o., 179 o. (Helen Hotson), 168 u. (DavidYoung), 171 u. (Martin Fowler), 172, 175 o. (Daniel_Kay), 173 u. (Sponner), 174 (Simon Baylis), 176 (James.WildlifeWorld), 177 (travellight), 179 u. (Nataliya Hora), 180 Chris Goddard, 182 (Mikadun), 184/185 (Kanuman), 186 (Vertical-Axis), 187 u. (Fabrice Favard), 188 (ABB Photo), 189 (Mark Caunt), 190 (Greg Fellmann), 191 u. (m4rCeLiNi), 194 o. (Pierre Leclerc), 194 u. (gabriel12), 195 o. (Patryk Kosmyder), 196, 199 (yykkaa), 197 (Louis-Michel Desert), 198 o. (mbrand85), 200 (Lyd Photography), 201 (Gerry McNally), 202 (naten), 203 o. (Zaruba Ondrej), 207 u. (Ghing), 206 (Guitar Photographer), 207 o. (Bill45), 208, 209 (Alexej Seafarer), 210 o. (Ondrej Prosicky), 4 o., 211 o. (ginger_polina_bublik), 211 u. (MartaKwiatkowska), 215 o. (BIGANDT.COM), 215 u. (Tania Zbrodko), 216 (Dmitry Chulov), 220 (np), 219 o., 224 u. (Ondrej Bucek), 225, 227 (Martin Eldoy), 226 (Lukas Bohlender), 228 u. (Marek Rybar), 228 o. (Frode Koppang), 230 (Bildagentur Zoonar GmbH), 231 (lomingen), 234 (Kertu), 235 u. (Damira), 236 (Jenni Maija Helena), 237 o. (Natalia Tuovila), 232, 233 (Jens Ottoson), 238 (Jani Riekkinen), 239 (Matias Honkamaa), 240 (Tero Sivula), 241 (Suratwadee Rattanajarupak), 242 (Inspired by Maps), 243 u. (Johan C. op den Dries), 244/245 (Mike Mareen), 247 o. (Maksimilian), 246 (FOTOGRIN), 248 (ansharphoto), 250 o. (Tramp57), 251 (solepsizm), 254 u. (D-VISIONS), 255 (Christina Fink), 256 (xbrchx), 257, 296 u. (Stepo Dinaricus), 258 o. (skapuka), 259 o. (DarioZg), 259 u. (mina), 261 (ZM_Photo), 262 o. (BestPhotoStudio), 262 u. (Przemyslaw Skibinski), 263 o., 286, 289 o. (Dennis van de Water), 264 (marcin jucha), 265 (paul prescott), 266, 267 u. (novak.elcic), 267 o. (dinosmichail), 268 (Andrei_Badau), 269 o. (Danijela Maksimovic), 269 u. (difenbahia), 270/271 (Lavinia Mazdu), 272 (Kekyalyaynen), 274 (Bojan Milinkov), 275 o. (Nenad Nedomacki), 275 u. (Vladimir Mijailovic), 276 (Dan Tautan), 277 o. (Ovidiu Lazar), 278 (DaLiu), 279 o. (Jaco Visser), 282 (Porojnicu Stelian), 283 o. (Wolfgang Bittermann), 284, 285 u. (KpaTyH), 287 (Jasmine_K), 288 o. (Todoranko), 290 (Evgeny Subbotsky), 291 (Nikolay Kostadinov), 292 o. (Angel Nenov), 293 o. (hdesislava), 293 u. (Valentin Valkov), 294, 296 o. (Theastock), 297 (Valery Bocman), 298 (Konstantinos Vasilakakos), 299 o. (s_kaisu), 299 u. (Fexel), 300 (Alberto Loyo), 301 (Kisova Elena), 303 (EGUCHI NAOHIRO), 302 o. (S-F), 139 u., 304 (leoks), 305 o. (Ververidis Vasilis), 305 u. (Davide D'Amico), 306 (Becker Stefan), 308 o. (Gildas_29)308 u. (Bernhard Klar), 309 (Smallcreative), 311 (Nastya22), 312 o. (Dziewul), 312 u. (kristiillustra), 314/315 (Fedor Lashkov)

Ganz vorne auf der Landspitze der Isle of Skye trotzt der Neist Point-Leuchtturm Wind und Wetter.

IMPRESSUM

Verantwortlich: Linda Weidenbach
Redaktion: Carsten Dohme
Lektorat: Mareike Weber
Korrektorat: Rosemarie Elsner
Layout: Ileana Soana
Repro: LUDWIG:media
Umschlaggestaltung: A flock of sheep Ltd., Marcus Taeschner
Kartografie: Huber-Kartographie, Heike Block
Herstellung: Bettina Schippel
Printed in Italy by Printer Trento

★★★★★

Sind Sie mit diesem Titel zufrieden? Dann würden wir uns über Ihre Weiterempfehlung freuen.
Erzählen Sie es im Freundeskreis, berichten Sie Ihrem Buchhändler oder bewerten Sie bei Onlinekauf. Und wenn Sie Kritik, Korrekturen oder Aktualisierungen haben, freuen wir uns über Ihre Nachricht an: Bruckmann Verlag, Postfach 40 02 09, D-80702 München oder per E-Mail an lektorat@verlagshaus.de

Unser komplettes Programm finden Sie unter www.bruckmann.de

Umschlag Vorderseite: oben: Wanderer in der Hohen Tatra, Slowakei (kovop58/shutterstock), Mitte: Sonnenuntergang im Nationalpark Tara, Serbien (Bojan Milinkiov/shutterstock), unten: Nationalpark Plitvicer Seen, Kroatien (Rainer Mirau/Huber-Images); **Klappe vorne:** Landmannalaugar, Island (kavram/shutterstock); **Rückseite**: oben v.l.n.r.: Rentierfamilie auf Spitzbergen (Incredible Arctic/shutterstock), Eishöhle im Vatnajökull Gletscher, Island (Denise Feiner/Lookphotos), Bär im Nationalpark Bayerischer Wald, Deutschland (mauritius images/Minden Pictures/John van den Heuvel/bb), unten: Nationalpark Garajonay, La Gomera (SanRan/shutterstock) ; **Klappe hinten**: Cairngorms-Nationalpark, Schottland (Chris Goddard/shutterstock)

S. 1: Bär beim Entspannen im Nationalpark Bayerischer Wald, Deutschland (Rüdiger Jahnke/shutterstock)
S. 2/3: Nationalpark Vanoise, Frankreich (beboy/shutterstock)

Die Deutsche Nationalbibliothek verzeichnet diese Publikation in der Deutschen Nationalbibliografie; detaillierte bibliografische Daten sind im Internet über http://dnb.d-nb.de abrufbar.

ISBN 978-3-7343-1318-9